M&A・アライアンス契約書の作成と審査の実務

滝川宜信 著

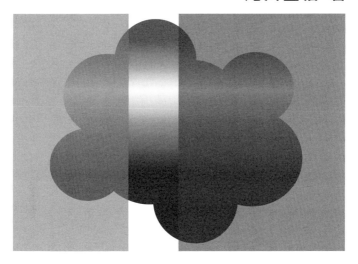

発行 民事法研究会

は し が き

　ビジネス契約に関する実務書・研究書は、単著として、本書で4冊となる。これも、いままでの3冊が、法務部門や法律専門家の方々に活用いただいたおかげだと感謝している。

　第1冊は『取引基本契約書の作成と審査の実務〔第5版〕』(2010年初版)、第2冊は『経営指導念書の理論と実際』(2011年初版)であり、今から15年以上前、株式会社デンソー法務部にいたときに執筆したものである。当時、名古屋大学大学院法学研究科の客員教授も兼務しており、研究室を与えられていたため、仕事を終えてからほとんど毎日、研究室で第1冊、第2冊を執筆し、日付が変わる頃、自宅に帰るのが日課であった。法学部図書室は24時間使え、暗闇の中でスイッチを点けて、一人で文献を探すのは、スリルであった。

　その後、デンソーの東京支社に移り、経営法友会や経団連の法務関係の各部会に出席させていただき、大企業の法務部の方々、日本経団連、商事法務研究会、経営法友会、国際商事法研究会などとの関係をもって法務の仕事をすることは夢のような毎日であった。

　2003年に入るとすぐ、法科大学院の開設に向けて各大学からオファーがくるようになり、最終的には、2004年4月より明治学院大学法科大学院に奉職することとなった。専門が会社法を主体に商法、手形小切手法であったため、その後の10年間は、会社法基本書である『リーディング会社法』やコーポレート・ガバナンス、コンプライアンスなどの著作が中心で、契約関連の著作はほとんどしてこなかったが、ようやく、2015年に至り、契約関連書の第3冊『業務委託(アウトソーシング)契約書の作成と審査の実務』を出版することができた。

　2015年4月から、明治学院大学大学院で新たに開講することになった「法と経営学研究科」で企業再編実務についての講義ももつことになり、その関連でM&A等の契約に関する本書を出版することとした。当初はM&Aだけの契約に関する書物と考えていたが、M&Aとアライアンスが企業間結合という枠組みが共通である点から、アライアンス契約についても本書に載せることとした。

　安田洋史著の『新版アライアンス戦略論』(NTT出版・2016年)では、M&A

が対象とするのは技術資源、生産資源、人材資源などの経営資源のセットとしての事業であり、アライアンスが対象とするのは、個々の経営資源であり、経営資源のセットを対象とするか、個々の経営資源を対象とするかが、M&Aとアライアンスの相違点であるとしている。また、パートナーが保有する経営資源は、M&Aを行うことで自らが所有すなわち支配するものとなるが、アライアンスは対象とする経営資源をパートナーが保有し続け、アライアンス終了後は、それらの経営資源を保有し続けることはできず、このように取引の対象となる経営資源を所有するか、所有せず活用するかが、M&Aとアライアンスのもう一つの相違点であるという（同書256頁～266頁）。

　本書は、第1冊目、第3冊目（以上、前書という）と同様、実務に耐えうるよう条項ごとの検討に重きを置いている。しかし、取引基本契約や業務委託契約ほど頻繁に発生しない点、各社にひな形などない点などから、実際に入手できた企業間でのM&A契約やアライアンス契約は少なく、経験や理論、法律をもとに、条項を作成したものも多く、それが前書との違いである。

　本書は、「第1部　契約書作成のための基礎知識」では、M&Aやアライアンスに関連する法律について解説しており、専門家にも活用できるよう、小生の専門外のものまで詳細に記述したつもりである。

　「第2部　契約書作成と審査の実務」においては、M&Aやアライアンス契約は、それぞれ締結に至る状況に一つとして同じものはないため、書式が契約の作成担当者の希望にマッチするよう、さまざまなケースを想定して変更例を掲載した。前書に加えて、シリーズとして、本書を業務に活用いただけたら、望外の幸せである。

　第1冊から本書まで、すべて民事法研究会の田口社長がいなければ、世に問うことができなかった。田口社長には、感謝の念に絶えない。さらに編集担当の松下寿美子氏には、ご尽力いただき心からお礼を申し上げたい。

　　本学法科大学院の最後の年度に、明治学院大学研究室にて
　　　　2016年11月

　　　　　　　　　　　　　　　　　　　　　　　　　　滝川　宜信

●凡　例●

1．法令略称一覧

会社＝会社法
会社則＝会社法施行規則
会社計算＝会社計算規則
商登＝商業登記法
破＝破産法
民再＝民事再生法
会更＝会社更生法
労契＝労働契約法
労働承継＝会社分割に伴う労働契約の承継等に関する法律（労働契約承継法）
労働承継則＝会社分割に伴う労働契約の承継等に関する法律（労働契約承継法）施行規則
独禁＝私的独占の禁止及び公正取引の確保に関する法律（独占禁止法）
独禁令＝私的独占の禁止及び公正取引の確保に関する法律施行令
企業結合届出規＝私的独占の禁止及び公正取引の確保に関する法律第９条から第16条までの規定による認可の申請、報告及び届出等に関する規則
ＬＬＰ法＝有限責任事業組合契約に関する法律（有限組合）
ＬＰＳ法＝投資事業有限責任組合契約に関する法律（投資有限組合）
ＬＰＳ令＝投資事業有限責任組合契約に関する法律施行令
金商＝金融商品取引法
金商課徴金＝金融商品取引法第六章の二の規定による課徴金に関する内閣府令
金商令＝金融商品取引法施行令
金商定義＝金融商品取引法第二条に規定する定義に関する内閣府令
金商取引所＝金融商品取引所等に関する内閣府令
企業開示＝企業内容の開示に関する内閣府令
公開買付＝発行者以外の者による株券等の公開買付けの開示に関する内閣府令
発行者公開買付＝発行者による上場株券等の公開買付けの開示に関する内閣府令
保有開示＝株券等の大量保有の状況の開示に関する内閣府令
金商業＝金融商品取引業に関する内閣府令
金商協会＝金融商品取引業協会等に関する内閣府令
証券取引規制＝有価証券の取引等の規制に関する内閣府令
金販＝金融商品の販売等に関する法律

2．裁判所・判例集等

大審院は大、最高裁判所は最、高等裁判所は高、地方裁判所は地、地裁支部は支、判決は判、決定は決と略記し、裁判所名、判決年月日、判決文所収判例集を示した（所収判例集については、以下の略称によった）。

民録＝大審院民事判決録
民集＝大審院、最高裁判所民事判例集
刑集＝最高裁刑事判例集
高民＝高等裁判所民事判例集
判時＝判例時報
判タ＝判例タイムズ
金判＝金融・商事判例
労判＝労働判例
商事＝旬刊商事法務

資料版商事＝資料版商事法務
法協＝法学協会雑誌
NBL＝NBL
百選〔第3版〕＝会社法判例百選〔第3版〕
LEX/DB＝TKC法律情報データベース
ジュリ＝ジュリスト

3．主要文献引用略語表

(五十音順)

アドバンス会社法　長島・大野・常松法律事務所編『アドバンス会社法』（商事法務・2016年）

伊藤ほか　伊藤廸子ほか『アメリカのM&A取引の実務』（有斐閣・2009年）

今井＝菊地　今井宏＝菊地伸『会社の合併』（商事法務・2005年）

今中・事業譲渡　今中利昭編代・山形康郎ほか編『事業譲渡の理論・実務と書式〔第2版〕』（民事法研究会・2011年）

内田Ⅲ　内田貴『民法Ⅲ〔第3版〕債権総論・担保物権』（東京大学出版会・2005年）

江頭　江頭憲治郎『株式会社法〔第6版〕』（有斐閣・2015年）

M&A契約　藤原総一郎編著『M&Aの契約実務』（中央経済社・2010年）

M&A実務の基礎　柴田義人ほか編『M&A実務の基礎』（商事法務・2015年）

M&A実務ハンドブック　鈴木義行編著『M&A実務ハンドブック〔第7版〕』（中央経済社・2014年）

M&A法大系　森・濱田松本法律事務所編『M&A法大系』（有斐閣・2015年）

M&A法大全　西村総合法律事務所編『M&A法大全』（商事法務研究会・2001年）

大隅＝今井　大隅健一郎＝今井宏『会社法論（中巻）〔第3版〕』（有斐閣・1992年）

| 奥田 | 奥田昌道『債権総論〔増補版〕』（悠々社・1992年）
| 会社分割の理論 | 今中利昭編代『会社分割の理論・実務と書式〔第6版〕』（民事法研究会・2013年）
| 会社分割ハンドブック | 酒井竜児編著『会社分割ハンドブック〔第2版〕』（商事法務・2015年）
| 会社法解説 | 相澤哲編著『立案担当者による新・会社法の解説』（別冊商事法務295号・2006年）
| 会社法コンメ(1) | 江頭憲治郎編『会社法コンメンタール第1巻』（商事法務・2008年）
| 会社法コンメ(3) | 山下友信編『会社法コンメンタール第3巻』（商事法務・2013年）
| 会社法コンメ(12) | 落合誠一編『会社法コンメンタール第12巻』（商事法務・2009年）
| 会社法コンメ(17) | 森本滋編『会社法コンメンタール第17巻』（商事法務・2010年）
| 会社法コンメ(18) | 森本滋編『会社法コンメンタール第18巻』（商事法務・2010年）
| 合併ハンドブック | 玉井裕子編代『合併ハンドブック〔第2版〕』（商事法務・2013年）
| 株式交換・移転ハンドブック | 宇野総一郎編代『株式交換・株式移転ハンドブック』（商事法務・2015年）
| 川濱昇ほか | 川濱昇ほか『企業結合ガイドラインの解説と分析』（商事法務・2008年）
| 河本ほか | 河本一郎ほか『合併の理論と実務』（商事法務・2005年）
| 神田＝武井編 | 神田秀樹＝武井一浩編『実務に効くM&A・組織再編判例精選』（有斐閣・2013年）
| 企業間提携契約 | 現代企業法研究会編著『企業間提携契約の理論と実務』（判例タイムズ社・2012年）
| 北川 | 北川善太郎『債権総論〔第3版〕』（有斐閣・2004年）
| 北沢 | 北沢正啓『会社法〔第6版〕』（青林書院・2001年）
| 共同研究開発ハンドブック | オープン・イノベーション・ロー・ネットワーク編『共同研究開発契約ハンドブック—実務と和英条項例』（別冊NBL No.149・2015年）
| 業務委託契約書実務 | 滝川宜信『業務委託（アウトソーシング）契約書の作成と審査の実務』（民事法研究会・2015年）
| ケース会社法 | 丸山秀平ほか著『ケースブック会社法〔第5版〕』（弘文堂・2015年）
| 契約書式第3巻 | 大村多聞＝佐瀬正俊＝良永和隆『契約書式実務全書〔第2版〕第3巻』（ぎょうせい・2014年）

凡例

企業法・金融法の課題　弥永真生＝大杉謙一＝山田剛志編『現代企業法・金融法の課題』（弘文堂・2004年）

公開買付け実務　長島・大野・常松法律事務所編『公開買付けの理論と実務〔第2版〕』（商事法務・2013年）

郡谷＝和久　郡谷大輔＝和久友子編著『会社法の計算詳解〔第2版〕』（中央経済社・2008年）

再編書式　監査法人トーマツ編『新版企業再編の手続と文例書式』（新日本法規・2008年）

佐武　佐武伸『M&Aコンサルティングの実務』（中央経済社・2012年）

ジョイント・ベンチャー契約　ジョイント・ベンチャー研究会編著『ジョイント・ベンチャー契約の実務と理論〔補訂版〕』（判例タイムズ社・2007年）

JV制度　建設業共同企業体研究会編著『JV制度のQ&A〔改訂4版〕』（大成出版社・2013年）

新注会(5)　上柳克郎ほか編集代表『新版注釈会社法(5)株式会社の機関1』（有斐閣・1986年）

新版注釈民法(17)　鈴木禄弥編『新版注釈民法(17)』（有斐閣・1993年）

菅原＝庄子編　菅原菊志＝庄子良男編『現代企業法の理論―菅原菊志先生古稀記念論集』（信山社出版・1998年）

鈴木　鈴木義行編著『M&A実務ハンドブック〔第7版〕』（中央経済社・2014年）

組織再編　森・濱田松本法律事務所『新・会社法実務問題シリーズ9・組織再編〔第2版〕』（中央経済社・2015年）

龍田　龍田節『会社法大要』（有斐閣・2007年）

田中　田中信幸『新版・国際事業と契約』（清文社・1993年）

中島　中島憲三『共同研究・開発の契約と実務〔第3版〕』（民事法研究会・2015年）

中東＝大杉＝石綿編　中東正文＝大杉謙一＝石綿学『M&A判例の分析と展開Ⅱ〔別冊金融・商事判例〕』（経済法令研究会・2010年）

野村＝奥山　野村修也＝奥山健志『平成26年改正会社法〔規則対応補訂版〕』（有斐閣・2015年）

萩本編　萩本修編『逐条解説新しい特別清算』（商事法務・2006年）

服部　服部暢達『日本のM&A』（日経BP社・2015年）

前田　前田庸『会社法入門〔第12版〕』（有斐閣・2009年）

松本 松本真輔『最新インサイダー取引規制－解釈・事例・実務対応』（商事法務・2006年）

三浦＝河島 三浦亮太＝河島勇太『事業譲渡・譲受けの法務〔第2版〕』（中央経済社・2015年）

本柳 本柳祐介『ファンド契約の実務Q&A』（商事法務・2015年）

安田 安田洋史『新版アライアンス戦略論』（NTT出版・2016年）

弥永 弥永真生『リーガルマインド会社法〔第14版〕』（有斐閣・2015年）

弥永会社則 弥永真生『コンメンタール会社法施行規則・電子公告規則〔第2版〕』（商事法務・2009年）

論点解説 相澤哲＝葉玉匡美＝郡谷大輔編著『論点解説　新・会社法』（商事法務・2006年）

第2部・契約書例目次

第2章　M&A・アライアンスの検討段階前における契約書
　【書式1】　秘密保持契約書／200
　【書式2】　M&Aアドバイザリー業務委託契約書／210

第3章　会社法の組織再編に関する契約書
　【書式3】　合併に関する基本合意書／219
　【書式4】　吸収合併契約書／231
　【書式5】　新設合併契約書／253
　【書式6】　共同新設分割に関する基本合意書／263
　【書式7】　共同新設分割計画書／271
　【書式8】　新設分割計画書／283
　【書式9】　吸収分割契約書／288
　【書式10】　株式交換に関する基本合意書／304
　【書式11】　株式交換契約書／310
　【書式12】　共同株式移転に関する基本合意書／320
　【書式13】　共同株式移転計画書／326

第4章　事業・株式の譲渡に関する契約書
　【書式14】　事業譲渡に関する基本合意書／336

【書式15】　事業譲渡契約書／343

【書式16】　株式譲渡契約書／368

【書式17】　総数募集株式引受契約書／380

【書式18】　民事再生支援に関するスポンサー契約書／384

第5章　アライアンスに関する契約書

【書式19—1】　合弁会社設立契約書／392

【書式19—2】　取締役会の運営に関する覚書／412

【書式20】　建設工事共同企業体協定書／416

【書式21】　業務・資本提携に関する基本合意書／429

【書式22】　業務提携契約書／438

【書式23】　共同研究開発契約書／444

【書式24】　有限責任事業組合契約書／466

【書式25】　投資事業有限責任組合契約書／488

〔M&A・アライアンス契約書の作成と審査の実務〕
目　次

第1部　M&A・アライアンス契約と法

第1章　M&A・アライアンスと会社法

Ⅰ　事業の譲渡等………………………………………………………… 2
 ① 総　説……………………………………………………………… 2
 ② 事業の譲渡………………………………………………………… 3
  (1) 事業の全部または重要な一部の譲渡………………………… 3
   (ｱ) 第1説…………………………………………………………… 3
   (ｲ) 第2説…………………………………………………………… 4
   (ｳ) 第3説…………………………………………………………… 5
  (2) 子会社株式等の譲渡…………………………………………… 5
  (3) 事業全部の譲受け……………………………………………… 6
  (4) 事業譲渡・譲受け、子会社株式等の譲渡に係る承認手続…… 6
   (ｱ) 株主総会決議………………………………………………… 6
   (ｲ) 譲渡会社が総会の決議を要しない場合……………………… 7
   (ｳ) 譲受会社が総会の決議を要しない場合……………………… 8
  (5) 事業譲渡等の反対株主の株式買取請求……………………… 9
 〈POINT〉　株主総会（特別決議）の要否………………………………11
 ③ 事業譲渡会社の競業禁止等………………………………………11
  (1) 譲渡会社の競業禁止義務………………………………………11
  (2) 商号続用の場合の譲受会社の責任……………………………12
  (3) 商号の続用がない場合の譲受会社の責任……………………12
  (4) 譲渡会社の責任の除斥期間……………………………………13
  (5) 譲渡会社の債権者の保護………………………………………13

(6)　詐害的な事業譲渡に係る残存債権者の保護……………………………13
〈POINT〉……………………………………………………………………………14
　(1)　競業禁止義務条項………………………………………………………14
　(2)　譲渡会社の債務の弁済責任を負わない場合の商号等の続用………14

Ⅱ　合　併……………………………………………………………………16

1　合併の意義等……………………………………………………………16
　(1)　合併の意義………………………………………………………………16
　　(ア)　吸収合併と新設合併……………………………………………16
　　(イ)　株式会社と持分会社の合併……………………………………16
　(2)　合併と事業の譲渡との比較……………………………………………17
　　(ア)　意　義……………………………………………………………17
　　(イ)　株主の保護………………………………………………………17
　　(ウ)　債権者の保護……………………………………………………18
　　(エ)　無効の主張方法…………………………………………………18
　(3)　合併手続の概要…………………………………………………………18

2　吸収合併の手続…………………………………………………………19
　(1)　吸収合併契約……………………………………………………………19
　　〈One Point Lecture-1〉　三角合併……………………………………21
　(2)　事前の開示・株主総会等………………………………………………21
　　(ア)　事前の開示………………………………………………………21
　　(イ)　株主総会等………………………………………………………23
　(3)　略式・簡易吸収合併……………………………………………………24
　　(ア)　略式吸収合併……………………………………………………24
　　(イ)　簡易吸収合併……………………………………………………25
〈POINT〉　法務省令で定める反対株主の株式数の要件……………………26
　(4)　差止請求…………………………………………………………………27
　(5)　反対株主の株式買取請求等……………………………………………27
　　(ア)　反対株主の株式買取請求………………………………………27
　　(イ)　新株予約権買取請求……………………………………………29

(6)　債権者異議手続・事後の開示……………………………29
　　　(ア)　債権者異議手続…………………………………………29
　　　(イ)　事後の開示………………………………………………30
　③　新設合併の手続…………………………………………………31
　　(1)　新設合併契約………………………………………………31
　　(2)　その他の新設合併手続……………………………………31
　　　(ア)　事前の開示………………………………………………31
　　　(イ)　株主総会等………………………………………………31
　　　(ウ)　差止請求…………………………………………………32
　　　(エ)　反対株主の株式買取請求………………………………32
　　　(オ)　債権者異議手続…………………………………………32
　　　(カ)　設立に関する特則………………………………………32
　　　(キ)　事後の開示………………………………………………32
　④　合併の効果………………………………………………………33
　　(1)　吸収合併の効果……………………………………………33
　　(2)　新設合併の効果……………………………………………34
　⑤　合併の無効………………………………………………………34
　　(1)　意　義………………………………………………………34
　　(2)　無効原因……………………………………………………34
　　(3)　提訴権者・提訴期間………………………………………35
　　(4)　無効判決の効力……………………………………………36
　〈POINT〉　合併契約の主要チェック事項……………………36

Ⅲ　会社分割……………………………………………………………38
　①　会社分割の意義…………………………………………………38
　②　吸収分割の手続…………………………………………………39
　　(1)　吸収分割契約………………………………………………39
　　(2)　事前の開示・株主総会等…………………………………40
　　　(ア)　事前の開示………………………………………………40
　　　(イ)　株主総会等………………………………………………42

(3) その他の吸収分割手続……………………………………………43
　　(ア) 略式吸収分割…………………………………………………43
　　(イ) 簡易吸収分割…………………………………………………43
　　(ウ) 差止請求………………………………………………………44
　　(エ) 反対株主等の株式買取請求等………………………………44
　　(オ) 債権者異議手続………………………………………………45
　　(カ) 事後の開示……………………………………………………46
　　(キ) 詐害的な吸収分割の場合の債権者保護……………………46
3 新設分割の手続…………………………………………………………47
　(1) 新設分割計画……………………………………………………47
　(2) その他の新設分割手続…………………………………………48
　　(ア) 事前の開示……………………………………………………48
　　(イ) 株主総会等……………………………………………………48
　　(ウ) 簡易新設分割…………………………………………………48
　　(エ) 差止請求………………………………………………………49
　　(オ) 反対株主の株式買取請求権等………………………………49
　　(カ) 債権者異議手続………………………………………………49
　　(キ) 設立に関する特則……………………………………………49
　　(ク) 事後の開示……………………………………………………49
　　(ケ) 詐害的な新設分割の債権者保護……………………………50
4 会社分割の効力発生……………………………………………………50
5 会社分割の無効…………………………………………………………50

IV 株式交換・株式移転…………………………………………………52

1 株式交換・株式移転の意義……………………………………………52
2 株式交換の手続…………………………………………………………53
　(1) 株式交換契約……………………………………………………53
　(2) その他の株式交換手続…………………………………………54
　　(ア) 事前の開示……………………………………………………54
　　(イ) 株主総会等……………………………………………………56

	(ウ) 略式株式交換 …………………………………………………57
	(エ) 簡易株式交換 …………………………………………………58
	(オ) 反対株主等の株式買取請求等 ………………………………58
	(カ) 差止請求 …………………………………………………………59
	(キ) 債権者異議手続 …………………………………………………59
	(ク) 株式交換の効力発生 ……………………………………………59
	(ケ) 事後の開示 ………………………………………………………60

3 株式移転の手続 ………………………………………………………60
  (1) 株式移転計画 ……………………………………………………60
  (2) その他の株式移転手続 …………………………………………61
    (ア) 事前の開示 ……………………………………………………61
    (イ) 株主総会等 ……………………………………………………62
    (ウ) 反対株主等の株式買取請求等 ………………………………62
    (エ) 差止請求 ………………………………………………………62
    (オ) 債権者異議手続 ………………………………………………62
    (カ) 設立に関する特則 ……………………………………………63
    (キ) 株式移転の効力発生 …………………………………………63
    (ク) 事後の開示 ……………………………………………………63

4 株式交換・株式移転の無効 …………………………………………63

V 自己株式取得の手続 …………………………………………………65

1 市場取引・公開買付け以外の方法による取得 ……………………65
  (1) ミニ公開買付け …………………………………………………65
  (2) 特定株主からの自己株式の取得 ………………………………66
    (ア) 手 続 …………………………………………………………66
    (イ) 売主追加請求権 ………………………………………………66
  (3) 子会社からの自己株式の取得 …………………………………67

2 市場取引・公開買付けによる自己株式の取得 ……………………67

3 特別の取得の定めがある場合の取得の手続 ………………………67
  (1) 取得請求権付株式の取得 ………………………………………67

	(ア)	株主による請求	67
	(イ)	取得請求権付株式の取得の対価	68
(2)		取得条項付株式の取得	68
	(ア)	一定の取得事由	68
	(イ)	取得の効力発生	69
(3)		全部取得条項付種類株式の取得	70

4 自己株式の処分と消却 …………………………… 71
  (1) 処　分 …………………………………………… 71
  (2) 消　却 …………………………………………… 71

Ⅵ　第三者割当増資等 ……………………………………… 72

1 第三者割当の意義 ………………………………… 72
2 第三者割当に係る問題と対応 …………………… 72
  (1) 会社法の対応 …………………………………… 72
  (2) 金融商品取引法（有価証券届出書）の対応 …… 73
    (ア) 有価証券届出書の提出 ……………………… 73
    (イ) 有価証券届出書の記載内容 ………………… 74
    (ウ) 有価証券届出書提出前の第三者割当予定先との協議等 …… 74
3 有利発行規制 ……………………………………… 75
4 募集株式発行等の差止め ………………………… 75
  (1) 差止めの方法・手続 …………………………… 75
  (2) 差止めの事由 …………………………………… 76
    (ア) 法令または定款の違反 ……………………… 76
    (イ) 著しく不公正な方法による発行等 ………… 76

Ⅶ　株式の持合い規制（相互保有株式規制・子会社による親会社株式の取得・保有規制） …… 78

1 相互保有株式規制とは …………………………… 78
  【図1】 相互保有株式規制による議決権制限の例 …… 79
  〈One Point Lecture-2〉 持分法適用会社 ………… 80

| ② 子会社による親会社株式の取得・保有の制限……………………81
| 　(1) 親会社・子会社とは………………………………………………81
| 　(2) 子会社による親会社株式取得・保有の制限……………………82
| 　(3) 子会社による親会社株式取得制限の例外………………………82
| 　(4) 子会社による親会社株式の処分…………………………………83

第2章　M&A・アライアンスとその他の法

I　労働契約の承継……………………………………………………84

① 労働契約の承継をめぐる検討の推移……………………………84
　(1) 企業組織変更に係る労働関係法制等研究会報告（2000年報告）………84
　　(ア) 会社分割と労働契約承継法……………………………………85
　　(イ) 合併と労働契約の承継…………………………………………85
　　(ウ) 事業譲渡と労働契約の承継……………………………………85
　(2) 企業再編に伴う労働関係上の諸問題に関する研究会報告
　　（2002年報告）……………………………………………………87
　(3) 組織の変動に伴う労働関係に関する研究会報告（2015年報告）………88
　　(ア) 会社分割の会社法の制定の対応………………………………88
　　(イ) 事業譲渡…………………………………………………………89
　　(ウ) 2015年報告の対応方策検討……………………………………89

② 合　併……………………………………………………………91
　(1) 労働契約の包括的継承……………………………………………91
　(2) 労働条件の変更……………………………………………………91
　(3) 合併についての労働条件の変更に係る判例……………………92

③ 会社分割…………………………………………………………92
　(1) 会社分割の場合の特徴……………………………………………92
　(2) 労働契約承継法の概要……………………………………………93
　(3) 分割会社側の手続…………………………………………………93
　　(ア) 7条措置…………………………………………………………93

　　　　(イ)　5条協議（労働者との個別協議）……………………………94
　　　　(ウ)　7条措置、5条協議に関する判例………………………94
　　　　(エ)　労働者等への通知……………………………………………95
　　(4)　包括承継されるべき労働者………………………………………95
　　(5)　「主従事労働者、指定承継労働者」とは……………………96
　　　　(ア)　主従事労働者…………………………………………………96
　　　　(イ)　指定承継労働者………………………………………………96
　　(6)　異議申立権……………………………………………………………96
　　　　(ア)　異議申立ての方法……………………………………………96
　　　　(イ)　異議申出期限日………………………………………………97
　　　　(ウ)　不利益取扱いの禁止…………………………………………97
　　　　(エ)　申出の効果……………………………………………………97
　　(7)　労働契約の変更……………………………………………………97
　　(8)　実務上の問題と労働契約承継法………………………………97
　4　株式交換・株式移転、株式取得……………………………………98
　5　事業譲渡…………………………………………………………………99
　　(1)　事業譲渡における労働契約の承継……………………………99
　　(2)　労働契約承継の方法………………………………………………99

Ⅱ　独占禁止法「企業結合規制」………………………………………100
　1　独占禁止法の企業結合規制とは……………………………………100
　2　企業結合の事前届出制度の概要……………………………………100
　　(1)　届出前相談……………………………………………………………100
　　(2)　届出書の提出・審査………………………………………………101
　　　　【表1】　企業結合届出基準……………………………………102
　3　ガン・ジャンピング……………………………………………………104
　　(1)　ガン・ジャンピング（gun jumping）とは……………………104
　　(2)　情報管理の徹底……………………………………………………104

Ⅲ　金融商品取引法「公開買付け」……………………………………105

1	公開買付けの意義	105
2	公開買付規制の対象	106
(1)	公開買付けの定義と規制の対象	106
(ア)	定　義	106
(イ)	対　象	106
(2)	公開買付規制の対象会社	106
(3)	規制の対象となる株券等	107
(4)	買付け等＝規制の対象となる取得行為	107
(5)	義務的公開買付けの対象	107
(6)	規制の対象とならない買付け等	109
3	公開買付けの手続	109
(1)	公開買付開始公告	109
(2)	公開買付届出書の提出および写しの送付	110
(3)	公開買付説明書の作成・交付	111
(4)	対象会社の「意見表明報告書」の提出・送付と公開買付者の「対質問回答報告書」の提出・送付	111
(5)	公開買付けの結果の公告と「公開買付報告書」の提出	112
(6)	公開買付届出書等の公衆縦覧	112
4	公開買付けに係る実体的取引規制	112
(1)	公開買付期間に係る規制	112
(ア)	公開買付期間	112
(イ)	公開買付期間の変更	112
(2)	株券等の管理・買付代金に関する事務の委託	113
(3)	買付条件等の変更	113
(4)	公開買付者による公開買付け等の撤回	114
(5)	株主等による公開買付けの応募の解除	115
(6)	全部買付義務・全部勧誘義務	115
(ア)	全部買付義務	115
(イ)	全部勧誘義務	116
(7)	別途買付けの禁止	116

(8) 公開買付価格の均一性……………………………………………… 116
　⑤ 発行会社による公開買付け…………………………………………… 116
　(1) 発行会社の公開買付けの必要性…………………………………… 116
　(2) 発行会社の義務的公開買付け……………………………………… 117
　⑥ 公開買付規制違反に対する責任……………………………………… 117
　(1) 損害賠償責任………………………………………………………… 117
　(2) 課徴金………………………………………………………………… 118
　(3) 刑事罰………………………………………………………………… 118

Ⅳ 金融商品取引法による開示規制……………………………………… 119

　① 開示規制の意義………………………………………………………… 119
　② 開示規制の内容………………………………………………………… 119
　(1) 発行開示制度………………………………………………………… 119
　　(ア) 募集・売出し等の開示規制……………………………………… 120
　　(イ) 組織再編成による開示規制……………………………………… 120
　(2) 継続開示制度………………………………………………………… 120
　(3) 開示義務違反………………………………………………………… 121
　　(ア) 刑事罰……………………………………………………………… 121
　　(イ) 課徴金……………………………………………………………… 121
　　(ウ) 民事責任…………………………………………………………… 122
　③ 株券等大量保有の状況に関する開示（5％ルール）………………… 122

Ⅴ 金融商品取引法「インサイダー取引」…………………………… 123

　① インサイダー取引規制の意義………………………………………… 123
　② インサイダー取引の2類型…………………………………………… 123
　③ 会社関係者等のインサイダー取引…………………………………… 123
　(1) 「会社関係者」……………………………………………………… 123
　(2) 「第一次情報受領者」……………………………………………… 124
　(3) 「情報伝達・取引推奨行為者」…………………………………… 124
　(4) 「重要事実」………………………………………………………… 124

【表2】　重要事実の一覧 ································· 125
　　(5)　業務執行に関する重要事実発生の時期 ··············· 128
　　(6)　「特定有価証券等」の「売買等」····················· 128
　　　(ア)　「特定有価証券等」······························ 128
　　　(イ)　「売買等」···································· 129
　　(7)　「公表」·· 129
　　(8)　適用除外 ····································· 129
　　　【表3】　適用除外の概要（金商166条6項各号）········ 129
4　公開買付者等関係者によるインサイダー取引 ··············· 130
　　(1)　「公開買付者等関係者」····························· 130
　　(2)　「第一次情報受領者」······························· 131
　　(3)　「情報伝達・取引推奨行為者」························· 131
　　(4)　「公開買付け等事実」······························· 131
　　(5)　「公表」·· 132
　　(6)　対象株券等の「売付け」または「買付け」············· 132
　　(7)　適用除外 ····································· 132
5　刑事罰・課徴金···································· 132
　　(1)　刑事罰·· 132
　　(2)　課徴金·· 133

Ⅵ　倒産手続 ··· 135

1　特別清算手続 ····································· 135
　　(1)　事業譲渡······································ 135
　　(2)　合併、会社分割、株式交換・株式移転················ 136
2　破産手続·· 136
　　(1)　事業譲渡······································ 136
　　(2)　合併、会社分割、株式譲渡・株式移転················ 136
3　民事再生手続 ····································· 137
　　(1)　事業譲渡······································ 137
　　　(ア)　再生計画外事業譲渡と再生計画内事業譲渡·········· 137

(イ)　計画外事業譲渡‥‥‥‥‥‥‥‥‥‥‥‥‥‥‥‥‥‥‥‥‥‥137
　　　(ウ)　計画内事業譲渡‥‥‥‥‥‥‥‥‥‥‥‥‥‥‥‥‥‥‥‥‥‥139
　　　(エ)　担保権消滅許可制度‥‥‥‥‥‥‥‥‥‥‥‥‥‥‥‥‥‥‥‥139
　　(2)　会社分割、合併、株式交換・株式移転‥‥‥‥‥‥‥‥‥‥‥‥‥139
　　(3)　100％減資・増資手法による事業の再生‥‥‥‥‥‥‥‥‥‥‥‥139
　　　(ア)　減資の手続‥‥‥‥‥‥‥‥‥‥‥‥‥‥‥‥‥‥‥‥‥‥‥‥140
　　　(イ)　増資の手続‥‥‥‥‥‥‥‥‥‥‥‥‥‥‥‥‥‥‥‥‥‥‥‥140
　　　(ウ)　100％減増資を定める再生計画の認可‥‥‥‥‥‥‥‥‥‥‥‥140
　4　会社更生手続‥‥‥‥‥‥‥‥‥‥‥‥‥‥‥‥‥‥‥‥‥‥‥‥‥‥‥141
　　(1)　事業譲渡‥‥‥‥‥‥‥‥‥‥‥‥‥‥‥‥‥‥‥‥‥‥‥‥‥‥141
　　　(ア)　更生計画外事業譲渡‥‥‥‥‥‥‥‥‥‥‥‥‥‥‥‥‥‥‥‥141
　　　(イ)　更生計画内事業譲渡‥‥‥‥‥‥‥‥‥‥‥‥‥‥‥‥‥‥‥‥142
　　(2)　会社分割‥‥‥‥‥‥‥‥‥‥‥‥‥‥‥‥‥‥‥‥‥‥‥‥‥‥142
　　　(ア)　更生計画における記載事項‥‥‥‥‥‥‥‥‥‥‥‥‥‥‥‥‥143
　　　(イ)　会社法手続の適用除外‥‥‥‥‥‥‥‥‥‥‥‥‥‥‥‥‥‥‥143
　　(3)　新会社設立手法による事業譲渡‥‥‥‥‥‥‥‥‥‥‥‥‥‥‥‥143
　　　(ア)　更生計画における記載事項‥‥‥‥‥‥‥‥‥‥‥‥‥‥‥‥‥143
　　　(イ)　会社法手続の適用除外‥‥‥‥‥‥‥‥‥‥‥‥‥‥‥‥‥‥‥143
　　(4)　更生手続による100％減資・増資手法‥‥‥‥‥‥‥‥‥‥‥‥‥144
　　　(ア)　減　資‥‥‥‥‥‥‥‥‥‥‥‥‥‥‥‥‥‥‥‥‥‥‥‥‥‥144
　　　(イ)　株式の取得と消却‥‥‥‥‥‥‥‥‥‥‥‥‥‥‥‥‥‥‥‥‥144
　　　(ウ)　増　資‥‥‥‥‥‥‥‥‥‥‥‥‥‥‥‥‥‥‥‥‥‥‥‥‥‥144
　　(5)　合　併‥‥‥‥‥‥‥‥‥‥‥‥‥‥‥‥‥‥‥‥‥‥‥‥‥‥‥145
　　　(ア)　吸収合併‥‥‥‥‥‥‥‥‥‥‥‥‥‥‥‥‥‥‥‥‥‥‥‥‥145
　　　(イ)　新設合併‥‥‥‥‥‥‥‥‥‥‥‥‥‥‥‥‥‥‥‥‥‥‥‥‥145
　　　(ウ)　会社法手続の適用除外‥‥‥‥‥‥‥‥‥‥‥‥‥‥‥‥‥‥‥145
　　(6)　株式交換・株式移転‥‥‥‥‥‥‥‥‥‥‥‥‥‥‥‥‥‥‥‥‥145
　　　(ア)　株式交換‥‥‥‥‥‥‥‥‥‥‥‥‥‥‥‥‥‥‥‥‥‥‥‥‥145
　　　(イ)　株式移転‥‥‥‥‥‥‥‥‥‥‥‥‥‥‥‥‥‥‥‥‥‥‥‥‥146
　　　(ウ)　会社法手続の適用除外‥‥‥‥‥‥‥‥‥‥‥‥‥‥‥‥‥‥‥146

第2部　契約書の作成と審査の実務

第1章　M&A等の契約書の特徴

Ⅰ　基本合意書・最終契約書 …………………………………………… 148

 1　基本合意書 ……………………………………………………………… 148
  (1)　基本合意書の意義 ………………………………………………… 148
  (2)　法的性格 …………………………………………………………… 148
  (3)　基本合意書の内容 ………………………………………………… 149
   (ア)　取引の概要に係る条項 ………………………………………… 149
   (イ)　独占交渉権・優先交渉権条項 ………………………………… 150
   (ウ)　デューデリジェンス実施条項 ………………………………… 150
   (エ)　秘密保持条項 …………………………………………………… 150
   (オ)　法的拘束力条項 ………………………………………………… 151
   (カ)　有効期間・契約期間 …………………………………………… 151
   (キ)　誠実交渉義務条項 ……………………………………………… 151
  (4)　基本合意書締結時の適時開示 …………………………………… 152
 2　最終契約書 ……………………………………………………………… 152
  (1)　最終契約書の意義 ………………………………………………… 152
  (2)　最終契約書の内容 ………………………………………………… 152

Ⅱ　基本合意書の特徴的な条項例 ………………………………………… 153

 1　買収監査（デューデリジェンス）条項 ……………………………… 153
  【記載例1】　基本条文例 …………………………………………… 153
  (1)　買収監査（デューデリジェンス）とは ………………………… 153
  (2)　調査対象 …………………………………………………………… 154
   (ア)　ビジネスデューデリジェンス ………………………………… 154

㈡　財務デューデリジェンス……………………………………………154
　　　㈢　法務デューデリジェンス……………………………………………154
　　　㈣　その他のデューデリジェンス………………………………………155
　　【記載例2】　買収監査条項例……………………………………………155
　② 独占交渉権条項……………………………………………………………157
　　【記載例3】　基本条文例…………………………………………………157
　　⑴　意　義…………………………………………………………………157
　　⑵　独占交渉権に係る裁判例（住友信託銀行対株式会社UFJホール
　　　ディングス）……………………………………………………………158
　　　㈠　独占交渉権についての法的拘束力・差止めの仮処分……………158
　　　㈡　独占交渉権違反に基づく損害賠償…………………………………158
　　⑶　独占交渉権条項例と変更例…………………………………………159
　　【記載例4】　譲渡人にとって検討すべき条項例と変更例……………159
　　【記載例5】　独占交渉権条項例…………………………………………161
　③ 法的拘束力条項……………………………………………………………164
　　【記載例6】　基本条文例…………………………………………………164
　　⑴　意　義…………………………………………………………………164
　　⑵　契約交渉の一方的破棄………………………………………………165
　　【記載例7】　法的拘束力条項例…………………………………………165

Ⅲ　最終契約書の特徴的な条項例……………………………………………167

　① 価格調整条項………………………………………………………………167
　　⑴　価格調整の意義………………………………………………………167
　　【記載例8】　基本条文例…………………………………………………167
　　⑵　価格調整条項の内容…………………………………………………168
　　【記載例9】　価格調整条項例……………………………………………169
　② 表明保証条項………………………………………………………………170
　　【記載例10】　基本条文例…………………………………………………170
　　⑴　表明保証の意義………………………………………………………170
　　⑵　表明保証の法的性質…………………………………………………171

(3)　表明保証事項⋯⋯⋯⋯⋯⋯⋯⋯⋯⋯⋯⋯⋯⋯⋯⋯⋯⋯⋯⋯⋯⋯ 171
　　(4)　表明保証の記載例⋯⋯⋯⋯⋯⋯⋯⋯⋯⋯⋯⋯⋯⋯⋯⋯⋯⋯⋯ 173
　　　【記載例11】　表明保証条項⋯⋯⋯⋯⋯⋯⋯⋯⋯⋯⋯⋯⋯⋯⋯ 173
　　　【記載例12】　別紙Ⅰ「表明保証事項」⋯⋯⋯⋯⋯⋯⋯⋯⋯⋯ 173
　　(5)　表明保証の除外、表明保証の対象・範囲の制限方法⋯⋯⋯ 177
　　　【記載例13】　表明保証の対象・範囲の制限⋯⋯⋯⋯⋯⋯⋯⋯ 178
３　補償条項⋯⋯⋯⋯⋯⋯⋯⋯⋯⋯⋯⋯⋯⋯⋯⋯⋯⋯⋯⋯⋯⋯⋯⋯⋯ 180
　　　【記載例14】　基本条文例⋯⋯⋯⋯⋯⋯⋯⋯⋯⋯⋯⋯⋯⋯⋯⋯ 180
　　(1)　補償条項の意義・法的性質⋯⋯⋯⋯⋯⋯⋯⋯⋯⋯⋯⋯⋯⋯ 180
　　(2)　補償の限定⋯⋯⋯⋯⋯⋯⋯⋯⋯⋯⋯⋯⋯⋯⋯⋯⋯⋯⋯⋯⋯ 181
　　　(ア)　補償対象の期間⋯⋯⋯⋯⋯⋯⋯⋯⋯⋯⋯⋯⋯⋯⋯⋯⋯⋯ 181
　　　(イ)　補償額の制限⋯⋯⋯⋯⋯⋯⋯⋯⋯⋯⋯⋯⋯⋯⋯⋯⋯⋯⋯ 181
　　　【記載例15】　補償条項例⋯⋯⋯⋯⋯⋯⋯⋯⋯⋯⋯⋯⋯⋯⋯⋯ 182
４　MAC条項（Material Adverse Change条項）⋯⋯⋯⋯⋯⋯⋯⋯⋯ 184
　　　【記載例16】　基本条文例⋯⋯⋯⋯⋯⋯⋯⋯⋯⋯⋯⋯⋯⋯⋯⋯ 184
　　(1)　MAC条項とは⋯⋯⋯⋯⋯⋯⋯⋯⋯⋯⋯⋯⋯⋯⋯⋯⋯⋯⋯ 185
　　(2)　MAC条項に関する裁判例⋯⋯⋯⋯⋯⋯⋯⋯⋯⋯⋯⋯⋯⋯ 185
　　(3)　米国におけるMAC条項に関する裁判所の判断基準⋯⋯⋯ 186
　　(4)　MAC条項の対応⋯⋯⋯⋯⋯⋯⋯⋯⋯⋯⋯⋯⋯⋯⋯⋯⋯⋯ 187
　　　【表４】　米国におけるMAC条項の例外規定⋯⋯⋯⋯⋯⋯⋯ 187
５　クロージングの前提条件⋯⋯⋯⋯⋯⋯⋯⋯⋯⋯⋯⋯⋯⋯⋯⋯⋯⋯ 188
　　　【記載例17】　基本条文例⋯⋯⋯⋯⋯⋯⋯⋯⋯⋯⋯⋯⋯⋯⋯⋯ 188
　　(1)　「クロージングの前提条件」とは⋯⋯⋯⋯⋯⋯⋯⋯⋯⋯⋯ 189
　　(2)　「前提条件」と解除の効果⋯⋯⋯⋯⋯⋯⋯⋯⋯⋯⋯⋯⋯⋯ 189
　　(3)　具体的な前提条件・条項例⋯⋯⋯⋯⋯⋯⋯⋯⋯⋯⋯⋯⋯⋯ 190
　　　【記載例18】　「表明保証の正確性・真実性」条項例⋯⋯⋯⋯ 190
　　　【記載例19】　「契約上の義務の履行」条項例⋯⋯⋯⋯⋯⋯⋯ 191
　　　【記載例20】　「当事者における必要な手続等の完了」条項例⋯⋯⋯ 191
　　　【記載例21】　「第三者との必要な手続の完了」条項例⋯⋯⋯ 192
６　誓約事項⋯⋯⋯⋯⋯⋯⋯⋯⋯⋯⋯⋯⋯⋯⋯⋯⋯⋯⋯⋯⋯⋯⋯⋯⋯ 192

【記載例22】　クロージング前の誓約事項の基本条文例･･････････192
　【記載例23】　クロージング後の誓約事項の基本条文例･･････････193
　⑴　「誓約事項」の意義・法的性質･････････････････････････････193
　⑵　「誓約事項」の効果･･･194
　⑶　「誓約事項」の具体例･･･････････････････････････････････････194
　　㋐　クロージング前までの誓約事項の条項例･････････････････････194
　【記載例24】　クロージング前までの誓約事項例･･････････････････195
　　㋑　クロージング後の誓約事項の条項例･････････････････････････196
　【記載例25】　クロージング後の誓約事項の条項例･････････････････196

第2章　M&A・アライアンスの検討段階前の契約書

1　秘密保持契約書･･198
〈POINT〉
　⑴　秘密保持契約書の意義･･･････････････････････････････････････198
　⑵　秘密保持契約書の内容･･･････････････････････････････････････198
　　㋐　秘密情報の定義･･･199
　　㋑　秘密保持義務･･･199
　　㋒　目的外使用の禁止･･･199
　⑶　M&A秘密保持契約書・アライアンス秘密保持契約書････････････199
　【書式1】　秘密保持契約書･････････････････････････････････200
2　アドバイザリー業務委託契約書･･････････････････････････････210
　【書式2】　M&Aアドバイザリー業務委託契約書･････････････210

第3章　会社法の組織再編に関する契約書

Ⅰ　合併に関する契約書･･･････････････････････････････････････218
1　吸収合併に関する基本合意書･･･････････････････････････････218
〈POINT〉

(1)　取締役会承認および適時開示……………………………………218
　　　(2)　その他………………………………………………………………219
　　　　【書式3】　合併に関する基本合意書…………………………………219
　　② 　吸収合併契約書………………………………………………………230
　　〈POINT〉
　　　(1)　吸収合併契約書の必要的記載事項の注意点……………………230
　　　(2)　定款変更条項、取締役・監査役の選任条項、剰余金の配当条項
　　　　の注意点………………………………………………………………230
　　　　【書式4】　吸収合併契約書……………………………………………231
　　③ 　新設合併契約書………………………………………………………252
　　〈POINT〉
　　　(1)　新設合併が少ない理由……………………………………………252
　　　(2)　交付金合併が不可…………………………………………………252
　　　(3)　設立の特則…………………………………………………………252
　　　　【書式5】　新設合併契約書……………………………………………253

Ⅱ　会社分割に関する契約書………………………………………………263
　　① 　共同新設分割に関する基本合意書…………………………………263
　　　　【書式6】　共同新設分割に関する基本合意書………………………263
　　② 　共同新設分割計画書…………………………………………………270
　　〈POINT〉
　　　(1)　共同新設分割といわゆる共同吸収分割…………………………270
　　　(2)　株式割当比率………………………………………………………270
　　　　【書式7】　共同新設分割計画書………………………………………271
　　③ 　新設分割計画書………………………………………………………283
　　　　【書式8】　新設分割計画書……………………………………………283
　　④ 　吸収分割契約書………………………………………………………288
　　　　【書式9】　吸収分割契約書……………………………………………288
　　　　〔その他の記載事項〕……………………………………………………298

Ⅲ　株式交換・株式移転に関する契約書················304

1　株式交換に関する基本合意書················304
【書式10】　株式交換に関する基本合意書················304
〔その他の検討すべき条項〕················309
2　株式交換契約書················310
【書式11】　株式交換契約書················310
3　共同株式移転に関する基本合意書················320
【書式12】　共同株式移転に関する基本合意書················320
4　共同株式移転計画書················326
【書式13】　共同株式移転計画書················326

第4章　事業・株式の譲渡に関する契約書

1　事業譲渡に関する基本合意書················336
【書式14】　事業譲渡に関する基本合意書················336
2　事業譲渡契約書················342
〈POINT〉
　(1)　偶発債務・簿外債務の承継の予防················342
　(2)　株主総会決議················342
【書式15】　事業譲渡契約書················343
3　株式譲渡契約書················368
【書式16】　株式譲渡契約書················368
4　総数株式引受契約書················379
〈POINT〉
　(1)　総数株式引受契約書の契約手続················379
　(2)　総数株式引受契約書の契約当事者················379
　　(ア)　譲渡制限株式以外の株式を発行する場合················379
　　(イ)　譲渡制限株式を発行する場合················379
【書式17】　総数募集株式引受契約書················380

- 5 民事再生支援スポンサー契約書……………………………………… 383
- 〈POINT〉
  - (1) 会社更生手続・民事再生手続の場合の100％減資および増資 …… 383
  - (2) 任意整理の場合の100％減資および増資 …………………………… 383
  - 【書式18】 民事再生支援に関するスポンサー契約書 ………………… 384

第5章 アライアンスに関する契約書

I ジョイント・ベンチャー契約書 …………………………………… 391

- 1 合弁会社設立契約書 …………………………………………………… 391
- 〈POINT〉
  - (1) 出資比率 ……………………………………………………………… 391
  - (2) 独占禁止法の規制 …………………………………………………… 391
  - (3) 合弁会社設立後の各種契約の必要性 ……………………………… 392
  - 【書式19－1】 合弁会社設立契約書 ………………………………… 392
  - 【書式19－2】 取締役会の運営に関する覚書 ……………………… 412
- 2 建設工事共同企業体協定書 …………………………………………… 414
- 〈POINT〉
  - (1) 共同企業体の形態 …………………………………………………… 414
    - (ア) 特定建設工事共同企業体（特定JV） ………………………… 414
    - (イ) 経常建設共同企業体（経常JV） ……………………………… 414
    - (ウ) 地域維持型建設共同企業体（地域維持型JV） ……………… 414
  - (2) 共同企業体の施工方法 ……………………………………………… 414
    - (ア) 甲型共同企業体（甲型JV） …………………………………… 415
    - (イ) 乙型共同企業体（乙型JV） …………………………………… 415
  - (3) 共同企業体協定書ひな型 …………………………………………… 415
  - 【書式20】 建設工事共同企業体協定書 ……………………………… 416

II 業務・資本提携契約書 …………………………………………… 429

目 次

- 1 業務・資本提携に関する基本合意書 …………………………………… 429
  - 【書式21】 業務・資本提携に関する基本合意書 ………………… 429
- 2 業務提携契約書 …………………………………………………………… 438
  - 【書式22】 業務提携契約書 …………………………………………… 438

Ⅲ 共同研究開発における契約書 …………………………………………… 444

- 1 共同研究開発契約書 ……………………………………………………… 444
  - 【書式23】 共同研究開発契約書 ……………………………………… 444

Ⅳ 組合に関する契約書 ……………………………………………………… 465

- 1 有限責任事業組合契約書 ………………………………………………… 465
- 〈POINT〉
  - (1) 有限責任事業組合契約とは ……………………………………… 465
  - (2) 組合債権者からの開示請求 ……………………………………… 465
  - (3) 出資の目的・価額と損益分配 …………………………………… 466
  - 【書式24】 有限責任事業組合契約書 ………………………………… 466
    - 〔別紙1〕 組合員の名称・所在場所および出資の目的・出資の価額 …………………………………………………………… 484
- 2 投資事業有限責任組合契約書 …………………………………………… 485
  - (1) 投資事業組合 ………………………………………………………… 485
  - (2) 中小企業等投資事業有限責任組合 ……………………………… 485
  - (3) 投資事業有限責任組合 …………………………………………… 485
- 〈POINT〉
  - (1) 投資事業有限責任組合契約の必要的記載事項 ………………… 486
  - (2) モデル契約の参照 ………………………………………………… 486
  - (3) 投資事業有限責任組合の立上げと金融商品取引法 …………… 486
    - (ア) 原　則 ……………………………………………………… 486
    - (イ) 適格機関投資家等特例業務 ……………………………… 487
    - (ウ) 特例業務と平成27年金融商品取引法改正 ……………… 487
  - 【書式25】 投資事業有限責任組合契約書 …………………………… 488

〔別紙1〕 組合員名簿……………………………………………………564
〔別紙2〕 投資ガイドライン……………………………………………565

- **事項索引**……………………………………………………………………566
- **著者略歴**……………………………………………………………………572

第1部
M&A・アライアンス契約と法

第1章
M&A・アライアンスと会社法

I　事業の譲渡等

1　総説

　会社法第2編第7章でいう「事業の譲渡等」（会社467条〈事業譲渡等の承認等〉に含まれる行為）とは、①事業の全部の譲渡（1号）および、②事業の重要な一部の譲渡（2号）だけでなく、その子会社の株式または持分の全部または一部の譲渡（2号の2）、③他の会社の事業の全部の譲受け（3号）、④事業の全部の賃貸、事業の全部の経営の委任、他人との損益の全部を共通にする契約その他これらに準ずる契約の締結、変更または解約（4号）、⑤当該会社の成立後2年以内におけるその成立前から存在する財産であってその事業のために継続して使用するものの取得（事後設立。5号）までの行為を含む（会社467条1項1号〜5号）。そして、これらの行為に係る契約は、株主総会の決議によって、承認を受けなければならない（会社467条1項柱書）。一方、この章における「事業譲渡等」とは、上記の行為の①から④まで対象とし、⑤の事後設立を含まない（会社468条1項かっこ書）。

　以上のうち事業の譲渡・譲受けとは、会社の事業を取引行為として他に譲渡し、または他の会社から譲り受けることである。また子会社株式の譲渡とは、親会社が子会社株式を取引行為として他に譲渡することである。これらは、株主利益に重大な影響を及ぼすため、原則、株主総会の特別決議を経なければならない（会社309条2項11号）。

　事業の譲渡・譲受けは、当事会社間の債権契約としてなされ、事業自体は単

一の権利として認められていないので、事業を構成する個々の権利義務が個別的に承継され、事業上の債務は、債権者が債務引受けに同意しない限り当然には移転しないため、債権者異議手続は法定されていない。ただし、例外として、次の制度が認められる。すなわち、①事業の譲受会社が、譲渡会社の商号を引き続き使用する場合、譲渡会社の事業によって生じた債務を弁済する責めを負う（会社22条1項）。②事業の譲受会社が、譲渡会社の事業によって生じた債務を引き受ける旨の広告をしたときは、譲渡会社の債権者は譲受会社に対し弁済の請求をすることができる（会社23条1項）。この場合の譲渡会社の責任は、①の場合は事業を譲渡した日後、②の場合は広告があった日後、それぞれ2年以内に請求または請求の予告をしない債権者に対しては、その期間経過時に消滅する（会社22条3項、23条2項）。③譲渡会社が譲受会社に承継されない債務の債権者（残存債権者）を害することを知って事業を譲渡した場合、残存債権者は、譲受会社に対して、承継した財産の価額を限度として、当該債務の履行を請求できる（会社23条の2第1項本文）。③の場合、譲受会社が事業譲渡の効力が生じた時に残存債権者を害すべき事実を知らなかったときは責任を負わない（会社23条の2第1項ただし書）。譲受会社の責任は、当該詐害的な事業譲渡を知った時から2年以内に請求または請求の予告をしない残存債権者に対しては、その期間経過時に消滅する（会社23条の2第2項）。

　事業の全部の譲渡をした場合でも、当然には解散せず目的を変更して存続することも可能である。譲渡の対価は、譲渡会社の株主に交付されず、譲渡会社に帰属する。

2　事業の譲渡

(1)　事業の全部または重要な一部の譲渡

　事業の全部の譲渡または事業の重要な一部の譲渡に該当する事業譲渡契約は株主総会の特別決議を経なければ無効である（会社467条1項1号・2号）。株主総会の特別決議を要する事業の譲渡の意義について、解釈が分かれる。

(ア)　第1説

　第1説は、判例および従来の多数説であり、判例によれば、旧商法245条1項1号（会社467条1項1号・2号）によって特別決議を経ることを必要とする

営業（＝事業）の譲渡とは、同法24条以下（会社21条以下）にいう営業譲渡と同一意義であって、営業そのものの全部または重要な一部を譲渡すること、詳言すれば、一定の営業目的のため組織化され、有機的一体として機能する財産（得意先関係等の経済的価値のある事実関係を含む）の全部または重要な一部を譲渡し、これによって、譲受会社がその財産によって営んでいた営業的活動の全部または重要な一部を譲受人に受け継がせ、譲渡会社がその譲渡の限度に応じ法律上当然に同法25条（会社21条）に定める競業避止義務を負う結果を伴うものをいうとされる（最判昭和40・9・22民集19巻6号1600頁、百選〔第3版〕85事件174頁）。第1説は、①事業目的のために組織化された有機的一体をなす財産の譲渡であればよく、②事業活動の承継、および、③競業避止義務の負担を不可欠の要件として、取引の安全すなわち譲受人の安全を図ろうとするものである。第1説の根拠は、法解釈の統一性・安定性の観点から旧商法24条以下に定める営業譲渡と同一意義に解するのが適当であること、特別決議を要する営業譲渡かどうかが営業活動の承継と競業避止義務の負担の有無を基準として比較的容易に判断できるので、法律関係の明確性・取引の安全が確保されることである[1]。第1説の立場は、その後の最高裁判決にも踏襲されている（最判昭和41・2・23民集20巻2号302頁、最判昭和46・4・9判時635号149頁）。

これに対し、第2説、第3説は譲渡会社の株主の保護を図ろうとするものであり、いずれも第1説より、株主総会にかかる範囲が広い。

(イ) 第2説

第2説は、第1説の最高裁判決（前掲昭和40・9・22）の少数意見の立場にあり、営業譲渡には営業目的のため組織化されて有機的一体をなす財産を譲渡することで足り、営業活動の承継と競業避止義務の負担の有無は必要がないとする点で、第3説と共通するが、さらに、重要な工場の重要な機械などのように営業用財産の譲渡であっても、それが組織的財産の機能を発揮するうえで極めて重要なものであれば営業譲渡にあたるとするものである。

しかし事業用財産のみの譲渡でも株主総会の決議を要するとするのは、取締役会の決議事項[2]との整合性が問題となり、反対をとる説[3]が多い。

1　山部俊文「判批」百選〔第3版〕85事件175頁

(ウ) 第 3 説

　第 3 説は、事業譲渡とは事業目的のために組織化され、有機的一体として機能する財産であれば事業譲渡の要件とするものであるが、第 2 説との違いは、単なる事業用財産については事業譲渡とはならないとするものである。

　現在では、第 3 説の「有機的一体として機能する組織的財産」を強調する説が有力説とされるが、組織的財産の意義については必ずしも明確ではないとの問題も指摘されている。

　以上から、現実に第 1 説の、②事業活動の承継、および、③競業避止義務の負担を問題とするのではなく、客観的に見て②、③を伴うと判断できる状況で、①の組織的財産が譲渡されれば、特別決議を要する事業譲渡と解してもよいとするのが、正当なところではないだろうか。

(2) 子会社株式等の譲渡

　平成26年改正前会社法では、親会社が子会社の株式または持分を譲渡する場合には、親会社の事業の一部の譲渡には該当しないとする見解も有力であった。

　しかし、親会社が子会社の株式等の全部または一部を第三者に譲渡する場合で、親会社が子会社に対する支配権を喪失するような場合には、事業譲渡と同様の影響が親会社に及ぶことになる。

　そこで、以下の二つの要件（会社467条1項2号の2イ・ロ、会社則134条）のいずれにも該当するときは、株主総会の特別決議によって株式等譲渡契約の承認を受けなければならない（会社467条1項2号の2、309条2項11号）。

　二つの要件は、①当該譲渡により譲り渡す株式または持分の帳簿価額が、譲渡会社の総資産額として法務省令（会社則134条）で定める方法により算定される額の 5 分の 1 （これを下回る割合を定款で定めた場合はその割合）を超えると

2　重要な事業財産の譲渡は、「事業の譲渡」という文言からかけ離れているように思われるし、会社法362条4項1号とも整合しない。しかも、取引の安全を犠牲にしてよいといえるか（事業の譲渡の違反は、相手方の善意・悪意に関係なく無効と考えられているため、相手方保護の要請を無視することになる点）については疑問が残る（弥永384頁）。
3　江頭950頁、山部・前掲（注1）175頁
4　山下眞弘「事業の重要な一部の譲渡と株主総会の特別決議」浜田道代＝岩原紳作『会社法の争点』198頁。大隅＝今井101頁以下、江頭950頁
5　山下・前掲（注4）198頁

き、かつ、②譲渡会社が、効力発生日において当該子会社の過半数の議決権を有しないとき、である。

①の要件は、事業の重要な一部の譲渡の基準と同様である。②に関し、譲渡会社が企業グループ内の他の子会社に、子会社株式を譲渡した場合は、間接的に当該子会社の過半数の議決権を有することになるので、依然として支配権を失ってはいない。

(3) 事業全部の譲受け

事業の譲受けの場合は、他の会社（外国会社その他の法人を含む）の、事業の全部の譲受けに係る契約についてのみ、譲受会社は、株主総会の特別決議を要する（会社467条1項3号、309条2項11号）。重要な一部の譲渡とは異なり、事業の一部の譲受けは、譲受会社の株主にとってそれほど重要な意味を有さないからである。事業の全部の譲受けは、合併と平仄を合わせる形で、原則、特別決議を要するものとした。

(4) 事業譲渡・譲受け、子会社株式等の譲渡に係る承認手続

㋐ 株主総会決議

取締役会設置会社では、重要な財産の処分および譲受けについては、取締役会の決議または特別取締役による取締役会の決議が必要である（会社362条4項1号、373条1項柱書）。

株式会社は、譲渡会社では、①事業の全部の譲渡、②事業の重要な一部の譲渡、③前記(2)の要件に該当する子会社株式・持分の譲渡、をする場合には、その行為が生ずる日（効力発生日）の前日までに、株主総会の特別決議によって、その行為に係る契約の承認を受けなければならない（会社467条1項、309条2項11号）。

譲受会社は、他の会社の事業全部を譲り受ける場合に、譲り受ける資産に自

---

6 事業全部の譲受けの場合、特段の合意にない限り対象事業の偶発債務も移転してしまうため、移転しない債務は、事業譲受契約に明示されることが必要になる。
　なお、この場合、偶発債務のわずかな部分を譲受けの対象から除外しても、依然として事業の全部の譲受けであると解すべきである（江頭955頁）。

己株式が含まれているときは、取締役は、株主総会においてこの株式に関する事項を説明しなければならない（会社467条2項）。これは、会社の通常の自己株式の取得手続（会社461条1項、465条1項など）を経ないで、自己株式を取得することとなるので、取締役に説明義務を課すものである。

株主総会の特別決議が必要な場合に、その決議を欠く事業の譲渡または譲受契約は無効であり、合併の場合と異なり無効の主張は一般原則による。

(イ) 譲渡会社が総会の決議を要しない場合

a. **重要な一部の譲渡で譲渡資産の規模が小さい場合**　会社法では、事業の重要な一部の譲渡について、譲り渡す資産の帳簿価額が総資産の額（会社則134条）の5分の1（これを下回る割合を定款で定めた場合はその割合）以下の場合には、株主総会決議は要しないとした（会社467条1項2号かっこ書）。質的な問題については、なお、従来どおりの判断を要するが、量的な問題については、総資産額の5分の1以下の資産を譲渡する事業の譲渡は株主総会の決議を要しないと定められることにより、株主総会決議を要する事業の譲渡の範囲が明らかにされた。

総資産額が5分の1を超える資産の譲渡であっても、譲渡される事業が質的に重要なものでなければ株主総会の決議は要しないが（株主総会の決議が必要であるにもかかわらず、それを経ないでなされた譲渡契約は無効と解されるため）実務では、明らかに重要でないと判断できるものを除き、重要な一部であるか否かの詳細な検討を抜きにして株主総会の特別決議によることになるものと思われる。この場合、実際には重要な一部でないときは、反対株主の買取請求権はない。

b. **略式の事業譲渡等**　事業譲渡等に係る契約の相手方（譲受会社）が、当該事業譲渡をする会社の特別支配会社である場合には、当該事業譲渡等をする会社での株主総会特別決議は不要である（会社468条1項）。特別支配会社とは、ある株式会社の総株主の議決権の10分の9（これを上回る割合を定款で定める場合はその割合）以上を他の会社および当該他の会社が発行済株式の全部を有する株式会社、またはその持分の全部を有する法人が有している場合における他の会社をいう（会社468条1項かっこ書、会社則136条）。一定の支配関係のある会社間における場合において、株主総会の決議を要しないとしたものである。

ある会社が単独でまたは自己の完全子会社と共同して子会社を有している場合において、その子会社の議決権の9割以上を保有していれば、株主総会を開催しても承認される可能性が高く、開催の必要性が乏しく、むしろ開催を不要とすることにより、迅速かつ簡易な事業譲渡等を行うことのほうが望ましいからである。この場合、契約の相手方（譲渡会社）は株式買取請求権を有しない（会社469条2項2号）。

c. 一定の重要性を要しない子会社の株式等の譲渡　子会社の株式等の譲渡をする場合のすべてについて株主総会特別決議とすることは、意思決定の迅速性を損なうとの批判もあり、適切ではなく、一定の重要性についての要件を設け、それに該当しないものは、株主総会の特別決議を要しないものとした。すなわち、①当該譲渡により譲り渡す株式または持分の帳簿価額が、譲渡会社の総資産額として法務省令（会社則134条）で定める方法により算定される額の5分の1を超える基準に達しないとき、または、②譲渡会社が、効力発生日において当該子会社の過半数の議決権を失わないとき、は株主総会の特別決議は不要である。なお、①の要件を充足する場合の②に関し、たとえば、親会社（A社）が企業グループ内の他の完全子会社（C社）に、子会社（B社）の過半数の議決権を譲渡した場合は、親会社は間接的には当該子会社（B社）の過半数の議決権は失わないことになるので、親会社の株主総会決議は不要である。その後、他の完全子会社（C社）が、企業グループ外の会社に子会社（B社）の株式を譲渡した場合、親会社（A社）にとって間接的に孫会社（B社）の過半数の議決権を有しないことになったときは、C社は株主総会の特別決議を要するが、A社は株主総会の特別決議を要しない。

(ウ)　譲受会社が総会の決議を要しない場合

a. 簡易な事業譲受け　他の会社の事業の全部の譲受けについて、譲受会社の事業の全部の対価として交付する財産の帳簿価額の合計額の当該会社の純資産額（会社137条）に対する5分の1（これを下回る割合を定款で定めた場合はその割合）を超えないときは、株主総会の決議は不要である（会社468条2項）。他の会社の事業の全部を譲り受けている場合であっても、対価が譲受会社の純資産に比べ小さい場合には、譲り受けても株主に重大な影響を及ぼさないから、株主総会の決議を不要とするものである。簡易合併などと同様の考え方である

（会社784条2項、796条2項）。この場合、会社は、株主に譲受けの効力発生日の20日前までに事業の譲受けをする旨を通知または公告しなければならない（会社469条3項・4項）。法務省令（会社則138条）で定める数の株主が、通知・公告の日から2週間以内に事業の全部の譲受けに反対する旨を通知したときは、会社は効力発生日の前日までに株主総会の特別決議によって、事業の全部の譲受契約の承認を受けなければならない（会社468条3項）。法務省令で定める数とは、株主総会で特別決議をした場合に否決できる最低数（定款で定足数・決議要件を変更していない場合は、総会で議決権を行使できる株式の総数の6分の1超）、または定款で定めた数などである（会社則138条）。簡易吸収合併の存続会社の場合と同様である（26頁POINT参照）。譲受会社の株主は、株式買取請求権を有しない（会社469条1項2号）。

b. **略式の事業譲受け**　譲渡会社が特別支配会社である場合は、譲受会社での株主総会の決議は不要とされる（会社468条1項、会社則136条）。前記(イ)「b. 略式の事業譲渡等」と同様である。この場合、譲渡会社は、株式買取請求権を有しない（会社469条2項2号）。

(5)　事業譲渡等の反対株主の株式買取請求

事業譲渡等（会社468条1項かっこ書、467条1項1号〜4号〈事業の全部の譲渡または重要な一部の譲渡、子会社株式等の全部または一部の譲渡、事業全部の譲受け、事業の全部の賃貸等〉）をする場合には、反対株主は、これらの行為をする会社に対し、自己の有する株式を公正な価格で買い取ることを請求することができる（会社469条1項柱書）。反対株主とは、①事業譲渡等をするために株主総会（種類株主総会を含む）の決議を要する場合は、ⓐ株主総会に先立って事業譲渡等に反対する旨を会社に対し通知し、かつ、この総会において事業譲渡に反対した株主、ⓑ株主総会において議決権を行使することができない株主、また、②株主総会の決議を要しない場合は、特別支配会社を除くすべての株主である（会社469条2項）。

なお、事業の全部の譲渡をする場合において、事業譲渡承認の株主総会決議と同時に解散の株主総会決議（会社471条3号）がされたときは、反対株主は株式買取請求をすることができない（会社469条1項1号）。反対株主も清算手続

によって残余財産の分配を受けられること、および債権者の保護を考慮した規定であることがその理由とされる。しかし、株主は、残余財産の分配によって不利益な事業譲渡による損失を必ずしも償われるものではなく、本条ただし書は立法論的に疑問とされる[7]。残余財産は、会社の全債務の弁済後でなければ分配することはできない（会社502条本文）。これに対し、株式買取請求権の場合は、公正な価額で買い取らなければならず、当事者間で協議し、協議が調わないときは、裁判所に価格の決定を申立てでき、価格が決定した場合は、効力発生日の期間満了の日後、年6分の利息も支払わなければならないからである（会社469条1項柱書、470条2項・4項）。

また簡易な事業全部の譲受けの場合は、株主に与える影響が軽微なことから、譲受会社の反対株主は、株式買取請求権を有しない（会社469条1項2号）。

株式の買取価格は「公正な価格」であり、事業譲渡等をしなければ当該株式が有したであろうと認められる価格とは限らず、事業譲渡等について、企業価値が上昇する場合には、そのシナジー効果（相乗効果）を含んだ価格であることが必要とされる（27頁(5)(ア)「反対株主の株式買取請求」参照）。

株式買取請求をした株主は、会社の承諾を得なければ、その買取請求の撤回をすることができない（会社469条7項）。会社の便宜および株主の投機的な株式買取請求権の行使の歯止めを考慮したものである。事業譲渡等を会社が中止した場合には、買取請求は失効する（会社469条8項）。

会社は、効力発生日の20日前までに、株主に対し、事業譲渡等をする旨を、通知しなければならない（会社469条3項）。ただし、公開会社である場合、または株主総会の決議によって事業譲渡等にかかる契約の承認を受けた場合は、公告をもって代えることができる（会社469条4項）。

買取請求は、効力発生日の20日前から効力発生日の前日までの間に、その買取請求にかかる株式の数（種類株式発行会社にあっては、株式の種類および種類ごとの数）を明らかにしてしなければならない（会社469条5項）。

価格の決定について、効力発生日から30日以内に協議が調わない場合は、その期間の満了の日後30日以内に、裁判所に対し価格の決定の申立てをすること

---

[7] 新注会(5)248頁〔宍戸善一〕

ができる（会社470条2項）。この場合、効力発生日から60日以内に価格の決定の申立てがないときは、その期間終了後は、株主は、いつでも株式買取請求を撤回できる（会社470条3項）。なお、利息負担（会社470条4項）の軽減等から、会社は株式の価格の決定があるまでは、株主に対し、当該会社が公正な価格と認める額を支払うことができる（会社470条5項）。

株式の価格の決定について、株主と会社との間に協議が調ったときは、会社は、効力発生日から60日以内に支払いをしなければならない（会社470条1項）。

> **POINT**
>
> ## 株主総会（特別決議）の要否
>
> (1) 事業譲渡契約が株主総会（特別決議）を要するか否か
>
> | | A譲渡会社 | B譲受会社 |
> |---|---|---|
> | ① 譲渡会社の事業の全部の譲渡 | ○要 | ○要 |
> | ② 譲渡する事業の一部が、譲渡人の総資産額の20％超の場合 | ○要 | |
> | ③ 譲渡する事業の一部が、譲渡人の総資産額の20％以下の場合 | × | |
> | ④ ①A、②Aの場合でも、譲受会社が譲渡会社の議決権の90％以上を有する場合 | × | |
> | ⑤ ①Bの場合でも、譲渡会社が譲受会社の議決権の90％以上を有する場合 | | × |
> | ⑥ ①Bの場合でも、譲受会社の譲受事業の対価が、譲受会社の純資産額の20％以下の場合 | | × |
>
> (2) 子会社株式譲渡契約が株主総会（特別決議）を要するか否か
>
> 譲渡する子会社株式の帳簿価額が、譲渡会社の総資産額の20％超、かつ子会社の過半数の議決権を失う場合には、株主総会が必要である。

③ 事業譲渡会社の競業禁止等

(1) 譲渡会社の競業禁止義務

①事業を譲渡した会社（以下、「譲渡会社」という）は、当事者の別段の意思

表示がない限り、同一の市町村の区域内および隣接する市町村の区域内において、その事業を譲渡した日から20年間は同一の事業を行ってはならない（会社21条1項）。ただし、②譲渡会社が同一の事業を行わない旨を特約した場合には、その特約は、その事業を譲渡した日から30年の期間内に限り、その効力を有する（会社21条2項）。①、②にかかわらず、譲渡会社は不正の目的をもって同一の事業を行ってはならない（会社21条3項）。特約を定めた場合でも30年という限度を設けたのは、譲渡会社の事業の自由を不当に制限すべきではないからであり、強行法規と解される。

(2) 商号続用の場合の譲受会社の責任

事業を譲り受けた会社（以下、「譲受会社」という）が、譲渡会社の商号を引き続き使用する場合には、その譲受会社も譲渡会社の事業によって生じた債務を弁済する責任を負う（会社22条1項）。[8]

この責任は、善意の事業債権者の保護を図ったものであるので、事業を譲り受けた後、遅滞なく、譲受会社が本店の所在地において譲渡会社の債務を弁済する責任を負わない旨を登記した場合には、譲渡会社の事業によって生じた債務を弁済する責任を負わない。また、事業譲受け後、遅滞なく、譲受会社および譲渡会社から第三者に対しその旨の通知をした場合において、その通知を受けた第三者についても同様である（会社22条2項）。

(3) 商号の続用がない場合の譲受会社の責任

商号の続用がない場合に、譲受会社は譲渡会社の債務について弁済の責任を負わないのが原則である。しかし、譲受会社が譲渡会社の商号を続用しない場合でも、譲渡会社の事業によって生じた債務を引き受ける広告をしたときは、譲渡会社の債権者に対して弁済の責任を負う（会社23条1項）。

広告の方法としては、新聞広告などのほか、通説は、多数の債権者等に対す

---

[8] ゴルフクラブの名称が、「ゴルフ場の事業主体を表示するものとして用いられる場合」において、ゴルフ場の事業が譲渡され、その名称を譲受会社が引き続き使用しているときは、特段の事情がない限り、譲受会社は、会社法22条1項の類推適用によりゴルフクラブ会員が譲渡会社に対して交付した預託金の返還義務を負い（最判平成16・2・20民集58巻2号367頁）、このことは会社分割に伴い事業を承継した会社も同様である（最判平成20・6・10金判1302号46頁）。

る書状の個別的送付でもよいとする。広告の内容としては、債務を引き受ける旨の趣旨が含まれていればよいとされる。最高裁は、単なるあいさつ状では、債務引受けの趣旨は含まれず広告にあたらないとする（最判昭和36・10・13民集15巻9号2320頁）。

(4) 譲渡会社の責任の除斥期間

譲受会社が会社法22条1項、23条1項の規定により譲渡会社の債務を弁済する責任を負う場合には、譲渡会社の責任は、事業の譲渡または広告の日後2年以内に請求または請求の予告をしない債権者に対しては2年経過時に消滅する（会社22条3項、23条2項）。

譲受会社が責任を負う場合でも、譲渡会社の責任は免除されるものではないが、最終的には譲受会社が主体的に負担すべき債務であるので、譲渡会社を早く法律関係から離脱させるのが適当であるから2年と規定した。

(5) 譲渡会社の債務者の保護

事業譲渡により譲渡会社の債権が譲受会社に移転していれば、譲渡会社の債務者が譲受会社に対してした弁済は当然に有効である。しかし、特約等により一部の債権を事業譲渡の対象から除外したような場合、この債権については、譲渡会社の債務者が譲受会社に対して弁済しても効力を生じない。しかし、譲受会社が譲渡会社の商号を続用している場合には、譲渡会社の事業によって生じた債権について譲受会社になされた弁済は、弁済者が善意・無重過失のときは、有効とされる（会社22条4項）。譲渡会社の商号が譲受会社に続用されている場合は、譲渡会社の債務者が、譲受会社を債権者と誤認する可能性が高いので、二重弁済から善意の第三者を保護する規定である。

(6) 詐害的な事業譲渡に係る残存債権者の保護

譲渡会社が譲受会社に承継されない債務の債権者（以下、「残存債権者」という）を害することを知って事業を譲渡した場合には、残存債権者は譲受会社に対して、承継財産の価額を限度として当該債務の履行を請求することができる（会社23条の2第1項本文）。

ただし、譲受会社が事業譲渡の効力発生時に残存債権者を害すべき事実を知らなかったとき、または、譲渡会社に破産手続、民事再生手続もしくは会社更生手続の開始決定があったときは、残存債権者は譲受会社に対して請求することはできない（会社23条の2第1項ただし書、同3項）。

この場合の譲受会社の責任は、残存債権者が、譲渡会社が残存債権者を害することを知って事業を譲渡したことを知った時から2年以内に請求または請求の予告をしないときは、2年経過時に消滅し、また事業譲渡の効力発生日から20年経過したときにも消滅する（会社23条の2第2項）。

> POINT

(1) 競業禁止義務条項

事業譲渡契約において譲渡会社は、別段の意思表示がない場合、同一・隣接市町村内で20年間は同一の事業が禁止される（会社21条1項）。

競業についての対応	契約書条項例（別段の意思表示）
① 競業禁止としない場合	・「譲渡会社は、譲受会社に対する競業禁止義務をいっさい負わないものとする。」
② 競業禁止とする場合	・「譲渡会社は、本契約締結後、○年間、日本国内において、本事業と同一または同種の事業を行わないものとする。」
	・契約書に別段の定めを設けない ※この場合は、同一・隣接市町村内で20年間は同一の事業が禁止される。 　ただし、当事者間で意思の明確ではない場合があるのでその旨の確認の意味から、競業禁止条項を規定すべきである。

(2) 譲渡会社の債務の弁済責任を負わない場合の商号等の続用

① 商号続用の場合

譲受会社が譲渡会社の債務について弁済責任を負わない旨の登記が必要となる（免責の登記をする場合、譲渡会社の承諾書の添付が必要とな

る〔商登31条〕)。

そのためにも、負わない旨を事業譲渡契約で明らかにしておくこと。また、譲渡会社にも協力を依頼し、当該弁済責任を負わない旨を第三者に通知する。

② 商号を続用しない場合

商号は続用しなくても、商号の略称、標章[9]、店名等の名称を続用する場合は、会社法22条1項の類推適用ととられるおそれがあり、しかも免責の登記も認められないため注意が必要である[10]。

この場合、事業譲受けをした旨の案内状は、案内文の内容に譲渡会社の債務を引き受ける趣旨が含まれないよう（さらには、債務の引受けをしない旨が含まれるよう）な注意が必要である。

---

9 東京地判平成27・10・2金判1480号44頁
10 最判平成16・2・20民集58巻2号367頁

Ⅱ 合　併

1 合併の意義等

(1) **合併の意義**
　㋐ **吸収合併と新設合併**

　合併は、二つ以上の会社が、法定の手続に従って一つの会社になることである。合併には、吸収合併と新設合併がある。当事会社の一つが存続し、他の消滅する会社の権利義務を存続会社に承継させる形態のものを吸収合併という（会社2条27号）。消滅した会社の財産のすべてが存続する会社に移転される。当事会社のすべてが消滅し、それと同時に設立する新会社に消滅する会社の権利義務を承継させる形態のものを新設合併という（会社2条28号）。

　実務では、圧倒的に吸収合併が利用される。経済的パワーが同等で、実質的に対等の条件下にある会社同士が合併する場合でも、通常、吸収合併による。そして、被吸収会社の立場を考慮して対等な商号に変更をする。新設合併では、免許事業の場合、新設会社にあらためて免許申請が必要なこと、新設会社の証券取引所への上場は、新規上場となること、当事会社の全部が解散（消滅）することになるので、全当事会社が株券発行会社の場合、株券をすべて回収して新設会社の株券と交換する必要があり、株券発行費用がかさむこと、などの問題がある。新設合併は、新株券との交換、財産移転登記、登録手続等について当事会社が2社の場合、吸収合併に比べて2倍の費用がかかり、合併手続完了までの日数も増加するといわれている。登録免除税も高くなる。

　消滅会社にとっては、合併も解散原因の一つである（会社471条4号）。しかし、合併の場合は、合併以外の解散とは異なり、消滅会社の財産・債務は存続会社または新設会社に包括的に承継され、消滅会社の株主は存続会社または新設会社の株主等となり、消滅会社は清算手続を経ないで消滅する。

　合併により清算会社が存続会社となることは認められないが、消滅会社となることは認められる（会社474条1号）。

　㋑ **株式会社と持分会社の合併**

　会社は4種（株式・合名・合資・合同）の会社間で自由に合併ができる（会社

748条)。たとえば、株式会社と株式会社が合併して、持分会社を新設会社とすること（会社755条1項、922条2項1号）、または持分会社と持分会社が合併をし、株式会社を新設会社とすることも認められる（会社753条1項、922条1項2号）。

(2) 合併と事業の譲渡との比較

合併では、複数の当事会社は、法律上完全に合体して一体化する。事業の譲渡、特に事業の全部の譲渡の場合に、譲渡後、譲渡会社が解散すれば、譲渡会社と譲受会社は、事実上一体化する。

(ア) 意　義

合併は、2以上の会社が合一して一つの会社になる団体法上の特殊な契約であり、会社財産の包括的な承継が行われ、消滅会社とその従業員の間の労働契約関係も存続会社に引き継がれ、消滅会社は、当然に解散し清算手続を経ないで消滅する。

一方、事業の譲渡は、一般取引上の債権契約であり、当然に事業全体が移転するわけではなく、個別の移転行為および対抗要件が必要となり、会社の解散も当然には生じない。

(イ) 株主の保護

合併は、消滅会社では、株主が合併の対価を受領するのと引き換えに、出資した会社が当然に解散によって消滅するので消滅会社の株主の利害に重大な影響を及ぼす。また、存続会社では、消滅会社の株主に合併対価を交付するのと引き換えに、消滅会社の権利義務を包括的に承継するので、存続会社の株主に重大な影響を及ぼす。そこで、当事会社において、原則、株主総会の特別決議により合併契約の承認が必要となる（会社783条1項ほか、309条2項12号）。さらに反対株主に株式買取請求権を与えて投下資本回収の確保を図っている（会社785条ほか）。

事業の譲渡は、一定の事業目的のために組織化された有機的一体として機能する財産の全部または重要な一部の譲渡であり、これによって譲受会社が事業活動を承継し、譲渡会社に競業避止義務が生じるものと解される。

事業の譲渡を行う場合、事業活動の継続ができなくなるなどの会社の運命を

左右することになるので譲渡会社の株主の利害に重大な影響を及ぼす。そこで、原則、株主総会の特別決議により事業譲渡契約を承認することが必要となる（会社467条1項1号・2号、309条2項11号）。さらに反対株主に株式買取請求権を与えて投下資本回収の確保を図っている（会社469条）。

(ウ) **債権者の保護**

合併を行う場合、各当事会社は、債権者異議手続を行わなければならない。すなわち、各当事会社の債権者は、相手会社の資産状態により、重大な影響を受けるので、一定期間内に異議を述べることができ、異議を述べたときは、各当事会社は、合併をしても債権者を害するおそれがないときを除き、弁済、相当の担保提供などをしなければならない（会社789条、799条、810条）。

事業の譲渡は、合併とは異なり、債務引受けがなされるためには、当該債務の債権者の承諾が必要となる。

(エ) **無効の主張方法**

合併の場合、その無効の解決を民法の一般原則に委ねると取引の安全を害するおそれがあるので、会社法は、合併無効の訴えの制度を設け、訴えのみによって主張できることとし（会社828条1項柱書・7号・8号）、また無効の主張を可及的に制限し無効となる場合でも既往の合併の効力を認めて、法律関係の安定を図っている。

事業の譲渡の場合は、合併のような法的規制はなく、いつでも、誰でも、どのような方法でも無効を主張できる。

(3) **合併手続の概要**

会社は、他の会社と合併することができる。この場合、まず合併当事者間で合併契約の締結（会社748条、株式会社を存続会社とする吸収合併契約＝会社749条、株式会社を設立する新設合併契約＝会社753条）をすることが必要であり、各当事会社は合併契約等の内容等の所定の情報の備置きを事前に行い、株主・債権者等に対し閲覧・謄写に供しなければならない（会社782条、794条、803条）。そして、各当事会社で株主総会の承認（会社783条、795条、804条）を得るとともに、反対株主の株式買取請求（会社785条、786条、797条、798条、806条、807条）を受け、債権者異議手続（会社789条、799条、810条、793条2項）を行い、吸収合

併では存続会社は、合併契約で定めた効力発生日に消滅会社の権利義務を承継し、新設合併では新設会社は、成立の日すなわち合併の登記（会社922条）をした日に消滅会社の権利義務を承継する（会社754条1項、49条）。そして、効力発生日または成立の日から6か月間の事後の開示（会社791条、801条、811条、815条）を行う。

2　吸収合併の手続

(1)　吸収合併契約

　会社が合併する場合、合併契約を締結しなければならない。取締役会設置会社では取締役会の決議（会社362条4項）、取締役会非設置会社では取締役の決定に基づき、代表取締役または代表執行役（指名委員会等設置会社の場合）、取締役会非設置会社では取締役、が当事会社間で合併契約を締結し、株主総会の特別決議を経なければならない。合併契約の締結は、株主総会の承認を停止条件とする契約の締結であると解される。

　なお、監査等委員会設置会社または指名委員会等設置会社では業務執行の決定を取締役または執行役に委任することができる場合であっても、取締役会は、株主総会の決議を要する合併契約ついての決定を取締役または執行役に委任することはできない（会社399条の13第5項13号、416条4項16号）。

　株主保護のため、契約で定めなければならない事項が法定されている。存続会社を株式会社とする吸収合併契約において、消滅会社も株式会社とする場合、以下の事項が最低限定められなければならず、それ以外の事項についても、違法でない限り認められる。

　①存続会社および消滅会社の商号・住所、②存続会社が吸収合併に際して消滅会社の株主に対してその株式に代わる金銭その他の財産（金銭等）を交付する場合、その金銭等が、ⓐ存続会社の株式であるときは、当該株式の数またはその数の算定方法ならびに存続会社の資本金・準備金の額に関する事項、ⓑ存続会社の社債であるときは、当該社債の種類および種類ごとの各社債の金額の合計額またはその算定方法、ⓒ存続会社の新株予約権であるときは、当該新株予約権の内容および数またはその数の算定方法、ⓓ存続会社の新株予約権付社債であるときは、当該社債の種類および種類ごとの各社債の金額の合計額およ

び当該新株予約権の内容および数、またはそれらの算定方法、ⓔ存続会社の株式等（株式、社債、新株予約権）以外の財産であるときは、当該財産の内容および数もしくは額またはそれらの算定方法、③前記②の存続会社の金銭等を交付する場合には、消滅会社の株主に対する金銭等の割当てに関する事項、④消滅会社が新株予約権を発行しているときは、存続会社が、吸収合併に際して、ⓐ当該新株予約権者に対して当該新株予約権に代わる存続会社の新株予約権を交付するときは当該新株予約権の内容および数またはその算定方法、ⓑ前記ⓐの場合、消滅会社の新株予約権が新株予約権付社債に付された新株予約権であるときは、存続会社が社債にかかる債務を承継する旨ならびにその承継にかかる社債の種類および種類ごとの各社債の金額の合計額またはその算定方法、ⓒ当該新株予約権者に対して金銭を交付するときは、当該金銭の額またはその算定方法、⑤前記④の場合、消滅会社の新株予約権者に対する存続会社の新株予約権または金銭割当てに関する事項、⑥吸収合併が効力を生ずる日、である（会社749条1項1号～6号）。

　前記②の合併の対価に関し、会社法では、対価の柔軟化が図られ、吸収合併の対価として消滅会社の株主に交付される財産は、存続会社の株式のほか、新株予約権、社債、新株予約権付社債、金銭などを交付することを定めることができる。前記③の金銭等の割当てに関する事項についての定めは、消滅会社の株主が有する株式の数に応じて比例的に金銭等を交付する内容としなければならない（会社749条3項）。もっとも、消滅会社が種類株式発行会社である場合には、存続会社・消滅会社は、消滅会社の発行する種類の内容に応じて、ⓐある種類の株式の株主に対して金銭等の割当てをしないこととするときは、その旨およびその株式の種類、ⓑそのほか、金銭等の割当てについて株式の種類ごとに異なる取扱いをするときは、その旨および異なる取扱いの内容、を定めることができる（会社749条2項1号・2号）。前記③の金銭等の割当てに関する事項は、割当比率・合併比率に関するものであり、合併の対価として消滅会社の株主に対して存続会社の株式またはその他の財産がどれだけ割り当てられるかということであり、存続会社の株主にとっても消滅会社の株主にとっても極めて重要である。なお、合併の存続会社が消滅会社の株式を有する場合に、その消滅会社の株式に対し金銭等を割り当てることはできない（会社749条1項3号

かっこ書・3項)。前記④は、消滅会社の新株予約権は合併の効力発生日に消滅するので、その代わりに、存続会社の新株予約権を交付するか、金銭を交付するかを契約上、明確にさせるものである。なお、あらかじめ合併等の組織再編をする場合を想定して、新株予約権者に他の会社(合併であれば存続会社または新設会社)の新株予約権を交付する旨を定めることも可能である(会社236条1項8号、238条1項1号)。

One Point Lecture -1

三角合併

　三角合併とは、存続会社が消滅会社の株主に対して、存続会社の親会社の株式を交付するものである。たとえば、外国会社のA社が日本の会社C社を買収する場合、A社の子会社B社を日本に設立し、B社がC社を吸収合併をし、その対価としてB社の親会社であるA社の株式をC社の株主に交付する。A社、B社、C社を線で結ぶと三角形になることから三角合併 (triangular merger) とよばれる。三角合併を行う場合、吸収合併消滅会社の株主に対して、存続会社の親会社株式を与えることができ、この場合、交付する当該親会社株式総数を超えない範囲で子会社は親会社株式を取得でき、合併の効力発生日までの間は、親会社株式を保有できる (会社800条)。親会社株式を対価として交付する三角株式交換、三角会社分割も可能である。ちなみに三角株式交換は、上記B社がC社を吸収合併する代わりに、B社がC社を完全子会社とする株式交換を行うものであり、これによりC社はA社の孫会社となる。

---

(2) 事前の開示・株主総会等

㋐ 事前の開示

　a. **消滅会社**　吸収合併によって消滅する株式会社は、吸収合併契約等の備置開始日から吸収合併がその効力を生ずる日までの間、吸収合併契約等の内容その他法務省令(会社則182条)で定める事項を記載・記録した書面・電磁的

記録を本店に備え置かなければならない(会社782条1項)。そして、消滅会社の株主・債権者は、会社に対し、その営業時間内は、いつでもこれらの書面・電磁的記録の閲覧、またはその謄本・抄本の交付・提供等を請求できる(会社782条3項)。事前の開示は、株主が株主総会等で合併に反対するかどうか、株式買取請求権を行使するかどうか、債権者が合併に異議を述べるかどうかなどの判断材料を提供するためのものである。

備置開始日は、①吸収合併契約について株主総会決議によって承認を受けなければならないときは、その株主総会の日の2週間前の日、②反対株主の株式買取請求にかかる通知または公告のいずれか早い日、③新株予約権買取請求にかかる通知または公告のいずれか早い日、④債権者異議手続をしなければならないときは公告または催告のいずれか早い日、のいずれか最も早い日である(会社782条2項1号〜4号)。株主総会決議、株式・新株予約権買取請求、債権者異議手続が、同時並行的に進行するので、これらの手続のうち最も早い時点を備置開始日とする。

事前の開示の対象として法務省令(会社則182条)で定める事項は、①合併対価の相当性に関する事項(具体的内容は会社則182条3項)、②合併対価について参考となるべき事項(具体的内容は会社則182条4項)、③吸収合併に係る新株予約権の定めの相当性に関する事項(具体的内容は会社則182条5項)、④計算書類等に関する事項(具体的内容は会社則182条6項)、⑤吸収合併が効力を生ずる日以後における吸収合併存続会社の債務(異議を述べることができる債権者に対し負担する債務に限る)の履行の見込みに関する事項、⑥備置開始日後、①〜⑤に変更が生じたときは、変更後の当該事項、である(会社則182条1項各号)。

b. 存続会社　吸収合併によって存続する株式会社は、備置開始日から合併が効力を生ずる日後6か月を経過する日までの間、合併契約の内容その他法務省令(会社則191条)で定める事項を記載・記録した書面等を備え置き、株主・債権者の閲覧等に供しなければならない(会社794条1項・3項)。

備置開始日は、前記(ア)a.の消滅会社の備置開始日のうち①、②、④のいずれか最も早い日である(会社794条2項各号)。

法務省令(会社則191条)で定める事項は、①消滅会社の株主に対する合併対価の定め(定めがない場合には定めがないこと)の相当性に関する事項、②消滅

会社が新株予約権を発行している場合には、その新株予約権者に交付する新株予約権または金銭についての事項およびその割当てに関する事項についての定めの相当性に関する事項、③消滅会社の最終事業年度の計算書類等の内容および最終事業年度の末日後に重要な財産の処分、重大な債務の負担その他会社財産の状況に重大な影響を与える事象（後発事象）が生じたときの内容についての事項等、④消滅会社が清算会社である場合は、清算手続において作成された貸借対照表、⑤存続会社について最終事業年度の末日後に重要な財産の処分、重大な債務の負担その他会社財産の状況に重大な影響を与える事象（後発事象）が生じたときの内容についての事項等、⑥吸収合併の効力発生日以後の存続会社の債務（異議を述べることができる債権者に対し負担する債務に限る）の履行の見込みに関する事項、⑦備置開始日後効力発生日までの間に、①～⑥に変更が生じたときは、変更後の当該事項、である。

(イ) 株主総会等

a. 消滅会社　吸収合併の消滅会社は、効力発生日の前日までに、株主総会の特別決議によって、吸収合併契約の承認を受けなければならない（会社783条1項、309条2項12号）。書面投票・電子投票を行う会社では、吸収合併契約の承認議案を提出する場合には、株主総会参考書類には、当該合併を行う理由、合併契約の内容の概要などを記載しなければならない（会社則86条）。

合併により消滅する会社が公開会社であり、かつ消滅会社の株主に対して交付する金銭等の全部または一部が譲渡制限株式等であるときは、消滅会社の株主総会の承認は特殊決議（会社309条3項2号）による。譲渡制限株式等とは、存続会社の譲渡制限株式および取得条項付株式・取得条項付新株予約権でその取得の対価として譲渡制限株式が交付されるものをいう（会社783条3項かっこ書、会社則186条）。

また、消滅会社が種類株式発行会社である場合に、合併対価の全部または一部が譲渡制限株式等であるときは、株主総会の決議のほか割当てを受ける種類の株式（譲渡制限株式を除く）の株主の種類株主総会の特殊決議が必要となる（会社783条3項、324条3項2号）。

b. 存続会社　存続会社は、効力発生日の前日までに、株主総会の特別決議によって吸収合併契約の承認を受けなければならない（会社795条1項、309

条2項12号)。書面投票・電子投票を行う会社では、吸収合併契約の承認議案を提出する場合には、株主総会参考書類には、消滅会社の場合と同様の事項(前記(イ)a.参照)を記載しなければならない(会社則86条)。

　この株主総会において、①存続会社が承継する消滅会社の債務の額として法務省令(会社則195条1項)で定める額(承継債務額)が承継する資産の額として法務省令(会社則195条2項)で定める額(承継資産額)を超える場合、②存続会社が消滅会社の株主に交付する存続会社の株式等を除く金銭等の帳簿価額が承継資産額から承継債務額を控除して得た額を超える場合、すなわち合併差損を生じる場合には、取締役は、株主総会においてその旨を説明しなければならない(会社795条2項1号・2号)。合併差損を生じる場合は、簡易合併の要件に該当する場合であっても、株主総会の決議が必要となる(会社796条2項1号・2号)。その他、承継する消滅会社の資産に存続会社の株式が含まれている場合には、取締役は株主総会で当該株式に関する事項を説明しなければならない(会社795条3項)。

　存続会社が種類株式発行会社である場合において、合併対価として消滅会社の株主に交付する金銭等が存続会社の譲渡制限株式であるときは、定款に別段の定めがない場合、その種類の株式の株主を構成員とする種類株主総会の特別決議が必要となる(会社795条4項、324条2項6号)。

(3)　略式・簡易吸収合併

(ア)　略式吸収合併

a.　消滅会社　　存続会社が消滅会社の特別支配会社である場合には、消滅会社の株主総会の決議は要しない(会社784条1項本文)。特別支配会社の定義については、略式の事業の譲渡における場合と同様である(会社468条1項かっこ書。7頁参照)。

　しかし、合併対価の全部または一部が譲渡制限株式等(会社783条3項、会社則186条)の場合であって、消滅会社が公開会社であり、かつ種類株式発行会社でない場合には、株主総会の特殊決議が必要となる(会社784条1項ただし書、783条1項、309条3項2号)。消滅会社の特別支配会社以外の株主に、譲渡性の低い譲渡制限株式が交付されることになるからである。

また、消滅会社が種類株式発行会社である場合に、合併対価の全部または一部が譲渡制限株式等であるときは、株主総会の決議のほか割当てを受ける種類の株式（譲渡制限株式を除く）の株主の種類株主総会の特殊決議が必要となる（会社783条3項、324条3項2号）。

消滅会社の株主は、法令・定款違反のみならず対価に著しい不当性がある場合に株主が不利益を受けるおそれがあるときは、消滅会社に対し合併をやめることを請求することができる（会社784条の2）。

特別支配会社を除く株主に株式買取請求権が認められる（会社785条2項2号）。

b. **存続会社**　消滅会社が存続会社の特別支配会社である場合には、株主総会の承認は要しない（会社796条1項）。しかし、合併対価の全部または一部が存続会社の譲渡制限株式等である場合であって、存続会社が公開会社でない場合には、株主総会の決議が必要となる（会社796条1項ただし書）。非公開会社の株主は持株比率の維持に関心を持つのが通常であり、この場合、存続会社の株主にあっては、第三者に対する募集株式の発行と変わりがないため、株主総会の決議を要するものとした。

消滅会社の場合と同様、株主に合併の差止請求が認められる（会社796条の2）。消滅会社の場合と同様、特別支配会社を除く株主に、株式買取請求権が認められる（会社797条2項2号）。

(イ)　**簡易吸収合併**

存続会社において、消滅会社の株主に交付する対価の帳簿価額の合計額（交付する存続会社の株式の数に存続会社の1株あたり純資産額を乗じて得た額と交付する存続会社の株式以外の財産の帳簿価額の合計額）が存続会社の純資産額として法務省令（会社則196条）で定める方法により算定される額の5分の1を超えないときは、株主総会の決議は不要である（会社796条2項本文）。他の会社を吸収合併する場合であっても、合併をしても存続会社の純資産に比べ対価が小さい場合は、存続会社の株主に重大な影響を及ぼさないからである。ただし、合併差損が生ずる場合、合併対価の全部または一部が譲渡制限株式である場合であって存続会社が公開会社でない場合は、株主総会の決議が必要となる（会社796条2項ただし書）。

存続会社は、対価が少額の場合であっても、効力発生日の20日前までに、株主（特別支配会社を除く）に対し、吸収合併をする旨および消滅会社の商号・住所を通知または公告しなければならない（会社797条3項・4項）。この場合、法務省令（会社則197条）で定める数の株式（吸収合併承認総会において議決権を行使することができるもの）を有する株主が、通知・公告の日から2週間以内に吸収合併に反対する旨を通知したときは、存続会社は、効力発生日の前日までに、株主総会の決議によって、合併契約の承認を受けなければならない（会社796条3項）。法務省令に定める数とは、合併承認決議にかかる総会の特別決議の成立を阻止できる最低数（会社則197条1号～3号）または、定款で定めた数（同4号）である（下記POINT参照）。

　簡易合併か、株主総会の特別決議かは存続会社の選択に任されるが、反対が多いと予測される場合は、当初より後者を選択したほうが合理的である。

　簡易合併が行われる場合には、株主に対する影響が軽微であることから、反対の株主に対する株式買取請求権は認められない（会社797条1項ただし書）。

POINT

法務省令で定める反対株主の株式数の要件

　吸収合併、吸収分割、株式交換において簡易組織再編行為をとることができない場合の法務省令（会社則197条）で定める反対株主の株式数の要件（会社796条3項）

　次に掲げる数のうちいずれか小さい数を要件とする。

① 議決権を行使することができる株式の総数に2分の1（定款に定足数の要件を定めている場合は、当該一定の割合）を乗じて得た数に3分の1（定款で決議要件を加重した場合は、1から当該一定の割合を減じて得た割合）を乗じた数に1を加えた数（会社則197条1号）。

　　したがって異議の要件は、ⓐ定款で定足数要件・決議要件を定めていない場合は合併等の承認総会で議決権を行使できる株式の6分の1超、ⓑ定款で定足数要件を3分の1に緩和している場合は同9分の1超、ⓒ定款で決議要件のみを4分の3に加重している場合は同8分の

1超となる。

② 定款で決議要件として一定数以上の特定株主（下記の「特定株式」の株主）の賛成を要する旨を定めている場合は、特定株主の総数から反対の通知をした特定株主の数を減じて得た数が、当該一定の数未満となるときにおける反対通知をした特定株主の有する特定株式（存続会社等の合併等の株主総会で議決権を行使することができることを内容とする株式）の数（会社則197条2号）。

③ 上記①②の定款の定め以外の定款の定めがある場合は、反対の通知をした特定株主の全部が株主総会において反対したとすれば当該決議が成立しないときは、反対の通知をした特定株主の有する特定株式の数（会社則197条3号）

④ 定款で定めた数（会社則197条4号）

簡易の事業譲受けの場合も同じである（会社則138条、会社468条3項）。

(4) 差止請求

消滅会社・存続会社において、①吸収合併が法令・定款に違反する場合、または、②略式合併の対価が消滅会社または存続会社の財産の状況その他の事情に照らして著しく不当である場合に、株主が不利益を受けるおそれがあるときは、消滅会社の株主は消滅会社に対し、または簡易分割の場合を除く存続会社の株主は存続会社に対し、当該合併をやめることを請求することができる（会社784条の2、796条の2）。

(5) 反対株主の株式買取請求等

(ア) 反対株主の株式買取請求

合併をする場合には、反対株主は、消滅会社・存続会社に対し、自己の有する株式を公正な価格で買い取ることを請求することができる（会社785条1項、797条1項）。

反対株主とは、①合併をするために株主総会（種類株主総会を含む）の決議を要する場合は、ⓐ株主総会に先立って合併に反対する旨を会社に対し通知し、かつ、この総会において合併に反対した株主、ⓑこの株主総会において議決権を行使することができない株主、②株主総会の決議を要しない場合は、すべての株主（特別支配会社を除く）、である（会社785条2項、797条2項）。なお、簡易合併の際の存続会社の株主には株式買取請求権は認められない（会社797条1項ただし書、785条1項かっこ書・2号、797条2項2号かっこ書）。

　買取価格は、「決議なかりせばその有すべかりし公正なる価格（旧商法245条ノ2）」ではなく、会社法は「公正な価格」とした。したがって「公正な価格」とは、合併により企業価値が増加しない場合の合併をしなければ当該株式が有したであろうと認められる価格だけとは限らず、企業価値が増加する場合には合併についてのシナジー効果も含んだ価格であるとされる（最判平成23・4・19民集65巻3号1311頁、最判平成23・4・26判時2120号126頁）。

　反対株主の買取請求は、効力発生日の20日前から効力発生日の前日までに、その買取請求にかかる株式の数（種類株式発行会社にあっては、株式の種類および種類ごとの数）を明らかにしてしなければならない（会社785条5項、797条5項）。株式買取請求をした株主は、会社の承諾を得なければ、その買取請求を撤回できない（会社785条7項、797条7項）。会社の便宜および株主の投機的な株式買取請求権の行使の歯止めを考慮したものである。会社が合併を中止した場合には、買取請求は失効する（会社785条8項、797条8項）。

　株式の価格の決定は、株主と会社の協議が調ったときは、会社は、効力発生日から60日以内に、支払いをしなければならない（会社786条1項、798条1項）。価格の決定について、効力発生日から30日以内に協議が調わないときは、株主または会社に、その期間の満了の日後30日以内に、裁判所に対し、価格の決定の申立てをすることができる（会社786条2項、798条2項）。この場合、効力発生日から60日以内に価格の決定の申立てがないときは、その期間終了後は、株主は、いつでも株式買取請求を撤回できる（会社786条3項、798条3項）。なお、会社は株式の価格の決定があるまでは、株主に対し、当該会社が公正な価格と認める額を支払うことができる（会社786条5項、798条5項）。

⑷　**新株予約権買取請求**

　新株予約権を発行している消滅会社は、効力発生日の20日前までに、新株予約権者に対し、吸収合併する旨および存続会社の商号・住所を通知または公告をもってしなければならない（会社787条3項・4項）。この場合、消滅会社の新株予約権者は、合併契約で定められた新株予約権の承継に関する事項（会社749条1項4号・5号）が、消滅会社の新株予約権の発行決議において定められた合併をしたときの承継に関する条件（会社236条1項8号イ）と合致する場合を除き、消滅会社に対し、自己の有する新株予約権を公正な価格で買い取ることを請求することができる（会社787条1項柱書・1号）。新株予約権付社債に付された新株予約権者が、この請求をする場合は、別段の定めがない限り、併せて新株予約権付社債についての社債を買い取ることも請求しなければならない（会社787条2項）。

⑹　債権者異議手続・事後の開示
　⑺　**債権者異議手続**

　合併は、相手方当事会社の資産状態が悪いときは、他方当事会社の債権者に重大な影響を与えるので、消滅会社・存続会社は、債権者の異議の手続をとらなければならない。

　消滅会社・存続会社は、①吸収合併する旨、②（消滅会社では）存続会社・（存続会社では）消滅会社の商号・住所、③消滅会社・存続会社の計算書類に関する事項として法務省令（会社則188条、199条）で定めるもの、④債権者が、1か月を下ることのできない一定の期間内に異議を述べることができる旨、を官報に公告し、かつ知れている債権者には、各別に催告しなければならない（会社789条2項、799条2項）。公告を官報のほか、定款の定めに従い時事に関する事項を掲載する日刊新聞紙による公告または電子公告によりするときは、知れている債権者への各別の催告は要しない（会社789条3項、799条3項）。

　債権者が異議を述べたとき、および述べなかったときの効果については、他の債権者異議手続と同様である（会社449条および810条参照）。すなわち、一定期間内に異議を述べなかったときは承認したものとみなされ、異議を述べたときは、会社は、合併が当該債権者を害するおそれがない場合を除き、債権者に

対し、弁済、相当の担保提供、弁済を受けさせることを目的として信託会社への相当の財産の信託、のいずれかを行わなければならない（会社789条4項・5項、799条4・5項）。

(イ) **事後の開示**

　存続会社は、合併の効力発生日後遅滞なく、吸収合併により承継した消滅会社の権利義務その他吸収合併に関する事項として法務省令（会社則200条）で定める事項を記載・記録した書面・電磁的記録を作成し、6か月間本店に備え置かなければならない（会社801条1項・3項）。法務省令で定める事項とは、①合併が効力を生じた日、②消滅会社における差止請求、反対株主の株式買取請求、消滅会社の新株予約権買取請求、債権者異議手続の経過、③存続会社における差止請求、反対株主の株式買取請求、債権者異議手続の経過、④消滅会社から承継した重要な権利義務に関する事項、⑤消滅会社が備え置いた書面または電磁的記録に記載・記録された事前開示事項、⑥存続会社の変更を登記した日、⑦その他の吸収合併に関する重要な事項、である（会社則200条）。これらの事項は、吸収合併の適正を担保するとともに、合併無効の訴えを提起する判断材料を提供するものである（会社828条1項7号参照）。

　そして、存続会社の株主・債権者は、会社に対し、その営業時間内は、いつでもこれらの書面・電磁的記録の閲覧、またはその謄本・抄本の交付・提供等を請求できる（会社801条4項）。

　吸収合併における消滅会社の株主は、対価が存続会社の株式以外の財産である場合、存続会社の株主にはならないことから、存続会社に置かれた事後開示の書面等を閲覧させることは相当ではないため、会社法は、存続会社の株式以外の財産が対価とされた場合における消滅会社の株主は、株主の資格では閲覧等をすることができないとした。もっとも、このような場合であっても、消滅会社の株主が、同時に消滅会社または存続会社の債権者たる地位（たとえば株式買取請求権を行使した株主）を有していれば、その地位に基づき閲覧等の請求をすることはできる。[11]

11　会社法解説204頁

③ 新設合併の手続

(1) 新設合併契約

新設合併により設立する会社が株式会社であるときは、各当事株式会社間の新設合併契約において、以下の事項を定めなければならない。①消滅会社の商号・住所、②新設会社の目的、商号、本店所在地および発行可能株式総数、③その他の新設会社の定款で定める事項、④新設会社の設立時取締役の氏名、⑤新設会社の機関設計に応じた設立時役員等の氏名・名称、⑥新設会社が消滅会社の株主に対して交付する新設会社の株式の数またはその算定方法ならびに新設会社の資本金・準備金の額に関する事項、⑦前記⑥の株式の割当てに関する事項、⑧消滅会社の株主に対価として新設会社の社債等を交付するときは社債等に関する事項、⑨前記⑧の場合には、社債等の割当てに関する事項、⑩消滅会社が新株予約権を発行しているときは、所定の事項、⑪前記⑩の場合には、その割当てに関する事項、である（会社753条1項1号～11号）。新設合併の場合は、消滅会社の株主に対し金銭の交付は認められないが、新設会社の株式のほか、社債、新株予約権、新株予約権付社債は認められる（会社753条1項8号）。

(2) その他の新設合併手続

(ア) 事前の開示

新設合併契約等備置開始日（会社803条2項）から新設会社成立の日までの間、新設合併契約の内容その他法務省令（会社則204条）で定める事項を記載・記録した書面・電磁的記録を本店に備え置かなければならない（会社803条1項）。そして、消滅会社の株主・債権者は、会社に対し、その営業時間内は、いつでもこれらの書面・電磁的記録の閲覧、またはその謄本・抄本の交付・提供等を請求できる（会社803条3項）。備置開始日は、吸収合併の消滅会社の場合（会社782条2項1号～4号）と同様である（会社803条2項1号～4号。前記21頁②(2)(ア)「事前の開示」参照）。

(イ) 株主総会等

株主総会の特別決議により新設合併契約の承認を受けなければならない（会社804条1項、309条2項12号）。

合併により消滅する会社が公開会社であり、かつ消滅会社の株主に対して交付する金銭等の全部または一部が譲渡制限株式等であるときは、消滅会社の株主総会の承認は特殊決議（会社309条3項3号）による。消滅会社が種類株式発行会社である場合に、合併対価の全部または一部が譲渡制限株式等（譲渡制限株式その他これに準ずるものとして法務省令（会社則186条）で定めるものをいう）であるときは、株主総会の決議のほか割当てを受ける種類の株式（譲渡制限株式を除く）の株主の種類株主総会の特殊決議が必要となるのは、吸収合併の場合と同様である（会社804条3項、324条3項2号）。

　(ウ)　**差止請求**

　新設合併が法令・定款違反の場合、消滅会社の株主が不利益を受けるおそれがあるときに、当該会社の株主に認められる（会社805条の2）。

　(エ)　**反対株主の株式買取請求**

　吸収合併の場合と同様である（会社806条、807条）。

　(オ)　**債権者異議手続**

　消滅会社において債権者異議手続が必要となる（会社810条）。手続は、吸収合併の場合と同様である。

　(カ)　**設立に関する特則**

　新設合併の場合には、特定の規定（会社27条1号～3号、29条、31条、37条3項、39条、47条～49条）を除き会社の設立に関する規定は適用されず（会社814条1項）、新設会社の定款は消滅会社が作成する（会社814条2項）。

　(キ)　**事後の開示**

　新設会社は、新設合併により承継した消滅会社の権利義務その他法務省令（会社則211条）で定める新設合併に関する事項を記載・記録した書面・電磁的記録（合併の成立の日後遅滞なく作成しなければならない）および新設合併契約の内容その他の法務省令（会社則213条）で定める事項を記載・記録した書面・電磁的記録を、その成立の日から6か月間本店に備え置かなければならない（会社815条1項・3項）。そして、これらの書面等を新設会社の株主・債権者の閲覧等に供しなければならない（会社815条4項）。吸収合併の存続会社の場合と同様である。

　法務省令で定める事項とは、①合併が効力を生じた日、②差止請求の経過、

③反対株主の株式買取請求、新株予約権買取請求、債権者異議手続の経過、④消滅会社から承継した重要な権利義務に関する事項、⑤その他の新設合併に関する重要な事項(会社則211条)、および、⑥新設合併契約の内容を除く消滅会社が備え置いた書面・電磁的記録である(会社則213条)。

4 合併の効果

(1) 吸収合併の効果

　存続会社は、効力発生日に、吸収合併消滅会社の権利義務を承継する(会社750条1項)。包括承継なので、この日に権利義務は一括して移転する。旧商法では、登記の日に効力が生ずるものとしていたが(旧商法416条1項、102条)、会社法では、吸収合併契約で定めた効力発生日(会社749条1項6号)に効力が生ずるものとした。したがって、消滅会社の株主は、効力発生日に、合併の対価が株式であるときは株主に、社債であるときは社債権者に、新株予約権であるときは新株予約権者に、新株予約権付社債であるときは新株予約権者および社債権者となる(会社750条3項)。また、消滅会社の新株予約権者に存続会社の新株予約権を交付する場合は、効力発生日に、消滅会社の新株予約権は消滅し、代わって存続会社の新株予約権者となる(会社750条4項・5項)。

　消滅会社は存続会社と合意のうえ、効力発生日を変更できる(会社790条1項)。この場合、変更前の効力発生日(ただし、効力発生日を早める場合は、変更後の効力発生日)の前日までに、変更後の効力発生日を公告しなければならない(会社790条2項)。公告を要するとしたのは、変更前の効力発生日において合併の効力が生ずることを前提として行動している会社関係者の利益を害する可能性があるからである。さらに、効力発生日において債権者異議手続を終了していなければ、効力が発生しないことになる(会社750条6項)ので、そのような場合、効力発生日を変更する必要が生じる。

　吸収合併においては、効力発生日と登記の日が異なり得ることからその間の法律関係が不明確になる可能性がある。そこで、消滅会社の吸収合併による解散については、吸収合併の登記の後でなければ、これをもって第三者に対抗することができないとしている(会社750条2項)。

　吸収合併の登記は、効力発生日から2週間以内に、その本店所在地において

消滅会社の解散登記をし、また存続会社について変更の登記をしなければならない（会社921条）。

(2) 新設合併の効果

会社は、本店所在地において設立の登記をすることによって成立する（会社49条）。新設会社は、その成立の日に消滅会社の権利義務を承継する（会社754条1項）。消滅会社の株主は、新設会社の成立の日に交付された株式の株主となり、社債・新株予約権・新株予約権付社債を交付される場合も、新設会社の成立の日にそれぞれの権利者となり、成立の日に消滅会社の新株予約権は消滅する（会社754条2項〜4項）。

新設合併の登記は、消滅会社が株式会社のみである場合は、ⓐ株主総会の決議の日、ⓑ種類株主総会の決議を要するときは、その決議の日、ⓒ株主に通知・公告をした日から20日を経過した日、ⓓ新株予約権を発行しているときは、新株予約権者に通知・公告した日から20日を経過した日、ⓔ債権者異議手続の終了日、ⓕ消滅会社が合意により定めた日、のいずれか遅い日から2週間以内に本店所在地においてしなければならない（会社922条1項1号）。

5 合併の無効

(1) 意 義

合併が効力を生じても、合併の法定要件の欠缺や合併手続の瑕疵により無効となる場合がある。しかし、その無効を民法の一般原則により解決すると取引の安全を害し法的安定を阻害することとなるため、会社法は、合併無効の訴えという制度を設けている。

(2) 無効原因

会社法は、直接的には無効の原因を規定していない。しかし、合併契約が作成されない場合、合併契約の内容が違法である場合、債権者異議手続を経ていない場合、独占禁止法に違反して合併がなされた場合などが該当する。合併比率の不公正が無効原因にあたるかどうかについては、議論がある。最高裁が支持（最判平成5・10・5資料版商事116号196頁）した高裁の裁判例（東京高判平成

2・1・31資料版商事77号193頁)は、「合併比率が不当であるとしても、合併契約の承認決議に反対した株主は、会社に対し、株式買取請求権を行使できるのであるから、これに鑑みると、合併比率の不当又は不公正ということ自体が合併無効事由になるものではないというべきである。……仮に合併比率が著しく不公正な場合には、それが合併無効事由になるとの原告の主張を前提にしても、……各合併当事会社の株式の価値及びそれに照応する合併比率は、……多くの事情を勘案して種々の方式によって算定されうるのであるから、厳密に客観的正確性をもって唯一の数値とは確定しえず、微妙な企業価値の測定として許される範囲を超えない限り、著しく不当とは言えない」とする。

株式買取請求権を行使すれば株主ではなくなるので、株主としてとどまり不公正の是正を望む者の救済にはならない。会社法は合併対価を柔軟化したので、このような株主の利益保護を論ずる余地は狭まっているが著しく不公正な場合も同じだとは考えられない。[12]

(3) 提訴権者・提訴期間

合併の無効の訴えは、効力が生じた日における消滅会社の株主等(株主、取締役、執行役、監査役、清算人)であった者または存続会社・新設会社の株主等、または破産管財人もしくは合併について承認をしなかった債権者に限り提起することができる(会社828条2項7号・8号)。合併が効力を生じた日から6か月以内に、存続会社または新設会社を被告として、訴えをもってのみ主張できる(会社828条1項7号・8号、834条7号・8号)。

ただ、株主総会決議取消しの提訴期間は決議の日から3か月以内である(会社831条1項)ので、総会決議の取消原因を理由とする合併の無効の訴えはこの期間内に提起されなければならない。そして、合併の効力発生日前には、合併の無効の訴えは提起できないので、この場合、まず合併決議取消しの訴えを提起すべきである。そして効力発生日前に提起された当該取消しの訴えは、訴えの変更の手続(民訴143条)によって、合併無効の訴えに変更すべきであると解する(吸収説)。[13]

---

12 龍田472頁
13 前田716頁、北沢760頁

合併無効の訴えの専属管轄は本店所在地を管轄する地方裁判所であり（会社835条1項）、存続会社・新設会社の申立てにより、裁判所は、悪意の株主・債権者に対する担保提供を命ずることもでき、また悪意または重大な過失のある原告は敗訴時に、被告会社に対し連帯して損害賠償責任を負う（会社836条、846条）。

(4) 無効判決の効力

合併無効の判決が確定したときは、その判決は、第三者に対しても効力を生じ（対世的効力・会社838条）、存続会社・新設会社の株主および第三者の間ですでに生じた権利義務に影響を及ぼさない（遡及効の否定・会社839条）。その結果、合併によって消滅した会社は将来に向かって復活し、存続会社・新設会社が合併後に負担した債務については合併当事会社が連帯して弁済の責任を負い、合併後に取得した財産は各当事会社の共有に属する（会社843条1項・2項本文）。連帯債務の負担部分と共有財産の持分は、各当事会社の協議によって定めることができるが、協調が調わないときは裁判所が合併の効力に生じた時における各当事会社の財産の額その他一切の事情を考慮して決定する（会社843条3項・4項）。

無効判決が確定した場合、裁判所書記官が職権で登記の嘱託をする（会社937条3項2号・3号）。

POINT

合併契約の主要チェック事項

(1) 合併契約の必要的記載事項

本章2(1)、3(1)に掲げた合併契約の必要的記載事項に違法がある場合は、原則として無効である。株主総会に上程するのは、「合併契約の内容の概要」でよいが、事前備置書類として合併契約そのものを、請求した株主および債権者に閲覧またはその謄本・抄本を交付する必要があり、契約締結時には必ず抜け等がないかチェックをしておかなければならない。

(2) 合併条件の公正性

合併条件は、合併にあたり、消滅会社の株主が、その株式と引換えに何

を、どれだけ交付されるかを定めたものであり、株主にとって最重要事項である。合併条件の不公正だけでは、株主からの合併の差止請求や合併決議取消しの訴え、合併無効の訴えの事由にはならないが、(1)の合併契約の必要的記載事項に違法のある場合、または招集手続や決議の方法に瑕疵がある場合だけでなく、合併の相手方当事者が株主である場合に合併条件の不公正があると特別利害関係人の議決権行使による著しく不当な合併条件の決定（会社831条1項3号）とされ、合併差止事由や合併決議取消事由、合併無効事由になる。

Ⅲ　会社分割

①　会社分割の意義

　会社分割とは、会社の事業の全部または一部を他の会社に承継させるために、合併とは逆に、一つの会社を二つ以上の会社に分けることである。多角経営化した企業がその事業部門を独立させる、他の会社の同じ事業部門と合弁企業をつくるなどの手段として利用される。会社分割は、事業を現物出資して株式の割当てを受ける場合に類似するが、検査役の調査は要しない点、個別の権利移転行為が不要であるので相手方の同意を得ずに契約上の地位を移転することも可能である点で、メリットがある。一方、合併と同様、訴訟・トラブルなどの偶発債務を切り離すことができない点でデメリットもあり、承継会社としては、分割会社から分割される資産の精査（デューデリジェンス）が必要となる。

　会社の分割には、吸収分割と新設分割がある。吸収分割とは、会社の事業部門を他の会社に承継させるものであり（会社2条29号）、新設分割とは、会社の事業部門を新設する会社に承継させるものである（会社2条30号）。なお、複数の会社が分割会社となり新設分割を行う共同新設分割も認められる（会社762条2項）。共同吸収分割については、明文の規定はないが、同じ会社を承継会社とし複数の分割会社が存在する「共同吸収分割」を排除する趣旨ではない。

　旧商法では会社分割は、その種類として、物的分割（会社型分割）と人的分割（分割型分割）に分けられ、前者は、承継会社・新設会社の株式を分割会社に割り当てるものとして、後者は、承継会社・新設会社の株式を直接分割会社の株主に割り当てるものとして整理されていた。会社法では、いったん物的分割により分割会社が取得した、その対価として承継会社・新設会社の株式を、分割会社が剰余金配当の手続等により分割会社の株主に配分するものとして再整理した。したがって、会社分割としては、物的分割しかなく、現物配当の形で分割会社の株主に交付する方法をとるかどうかの違いしかない。

　株式会社のほか合同会社も、吸収分割または新設分割の分割会社となることはできるが、合名会社・合資会社ではなることができない（会社757条かっこ書、762条1項前段、2条29号・30号）。分割会社として無限責任社員の存在する合名

会社・合資会社を認めた場合、無限責任社員の責任が承継しない場合には債権者への過度の不利益が生じ、また責任が承継される場合には権利関係が複雑になるからである。一方、承継会社・新設会社には、すべての会社がなることができる（会社760条、765条）。承継会社・新設会社に合名会社がなることにより、社員が無限責任を負うことになるので、信用が補完され実益が認められるのに対し、これによる弊害は特段認められないからである。[14]

2 吸収分割の手続

(1) 吸収分割契約

株式会社が吸収分割をする場合、会社がその事業に関して有する権利義務の全部または一部を当該会社から承継する会社（承継会社）との間で吸収分割契約を締結しなければならない（会社757条）。

承継会社が株式会社であるときは、次の事項を定めなければならない（会社758条柱書）。①吸収分割をする会社（分割会社）・承継会社の商号・住所、②承継会社が吸収分割により分割会社から承継する資産、債務、雇用契約その他の権利義務に関する事項、③吸収分割により分割会社の株式または承継会社の株式（自己株式）を承継会社に承継させるときは、当該株式に関する事項、④承継会社が吸収分割に際して、分割会社に対して、その事業に関する権利義務の全部または一部に代わる金銭等を交付するときは、その金銭等が、ⓐ承継会社の株式であるときは、当該株式の数（種類株式発行会社にあっては、株式の種類および種類ごとの数）またはその数の算定方法ならびに承継会社の資本金・準備金の額に関する事項、ⓑ承継会社の社債であるときは、当該社債の種類および種類ごとの各社債の金額の合計額またはその算定方法、ⓒ承継会社の新株予約権であるときは、当該新株予約権の内容および数またはその算定方法、ⓓ承継会社の新株予約権付社債であるときは、新株予約権付社債の前記ⓑに規定する事項および新株予約権についての前記ⓒに規定する事項、ⓔ承継会社の株式等以外の財産であるときは、当該財産の内容および数またはこれらの算定方法、⑤承継会社が吸収分割に際して、分割会社の新株予約権の新株予約権者に対し

---

[14] 会社法解説183頁

て当該新株予約権に代わる承継会社の新株予約権を交付するときは、ⓐ承継会社の新株予約権の交付を受ける分割会社の新株予約権の新株予約権者の有する新株予約権の内容、ⓑ分割会社の新株予約権者に対して交付する承継会社の新株予約権の内容および数またはその算定方法、ⓒ分割会社の新株予約権が新株予約権付社債に付された新株予約権であるときは、承継会社がその社債にかかる債務を承継する旨ならびにその承継にかかる社債の種類および種類ごとの各社債の金額の合計額またはその算定方法、⑥前記⑤の場合における分割会社の新株予約権者に対する承継会社の新株予約権の割当てに関する事項、⑦吸収分割が効力を生ずる日、⑧分割会社が効力発生日に、ⓐ全部取得条項付種類株式の取得（取得対価が承継会社の株式〈分割会社が分割前から有するものを除き、承継会社の株式に準ずるものとして法務省令（会社則178条）で定めるものを含む。ⓑにおいて同じ〉のみである場合に限る）または、ⓑ剰余金の配当（配当財産が承継会社の株式のみである場合に限る）をするときはその旨、である（会社758条1号～8号）。

　前記③は、承継事業の中に承継会社の自己株式となる株式や分割会社の株式が含まれている場合の事項である。

　④は、承継会社が分割会社に交付する対価についての事項である。

　⑤は、会社分割においては、必ずしも分割会社の新株予約権を消滅させることは必要ないが、契約の定めにより分割会社の新株予約権者に承継会社の新株予約権の交付を認めるものである。

　⑧は、会社分割の効力発生日に、分割会社が承継会社から交付を受けた株式を、全部取得条項付種類株式を取得した対価として、または剰余金の配当として、分割会社の株主に交付する場合である。この場合、会社の純資産額が300万円未満の場合の配当制限や分配可能額による制限等（会社458条および第2編第5章第6節の規定）の適用を受けない（会社792条）。

(2) 事前の開示・株主総会等

(ア) 事前の開示

a. **分割会社**　吸収分割の分割会社が株式会社の場合、備置開始日から吸収分割の効力発生日後6か月を経過する日まで、吸収分割契約の内容その他法

務省令（会社則183条）で定める事項を記載・記録した書面・電磁的記録を本店に備え置かなければならない（会社782条1項）。そして、分割会社の株主・債権者は、会社に対し、その営業時間内はいつでもこれらの書面・電磁的記録の閲覧またはその謄本・抄本の交付・提供等を請求することができる（会社782条3項）。事前の開示の趣旨、手続等は合併の場合と同様である。備置開始日は、①株主総会の日の2週間前の日、②反対株主の株式買取請求にかかる通知または公告のいずれか早い日、③新株予約権買取請求にかかる通知または公告のいずれか早い日、④債権者異議手続の公告または催告のいずれか早い日、のうち最も早い時点とするが、これらの手続を要しない場合は、吸収分割契約を締結した日から2週間を経過した日である（会社782条2項）。

　事前開示の対象は、吸収分割契約の内容のほか、①承継会社の分割対価の定め（定めがない場合は定めがないこと）の相当性に関する事項、②効力発生日に、分割会社の株主に、全部取得条項付種類株式の取得対価または剰余金の配当として承継会社の株式を交付する場合、株主総会の決議事項、③分割会社が新株予約権を発行している場合（会社787条3項2号）における承継会社の新株予約権の交付および割当てに関する事項についての定めの相当性に関する事項、④承継会社の、ⓐ最終事業年度の計算書類等（最終年度がないときは、成立の日の貸借対照表）の内容、ⓑ最終事業年度の末日後の日を臨時決算日とする臨時計算書類等があるときは、その内容、ⓒ最終事業年度の末日後に重要な財産の処分、重大な債務の負担その他の会社財産の状況に重要な影響を与える事象（後発事象、以下同じ）が生じたときは、その内容、⑤吸収分割会社の、ⓐ最終事業年度の末日後に重要な財産の処分、重大な債務の負担その他の後発事象が生じたときは、その内容、ⓑ最終事業年度がないときは、分割会社の成立の日における貸借対照表、⑥吸収分割の効力発生日以後における分割会社の債務または承継会社の債務（分割会社が吸収分割により承継会社に承継させるものに限る）の履行の見込みに関する事項、⑦備置開始日後効力発生日までの間に、①～⑥の事項に変更が生じたときは、変更後の事項、である（会社則183条1号～7号）。

　b. 承継会社　　備置期間・場所、株主等の閲覧請求は、分割会社の割合と同様である（会社794条）。

備置開始日は、①株主総会の日の2週間前の日、②反対株主の株式買取請求の通知または公告のいずれか早い日、③債権者異議手続の公告または催告のいずれか早い日、のうち最も早い時点とする（会社794条2項）。

承継会社の事前開示の対象は、吸収分割契約の内容のほか、前記a.の事前開示の対象の①（会社則192条1号）、②（同2号）、③（同3号）、④のⓒおよびⓐのかっこ書（同6号イ・ロ）、⑤のⓐ（同4号ハ）、⑥の承継会社の債務の履行の見込みに関する事項（同7号。ただし同7号かっこ書は、承継会社の債権者〈会社799条1項2号〉に対して負担する債務に限るとする）、⑦（同8号）の各事項のほか、分割会社の最終事業年度にかかる計算書類等（同4号イ）、分割会社の最終事業年度の末日後の日を臨時決算日とする臨時計算書類等があるときは、その内容（同4号ロ）、分割会社が清算会社である場合の清算手続により作成された財産目録および貸借対照表（同5号）、である（会社則192条各号）。

(ｲ)　株主総会等

a.　**分割会社**　吸収分割の分割会社は、効力発生日の前日までに、株主総会の特別決議によって、吸収分割契約の承認を受けなければならない（会社783条1項、309条2項12号）。書面・電磁的方法により議決権を行使できる会社では、吸収分割契約の承認議案を提出する場合には、株主総会参考書類に、当該分割を行う理由、分割契約の内容の概要などを記載しなければならない（会社則87条、会社301条および302条1項参照）。

b.　**承継会社**　承継会社は、効力発生日の前日までに、株主総会の特別決議によって吸収分割契約の承認を受けなければならない（会社795条1項、309条2項12号）。分割会社の場合と同様、書面・電磁的方法により議決権を行使できる会社では、吸収分割契約の承認議案を提出する場合には、株主総会参考書類に、所定の事項を記載しなければならない（会社則87条）。

この株主総会において、①承継会社が承継する分割会社の債務の額として法務省令（会社則195条1項）で定める額（承継債務額）が承継する資産の額として法務省令（会社則195条2項）で定める額（承継資産額）を超える場合、②承継会社が分割会社に対して交付する承継会社の株式等を除く金銭等の帳簿価額が承継資産額から承継債務額を控除して得た額を超える場合、すなわち分割差損を生じる場合には、取締役は、その旨を説明しなければならない（会社795

条2項1号・2号)。分割差損を生じる場合は、簡易分割の要件に該当する場合であっても、株主総会の決議が必要となる(会社796条2項ただし書)。その他、承継する分割会社の資産に承継会社の株式が含まれている場合には、取締役は株主総会で当該株式に関する事項を説明しなければならない(会社795条3項)。

承継会社が種類株式発行会社である場合において、分割の対価として分割会社に交付する金銭等が承継会社の譲渡制限株式であるときは、定款に別段の定めがない場合、その種類の株式の株主を構成員とする種類株主総会の特別決議が必要となる(会社795条4項、324条2項6号)。吸収合併の存続会社と同様である。

(3) その他の吸収分割手続

(ア) 略式吸収分割

吸収分割の承継会社が分割会社の特別支配会社である場合には、分割会社の株主総会の決議は要しない(会社784条1項本文)。また、分割会社が承継会社の特別支配会社である場合には、承継会社の株主総会の決議は要しない(会社796条1項本文)。ただし、分割会社が特別支配会社の要件を満たしていても、分割の対価が譲渡制限株式の場合に、承継会社が公開会社でないときは、承継会社において株主総会の決議を要する(会社796条1項ただし書)。決議を要しない場合には、株主に差止請求が認められる(会社784条の2、796条の2)。株主には、特別支配会社を除き株式買取請求権が認められる(会社785条2項2号、797条2項2号)。

(イ) 簡易吸収分割

a. **分割会社** 吸収分割により承継会社に承継させる資産の帳簿価額の合計額が分割会社の総資産額(会社則187条)の5分の1(これを下回る割合を定款で定めた場合はその割合)を超えない場合には、分割会社の株主総会の決議は不要である(会社784条2項)。なお、分割会社においては、一定の場合に株主総会の決議を省略できない旨の定めはない。

b. **承継会社** 承継会社が分割に際して交付する対価の額が承継会社の純資産額(会社則196条)の5分の1(これを下回る割合を定款で定めた場合はその割合)を超えない場合には、承継会社の株主総会の決議は不要である(会社796

条2項）。ただし、分割差損が生ずる場合、または分割会社に交付する金銭等の全部または一部が承継会社の譲渡制限株式である場合であって承継会社が公開会社でない場合は、承継会社の株主総会の決議が必要となる（会社796条2項ただし書）。

　法務省令（会社則197条）で定める数の株式（吸収分割承認総会において議決権を行使できるものに限る）を有する株主が吸収分割に反対する旨を通知したときは、株主総会の決議によって、吸収分割契約の承認を受けなければならない（会社796条3項）。法務省令で定める数とは、吸収分割の承認決議にかかる株主総会の特別決議の成立を阻止できる最低数（会社則197条1号～3号）または、定款で定めた数（同4号）である（26頁POINT参照）。

　(ウ)　差止請求

　分割会社・承継会社において、①吸収分割が法令・定款に違反する場合、または、②略式吸収分割の対価が分割会社または承継会社の財産の状況その他の事情に照らして著しく不当である場合であって、株主が不利益を受けるおそれがあるときは、簡易分割の場合を除き、分割会社の株主は分割会社に対し、または承継会社の株主は承継会社に対し、当該吸収分割をやめることを請求することができる（会社784条の2、796条の2）。

　(エ)　反対株主等の株式買取請求等

　反対株主は、分割会社または承継会社に対し、自己の有する株式を公正な価格で買い取ることを請求することができる（会社785条1項・2項、797条1項・2項）。ただし、簡易吸収分割が行われる場合は、反対株主に株式買取請求は認められない（会社785条1項2号、797条1項ただし書）。請求期間は他の組織再編と同様である。

　分割会社の新株予約権者には、新株予約権買取請求が認められる（会社787条1項2号、788条）。分割会社の新株予約権者が買取りを請求できるのは、承継会社の新株予約権が交付される旨の吸収分割契約の定め（会社758条5号・6号）が新株予約権の発行決議に定められた条件（会社236条1項8号ロ）と合致しない場合、新株予約権の発行決議に承継会社の新株予約権が交付される定めがあったが、吸収分割契約にその定めがなかった場合、である（会社787条1項2号）。

㈺ 債権者異議手続

a. 分割会社　吸収分割は責任財産となる分割後の分割会社の会社財産の状況によっては債権者に影響を及ぼす。そこで、分割の場合も債権者異議手続が必要となる。ただし、分割会社は承継会社から株式等の交付を受け、総資産額に変動を生じないため、分割後も分割会社に対し、債務の履行またはその債務の保証人として承継会社と連帯して負担する保証債務の履行を請求できる債権については債権者異議手続は不要となる（会社789条1項2号）。もっとも、効力発生日に、分割会社が承継会社の株式を剰余金の配当等として株主に交付する場合には、分割会社の財産が減少するのですべての債権者につき債権者異議手続が必要となる（会社789条1項2号かっこ書）。

分割会社は、①吸収分割する旨、②承継会社の商号・住所、③分割会社・承継会社の計算書類に関する事項として法務省令（会社則188条）で定めるもの、④債権者が、1か月を下ることのできない一定の期間内に異議を述べることができる旨、を官報に公告し、かつ、知れている債権者には、各別に催告しなければならない（会社789条2項）。上記③の法務省令（会社則188条）で定めるものは、吸収合併消滅会社の場合と同様である。公告を官報のほか、定款の定めに従い時事に関する事項を掲載する日刊新聞紙による公告または電子公告によりするときは、知れている債権者への各別の催告は要しない（会社789条3項）。ただし、吸収合併の場合とは異なり、不法行為によって生じた分割会社の債務の債権者に対しては各別の催告を省略できない（会社789条3項かっこ書）。

異議を述べることができる分割会社の債権者であって各別の催告を受けなかった債権者（分割会社が官報の公告に加えて日刊新聞紙による公告または電子公告を行った場合にあっては、分割会社の不法行為債務の債権者に限る）は、吸収分割契約では分割後に分割会社または承継会社に対して債務の履行を請求することができないものとされているときでも、分割会社に対して分割会社が効力発生日に有していた財産の価額、または承継会社に対して承継した財産の価額を限度として、その債務の履行を請求することができる（会社759条2項・3項）。

各別の催告を受けず異議を述べる機会がなく、不測の損害を受けるおそれのある債権者（特に不法行為にかかる債権者）の保護を図ったものである。

b. 承継会社　承継会社については、常に債権者異議手続が要求される

（会社799条1項2号）。承継会社は、吸収合併存続会社の場合と同様の事項を官報に公告し、かつ、知れている債権者に、各別に催告しなければならないが、吸収合併の場合と同様、一定の場合には知れている債権者への各別の催告は要しない（会社799条2項・3項）。

(カ) 事後の開示

分割会社・承継会社は、効力発生日後遅滞なく、共同して吸収分割により承継会社が承継した分割会社の権利義務その他の吸収分割に関する事項として法務省令（会社則189条、201条）で定める事項を記載・記録した書面または電磁的記録を作成し、分割会社と承継会社は効力発生日から6か月間本店に備え置き、株主・債権者その他利害関係人の閲覧・謄写等に供せられなければならない（会社791条1項〜3項、801条3項〜5項）。分割会社において法務省令で定める事項とは、①吸収分割が効力を生じた日、②分割会社における差止請求、反対株主の株式買取請求、新株予約権買取請求、債権者異議手続の経過、③承継会社における差止請求、反対株主の株式買取請求、債権者異議手続の経過、④承継会社が分割会社から承継した重要な権利義務に関する事項、⑤吸収分割の変更登記をした日、⑥その他吸収分割に関する重要な事項である（会社則189条）。承継会社において法務省令で定める事項は、上記①③〜⑥などである（会社則201条）。

(キ) 詐害的な吸収分割の場合の債権者保護

破綻に近い会社が、その中でも業績のよい事業だけについて会社分割を行い、その他の事業や金融債務を分割会社に残すことにより、分割会社の残存債権者の利益が害されることになる。会社法施行後、このような濫用的な会社分割が散見されるようになった。

そこで平成26年の会社法改正により、詐害的な会社分割に対して債権者を保護する規定が設けられることとなった。

分割会社が、承継会社に承継されない債務の債権者（残存債権者）を害することを知って、吸収分割をした場合には、残存債権者は、承継会社に対して承継した財産の価額を限度として、当該債務の履行を請求することができる（会社759条4項本文）。ただし、承継会社が吸収分割の効力発生時において残存債権者を害すべき事実を知らなかったときは、当該請求をすることができない

（会社759条4項ただし書）。なお、人的分割（分割型分割・会社758条8号）の定めがある場合には適用されない（会社759条5項）。承継会社が責任を負う場合には、当該責任は分割会社が残存債務者を害することを知って吸収分割をしたことを知った時から2年以内に請求または請求の予告をしない残存債権者に対しては、その期間の経過時に消滅し、効力発生日から20年経過したときも同様である（会社759条6項）。

③ 新設分割の手続

(1) 新設分割計画

　株式会社が新設分割をする場合、新設分割において設立する会社（新設会社）が株式会社であるときは、新設分割計画において次の事項を定めなければならない（会社763条柱書）。①新設会社の目的、商号、本店所在地および発行可能株式総数、②その他の新設会社の定款で定める事項、③新設会社の設立時取締役の氏名、④新設会社の機関設計に応じた設立時役員の氏名・名称、⑤新設会社が新設分割により分割会社から承継する資産、債務、雇用契約その他の権利義務に関する事項、⑥新設会社が新設分割に際して分割会社に対して交付するその事業に関する権利義務の全部または一部に代わる新設会社の株式の数またはその数の算定方法ならびに新設会社の資本金・準備金の額に関する事項、⑦2以上の会社が共同して新設分割をするときは、分割会社に対する上記⑥の株式の割当てに関する事項、⑧新設会社が新設分割に際して分割会社に対してその事業に関する権利義務の全部または一部に代わる新設会社の社債等（社債・新株予約権・新株予約権付社債）を交付するときは、当該社債等についての事項、⑨上記⑧の場合、2以上の会社が共同して新設分割をするときは、新設会社に対する社債等の割当てに関する事項、⑩新設会社が新設分割に際して、分割会社の新株予約権の新株予約権者に対して当該新株予約権に代わる新設会社の新株予約権を交付するときは、当該新株予約権に関する事項、⑪上記⑩の場合における分割会社の新株予約権者に対する新設会社の新株予約権の割当てに関する事項、⑫分割会社が新株予約権の成立の日に、ⓐ全部取得条項付種類株式の取得（取得対価が新設会社の株式〈これに準ずるものとして法務省令（会社則179条）で定めるものを含む。ⓑにおいて同じ〉のみである場合に限る）、または

⑬剰余金の配当（配当財産が新設会社の株式のみである場合に限る）をするときはその旨、である（会社763条1号～12号）。

　新設分割には、吸収分割と異なり、分割会社に金銭を交付することが認められていない。⑫につき、旧商法の人的分割と同様の効果を与えることができる。

(2)　その他の新設分割手続

(ア)　事前の開示

　分割会社は、新設分割計画の備置開始日から新設会社成立の日後6か月を経過する日までの間、新設分割計画の内容その他法務省令（会社則205条）で定める事項を記載・記録した書面・電磁的記録を本店に備え置き、株主・債権者の閲覧等に供しなければならない（会社803条1項・3項）。

　備置開始日は、吸収分割の分割会社の場合と同様である（会社803条2項）。

　法務省令（会社則205条）で定める事項は、①新設会社が交付する分割対価の定めの相当性に関する事項、②分割会社が、新設会社成立の日に全部取得条項付株式の取得または剰余金の配当を行うことを定めた場合に、その株主総会の決議が行われているときはその決議内容、③分割会社の新株予約権者に交付する新株予約権についての定めの相当性に関する事項、④共同新設分割の場合、他の分割会社（清算会社を除く）の最終事業年度の計算書類の内容等および最終事業年度の末日後に重要な財産の処分、重要な債務の負担その他の会社財産の状況に重要な影響を与える事象（後発事象）が生じたときはその内容、⑤他の分割会社が清算会社である場合は貸借対照表、⑥当該分割会社の重要な後発事象の内容、⑦新設分割が効力を生ずる日以後における新設会社に承継させる債務の履行の見込みに関する事項、⑧（前記）①から⑦に掲げる事項に変更が生じたときは、変更後の当該事項である。

(イ)　株主総会等

　分割会社は、株主総会の特別決議により新設分割計画の承認を受けなければならない（会社804条1項、309条2項12号）。

(ウ)　簡易新設分割

　新設分割により新設会社に承継させる資産の帳簿価額の合計額が、分割会社の総資産額（会社則207条）の5分の1（これを下回る割合を定款で定めた場合は

その割合）を超えない場合には、株主総会決議を要しない（会社805条）。なお、簡易新設分割には、一定の場合に総会の決議を省略できない旨が定められていない。

(エ) 差止請求

新設分割が法令・定款違反の場合、分割会社の株主が不利益を受けるおそれがあるときに、当該会社の株主に差止請求が認められる（会社805条の2）。

(オ) 反対株主の株式買取請求権等

簡易新設分割の場合（会社805条）を除き、反対株主には株式買取請求が認められる（会社806条）。吸収分割の場合と同様、分割会社の新株予約権者は、新株予約権買取請求が認められる（会社808条）。

(カ) 債権者異議手続

吸収分割の分割会社と同様である（会社810条。前記45頁参照）。ただし、分割会社が、新設会社の成立の日に剰余金の配当等をするとき、債権者異議手続を要する（会社810条1項2号かっこ書）。さらに、不法行為によって生じた分割会社の債務の債権者に対して各別の催告を省略できないことも同様である（会社810条3項かっこ書）。また、異議を述べることができる分割会社の債権者であって各別の催告を受けなかった一定の債権者は、分割会社または新設会社に債務の履行を請求することができるのも吸収分割の場合と同様である（会社764条2項・3項）。

(キ) 設立に関する特則

新設分割には、会社の設立に関する規定は適用されず、新設会社の定款は分割会社が作成する（会社814条）。

(ク) 事後の開示

分割会社は新設会社の成立の日後遅滞なく、新設会社と共同して新設分割により新設会社が承継した分割会社の権利義務その他の新設分割に関する事項として法務省令（会社則209条）で定める事項を記載・記録した書面・電磁的記録を作成し、成立の日から6か月間、本店に備え置き、株主・債権者その他の利害関係人の閲覧等に供しなければならない（会社811条1項～3項）。法務省令で定める事項は、①効力発生日、②分割会社における差止請求・反対株主の株式買取請求・債権者異議手続等の経過、③新設会社が承継した重要な権利義務

に関する事項、④その他新設分割に関する重要事項、である（会社則209条）。

新設会社の場合も同様である（会社815条3項〜5項、会社則212条）。

(ケ) 詐害的な新設分割の債権者保護

分割会社が残存債権者を害することを知って新設分割をした場合には、残存債権者は、新設会社に対して、承継した財産の価額を限度として、当該債務の履行を請求できる（会社764条4項）。履行を請求することができない場合も、吸収分割の場合と同様である（会社764条5項〜7項）。

④ 会社分割の効力発生

吸収分割の場合には、承継会社は、効力発生日に、吸収分割契約の定めに従い、分割会社の権利義務を承継する（会社759条1項）。分割会社は、吸収分割契約に定めた対価の種類に従い、承継会社の株主、社債権者、新株予約権者となる（会社759条8項）。新設分割の場合には、新設会社は、その成立の日に、新設分割計画の定めに従い、分割会社の権利義務を承継する（会社764条1項）。分割会社は、新設分割計画の対価の種類に従い、新設会社の株主、社債権者、新株予約権者となる（会社764条8項・9項）。新設会社については設立の登記をしなければならない（会社924条）。新設会社は、設立の登記をすることによって成立する（会社49条）。

⑤ 会社分割の無効

会社分割の無効は、会社分割の効力が生じた日から6か月以内に、訴えをもってのみ主張できる（会社828条1項柱書・9号・10号）。分割無効原因は、吸収分割契約・新設分割計画が作成されなかった場合やその内容が違法の場合、株主総会の承認決議に瑕疵があった場合、債権者異議手続を経ていない場合、独占禁止法に違反して分割がなされた場合など分割手続に重大な瑕疵がある場合である。この訴えを提起できる者は、各当事会社の株主等（株主、取締役、執

---

15 会社分割によって承継会社・新設会社に承継される部門の分割会社の労働者は、雇用主の変更、労働契約の変更の可能性などにより重大な影響を受けることになるため、会社分割における権利義務の承継のうち、労働契約の承継については労働者の権利保護の観点から特別法（いわゆる労働契約承継法）が制定されており、これについては、第2章Ⅰ「労働契約の承継」（84頁）に記述している。

行役、監査役、清算人。以下同じ。会社828条2項かっこ書）であった者または各当事会社・新設会社の株主等、または破産管財人もしくは分割を承認しない債権者である（会社828条2項9号・10号）。訴えは、分割会社、承継会社、新設会社の本店の所在地を管轄する地方裁判所の専属管轄に属する（会社835条1項）。

会社分割を無効とする判決が確定すると、その判決は第三者にも及ぶ（対世的効力・会社838条）が、承継会社・新設会社の株主および第三者との間ですでに生じた権利義務に影響を及ぼさない（遡及効の否定・会社839条）。

以上の結果、合併の場合と同様、会社分割によって分割した会社は将来に向かって復活し、承継会社・新設会社が分割後に負担した債務については分割当事会社が連帯して弁済の責任を負い、分割後に取得した財産は各当事会社の共有に属する（会社843条1項3号・4号、2項本文）。ただし、分割会社が1社である場合、取得した財産は、分割会社に属する（会社843条2項ただし書）。連帯債務の負担部分と共有財産の持分は、各当事会社の協議をもって定めることができるが、協議が調わないときは裁判所が分割の効力が生じる時における各当事会社の財産の額その他一切の事情を考慮して決定する（会社843条3項・4項）。

無効判決が確定した場合、裁判所書記官が職権で登記の嘱託をする（会社937条3項4号・5号）。

Ⅳ　株式交換・株式移転

1　株式交換・株式移転の意義

　株式交換・株式移転は、ともに完全親会社を創設する制度である。株式交換とは、完全子会社となる会社の株式を親会社となる会社に移転して、完全親会社を形成することである（会社2条31号）。一方、株式移転とは、完全子会社となる会社のすべての株式を新設する親会社に移転して完全親会社を形成することである（会社2条32号）。株式移転は2以上の会社が共同で、各会社の発行済株式の全部を新たに設立する会社に移転させることも可能であり、これを共同株式移転という。新たに設立された会社はいわゆる共同持株会社となり、各会社は、この会社の完全子会社となる。

　平成9年の独占禁止法改正により純粋持株会社が解禁されたが（独禁9条）、同法は、持株会社創設の方法を定めるものではなく、また当時の商法による持株会社の創設には、裁判所の検査役の調査が要求されること、既存会社の株主を強制できないため少数株主が残存する可能性のあること、多額の資金を要することなどの不便が存在した。そこで、円滑な持株会社設立の要請から平成11年の商法改正は、完全親子会社関係創設の制度として株式交換・株式移転の制度を新設した。この制度は、会社法でも維持され、さらに新株予約権付社債の承継が認められ（会社768条1項4号ハ、769条5項）、新株予約権の承継手続等が整備されている。

　株式交換・株式移転は、完全子会社となる会社は消滅せず、既存の法人格が維持され、原則、権利義務の承継の問題は生じない点で、合併とは異なる。この点から、完全子会社となる会社では、原則、債権者異議手続を必要としない。株式交換・株式移転は、完全子会社となる会社の株主が、完全親会社となる会社に完全子会社となる会社の株式を現物出資する、または現物出資して完全親会社を設立する場合であるとも考えられるが、合併に類似する組織法的行為として捉えられ、検査役の調査は不要である。

　株式交換においては、完全親会社となる会社には株式会社・合同会社がなることができ、合名会社・合資会社はなることができない（会社2条31号）。株式

移転においては、完全親会社となる新設会社は株式会社のみであり、持分会社を新設することはできない（会社2条32号）。株式交換・株式移転とも、完全子会社は、その性質上、株式会社に限られる（会社767条、772条）。

2 株式交換の手続

(1) 株式交換契約

株式会社は、株式交換をすることができ、この場合、当該株式会社の発行済株式の全部を取得する会社（株式交換完全親会社）との間で、株式交換契約を締結しなければならない（会社767条）。

株式交換完全親会社が株式会社であるときは、次の事項を定めなければならない（会社768条1項柱書）。①株式交換完全子会社・株式交換完全親会社の商号・住所、②株式交換完全親会社が株式交換に際して株式交換完全子会社の株主に対してその株式に代わる金銭等を交付する場合は、ⓐ株式交換完全親会社の株式であるときは、当該株式の数またはその算定方法ならびに株式交換完全親会社の資本金・準備金の額に関する事項、ⓑ株式交換完全親会社の社債であるときは、当該社債の種類および種類ごとの各社債の金額の合計額またはその算定方法、ⓒ株式交換完全親会社の新株予約権であるときは、当該新株予約権の内容および数またはその算定方法、ⓓ株式交換完全親会社の新株予約権付社債であるときは、前記ⓑに規定する事項および前記ⓒに規定する事項、ⓔ株式交換完全親会社の株式等以外の財産であるときは、当該財産の内容および数もしくは額またはこれらの算定方法、③前記②の場合には、株式交換完全子会社の株主に対する金銭等の割当てに関する事項、④株式交換完全親会社が株式交換に際して株式交換完全子会社の新株予約権の新株予約権者に対して当該新株予約権に代わる株式交換完全親会社の新株予約権を交付するときは、ⓐ株式交換完全親会社の新株予約権の交付を受ける株式交換完全子会社の新株予約権者の有する新株予約権の交付を受ける株式交換完全子会社の新株予約権者の有する新株予約権（株式交換契約新株予約権）の内容、ⓑ株式交換完全子会社の新株予約権者に対して交付する株式交換完全親会社の新株予約権の内容および数またはその算定方法、ⓒ株式交換完全子会社の新株予約権が新株予約権付社債に付された新株予約権であるときは、株式交換完全親会社が社債にかかる債務を

承継する旨ならびにその承継にかかる社債の種類および種類ごとの各社債の金額の合計額またはその算定方法、⑤前記④の場合には、株式交換完全子会社の新株予約権者に対する株式交換完全親会社の新株予約権者の割当てに関する事項、⑥株式交換が効力を生ずる日、である（会社768条1項1号〜6号）。

前記②および③は、合併等の組織再編の対価の柔軟化に対応したものである。

株式交換完全子会社が種類株式発行会社であるときは、株式交換完全子会社および株式交換完全親会社は、株式交換完全子会社の発行する種類の株式の内容に応じ、前記③に掲げる事項として、ⓐある種類の株主に対して金銭等の割当てをしないこととするときは、その旨および当該株式の種類、ⓑⓐに掲げる事項のほか、金銭等の割当てについて株式の種類ごとに異なる取扱いを行うこととするときは、その旨および異なる取扱いの内容、を定めることができる（会社768条2項）。

前記④および⑤を定めているのは、株式交換全子会社の発行している新株予約権・新株予約権付社債の承継を認めないと、株式交換を行った後でも、完全子会社となる会社の新株予約権が残存していることになり、完全親子関係とはならないからである。また、承継を認める場合でも、株式交換完全子会社の新株予約権を持っていた者は、権利行使の対象となる株式の内容が異なるため、明確にしておく必要があるからである。株式交換完全子会社が発行している新株予約権付社債についても、株式交換完全親会社の承継が認められるが、債権者異議手続が必要となる（会社789条1項3号・2項）。

(2) その他の株式交換手続

(ア) 事前の開示

株式交換により完全子会社となる会社（株式交換完全子会社）および完全親会社となる会社（株式交換完全親会社）は、備置開始日から株式交換が効力を生ずる日後6か月を経過するまでの間、株式交換契約の内容その他法務省令（会社則184条、193条）で定める事項を記載・記録した書面・電磁的記録を本店に備え置かなければならない（会社782条1項、794条1項）。備置開始日は、吸収分割の場合と同様である。そして、株式交換完全子会社では、株主のほか新株予約権者に事前開示書面等の閲覧等の請求が認められる（会社782条3項かつ

こ書)。株式交換完全親会社では、株主のほか一定の場合(会社794条3項かっこ書)を除いて債権者に閲覧等の請求が認められる(会社794条3項)。一定の場合とは、株式交換完全子会社の株主に対して交付する金銭等が株式交換完全親会社の「株式その他これに準ずるもの」として法務省令で定めるもののみの場合である(会社794条3項かっこ書)。すなわち、対価のすべてが株式交換完全親会社の株式の場合か、対価の95%超が株式交換完全親会社の株式の場合(対価5%未満が完全親会社の株式以外の金銭等の場合)のみの場合である。株式交換完全子会社の株主に対して株式交換完全親会社の株式以外の財産を交付することも認められている(会社768条1項2号)ので、原則、債権者異議手続が必要とされ、債権者に異議を述べるか否かの判断資料を提供する必要性から債権者に事前開示書面等の閲覧等が認められる。しかし、株式交換完全子会社に対する交換対価の95%超が株式交換完全親会社の株式である場合には、株式交換完全親会社の債権者に及ぼす影響が軽微であることから、債権者異議手続は必要とされず、債権者に閲覧等の請求は認められない(会社799条1項3号、会社則198条)。また、株式交換完全子会社の新株予約権(株式交換契約新株予約権)が新株予約権付社債に付された新株予約権であるときに株式交換完全親会社が社債にかかる債務を承継する場合は、株式交換完全親会社の資産が外部に流出することになり別に債権者異議手続が必要となるため債権者に閲覧等の請求が認められる(会社799条1項3号、768条1項4号)。閲覧等の請求が認められる者は、会社に対し、その営業時間内はいつでもこれらの書面・電磁的記録の閲覧または謄本・抄本の交付・提供等を請求できる(会社782条3項、794条3項)。備置開始日は、吸収分割の場合と同様である(会社782条2項、794条2項)。

　株式交換完全子会社において、事前の開示の対象として法務省令(会社則184条)で定める事項は、①株式交換対価の相当性に関する事項(同1項1号・3項)、②株式交換対価について参考となるべき事項(同1項2号・4項)、③株式交換にかかる新株予約権の定めの相当性に関する事項(同1項3号・5項)、④計算書類に関する事項(同1項4号・6項)、⑤株式交換について異議を述べることができる債権者があるときは、株式交換の効力発生日以後における株式交換完全親会社の債務の履行の見込みに関する事項(同1項5号)、⑥備置開始日後株式交換が効力を生ずる日までの間に、①～⑤に変更が生じたときは、変

更後の当該事項（同1項6号）、である。①〜④の事項の具体的内容は、吸収合併消滅会社の事前開示事項（会社則182条3項〜6項）と同様である（会社則184条3項〜6項）。

　一方、株式交換完全親会社において、法務省令（会社則193条）で定める事項は、①株式交換完全子会社の株主に対する交換対価の定め（定めがない場合は定めがないこと）の相当性に関する事項、②株式交換完全親会社が株式交換完全子会社の新株予約権者に対して当該新株予約権に代わる株式交換完全親会社の新株予約権を交付する場合に掲げた事項および割当てに関する定めの相当性に関する事項、③株式交換完全子会社において、最終事業年度にかかる計算書類等の内容、臨時計算書類等があるときはその内容、最終事業年度の末日後の重要な財産の処分、重大な債務の負担その他の会社財産の状況に重要な影響を与える事象（後発事象）が生じたときはその内容、④株式交換完全親会社についての最終事業年度の末日後の重要な財産の処分、重大な債務の負担その他の会社財産の状況に重要な影響を与える事象（後発事象）が生じたときはその内容など、⑤株式交換について異議を述べることができる債権者があるときは、株式交換の効力発生日以後における株式交換完全親会社の債務の履行の見込みに関する事項、⑥備置開始日後株式交換が効力を生ずる日までの間に、①〜⑤に変更が生じたときは、変更後の当該事項（会社則193条1号〜6号）、である。

　(イ)　**株主総会等**

　　a.　**株式交換完全子会社**　　株式交換完全子会社は、効力発生日の前日までに、株主総会の特別決議によって株式交換契約の承認を受けなければならない（会社783条1項、309条2項12号）。書面投票・電磁的方法による投票を行う会社では、株式交換契約の承認議案を提出する場合には、株主総会参考書類に、株式交換を行う理由、株式交換契約の内容の概要などを記載しなければならない（会社則88条）。

　株式交換完全子会社が公開会社であり、その株主に対して交付する金銭等の全部または一部が譲渡制限株式等（譲渡制限株式その他これに準ずるものとして法務省令〈会社則186条〉で定めるものをいう）であるときは、当該株主総会の承認は特殊決議による（会社309条3項2号）。また、株式交換完全子会社が種類株式発行会社である場合に、対価の全部または一部が譲渡制限株式等である

きは、株主総会の決議のほか割当てを受ける種類の株式（譲渡制限株式を除く）の株主の種類株主総会の特殊決議が必要となる（会社783条3項、324条3項2号）。

　b. **株式交換完全親会社**　株式交換完全親会社は、効力発生日の前日までに、株主総会の特別決議によって株式交換契約の承認を受けなければならない（会社795条1項、309条2項12号）。書面投票等を行う会社では、株主総会参考書類に、株式交換完全子会社と同様の内容を記載しなければならない（会社則88条）。株式交換完全親会社が、株式交換完全子会社の株主に対して交付する金銭等の帳簿価額が、株式交換完全親会社が承継する株式交換完全子会社の会社の株式の額として法務省令（会社則195条5項）で定める額を超えるとき（株式交換差損）は、取締役は、この株主総会においてその旨を説明しなければならない（会社795条2項3号）。

　株式交換完全親会社が種類株式発行会社である場合に、株式交換完全子会社の株主に株式交換完全親会社の譲渡制限株式を交付するときは、株式交換完全親会社の種類株式の株主の種類株主総会の特別決議が必要となる（会社795条4項、324条2項6号）。

　(ウ)　**略式株式交換**
　株式交換完全親会社が完全子会社の特別支配会社である場合は、株式交換完全子会社での株主総会の決議は不要であり、株式交換完全子会社が株式交換完全親会社の特別支配会社である場合は、株式交換完全親会社での株主総会の決議は不要である（会社784条1項本文、796条1項本文）。

　しかし、株式交換完全親会社が特別支配会社であって、株式交換の対価が譲渡制限株式等（会社784条1項、会社則186条）の場合、株式交換完全子会社が公開会社（会社2条5号）であり、かつ、種類株式発行会社でないときは、株式交換完全子会社の株主総会の特殊決議を要する（会社784条1項ただし書、783条1項、309条3項2号）。また、株式交換完全子会社が特別支配会社であって、対価が譲渡制限株式の場合、株式交換完全親会社が公開会社でないときは、株式交換完全親会社の株主総会の決議を要する（会社796条1項ただし書、309条3項2号）。

　株主に一定の場合、株式交換の差止請求が認められる（会社784条の2、796

条の2)のは、合併の場合と同様である。

特別支配会社を除く株主に、株式買取請求権が認められる(会社785条2項2号、797条2項2号)。

(エ) 簡易株式交換

株式交換完全子会社の株主に交付する対価の帳簿価額の合計額(交付する完全親会社の株式の数に完全親会社の1株あたり純資産額を乗じて得た額と交付する完全親会社の株式以外の財産の帳簿価額の合計額)が、株式交換完全親会社の純資産額として法務省令(会社則196条)で定める方法により算定される額の5分の1(これを下回る割合を定款で定めた場合にはその割合)を超えない場合には、株式交換完全親会社の株主総会の決議は不要である(会社796条2項本文・1号・2号)。

ただし、交換差損が生ずる場合、または交付する金銭等の対価の全部または一部が譲渡制限株式の場合で株式交換完全親会社が公開会社ない場合は、株主総会の決議が必要である(会社796条2項ただし書、795条2項3号、796条1項ただし書)。

また、法務省令(会社則197条)で定める数の株式(株式交換承認総会において議決権を行使できるものに限る)を有する株主が株式交換に反対する旨を通知したときは、株式交換完全親会社の株主総会の決議によって、株式交換契約の承認を受けなければならない(会社796条3項)。法務省令で定める数とは、株式交換承認決議にかかる株主総会の特別決議の成立を阻止できる最低数(会社則197条1号~3号)、または定款で定めた数(同4号)である(26頁POINT参照)。

株式交換完全子会社には、簡易手続の制度はない。

(オ) 反対株主等の株式買取請求等

株式交換の場合、原則、反対株主には株式買取請求権が認められる(会社785条1項、797条1項、785条2項2号かっこ書、797条2項2号かっこ書)。

株式交換完全子会社の新株予約権者は、新株予約権の買取請求権が認められる(会社787条)。ただし、株式交換完全親会社の新株予約権が交付される旨の株式交換契約の定めが新株予約権の発行決議に定められた条件に合致している場合、買取請求権は認められない(会社787条1項3号)。会社分割の場合の新株予約権買取請求と同様である。

②　株式交換の手続

(カ)　差止請求

　株式交換完全子会社・株式交換完全親会社において、①株式交換が法令・定款に違反する場合、または、②略式株式交換の対価が株式交換完全子会社または株式交換完全親会社の財産の状況その他の事情に照らして著しく不当である場合に、株主が不利益を受けるおそれがあるときは、株式交換完全子会社の株主は完全子会社に対し、または簡易株式交換の場合を除く株式交換完全親会社の株主は完全親会社に対し、当該株式交換をやめることを請求することができる（会社784条の2、796条の2）。

(キ)　債権者異議手続

　当事会社の財産に変動を生じないので、原則、債権者異議手続を要しない。

　ただし、株式交換完全子会社の発行した新株予約権付社債を、株式交換完全親会社が承継する場合、当該新株予約権付社債についての社債権者は、株式交換完全子会社に対し、異議を述べることができる（会社789条1項3号）。承継により債務者が変更され、株式交換完全親会社の財務状況次第では償還の可能性に影響がでるからである。

　また、株式交換完全親会社は、株式交換完全子会社の株主に対して交付する金銭等が株式交換完全親会社の株式その他これに準ずるものとして法務省令（会社則198条）で定めるもののみである場合以外の場合、または、株式交換完全子会社の新株予約権（株式交換契約新株予約権）が新株予約権付社債に付された新株予約権であるときに株式交換完全親会社が社債にかかる債務を承継する場合は、債権者異議手続をとらなければならない（会社799条1項3号）。

　「株式その他これに準ずるもの」については、前記54頁(2)(ア)「事前の開示」の記述を参照されたい。債権者異議手続を必要とするのは、株式以外の金銭等を交付することにより、株式交換完全親会社の資産が外部に流出するからである。

(ク)　株式交換の効力発生

　株式交換は、株式交換契約に定めた効力発生日に、完全子会社の発行済株式の全部を取得する（会社769条1項）。この場合には、株式交換完全子会社の譲渡制限株式については、効力発生日に取得の承認（会社137条1項）をしたものとみなされる（会社769条2項）。なお、株式交換完全親会社がすでに効力発生

日前から有していた株式交換完全子会社の株式は除かれる（会社769条1項かっこ書・2項かっこ書）。

　(ケ)　**事後の開示**

　事後開示の目的は、株式交換無効の訴え、あるいは取締役等の責任追及の判断材料とするためであり、合併などと同様である。株式交換完全子会社および株式交換完全親会社は、効力発生日後遅滞なく、共同して株式交換により株式交換完全親会社が取得した株式交換完全子会社の株式の数その他の株式交換に関する事項として法務省令（会社則190条）で定める事項を記載・記録した書面または電磁的記録を作成し、効力発生日から6か月間、それぞれの本店に備え置かなければならない（会社791条1項2号・2項、801条3項3号）。法務省令で定める事項とは、①株式交換が効力を生じた日、②株式交換完全子会社における差止請求、反対株主の株式買取請求、新株予約権買取請求および債権者異議手続の経過、③株式交換完全親会社における差止請求、反対株主の株式買取請求および債権者異議手続の経過、④株式交換完全親会社に移転した株式交換完全子会社の株式の数（完全子会社が種類株式発行会社の場合は種類および種類ごとの数）、⑤その他の株式交換に関する重要事項、である（会社則190条）。

　効力発生日に完全子会社の株主または新株予約権者であった者は株式交換完全子会社に対して、または株式交換完全親会社の株主および債権者は完全親会社に対して、前記の書面等の閲覧等の請求をすることができる（会社791条3項・4項、801条4項・6項）。この場合の株式交換完全親会社の債権者については、株式交換完全子会社の株主に対して交付する金銭等が、株式交換完全親会社の「株式その他これに準ずるもの」（54頁(2)(ア)「事前の開示」参照）として法務省令（会社則202条）で定めるもののみである場合を除く債権者である（会社801条6項後段）。

3　株式移転の手続

(1)　株式移転計画

　株式会社は株式移転をすることができ、この場合、株式移転計画を作成しなければならない（会社772条1項）。2以上の会社が共同して株式移転をする場合には、これらの会社は、共同して株式移転計画を作成しなければならない

（会社772条2項）。

　株式会社が株式移転をする場合には、株式移転計画において次の事項を定めなければならない（会社773条1項柱書）。①株式移転により設立する会社（株式移転設立完全親会社、以下では設立完全親会社と略す）の目的、商号、本店所在地および発行可能株式総数、②その他設立完全親会社の定款で定める事項、③設立完全親会社の設立時取締役の氏名、④設立完全親会社の機関設計に応じた設立時役員等（会計参与・監査役・会計監査人）の氏名・名称、⑤設立完全親会社が株式移転に際して株式移転完全子会社の株主に対して交付する株式に代わる設立完全親会社の株式の数またはその数の算定方法ならびに設立完全親会社の資本金および準備金の額に関する事項、⑥株式移転完全子会社の株主に対する前記⑤の株式の割当てに関する事項、⑦設立完全親会社が株式移転に際して株式移転完全子会社の株主に対して株式に代わる設立完全親会社の社債等を交付するときは、当該社債等についての事項、⑧前記⑦の場合、株式移転完全子会社の株主に対する社債等の割当てに関する事項、⑨設立完全親会社が株式移転に際して株式移転完全子会社の新株予約権の新株予約権者に対して当該新株予約権に代わる設立完全親会社の新株予約権を交付するときは、その新株予約権についての事項、⑩前記⑨の場合には、株式移転完全子会社の新株予約権者に対する設立完全親会社の新株予約権の割当てに関する事項、である（会社773条1項1号～10号）。

　株式会社を設立するので、前記①～④で、目的、商号、本店所在地その他の定款記載事項、取締役・監査役などの役員等の会社組織に関する事項が必要となる。⑦および⑧により、設立完全親会社の株式に代えて設立完全親会社の社債、新株予約権、新株予約権付社債を交付することができるが、新設合併、新設分割と同様、金銭の交付は認められていない。

(2)　その他の株式移転手続
　(ｱ)　事前の開示
　株式移転完全子会社は、株式移転計画の備置開始日から成立後6か月を経過するまでの間、株式移転計画の内容その他法務省令（会社則206条）で定める事項を記載・記録した書面・電磁的記録を本店に備え置き、株主および新株予約

権の閲覧等に供しなければならない（会社803条1項・3項）。備置開始日は、新設合併の場合と同様である（会社803条2項）。

法務省令で定める事項（会社則206条）は、株式交換完全子会社の場合に比べ、株式交換完全親会社に関する事項の代わりに、設立完全親会社が交付する株式移転対価の相当性に関する事項（会社則206条1号）、共同株式移転の場合には、他の株式移転完全子会社の最終事業年度の計算書類の内容等および最終事業年度の末日後に重要な財産の処分、重要な債務の負担その他会社財産の状況に重要な影響を与える事象（後発事象）が生じたときはその内容など（同3号）の事項が追加される。

　(イ)　**株主総会等**

株式移転完全子会社は、株主総会の特別決議により株式移転計画の承認を受けなければならない（会社804条1項、309条2項12号）。ただし、株式移転完全子会社が公開会社であり、かつ、当該会社の株主に対して交付する金銭等の全部または一部が譲渡制限株式等である場合には、株主総会の特殊決議による（会社309条3項3号）。また、株式移転完全子会社が種類株式発行会社で、株式移転完全子会社の株主に対して交付する対価の全部または一部が譲渡制限株式等であるときは、株主総会の決議のほか、当該譲渡制限株式等の割当てを受ける種類の株式（譲渡制限株式を除く）の種類株主を構成員とする種類株主総会の特殊決議を要する（会社804条3項、324条3項2号）。

　(ウ)　**反対株主等の株式買取請求等**

反対株主の株式買取請求権が認められる（会社806条）。新設分割の場合と同様である。

株式交換の場合と同様、株式移転完全子会社の新株予約権者は、一定の場合、新株予約権買取請求権が認められる（会社808条）。

　(エ)　**差止請求**

株式移転が法令・定款に違反する場合、株式移転完全子会社の株主が不利益を受けるおそれがあるときに当該会社の株主に差止請求が認められる（会社805条の2）。

　(オ)　**債権者異議手続**

株式交換と同様、原則、債権者異議手続を要しない。ただし、株式移転完全

子会社が、その新株予約権付社債を設立完全親会社に承継する場合には、新株予約権付社債についての社債権者は、株式移転完全子会社に対し異議を述べることができる（会社810条1項3号）。

　(カ)　**設立に関する特則**

　設立完全親会社の設立については、会社の設立に関する規定は適用されず、定款は、株式移転完全子会社が作成する（会社814条）。

　(キ)　**株式移転の効力発生**

　設立完全親会社は、その成立の日（設立の登記の日）に株式移転完全子会社の発行済株式の全部を取得する（会社774条1項）。

　(ク)　**事後の開示**

　株式移転完全子会社・設立完全親会社は、設立完全親会社成立の日後遅滞なく、共同して、設立完全親会社が取得した株式移転完全子会社の株式の数その他株式移転に関する事項として法務省令（会社則210条）で定める事項を記載・記録した書面等を作成し、成立の日から6か月間、本店に備え置き、株式移転完全子会社の株主・新株予約権者であった者、設立完全親会社の株主、新株予約権者の閲覧等に供しなければならない（会社811条1項2号・2項～4項、815条3項・4項・6項）。法務省令（会社則210条）で定める事項は、①効力発生日、②差止請求・反対株主の株式買取請求・債権者異議手続等の経過、③設立完全親会社に移転した株式移転完全子会社の株式数、④その他株式移転に関する重要事項、である。

4　株式交換・株式移転の無効

　株式交換・株式移転の無効は、効力が生じた日から6か月以内に、訴えをもってのみ主張できる（会社828条1項11号・12号）。無効原因は、株式交換契約・株式移転計画の不作成やその内容の違法、株主総会承認決議の瑕疵、債権者異議手続がとられなかった場合などである。

　訴えを提起できる者は、効力発生日に各当事会社の株主等（株主、取締役、清算人、監査役、執行役をいう。以下同じ。会社828条2項1号かっこ書）であった者もしくは完全親会社の株主等、または破産管財人もしくは株式交換・株式移転を承認しなかった債権者、である（会社828条2項11号・12号）。

株式交換・株式移転を無効とする判決が確定すると、その判決は第三者にも及び（対世的効力・会社838条）、遡及効が否定される（会社839条）。完全親会社になった会社は、株式交換・株式移転によって取得した株式を完全子会社の株主に返還しなければならない（会社844条1項）。株式移転の設立完全親会社は清算しなければならない（会社475条3号）。

　無効判決が確定した場合、裁判所書記官が職権で登記の嘱託をする（会社937条3項6号・7号）。

V　自己株式取得の手続

1　市場取引・公開買付け以外の方法による取得

(1)　ミニ公開買付け

　会社が市場取引・公開買付け（金商27の2第4項）以外の方法により、株主との合意で自己株式を取得する場合には、定時・臨時のいずれの株主総会でもよく、普通決議による（会社156条1項柱書）。決議事項は、取得する株式の数（種類株式発行会社にあっては種類および数）、取得と引換えに交付する金銭等の内容および総額、株式を取得することができる期間（会社156条1項1号～3号）である。なお、交付する対価は金銭以外の財産を定めることができる。取得できる期間は1年を超えることができない。

　この株主総会の決議を受けて、会社は自己株式を取得しようとするときは、その都度、取締役の決定（取締役会設置会社では取締役会の決議）をもって具体的な内容を決めなければならない（会社157条1項柱書・2項、348条）。

　定めるべき事項は、取得する株式数、株式1株の対価として交付する金銭等の内容および数もしくは額またはこれらの算定方法、取得と引換えに交付する金銭等の総額、株式の譲り渡しの申込期日である（会社157条1項1号～4号）。

　株式取得の条件は、決定ごとに均一でなければならない（会社157条3項）。通知を受けた株主は、その有する株式の譲り渡しの申込みをしようとするときは、会社に対し、その申込みにかかる株式の数（種類株式発行会社にあっては種類および数）を明らかにしてしなければならない（会社159条1項）。会社は、申込期日において、株主が申込みをした株式の譲受けを承諾したものとみなされる（会社159条2項本文）。ただし、株主が申込みをした株式の総数を超えるときは、各株主が申込みをした数に按分して株式の譲受けを受諾したものとみなされる（会社159条2項ただし書）。

　以上の手続は、会社がすべての株主に対して平等に譲渡する機会を与えるものであり、後述の「公開買付け」（105頁以下）に対し、「ミニ公開買付制度」と呼ばれる。

(2) 特定株主からの自己株式の取得

(ア) 手続

会社が相対取引により特定の株主から自己株式を取得する方法も認められる。この場合、会社は自己株式の取得に関する事項（会社156条1項各号）の決定に併せて特定の株主に対して取得株式数・1株あたりの取得価格およびその総額・申込期日の通知を行う旨を株主総会の特別決議によって決定することができる（会社160条1項、309条2項2号かっこ書）。

会社は、特定の株主に対して通知を行う旨（会社160条1項）の決定をしようとするときは、株主総会の日の2週間前（非公開会社では1週間前）までに、株主に対し、「総会の日の5日前（非公開会社では3日前、いずれも定款で短縮可能）までに特定の株主に自己をも加えた者を議案とすることを請求（売主追加請求）」をすることができる旨を通知しなければならない（会社160条3項、会社則28条、29条）。特定の者のみが高値で売却できるような場合を防止し、売却機会の平等を図るためである。

(イ) 売主追加請求権

売主追加請求権は、株主相互の平等を図るものであり、株主提案権（会社304条）の特則である。売主である特定の株主（売主追加請求をした株主を含む）は、特定の株主以外の株主全部が当該株主総会において議決権を行使することができない場合を除き、決議の公正を図るため当該株主総会において議決権を行使することができない（会社160条4項本文）。

取得する株式が市場価格のある株式である場合において、株式1株の対価として交付する金銭等の額が、市場価格として法務省令で定める方法（会社則30条）により算定されるものを超えないときは、他の株主は売主追加請求をすることができない（会社161条）。他の株主は市場で株式を売却することが可能なうえ、市場価格のある株式を市場価格以下で取得する場合は他の株主を害するおそれもないからである。

非公開会社においては、会社が相続人その他の一般承継人から株式を取得する場合は、他の株主の売主追加請求は認められない（会社162条本文）。ただし、相続人その他の一般承継人が株主総会または種類株主総会においてすでに議決権を行使した場合には、相続人等が株主でいることを選択したものとして、会

社法160条の原則に則り、売主追加請求は認められる（会社162条ただし書・2号）。

子会社からの取得の場合も、売主追加請求の適用はない（会社163条）。

また会社は、特定の株主から取得するときは、他の株主に売主追加請求ができない旨を、定款で定めることができる（会社164条1項）。株式発行後にこのような定款の定めを設ける場合や廃止する場合を除き定款の変更をする場合は、他の株主に不利益をもたらす可能性があるので、株主全員の同意を得なければならない（会社164条2項）。

(3) 子会社からの自己株式の取得

会社が子会社から自己株式を取得する場合、取締役会設置会社において取締役会、取締役会非設置会社においては株主総会で決定する（会社163条）。この場合、自己株式の取得手続に関する会社法157条から160条は適用されないので、具体的な取得については、自己株式の取得について業務を執行する者が適宜の方法で子会社から取得できる。

2 市場取引・公開買付けによる自己株式の取得

会社が、有価証券市場において行う取引または公開買付けの方法により自己株式を取得する場合には、会社法157条から160条は適用されないので、同法156条1項に掲げる事項を決定すれば自己株式を取得できる（会社165条1項）。

取締役会設置会社は、市場取引等により自己株式を取得することを取締役会の決議で定めることができる旨を定款で定めることができる（会社165条2項）。剰余金の配当等を取締役会が決定できる旨を定款で定めることができる会社（会社459条1項1号）でなくても自己株式の取得が可能としたのは、機動的な取得ができるようにするためである。

3 特別の取得の定めがある場合の取得の手続

(1) 取得請求権付株式の取得

(ア) 株主による請求

取得請求権付株式の株主は、会社に対して、株主の有する取得請求権付株式

を取得することを請求できる（会社166条1項本文）。

ただし、財源規制がかかり、取得請求権株式を取得するのと引換えに一定の財産を交付する場合において、これらの財産の帳簿価額が請求の日における分配可能額を超えているときは請求できない（会社166条1項ただし書）。

取得の請求は、請求にかかる取得請求権付株式の数（種類株式発行会社では取得請求権付株式の種類および種類ごとの数）を明らかにしなければならない（会社166条2項）。株券発行会社の株主が取得の請求をする場合、取得請求権付株式にかかる株券を提出しなければならない（会社166条3項本文）。

　(イ)　取得請求権付株式の取得の対価

会社は、株主からの取得請求（会社166条1項）の日に、その請求にかかる取得請求権付株式を取得する（会社167条1項）。取得請求した株主は、請求の日に、定款の定めに従い、①社債を交付すると定めている場合は社債権者、②新株予約権を交付すると定めている場合は新株予約権者、③新株予約権付社債を交付すると定めている場合は社債権者および新株予約権者、④他の種類の株式を交付すると定めている場合は他の株式の株主となる（会社167条2項）。④の場合、他の種類の株式の数に1株に満たない端数があるときは、切り捨てられる（会社167条3項前段）。その場合、定款に別段の定めがある場合を除き、①市場価格がある株式の場合は、その株式1株の市場価格として法務省令（会社則31条）で定める方法により算定される額、②それ以外の場合は、1株あたり純資産額に、その端数を乗じて得た額に相当する金銭を株主に交付しなければならない（会社167条3項後段）。この取扱いは、社債、新株予約権について端数がある場合にも準用される（会社167条4項）。

(2)　取得条項付株式の取得

　(ア)　一定の取得事由

取得条項付株式の取得について、会社が定めた一定の日が到来することをもって取得事由とする定め（会社107条2項3号ロ、108条2項6号イ）がある場合には、一定の日を、定款に別段の定めのある場合を除き、取締役会設置会社では取締役会の決議、その他の会社では株主総会の普通決議によって定めなければならない（会社168条1項）。一定の取得する日を定めた場合、会社が取得条

項付株式の株主および登録株式質権者に対し、その日の2週間前までに、その日を通知しなければならない（会社168条2項）。この通知は、公告をもってこれに代えることができる（会社168条3項）。

　一定の事由が生じた日に株式の一部を取得するとの定款の定め（会社107条2項3号ハ、108条2項6号イ）がある場合において、会社が取得条項付株式を取得しようとするときは、その取得する取得条項付株式を決定しなければならない（会社169条1項）。この取得条項付株式の決定は、定款に別段の定めがある場合を除き、取締役会設置会社にあっては取締役会、取締役会設置会社以外にあっては株主総会の決議によってしなければならない（会社169条2項）。この決定をしたときは、会社は、決定した取得条項付株式の株主および登録株式質権者に対し、直ちに、当該取得条項付株式を取得する旨を通知しなければならない（会社169条3項）。この通知は、公告をもってこれに代えることができる（会社169条4項）。

　(イ)　取得の効力発生

　会社は、取得事由が生じた日（会社107条2項3号イ、108条2項6号イ）に、取得条項付株式を取得する（会社170条1項柱書・1号）。

　ただし、取得条項付株式の一部を取得する場合には、取得事由が生じた日と株主および登録株式質権者に通知または公告の日から2週間を経過した日のいずれか遅い日に取得する（会社170条1項かっこ書・2号）。会社が、その一部を取得する場合には、取得対象となる株式について株主に周知させることが必要なため、効力発生を2週間遅らせたものである。

　株主は、取得事由が生じた日に、株式の取得対価に関する定款の定めに従い社債権者、新株予約権者、社債権者および新株予約権者、その他の株主となる（会社170条2項）。

　会社は、取得事由（会社107条2項3号イ、108条2項6号イ）が生じた後、遅滞なく、取得条項付株式の株主および登録株式質権者に対し、取得事由が生じた旨を通知または公告をしなければならない（会社170条3項本文・4項）。ただし、取得する一定の日を定めたとき（会社107条2項3号ロ、108条2項6号イ）は、その日の2週間前までに通知または公告が行われているので（会社168条2項・3項）、この場合には通知または公告をする必要はない（会社170条3項ただ

し書)。

　なお、株券発行会社の場合、効力発生日（会社170条１項）の１か月前までに当該取得条項付株式の株券を提出しなければならない旨の公告および通知が必要となる（会社219条１項４号）。

　取得条項付株式を取得するのと引換えに一定の財産を交付する場合に、会社の他の種類の株式を交付する場合を除き、これらの財産の帳簿価額が取得事由の生じた日における分配可能額を超えているときは、会社は当該株式を取得できない（会社170条５項）。一定の対価の交付は、株主に対する払戻しであるから、分配可能額を超えることは許されない。

(3)　全部取得条項付種類株式の取得

　全部取得条項付種類株式は、本来は、任意整理をする際に、株主総会の決議により、100％減資（会社の発行済株式全部の消却）を可能とするため導入された制度であるが、債務超過を要件としていないために、その他の場合でも利用することができる。

　全部取得条項付種類株式を発行した種類株式発行会社は、株主総会の特別決議（会社309条２項３号）によって、全部取得条項付種類株式の全部を取得できる（会社171条１項）。株主総会の決議によって定めるべき事項は、取得対価としての金銭、別の種類の株式、社債、新株予約権、新株予約権付社債、その他の財産のほか割当てに関する事項および取得日である（会社171条１項各号）。

　前記の事項（会社171条１項各号）を定めた場合、決議された取得対価に反対する株主は、取得日の20日前から取得日の前日までの間に裁判所に対して取得価格の決定の申立てをすることができる（会社172条１項）。株主への周知を図るため、会社は、取得日の20日前までに、全部取得条項付種類株式の株主に対し、その全部を取得する旨を通知または公告をしなければならない（会社172条２項・３項）。

　なお、年６分の法定利息の軽減対策のため、裁判所の価格決定までは、株主に対し、会社が公正な価格と認める額を支払うことができる（会社172条４項・５項）。

　全部取得条項付種類株式を取得する場合、事前開示として株主総会の決議事

項（会社171条1項各号）等、および事後開示として取得した全部取得条項付種類株式の取得に関する事項について、取得日から6か月間、本店に備え置かなければならない（会社171条の2第1項、173条の2第1項・2項）。

さらに、株主は、全部取得条項付種類株式の取得が法令・定款に違反する場合において、株主が不利益を受けるおそれがあるときは、株主は、会社に対し、当該全部取得条項付種類株式の取得の差止めを請求することができる（会社171条の3）。

4 自己株式の処分と消却

(1) 処　分

会社が保有する自己株式を処分する場合は、自己株式の引受人を募集しない場合を除き、募集株式の発行と同様の手続に服する（会社199条1項柱書）。

自己株式の引受人を募集しない場合の自己株式の処分とは、株式交換で完全親会社となる会社または吸収合併・吸収分割での存続会社等が自己株式を交付する場合（会社749条1項2号イ、758条4号イ、768条1項2号イ）、取得請求権付株式・取得条項付株式・全部取得条項付種類株式を取得する場合（会社108条2項5号ロ・6号ロ、171条1項1号イ）、その他の場合（会社185条、282条1項、194条3項など）である。

(2) 消　却

会社は自己株式を消却することができる（会社178条1項前段）。消却とは、会社の存続中の特定の株式を消滅させることである。自己株式を消却するには、消却する自己株式の数（種類株式発行会社にあっては、自己株式の種類および種類ごとの数）を定めなければならない（会社178条1項後段）。取締役が決定するが（会社348条）、取締役会設置会社では取締役会の決議によらなければならない（会社178条2項）。

自己株式が消却されても、定款で定めた発行可能株式総数は影響を受けないため、公開会社では結果的に発行可能株式総数が発行済株式総数の4倍を超えることも認められる（会社113条3項参照）。

Ⅵ 第三者割当増資等

1 第三者割当の意義

　第三者割当とは、株主以外の者に募集株式を優先的に割り当てて募集株式を発行し、会社が資金を調達することをいう。会社は、特定の企業との資本提携・業務提携強化、株式買占め・公開買付けによる乗っ取りの防止、株式持合いによる安定株主対策、従業員持株制度による従業員の福祉と安定株主対策などのために第三者割当を利用する。株主に募集株式を割り当てた場合であっても、それが一部の株主に限られるなど、持株数に関係なく割り当てられた場合も第三者割当となる。株主は、株主割当の請求権をもたないので、単に、既存株主の支配関係に変動が生じてもそれだけでは不当とならない。しかし、第三者割当は、既存株主の持株比率が低下するだけでなく、時価以下の払込金額で割り当てると、募集株式の発行等の後の1株あたりの株式の価値も低下し、既存株主が経済的損失を被る。そこで、特に有利な金額で募集株式の発行等をする場合には、公開・非公開会社にかかわらず、取締役が株主総会でその理由を説明して特別決議をなす厳格な方法がとられる（会社199条3項、201条1項、309条2項5号）。

2 第三者割当に係る問題と対応

(1) 会社法の対応

　公開会社においては、取締役会の決議によって、大規模な第三者割当による増資が行われることは、取締役が株主を選択できるだけでなく、突如、既存株主の持株比率が低下し、企業の支配権の移転、1株あたりの利益の希薄化、などの問題が発生する。また、第三者割当においては、有利発行（有利発行については次項 3 参照）または著しく不公正な発行かどうかの判断が問題となる場合もみられる。

　そこで、差止めの機会を与えるため、公開会社では、取締役会の決議によって募集事項を定めたときは、払込期日（払込期間の初日）の2週間前までに、株主の対し通知・公告をしなければならない（会社201条3項・4項）。ただし、

会社が払込期日（払込期間の初日）の2週間前までに、金融商品取引法に基づく有価証券届出書などの届出をしている場合は、当該通知・公告は不要である（会社201条5項、会社則40条）。[16]

　これらの問題に対して、募集株式等の発行が法令・定款違反または著しく不公正な方法によって行われる場合に、既存株主が不利益を受けるおそれがあれば、募集株式の発行等を事前に差し止めることができた（会社210条）。しかし、これらは、十分に機能しているとはいい難く、平成26年改正会社法により、公開会社の支配株主の異動を伴う募集株式の発行等（引受人の全員が募集株式の株主になった場合の議決権数が、総株主の議決権の数の2分の1を超える場合）について、その旨を通知・公告したときに、総株主の議決権の10％以上の議決権を有する株主が反対する旨を会社に通知したときは、原則、株主総会の普通決議を経なければならない（会社206条の2）。なお、新株予約権についても同様の規律が適用される（会社244条の2）。

　非公開会社においては、第三者割当かどうかにかかわらず、募集事項の決定は、原則、株主総会の特別決議によらなければならない（会社199条2項、309条2項5号）。

(2) **金融商品取引法（有価証券届出書）の対応**
　(ア) **有価証券届出書の提出**
　有価証券の募集または売出しは、原則として発行会社が有価証券届出書を財務局長等に提出しているものでなければ、することができない（金商4条1項、5条1項）。また、発行会社、金融商品取引業者等は、金融商品取引法の規定による届出の効力が生じていなければ、募集または売出しにより取得させ、または売り付けることができない（金商15条1項）。有価証券の中には、株券・新株予約権証券が含まれ（金商2条9号）、発行会社とは、上場会社である（金商5条、24条1項2号）。

16　具体的には、会社が払込期日（払込期間の初日）の2週間前までに金融商品取引法に基づき、次の書類を届出または提出している場合であって、内閣総理大臣が払込期日の2週間前の日から払込期日まで継続して金融商品取引法の規定に基づき公衆の縦覧に供しているときである。書類は、①有価証券届出書、②先行登録書および先行登録追補書類、③有価証券報告書、④四半期報告書、⑤半期報告書、⑥臨時報告書である。

以上から、上場会社が第三者割当を行う場合には、有価証券届出書の提出が必要である。上場会社には、このほか各金融商品取引所の規制もある。[17]

(イ) **有価証券届出書の記載内容**

第三者割当に該当する場合には、開示の充実を図るため有価証券届出書等において、割当予定先に関する情報、資金使途の詳細な情報等の記載を求められる。

すなわち、有価証券届出書等の「第三者割当の場合の特記事項」として、①割当予定先の状況、②割当株式等の譲渡制限、③発行条件に関する事項、④大規模な第三者割当に関する事項、⑤第三者割当後の大株主の状況、⑥大規模な第三者割当の必要性、⑦株式併合等の予定の有無および内容、⑧その他参考となる事項、について記載する必要がある（企業開示「第二号様式」）。

(ウ) **有価証券届出書提出前の第三者割当予定先との協議等**

有価証券届出書提出前に割当先との接触が、取引勧誘に該当すると金融商品取引法違反となる可能性がある（金商4条1項、15条1項、197条の2、172条）。

しかし、第三者割当の場合には、割当予定先が限定され、資本提携の場合等、割当予定先から第三者割当に係る株券等が直ちに転売されるおそれが少ない場合には、割当予定先を選定し、または当該割当予定先の概況を把握することを目的とした届出前の割当予定先に対する調査、当該第三者割当の内容等に関する割当予定先との協議等の行為は、有価証券の取得勧誘にはあたらないとされる（金融庁総務企画局「企業内容等の開示に関する留意事項について（企業内容等

---

17 東京証券取引所では、有価証券上場規程施行規則で定める等の軽微なもの（払込金額または売出金額の総額が1億円未満など）は除き、上場会社の業務執行決定機関が、第三者割当等を行うことを決定した場合には、直ちにその内容を開示しなければならない（東京証券取引所有価証券上場規程402条1号a、有価証券上場規程施行規則401条1号）。

　a. 希釈率300％超の場合　　上場会社において希釈化率が300％を超える第三者割当の決定がされたときは、株主および投資者の利益を侵害するおそれが少ないと取引所が認める場合を除き、上場廃止となる（東京証券取引所有価証券上場規程601条1項17号、有価証券上場規程施行規則601条14項6号）。

　b. 希釈率25％以上・支配株主の異動の場合　　第三者割当に係る上場会社の行動規範として、第三者割当により希釈化率が25％以上となるときまたは支配株主が異動するときは、原則として、(a)経営陣から独立した者によるその必要性・相当性の意見の入手、(b)株主総会決議などの株主の意思確認の手続が求められる（東京証券取引所有価証券上場規程432条、有価証券上場施行規則435条の2第1項・2項）。

開示ガイドライン)」(平成27年9月) 13頁B 2—12)。

3 有利発行規制

募集株式を引き受ける者に、特に有利な払込金額により第三者割当を行う場合（有利発行）、公開会社でも、株主総会で取締役が理由を説明し特別決議によらなければならない（会社199条2項・3項、201条1項、309条2項5号）。

「特に有利な金額」とは、通常、募集株式の発行等をする場合の公正な払込金額に比べて、特に低い金額を意味する。

払込金額の決定は、払込期日の2週間以上前であり（会社201条3項参照）、この間に株式の時価が下落し、募集株式の発行等による資金調達が不可能になる可能性もあるので、時価を数％下回る程度であれば特に有利な金額とはならないとの見解が有力である。なお、上場会社においては、日本証券業協会の自主ルールが設定されており、その「第三者割当増資の取扱いに関する指針」によれば、「発行価額は、当該増資に係る取締役会の決議の直前日の価額（直前日における売買がない場合は、当該直前日からさかのぼった直近日の価額）に0.9を乗じた額以上の価額であること。ただし、直近日または直前日までの価額または売買高の状況等を勘案し、当該決議の日から発行価額を決定するために適当な期間（最長6か月）をさかのぼった日から当該決議の直前日までの間の平均の価額に0.9を乗じた額以上の価額とすることができる」としている。自主ルールに一応の合理性を認める裁判例も多い。[18]

4 募集株式発行等の差止め

(1) 差止めの方法・手続

株式の発行または自己株式の処分が、①法令・定款に違反する場合、または②著しく不公正な方法により行われる場合において、これらにより株主が不利益を受けるおそれがあるときは、株主は、会社に対し募集にかかる株式の発行または自己株式の処分をやめることを請求できる（会社210条）。

公開会社では、取締役会の決議によって募集事項を定めたときは、払込期日

---

[18] 東京地決平成16・6・1判時1873号159頁ほか

または払込期間の初日の2週間前までに、株主に対し通知・公告がされる（会社201条3項・4項）か、金融商品取引法に基づく有価証券届出書などにより開示される（会社201条5項）ことにより、株主に差止請求をできる機会を保障し、募集株式の発行等が適正かつ公正に行われることを担保している。非公開会社では、募集事項を決定する株主総会において開示されるので、株主は知ることができる。

(2) 差止めの事由

㋐ 法令または定款の違反

法令・定款に違反する場合とは、取締役会または株主総会の決議（会社199条2項、200条1項、201条1項、202条3項）を欠く場合、定款に定めた発行可能株式総数（会社37条1項）を超える場合、公開会社における取締役会の決議による特に有利な金額での第三者割当（会社201条1項）の場合、公開会社における募集事項を取締役会で定めたときの通知・公告（会社201条3項・4項）を欠く場合、などが考えられる。なお、取締役等の善管注意義務違反・忠実義務違反は含まないとされる。

㋑ 著しく不公正な方法による発行等

著しく不公正な方法による発行等とは、必ずしも具体的な法令・定款違反はないが、募集株式の発行等に著しく公正を欠く場合であり、多くの場合、取締役・執行役の善管注意義務違反や忠実義務違反のような抽象的な法規に違反する場合を指すと解されている（会社355条、419条2項、330条、402条3項、民法644条）。

著しく不公正な発行等の例としては、①取締役が、自己の支配的地位の維持・争奪を図るため、縁故者・関係者に不当に多数の株式を割り当てる場合や、②会社に資金的需要がないのに募集株式の発行等により、特定の株主の持株比率を低下させる場合である。

払込金額が公正である限り、原則、株主総会の決議を要しない公開会社（会社201条1項、199条3項）において、会社支配の帰属をめぐる争いがある場合、著しく不公正な発行等に該当するか否かが、しばしば問題となる。

特に、会社の資金調達の目的もあるが、他方、経営者側に支配権の維持強化

の目的もあるような場合には、裁判例は、「主要目的ルール」と呼ばれる考え方によって著しく不公正な発行等かどうかを判断する。

募集株式の発行等により、特定の株主の持株比率を低下させ、現経営陣の支配権を維持するなどの不当な目的を達成するという動機が他の動機より優越して、それが、主観的要素であれば著しく不公正な発行等が認められるとする裁判例がある（大阪地堺支判昭和48・11・29判時731号85頁、同様な裁判例として、さいたま地決平成19・6・22金判1270号55頁、東京地判平成20・6・23金判1296号10頁など）。一方、資金調達の必要性が認められれば、たとえ現経営陣に支配権維持の意図が推認できるとしても著しく不公正な発行等にあたらないとする裁判例がある（東京地決平成16・7・30判時1874号143頁）。

Ⅶ 株式の持合い規制（相互保有株式規制・子会社による親会社株式の取得・保有規制）

1 相互保有株式規制とは

　株式の相互保有は、企業間のアライアンス、株主安定化、敵対的買収対策などのため広く行われているが、会社財産の裏付けのない資本の形成などにより、債権者を害し、当事会社の経営者の相互支配により会社における支配を歪曲化し、市場支配や株価操縦等の弊害を生じるおそれがあり、会社法は、会社支配の公正を維持する観点から、議決権制限の措置をとっている。

　すなわち、株式会社において、ある会社（B社）の総株主の議決権の4分の1以上を他の会社（A社）が有する場合に、B社は、その所有しているA社の株式について議決権を行使できない（会社308条1項本文かっこ書、【図1】①参照）。

　ただし、相互保有株式規制の対象となる会社しか議決権を行使することができない場合は、株主総会決議が成立しないことになり、会社の円滑な経営をすることができなくなるため、除外されている（会社則67条1項かっこ書、【図1】③参照）。

　なお、A社がB社の議決権総数の4分の1以上の株式を保有しているが、名義書換が未了の場合でも、B社のA社に対する議決権行使は禁止される[19]。

　企業提携の場合など、株式を持ち合うことも多いが、双方の会社が、保有株式数を総株主の議決権の25％未満にとどめることも行われている。

　相互保有対象の議決権数には、「会社法308条1項その他これに準ずる法以外の法令（外国の法令も含む）の規定により行使することができないとされる議決権を含」む（会社則67条1項前段）とするのは、これらを含めないと相互保有対象の議決権数が少なくなりすぎるからとされる[20]。また、「会計監査人を除く役員等（会社則2条2項64号）の選任および定款変更に関する議案の全部につき株主総会において議決権を行使することができない株式にかかる議決権」

---

[19] 江頭334頁
[20] 弥永会社則375頁

を除いて議決権の総数に対する割合を算定する（会社則67条1項前段）とされるのは、含まれるとするとそのような株式を大量に発行し、相互対象株式の分母を大きくして、会社法308条1項かっこ書の適用をすり抜けることが可能になるからだとされる[21]。

【図1】 相互保有株式規制による議決権制限の例

① A社がB社の総株主の議決権の4分の1以上保有し、B社はA社の総株主の議決権の4分の1未満しか保有していない場合

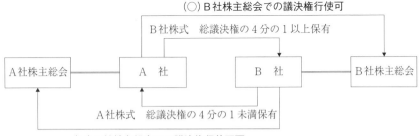

② A社がB社の総株主の議決権の4分の1以上を保有し、B社はA社の総株主の議決権の4分の1以上を保有する場合

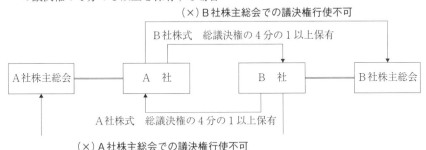

---

21 弥永会社則376頁

〔第1部〕 第1章 M&A・アライアンスと会社法〔Ⅶ 株式の持合い規制〕

③ A社がB社の総株主の議決権の100%を保有し、B社はA社の総株主の議決権の4分の1以上を保有する場合（会社則67条1項かっこ書）

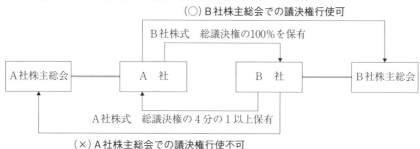

④ A社の子会社P社がB社の総株主の議決権の4分の1以上を保有し、B社はA社の総株主の議決権の4分の1以上を保有する場合（会社則67条1項かっこ書）

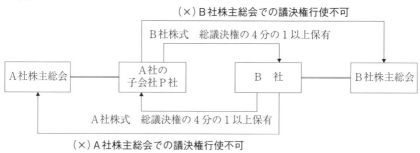

One Point Lecture -2

持分法適用会社

　会社法の規制ではないが、連結財務諸表上、持分法の適用対象となる関連会社のことを持分法適用会社という。持分法適用会社に該当すると、当該会社は、株式発行会社の連結財務諸表の損益に反映されることになる（「投資有価証券」の勘定項目に当該会社の損益等を反映させる処理を行う）。

　持分法とは、投資会社が被投資会社の資本および損益のうち投資会社に帰属する部分の変動に応じて、その投資の額を連結決算日ごとに修正する方法をいう。

持分法は非連結子会社と関連会社に対する投資に適用されるが、子会社は原則として連結対象となるので結果として重要性のないものに持分法が適用されることになる。これに対し関連会社には持分法しか適用されない。持分法による会計処理は、基本的には非連結子会社と関連会社とでは同一であるが、一部の処理につき子会社は投資会社により支配されているという事実から生じる違いがある。[22]

　関連会社とは、企業（当該企業が子会社を有する場合は、当該子会社を含む）が、出資、人事、資金、技術、取引等の関係（以下、本項では「取引等の関係」という）を通じて、子会社以外の他の企業（以下、本項では「株式発行会社」という）の財務および営業または事業（以下、本項では「財務・事業」という）の方針の決定に対して重要な影響を与えることができる場合における当該子会社以外の他の企業のことをいう。

　他の企業の財務および営業または事業の方針の決定に対して「重要な影響を与えることができる場合における」とは、①原則、株式発行会社の議決権の20％以上を自己の計算において所有している場合（「持株基準」または「形式基準」）のほか、②株式発行会社の議決権の15％以上、20％未満を自己の計算において所有している場合であって、取引等の関係を通じて、財務・事業の方針の決定に重要な影響を与えることができる要件（例：代表取締役等の派遣、重要な融資等、重要な技術の提供、重要な取引の存在など）に該当する場合（「影響力基準」または「実質基準」という）をいう。

2　子会社による親会社株式の取得・保有の制限

(1)　親会社・子会社とは

　ある会社の議決権総数の過半数を有する他の会社等、当該株式会社の経営を支配している他の会社等（株式会社、持分会社、外国会社、組合その他これに準ずる事業体を含む）を親会社といい（会社2条4号、会社則3条2項・3項）、ある

22　日本公認会計士協会「持分法会計に関する実務指針」（最終改正平成23年1月12日）

会社（株式会社、持分会社）がその経営を支配している他の会社等を子会社という（会社2条3号、会社則3条1項・3項）。経営を支配しているとは、財務および事業の方針を決定している場合である（会社則3条1項～3項）。

(2) **子会社による親会社株式取得・保有の制限**

子会社は、原則、親会社の株式を取得することができない（会社135条、976条10号）。子会社による親会社株式の取得は、親会社自身による自己株式の取得と同様の弊害を生じるおそれがあるからである。会社自身による自己株式の取得は、その手続・取得限度等を厳格にして取得が認められているのに対し、子会社による親会社株式の取得が認められないのは、グループ会社を含め合算した取得規制が必要になるなど複雑にならざるを得ないからである。

(3) **子会社による親会社株式取得制限の例外**

子会社の親会社株式の取得制限の例外として、以下の事項が認められている（会社135条2項）。

いずれも親会社の弊害が少ないかやむを得ない場合である。

① 外国会社を含む他の会社の事業を全部譲り受ける場合において、他の会社の有する親会社株式を譲り受ける場合（会社135条2項1号）
② 合併後、消滅する会社から親会社の株式を承継する場合（同2号）
③ 吸収分割により他の会社から親会社株式を承継する場合（同3号）
④ 新設分割により他の会社から親会社株式を承継する場合（同4号）
⑤ その他法務省令で定める場合（同5号）

　その他法務省令で定める場合とは、組織再編時に親会社株式の割当てを受ける場合や親会社株式を無償で取得する場合等である（会社則23条）。吸収分割に際して親会社株式の割当てを受ける場合（会社則23条1号）、株式交換・株式移転により完全子会社となる会社が有する自己株式と引換えに完全親会社株式の割当てを受ける場合（同2号・3号）、親会社株式を無償取得また現物配当の形で取得する場合（同4号・5号）などである。

⑥ 吸収合併の存続会社等になる場合に、吸収合併消滅会社の株主等に対して親会社株式を交付するために取得する場合の効力発生日までの親会社株

式の保有にも適用されない（会社800条1項・2項）。いわゆる三角合併等を行う場合である。

(4) 子会社による親会社株式の処分

許容されている、いないにかかわらず、子会社は、相当な時期に親会社株式を処分しなければならない（会社135条3項）。

子会社が親会社株式を処分する場合、第三者への処分は容易ではない場合もあるので、親会社が、取締役会設置会社では取締役会決議（取締役会非設置会社では株主総会決議）により、会社法156条1項の取得に関する事項を定めるだけで子会社の有する自己株式を取得できる（会社163条）。この場合も、会社の財源による制約を受ける（会社461条1項2号）。

---

23 ①取得する株式の数（種類株式発行会社にあっては、株式の種類および種類ごとの数）、②株式を取得するのと引換えに交付する金銭等（親会社の株式等を除く）、③株式を取得することができる期間である。

第 2 章
M&A・アライアンスと
その他の法

I 労働契約の承継

M&A と労働問題との関係は、対象範囲が広く、内容も個々にわたるため、本節では、労働契約の承継に関する概要のみを述べることにする。

1 労働契約の承継をめぐる検討の推移

(1) 企業組織変更に係る労働関係法制等研究会報告（2000年報告）[1]

M&A に伴い、労働者が、自己との間の労働契約が、現状のままとどまるのか、別の会社に承継されるのかが予測できないことは、大きな不安となる。また、労働契約が別の会社に承継される場合であっても、本人の同意がない場合まで承継を強制されなければならないのか、などの問題が存在する。

M&A の手法の中で、労働契約の承継が問題となるのは、合併、事業譲渡、会社分割である。

この点について、労働省（現厚生労働省）は、「企業組織変更に係る労働関係法制等研究会」（座長＝菅野和夫東京大学教授）を立ち上げ、合併、事業譲渡、会社分割における企業組織変更に伴う労働関係上の問題への対応について検討を進め、2000年2月、「同研究会報告」（以下、「2000年報告」という）をまとめ、会社分割については、労働関係の承継法制の立法化を提言している。一方、合併や営業譲渡（会社法における事業譲渡）については、特段の立法措置を不要としている。

---

1 労働省「企業組織変更に係る労働関係法等研究会報告」（2000年2月10日）

合併、事業譲渡、会社分割と労働契約の承継の関係と立法化について、2000年報告は以下のように述べる。同報告が、特に重要なのは、会社分割における労働関係の承継法制の立法化を提言したことである。

㈦　会社分割と労働契約承継法

会社分割は、部分的包括承継を採用していることから、吸収分割では分割会社と承継会社間の合意、新設分割では分割会社の意思によって分割契約・分割計画に定めることにより、承継される労働者の範囲をも労働者の意思とは無関係に定め得る。

このことから労働者保護と労働関係承継のルールの明確化を図るため、会社分割における労働契約の承継について2000年報告では、①承継事業を主たる職務とする労働者のうち承継させる者については、会社分割の必要性をも考慮し、かつ民法625条1項の類推適用がないことを明確にするため当然に承継することとされ、②承継事業を主たる職務とする労働者のうち残留させる者、その他を職務とする労働者のうち承継させる者については、異議申立ての機会を与え、異議申述をしたときは、異議に基づき効力を与えることとし、これらの者には事前に会社分割に係る情報を書面で通知しなければならないなどの、立法措置（2004年5月「会社分割に伴う労働契約の承継等に関する法律」が成立。以下、「労働契約承継法」という）を講じ、併せ労使が留意すべき事項等の指針[2]を設けることが必要であるとした。

㈦　合併と労働契約の承継

2000年報告は、合併においては、すべての権利義務は包括的に承継され、労働関係のすべての権利義務も包括的に承継されるため、雇用継続の観点等からも、実質的にはほとんど不利益は生じないことから新たな立法措置は不要とした。

㈧　事業譲渡と労働契約の承継

事業譲渡においては、権利義務は個別に承継され（特定承継）、労働契約の承継については、譲渡会社と譲受会社間の合意が必要とされるとともに、労働

---

[2] 「分割会社及び承継会社等が講ずべき当該分割会社が締結している労働契約及び労働協約の承継に関する措置の適切な実施を図るための指針」（平成12年労働省告示第127号）。以下、「指針」という。

者の権利義務の一身専属性を定めた民法625条1項が適用され、個別の同意が必要となり、この点では、承継される不利益の発生は想定されない。一方、譲渡される労働者の範囲は、譲渡会社と譲受会社間の合意により画されることから、会社の意思のみにより、特定の労働者との労働契約を対象としないことが可能なため、これらの労働者が従事していた職務から切り離される不利益が生ずることが想定される。また、労働協約の承継が会社間の合意により決定することになるため、労働協約が承継されない場合が生ずる。

2000年報告は、これらの点を踏まえ、以下を総合すると、新たな立法措置を取るまでの必要性はないとする。

① 当然承継としつつ労働者に拒否権を付与するとすれば、他の権利との均衡を失し、労働関係の取扱いにおいて、一貫性を欠くことになる。一方、当然承継され拒否権を認めないとすると、承継される不利益が生じ労働者側にとって必ずしも有利とはいえない。

② 資本・株式の面でつながりのない譲受会社への譲渡に、労働契約を当然に承継することを義務づけることは、譲受会社の採用の事由を制約し、企業の再編成を制約し過ぎることになり、事業譲渡後の企業活動に重大な制約を加える。

③ 会社法の事業譲渡に限定して立法措置を設けることは、その範囲から外れるものについても準用ないし類推適用される可能性も否定できず[3]、各種事業活動や労働関係に影響を与えるとともに、相当の法的不安定を招来するおそれが大きい。

---

3 「会社法は事業の重要な一部の譲渡であっても株主総会の承認を必要としない場合を譲渡される資産の帳簿価額が譲渡会社の総資産額の5分の1以下という形で明確化した（会社法467条1項2号）。この基準の規定の仕方は、譲渡対象が重要な事業の重要な一部であったとしても、株主総会の承認が不要であることを定めるものであり、事業の重要な一部が何であるかを定義するものではない。したがって、理論的には、譲渡される資産の帳簿価格が譲渡会社の資産の5分の1を超えるからといって、譲渡対象たる事業の一部が当然に『重要な一部』となるわけではない」（アドバンス新会社法766頁）。

(2) 企業再編に伴う労働関係上の諸問題に関する研究会報告（2002年報告[4]）

同研究会（座長＝西村健一郎京都大学教授）の報告（以下、「2002年報告」という）は、企業組織再編時のうち、主として事業譲渡[5]について企業が構ずべき措置、配慮すべき事項等に関する指針策定等を提言するものである。

2002年報告は、事業譲渡の法的性格、その経済的意義、わが国の雇用慣行、事業譲渡やそれに類する事業・施設の譲渡の多様性を考慮すれば、一律のルール設定は困難であり、解雇法制に関して判例による権利濫用法理でしか対応がなされていない中で、事業譲渡に伴う労働契約の承継のルールのみを法律で定めることはバランスを失する面があるとした。これらのことを総合的に勘案すれば、事業譲渡の際の労働契約関係の承継について、法的措置を講ずることは適当ではなく、考え方等により周知を図ることにより解決を図るべきであると[6]した。[7]

---

4 厚生労働省「企業組織再編に伴う労働関係上の諸問題に関する研究会報告」（2002年8月22日）
5 厚生労働省・前掲（注4）では「営業譲渡」とするが、ここでは「事業譲渡」と記載している。
6 厚生労働省・前掲（注4）では、以下のとおりとしている。
① 労働契約の承継に考慮すべきとされた事項
ⓐ 通常の事業の一部譲渡の場合は、譲渡会社は、転籍について同意を得なければならないことを周知し、また転籍拒否だけでは解雇の理由とはならず、この場合に譲渡会社は当該労働者を他の部門に配置転換をしなければならない旨の考え方を明確に示して、周知を図るべきである。
ⓑ 事業の一部譲渡で、不採算部門の譲渡で承継されない労働者がいるため問題が生じている場合は、譲渡会社は承継されない労働者について配置転換など雇用の継続に最大限の努力を払う必要があること、事業譲渡に伴う解雇についても整理解雇に関する法理の適用があること、それまで働いていた部門の譲渡だけでは解雇の正当な事由とはならないことを周知すべきである。
ⓒ 譲渡会社が経営破たんしている場合は、会社更生法等の手続等において、労働組合等に適切な関与の機会が与えられ、管財人等が法律を遵守し、裁判所が手続の過程で雇用等に適切な考慮をすることによって対応がなされるべきである。
ⓓ 新会社を設立し、事業の全部譲渡をする場合は、法人格が形骸化しているとき、法人格が濫用していると認められる場合には、法人格否認の法理を用いて、雇用関係の継続が認められること、労働者承継について不当労働行為は許されず、解雇法理を潜脱することはあってはならないことの考え方を周知すべきである。
ⓔ 既存の会社に事業の全部譲渡をする場合は、譲受会社への労働者受入れ、承継されない労働者の再就職等につき、譲渡会社の積極的努力を奨励すべきである。
ⓕ 承継対象労働者の選定については、選定基準について譲渡会社と適切に協議し、具体的人

(3) 組織の変動に伴う労働関係に関する研究会報告（2015年報告）

同研究会（座長＝荒木尚志東京大学教授）では、組織の変動に伴う労働関係の諸課題について、主に会社分割と事業譲渡について焦点を当てて、過去10年余りの変化にも留意しつつ、検討し報告（以下、「2015年報告」という）を行った。

会社分割、事業譲渡の今後の方向性について、2015年報告は以下のように述べる。

(ア) 会社分割の会社法の制定の対応

a. 事業に関して有する権利義務

① 主従事労働者（96頁3(5)(ア)「主従事労働者」参照）の判断について、会社法の制定により、従来の「事業」には該当しない（有機的一体性のない）事業に関する権利義務であっても会社分割の対象とすることが可能となった（会社2条29号・30号）。これに関し、権利義務を会社分割の対象とした場合、労働契約承継法にいう「主従事労働者」がどのような労働者か明確でないことから検討を行い、労働契約承継法における「主従事労働者」の判断基準として、引き続き「事業」によることが妥当であるとし、会社法に由来する概念ではなく、労働契約承継法の趣旨を踏まえて理解すべき概念として位置づけられることとした。

② 不従事労働者に対する5条協議については、現在、5条協議（94頁3(3)(イ)「5条協議」参照）の対象は、承継される事業に従事している労働者（平成28年改正前指針第2の4(1)イ）となっているため、不従事労働者は5

　　　選にあたっては不当労働行為等に該当しないよう周知を図る必要がある。
　② 労働契約承継に伴う労働条件の変更
　　　譲受会社で労働条件を変更されるのなら、譲渡会社は、労働契約承継に関する労働者の同意を得る際に、労働条件の変更を含めて同意を得る必要があり、これらの考え方を周知する必要がある。
　③ 労働組合、労働者との協議
　　ⓐ 労働組合は、譲渡会社おいて適切な対応が行われるよう、労働契約承継法の指針に示されている会社分割の際の労使協議に準じたものを示し、周知を図るべきである。また、事業譲渡の労働契約の承継、労働条件等に関しては労働組合法の団体交渉事項に該当する。
　　ⓑ 労働者は、譲受会社に転籍させる場合には、個別同意を得る必要がありこの手続が適切に行われるよう、適切な対応のあり方を示すべきである。
7　これらについては、2003年4月10日「営業譲渡等に伴う労働関係上の問題に関する対応について」（各都道府県労働局長宛厚労大臣官房地方課長・政策統括官通知）が発出されている。

条協議の対象とはならない。これに関し、5条協議の対象となる労働者は「労働契約承継法2条1項の規定による通知の対象となる労働者および承継される事業に主としてまたは従として従事している労働者」とすることが適当であるとした。

b. 債務の履行の見込みに関する事項　　会社法では、分割会社および承継会社等の「債務の履行の見込みのあること」が事前開示事項ではなくなり、「債務の履行の見込みに関する事項」が事前開示事項とされ、これにより債務の履行の見込みがない場合であっても、会社分割の効力は否定されないと説明されている[8]。これに関しては、労働契約承継法施行規則（以下、「労働承継則」という）において労働契約承継法2条1項の労働者に通知すべき事項の一つとして「債務の履行の見込みに関する事項」を定め、労働契約承継法指針（以下、「労働承継指針」という）では、7条措置（93頁[3](3)(ｱ)「7条措置」参照）として、分割の背景・理由、承継対象者の判断等について過半数組合等との協議に努めることとされ、この中で「債務の履行に関する事項」も扱うべきとしている。このため、7条措置の対象であることを明確に周知するなどの徹底をすることが適当だとする。

(ｲ)　事業譲渡

事業譲渡に労働契約の承継ルールを設けることについては、従来の議論とは大きな変化はなく、いまだ慎重に考えるべきであるとする。

また、手続上のルールに関して、民法625条1項に基づく労働者との個別同意の実質性を担保し、真意による合意を得るための手続面でのルールを整備することが考えられ、また集団的な手続について、労働組合との間の団体交渉事項にとどまらずその他の労働者代表との間の協議のあり方等も含めてルールを整備することも考えられるとする。

(ｳ)　**2015年報告の対応方策検討**

2015年報告を受けて、その後の組織の変動に伴う労働関係に関する対応方策検討会（座長＝鎌田耕一東洋大学教授）において、報告書が取りまとめられた（2016年4月13日）[9]。この中で、特に会社分割については、会社法制定による会

---

[8] 論点解説674頁
[9] 厚生労働省「組織の変動に伴う労働関係に関する対応方策について」（2016年4月13日）

社分割制度の改正等を踏まえた対応として、労働承継則、労働承継指針の改正等の措置を講ずることが適当であるとし、労働承継則ならびに労働承継指針の改正案および事業譲渡等指針案を提示した。

　これに基づき改正労働承継則、改正労働承継指針および「事業譲渡又は合併を行うに当たって会社等が留意すべき事項に関する指針（平成28年厚生労働省告示318号。以下、「事業譲渡等指針」という）が施行、適用されている（2016年9月1日）。

2 合併

(1) 労働契約の包括的承継

合併は、2以上の会社が合一して一つの会社になる団体法上の特殊な契約であり、会社財産の包括的な承継が行われ、消滅会社とその従業員との間の労働契約関係も存続会社に引き継がれるのが大前提である。[10]

消滅会社・存続会社間で、従業員との雇用関係を承継しないことを合意することは差し支えないが、合併の場合は、このような合意により当然に従業員を解雇することはできず、合併の効力発生日前に労働契約の終了等の適正な手続を取る必要があり、当該手続を経なければ、雇用関係は存続会社に承継される。[11]

(2) 労働条件の変更

しかし、各合併当事会社の労働条件は、子会社同士の合併ではない限り異なっているのが通常であり、存続会社の中で、異なる二つの労働条件を維持することは、従業員が協働して事にあたらなければならない存続会社にとって決して好ましいことではなく、合併後に労働条件の変更が行われることになる。

この場合、労働条件の変更は可能であるが、いずれか、またはいずれの労働者にとっても、不都合な変更となることも考えられ、労働契約法8条ないし10条との関係が問題となる。

すなわち、労働者と使用者は、その合意により、労働契約の内容である労働条件を変更することができる（ただし、使用者は労働者と合意することなく労働条件を不利益に変更することはできない）とする。

そして、多数の労働者が存在する場合の労働条件の変更については、個別に労働者と合意を行うことは困難であるので、判例は、就業規則の一方的な不利益変更があったとしても、統一的かつ画一的処理の要請から合理的なものである限り、個別の同意がなくても一方的に就業規則として課すことは認められるとする（労契10条。最判昭和43・12・25民集22巻13号3459頁〔秋北バス事件〕）。

---

10 今井＝菊池199頁、会社法コンメ(17)151頁〔柴田和史〕
11 今井＝菊池199頁、会社法コンメ(17)151頁〔柴田和史〕

(3) 合併についての労働条件の変更に係る判例

最高裁は、合併による就業規則を不利益変更した場合の合理性に関して、統一的な退職金給与規程が制定され、これにより一部の従業員の退職金支給倍率が従前より低減された農協の事案において「一般に、従業員の労働条件が異なる農協、会社等が合併した場合に、労働条件の統一的画一的処理の要請から、……単一の就業規則を作成、適用しなければならない必要性が高いことはいうまでもない」として合併における労働条件変更の必要性を認める。そして、「本件合併に際してその格差を是正しないまま放置するならば、合併後の組合の人事管理等の面で著しい支障が生ずることに加えて、本件合併後、（支給倍率が従前より低減される）従業員は、休日、休暇、諸手当、旅費等の面において有利な取扱いを受け、定年は延長されており、これらの措置等に照らすと、新退職金給与規程への変更は合理性を有する」とした（最判昭和63・2・16民集42巻2号60頁〔大曲市農協事件〕）。

3 会社分割

(1) 会社分割の場合の特徴

会社分割において、分割会社と従業員との間の労働契約は吸収分割契約または新設分割計画の定めに従い、特段の合意のない限り、承継会社または新設会社に、従前と同様の労働条件で承継される（部分的包括承継、会社759条1項、764条1項）。

吸収分割契約・新設分割計画によって、雇用契約（労働契約・労働協約）が定められ、労働者の承諾なしに承継させることが可能になる（会社758条2号、763条1項5号）。したがって、会社分割の労働契約の承継については、一般承継の効果により、民法625条1項の適用はないが、労働者に不利益を生ずる可能性があることから、特別法である「会社分割に伴う労働契約の承継等に関する法律」（以下、「労働契約承継法」という）により、承継労働者の保護がなされていることは、前記1「労働契約の承継をめぐる検討の推移」（84頁以下）に記載したとおりである。

(2) 労働契約承継法の概要

前記①「労働契約の承継をめぐる検討の推移」(84頁以下) で述べた経緯等により、2000年に「労働者の保護」を図ることを目的として、労働契約承継法が制定された。

労働契約承継法の対象は、会社分割に限られ、特定の労働者において、労働契約の当然かつ包括的承継の効果が生ずるものとした。労働契約の承継は、「事業を単位として包括的に行われる」ものであるから、承継される事業組織の内容や労働契約上の権利・義務の内容（したがって、これを規定する労働条件）をそのまま維持したものでなければならない。したがって、事業規模の縮小（特に従業員の削減）や労働条件の変更を伴う会社分割は、労働契約承継法の対象から外れる。

労働契約承継法は、会社分割において、承継される事業に主として従事する労働者（主従事労働者）の労働契約は、承継されることを基礎に規律されている（労働承継3条、4条）。主従事労働者の労働契約の承継に関しては、以下の(4)ないし(8)で述べる。

一方、主従事労働者でない者の労働契約はこれを承継する旨の記載があったとしても、異議を申し出ることにより承継がされないものとした（労働承継5条）。

(3) 分割会社側の手続

(ア) 7条措置

労働契約承継法7条は、会社分割にあたり、分割会社は、その雇用する労働者の理解と協力を得るよう努力義務を課した（以上を、「7条措置」という）。7条措置は、会社分割に際し分割会社に勤務する労働者全体の理解と協力を得るためのものであり、(イ)の5条協議とは異なる（指針第2の4(1)ロ）。

その方法は、分割会社のすべての事業場において、労働者の過半数で組織する労働組合、労働組合がない場合は労働者の過半数を代表する者との協議その他これに準ずる方法によって労働者の理解と協力を得るように努めるものとされる（労働承継則4条）。

7条措置は、遅くとも(イ)の5条協議の開始までに開始され、その後も必要に応じて適宜行うものとしている（指針第2の4(2)ニ）。

㈡　5条協議（労働者との個別協議）

　分割会社が分割契約または分割計画を本店に備え置く日（会社782条2項、803条2項参照）までに、労働者と協議をしなければならない（平成12年商法等改正法附則5条1項）。

　分割会社は、分割契約等の本店備置日までには十分な協議ができるよう時間的余裕をみて承継事業に従事する労働者との協議を開始するものであり、本協議は当該労働者の保護のための手続である（指針第2の4⑴イ・ロ・ホ）。

　5条協議は、会社分割後勤務する会社の概要、承継される事業に主として従事する労働者に該当するか否かの考え方等を十分に説明するものとされている（指針第2の4⑴イ）。

㈢　7条措置、5条協議に関する判例

　最判平成22・7・12民集64巻5号1333頁〔日本IBM事件〕は、日本IBMが新設分割の方法によりその事業部門の一部を会社分割したところ、当該事業部門に主として従事していた従業員Xらが、会社から十分な説明がなされず、協議も不誠実で労働契約の承継につき瑕疵があるとして、同社に対して労働契約上の地位確認および損害賠償を求める訴訟を提起した。1審判決（横浜地判平成19・5・29判タ1272号224頁）および控訴審判決（東京高判平成20・6・26判時2026号150頁）はXらの請求を棄却したことを受け、Xらが上告したものであるが、以下のとおり5条協議義務違反等は存在しないとして、上告を棄却した。

① 　5条協議がまったく行われなかったときには、労働者は労働契約承継法3条の定める労働契約承継の効力を争うことができる。また、5条協議が行われた場合であっても、その際の分割会社からの説明や協議の内容が著しく不十分であるため、法が5条協議を求めた趣旨に反することが明らかな場合には、分割会社に5条協議違反があったと評価してよく、労働者は労働契約承継法3条の定める労働契約承継の効力を争うことができるというべきである。本件においては、会社の5条協議が不十分であるとはいえず、労働者らの労働契約承継の効力が生じないということはできず、また、不法行為が成立するともいえないとした。

② 　また、労働契約承継法の7条措置が不十分であったとの労働者らの主張に関して、分割会社は、7条措置として、会社の分割にあたり、その雇用

する労働者の理解と協力を得るよう努めるものとされているが（労働承継7条）、これは分割会社に対して努力義務を課したものと解され、これに違反したこと自体は労働契約承継の効力を左右する事由になるものではなく、7条措置において十分な情報提供等がされなかったがために5条協議がその実質を欠くことになったといった特段の事情がある場合に、5条協議義務違反の有無を判断する一事情として7条措置のいかんが問題になるにとどまるものというべあるとして、本件については、会社分割の目的と背景および承継される労働契約の判断基準等について従業員代表者に説明等を行い、承継会社の中核となることが予定される事業所の従業員代表者と別途協議を行うなど、会社が行った7条措置が不十分であったとはいえないとした。

(エ) 労働者等への通知

分割会社は、承継の対象となる労働者および承継される事業に主として従事する労働者であって承継の対象とはならない労働者に対して、分割契約等の承認株主総会の2週間前の日の前日（株主総会を要しないときは分割契約が締結または分割計画が作成された日から起算して2週間を経過する日）までに、当該労働契約の承継の対象の有無、異議申出期限日（労働承継4条3項）、その他の法定事項を書面により通知しなければならない（労働承継2条1項）。

(4) 包括承継されるべき労働者

承継される事業に主として従事する労働者（以下、「主従事労働者」という）が、分割会社との間で締結している労働契約であって、分割契約等に承継会社等が承継する旨の記載があるものは、その分割契約等に係る分割の効力が発生した日に、その承継会社に承継される（労働承継3条）。

そして、主従事労働者で、分割契約等にその者が分割会社との間で締結している労働契約を承継会社等が承継する旨の定めがない者は分割会社に対して、その労働契約が承継会社等に承継されないことについて、書面により異議を申し出ることができる（労働承継4条1項）。主従事労働者が異議を申し出たときは、分割会社との間で締結している労働契約は、分割の効力が生じた時に、承継会社等に承継されるものとされる（労働承継4条4項）。

(5) 「主従事労働者、指定承継労働者」とは

⑺ 主従事労働者

　分割契約の締結・分割計画の作成時に、その労働者が、その活動の重要な部分を、その事業のための必要な勤務のために展開しているのであれば、その事業に主として従事すると解してよいとされる（主従事労働者の範囲の詳細については、指針第2の2(1)を参照のこと）。ただし、一時的な応援などで、上記時点にたまたまその部門・事業に勤務していると認められる場合には、主従事労働者であるとすることできない（労働承継則2条1号かっこ書）。また、分割契約の締結・分割計画の作成時点後に、主従事労働者となることが明らかである者は、主従事労働者とされる（労働承継則2条2号）。

⑷ 指定承継労働者

　主従事労働者以外の労働者で、分割契約等に労働契約を承継する定めのある者をいう（労働承継2条1項2号）。

(6) 異議申立権

⑺ 異議申立ての方法

　労働契約承継法2条1項1号に掲げる主従事労働者であって、分割契約等にその者が分割会社との間で締結している労働契約を承継会社等が承継する旨の定めがないものは、同項の通知がされた日（前記(3)⒠）から異議申出期限日までの間に、当該分割会社に対し、当該労働契約が当該承継会社等に承継されないことについて、書面により、異議を申し出ることができる（労働承継4条1項）。

　一方、労働契約承継法2条1項2号に掲げる指定承継労働者（＝主従事労働者以外であって分割契約等にその者が分割会社との間で締結している労働契約を承継会社等が承継する旨の定めがある労働者）は、同項の通知がされた日から異議申出期限日までの間に、当該分割会社に対し、当該労働契約が当該承継会社等に承継されることについて、書面により、異議を申し出ることができる（労働承継5条1項）。

　これらの異議は、異議を申し出る労働者が、その氏名および労働契約が承継会社等に承継されないこと、またはその氏名ならびに指定承継労働者である旨

および労働契約が承継会社等に承継されること、につき反対の旨を書面に記載して、異議申出期限日までに分割会社が指定する異議の申出先に通知すれば足りる（指針第2の2(2)イ）。

　　(イ)　異議申出期限日

　異議申出期限日は、通知がされた日（前記1(3)(エ)）から承認株主総会の前日まで（株主総会を要しないときは効力発生日の前日まで）の期間の範囲内で、少なくとも13日間を置いて定めなければならない（労働承継4条1項～3項）。

　　(ウ)　不利益取扱いの禁止

　分割会社は異議の申出を行おうとする労働者に対して、申出先の指定、勤務時間中に異議の申出に必要な行為を行えることなど配慮することが必要とされる。そして、分割会社・承継会社等は、労働者が異議の申出を行おうとしていることまたは行ったことを理由として、解雇その他の不利益な取扱いをしてはならないとされる（指針第2の2(2)ハ）。

　　(エ)　申出の効果

　労働者が異議を申し出たときは、当該労働者が分割会社との間で締結している労働契約は、分割契約等の記載にかかわらず、主従事労働者の場合は分割の効力発生日に承継会社等に承継され、また指定承継労働者の場合は承継会社等に承継されないことになる（労働承継4条4項、5条3項）。以上から、労働者の異議申出の法的性質は、分割会社に対する請求権ではなく、形成権である。

(7)　労働契約の変更

　会社分割の承継は、包括承継であるので、承継会社または共同新設分割における新設会社の中で、異なる労働条件が存在することになり、会社分割後に就業規則等の変更が行われることも多い。

　この場合の変更に関する判例については、前記2合併（91頁）を参照されたい。

(8)　実務上の問題と労働契約承継法

　会社分割の際に、分割会社が主従事労働者に対して労働契約承継法に基づく通知等を行わないで、解約型転籍合意方式によって転籍させる事案がみられる。

どこかの段階で、労働者の労働条件を調整して統一する必要はあるが、最初から承継会社の労働条件の下で雇用することができれば、承継会社にとってはあり難いということになる。

上記の方法による転籍合意により労働条件の不利益変更を行った事案で、裁判例（神戸地尼崎支判平成26・4・22判時2237号127頁〔阪神バス事件〕）は、「労働契約承継法上、通知義務の規定（同法2条1項）に例外規定はないから、転籍に係る同意が得られたからといって上記通知等の手続の省略が当然に許されるものとは解されない。しかも、本件会社分割に際して分割会社が行った手続は、労働契約承継法よりも慎重に原告の個別の同意をとる手続との名目の下で、分割会社との間の労働契約（以下、「本件労働契約」という）がそのまま被告に承継され得ることについて労働者に一切説明せず、そのような承継の利益を労働者に意識させないまま、形式的に個別に転籍の同意を得て、異議申出の前提となる同法所定の通知の手続を省略し、本来会社分割の際に同法によって保障されているはずの、本件労働契約がそのまま承継会社に承継されるという労働者の利益を一方的に奪ったものというべきである。かかる手続は、同法の手続による場合よりも明らかに労働者の地位を不利益にするものであるといえる。

以上によれば、労働者に進路選択を迫り、本件同意書を提出させることによって分割会社との間で本件労働契約を合意解約させて分割会社から退職させ、承継会社との間で新労働契約を締結させて承継会社に転籍させるという手続は、同法によって保障された、本件労働契約がそのまま被告に承継されるという労働者の利益を一方的に奪うものであり、同法の趣旨を潜脱するものといわざるを得ない。したがって、本件労働契約の合意解約および新労働契約は、いずれも公序良俗に反し無効と解するのが相当である」とする。

転籍合意を行ったとしても、異議申立権（労働承継2条1項1号）が失われるものではなく、異議申立てをすれば、当然に、主従事労働者が分割会社との間で締結している労働契約は、分割の効力発生日に承継会社等に承継されることになる（労働承継4条4項）と解される。

4 株式交換・株式移転、株式取得

これらは、単に株主が変更するだけで、対象会社と労働者との関係は何らの

変更を及ぼすものではなく、従来の就業規則および労働契約が継続することになる。

5 事業譲渡

(1) 事業譲渡における労働契約の承継

事業譲渡は、合併、会社分割のような包括承継ではなく、譲渡人と譲受人の合意により承継する権利義務を定めるものであり、債権者の同意を得て初めて承継されることとなる（特定承継）。

また、労働契約の承継に関しても、譲渡人と譲受人の合意だけでなく、さらに民法625条1項により、労働者の個別同意を必要とする（具体的な留意点については、90頁に記載の厚生労働省告示「事業譲渡等指針」第2の1を参照されたい）。従業員が、事業譲渡先に移るかどうかは、最終的に従業員の同意の有無にかかることになる。そこで、当該事業のキーパーソンにあたる従業員の移転の諾否が、事業譲渡の成否を左右する場面もあるとされる。

(2) 労働契約承継の方法

労働者承継の方法として、①労働者の同意を得て、労働契約の地位を譲受人が譲渡人から受ける方法（譲渡型）と、②事業譲渡に際して譲渡人との労働契約を解約し、同時に譲受人との労働契約を締結する方法（再雇用型）がある。①の譲渡型は、従前の労働条件が承継されることになるが、②の再雇用型は、譲受人において新規雇用となるので労働条件も新たに定めることになる。

②の再雇用型が一般的とされる。②の方法では、譲渡人との労働契約の解約時、および譲受人との労働契約締結時に、それぞれ労働者の同意が必要となる。

この場合、本来なら、労働者は、譲渡人との間で「退職届」、譲受人との間で「雇用契約書」によるが、実質、雇用内容が変化することはないのに「退職届」を提出させることへの心理的抵抗から、実務上、譲渡人は「転籍承諾書」で対応することが多いとされるが、この場合には、譲受人において通常の新規採用手続が必要となる。[12]

---

12 三浦＝河島75頁

Ⅱ 独占禁止法「企業結合規制」

1 独占禁止法の企業結合規制とは

　独占禁止法は、会社の株式の取得・所有（独禁10条）、役員兼任（独禁13条）、会社以外の者の株式の取得・所有（独禁14条）または会社の合併（独禁15条）、共同新設分割もしくは吸収分割（独禁15条の2）、共同株式移転（独禁15条の3）もしくは事業譲受け（独禁16条）（以下、これらを「企業結合」という）が、一定の取引分野における競争を実質的に制限することとなる場合および不公正な取引方法による企業結合が行われる場合に、当該企業結合が禁止される。

　これらの企業結合計画を行うにあたっては、事前届出制がとられており、当該企業結合計画が、一定の取引分野における競争を実質的に制限することになるかどうかなどについて、公正取引委員会（以下、「公取委」という）による企業結合審査が行われる。

2 企業結合の事前届出制度の概要

(1) 届出前相談

　企業結合を予定する会社は、届出書を提出する前に、公取委に対し相談（届出前相談）を行うことができ、届出前相談において、届出書の記載方法等に関して相談することができる。当該相談は、届出予定会社が任意に行うものであり、当該会社が届出前相談を行わなかったとしても、届出後の審査において不利益に取り扱われることはない（「企業結合審査の手続きに関する対応方針」（以下、「対応方針」という）の2.届出前相談（注1）参照）。

　たとえば、一定の取引分野に関する考え方について、公取委に相談するなどした場合には、公取委は必要な情報を届出予定会社から聴取するなどして、可能な範囲で説明を行うこととされる（対応方針2）。

　届出予定会社は、届出前相談に対する適切な説明を得るため、必要資料を公取委に提出することができる。もっとも届出前相談は、届出予定会社の情報のみに基づいて説明するものであるため、届出書提出後の審査において、当該説明が修正されることがあるとされる（対応方針2）。

(2) 届出書の提出・審査

　競争に影響を与える可能性が高いと考えられる一定規模以上の企業結合（株式の取得、合併、共同新設分割もしくは吸収分割、共同株式移転、事業譲受け）を行う会社は、企業結合の実行の前に所定の様式の届出書を公取委に提出しなければならない。

　届出書は、原則として、届出会社の本店所在地を管轄する公取委の本局または各地方事務所に、持参して届出を行うことが通常である。

　届出会社は、届出受理の日から30日を経過するまでの期間（待機期間または禁止期間）、企業結合を実行することができない。

　届出を受けて第１次審査が行われ、その期間は原則として届出受理の日から30日間である。通常、この期間内に、公取委より、①独占禁止法上問題がないと判断され、企業結合届出規則９条による排除措置命令を行わない旨の通知（９条通知）が交付され当該企業結合審査は終了されるか、または、②より詳細な審査が必要であるとして必要な報告、情報または資料の提出（以下、「報告等」という）の要請（第２次審査に必要な追加資料の請求）がなされる。[13]

　②の場合の第２次審査の期間は、届出受理の日から120日を経過した日までとすべての報告等を受理した日から90日を経過した日のいずれか遅い日までである。公取委は、この延長された期間内に、ⓐ無条件の排除措置命令を行わない旨の通知、ⓑ条件付きの排除措置命令を行わない旨の通知、ⓒ排除措置命令に入る旨の事前通知、を行う。ⓑの場合は、通常、届出会社が問題解消措置の申出を行うことで独禁法上問題なしとされる。ⓒの場合でも、届出会社から問題解消措置が提出され、公取委が排除措置命令を出す必要がないと判断すれば、審査は終了する。

　公取委が、独占禁止法上問題がないと判断した事案は、株式取得の日または企業結合の効力が生じたときは、完了報告書を公取委に提出しなければならない（企業結合届出規７条５項）。

---

[13] 平成26年度の公取委が受理した届出289件のうち275件が第１次審査で終了している（平成26年度公正取引委員会年次報告）。

【表1】 企業結合届出基準

企業結合	届出要件
(a) 株式取得 （独禁10条2項）	①株式取得会社の国内売上高合計額[14]が200億円（独禁令16条1項）を超え、②株式発行会社（株式を取得される会社）の国内売上高[15]とその子会社の国内売上高を合計した額が50億円（独禁令16条2項）を超え、かつ、③株式取得会社の属する企業結合集団が所有する株式に係る議決権数に占める割合が新たに20％または50％（独禁令16条3項）を超える場合
(b) 合併 （独禁15条2項）	合併会社のうち、①いずれか1社に係る国内売上高合計額が200億円（独禁令18条1項）を超え、かつ、②他のいずれか1社に係る国内売上高合計額が50億円（独禁令18条2項）を超える場合に、すべての合併会社の連名による届出
(c) 共同新設分割 （独禁15条の2第2項）	(1) 共同新設分割の当事会社のうち、①いずれか1社（全部承継させる会社）に係る国内売上高合計額が200億円（施行令19条1項）を超え、かつ、②他のいずれか1社（全部承継させる会社）に係る国内売上高合計額が50億円（独禁令19条2項）を超える場合（本条2項1号） (2) 共同新設分割の当事会社のうち、①いずれか1社（全部承継させる会社）に係る国内売上高合計額が200億円（独禁令19条1項）を超え、かつ、②他のいずれか1社（重要部分を承継させる会社）の承継対象部分に係る国内売上高合計額が30億円（独禁令19条3項）を超える場合（独禁2項2号） (3) 共同新設分割の当事会社のうち、①いずれか1社（全部承継させる会社）に係る国内売上高合計額が50億円（独禁令19条2項）を超え、かつ、②他のいずれか1社（重要部分を承継させる会社）の承継対象部分に係る国内売上高合計額が100億円（独禁令19条4項）を超える場合（本条2項3号）

14 「国内売上高合計額」とは、下記（注15）に掲げた国内売上高と企業結合集団に属する会社等の国内売上高とを合計した額であるが、同一企業結合集団に属する会社等相互間の取引に係る国内売上高については相殺消去が認められる（企業結合届出規則2条の2）。以下、同じ。

15 「国内売上高」とは、会社等の最終事業年度の売上高のうち、①国内消費者への売上高、②事業者に対して国内で供給される商品または役務の提供にかかる売上高、および、③事業者に対して外国において供給される商品または役務であって、日本を仕向地としてまたは日本の営業所等に送り出されるものに係る売主高の合計額である（企業結合届出規則2条1項）。純粋の国内売上高ではなく、日本の営業所等に対して再輸出されるものも含まれる。以下、同じ。

		(4) 共同新設分割の当事会社のうち、①いずれか1社（重要部分を承継させる会社）に係る国内売上高合計額が100億円（独禁令19条4項）を超え、かつ、②他のいずれか1社の承継対象部分に係る国内売上高合計額が30億円（独禁令19条3項）を超える場合（本条2項4号）
(d) 吸収分割 （独禁15条の2第3項）		(1) ①分割会社のいずれか1社（全部承継させる会社）の国内売上高合計額が200億円（独禁令19条5項）を超え、かつ、②承継会社の国内売上高合計額が50億円（独禁令19条6項）を超える場合（本条3項1号） (2) ①分割会社のいずれか1社（全部承継させる会社）の国内売上高合計額が50億円（独禁令19条6項）を超え、かつ、②承継会社の国内売上高合計額が200億円（独禁令19条5項）を超える場合（本条3項2号） (3) ①分割会社のいずれか1社（重要部分を承継させる会社）の国内売上高合計額が100億円（独禁令19条7項）を超え、かつ、②承継会社の国内売上高合計額が50億円（独禁令19条6項）を超える場合（本条3項3号） (4) ①分割会社のいずれか1社（重要部分を承継させる会社）の国内売上高合計額が30億円（独禁令19条8項）を超え、かつ、②承継会社の国内売上高合計額が200億円（独禁令19条5項）を超える場合（本条3項4号）
(e) 共同株式移転 （独禁15条の3第2項）		株式移転完全子会社のうち、①いずれか1社に係る国内売上高合計額が200億円（独禁令20条1項）、かつ、②他のいずれか1社に係る国内売上高合計額が50億円（独禁令20条2項）を超える場合
(f) 事業の譲受け （独禁16条2項）		国内売上高合計額が200億円（独禁令21条1項）を超える会社が (1) 国内売上高が30億円（独禁令21条2項）を超える会社の事業全部の譲受けをしようとする場合（本条2項1号） (2) ①他の会社の事業の重要部分または、②事業上の固定資産の全部もしくは重要部分の譲受けをしようとする場合で、当該譲受けの対象部分に係る国内売上高が30億円（独禁令21条2項）を超える場合（本条2項2号）

3 ガン・ジャンピング

(1) ガン・ジャンピング（gun jumping）とは

ガン・ジャンピングとは、企業結合の事前届出手続（クリアランス）の前や、企業結合の審査完了前に実質的な企業結合が行われることをいう。

ガン・ジャンピング（フライング）が問題となるのは、企業結合の当事会社が行う相手方に対するデューデリジェンスなどの情報交換時に、競争事業者間において競争上取扱いを要する情報（センシティブ情報）を取得することになる場合であり、また、企業結合の実行日の前に、両当事会社で構成する合併準備委員会等の部門などが、企業結合の内容を決定し、その準備行為などを行ってしまう場合である。

(2) 情報管理の徹底

デューデリジェンスに関する情報などについては、営業部門や資材部門などの競争に関する業務に関わらない部門（法務部門・企画部門など）が、クリーンチームを組織し情報管理を徹底し、また特に重要なセンシティブ情報については弁護士、会計士などの外部の専門家が検討・管理を行うといった体制をとるべきであろう。[16]

---

[16] M&A 実務の基礎332頁

Ⅲ　金融商品取引法「公開買付け」

1　公開買付けの意義

　「公開買付け」[17]とは、対象となる会社の経営支配権の獲得を目的として、買付者が上場会社の株券等を、取引所金融商品市場外において短期間に不特定多数の者から買い付けようとする場合に、買付期間、買付数量、買付価格、買付目的等の情報をあらかじめ公告して、株式を買い集める方法（金商27条の2第6項）で、投資家に対し公平な売却の機会を保証することにより、投資家の保護と証券市場の取引の円滑化を図ろうとするものである。この方法は、買付者にとって、市場で売買される価格よりも高値で買い付けられるため、多量の株式を買い集めやすいというメリットがある反面、敵対的買収の対象となった会社にとっても、あらかじめ価格・数量・目的等を公表して買付けを行うため、防衛策が取りやすくなるというメリットがある。上場会社のM&Aがらみの株式取得については、公開買付けにより行われることが多い。

　公開買付けは、株式取得や企業買収の一手段として利用される方法であるが、大量の株式を一定の期間内に一度に取得できる点で、M&Aに利用されやすい手段である。

　金融商品取引法は、公開買付けの透明性、投資者間の公平性の確保などの観点から規定を設けている。

　なお、金融商品取引法は、公開買付けを「株券等の発行会社以外が行う買付け等（金商27条の2以下。後記 2 ～ 4 に記述）」と「株券等の発行会社による買付け等（金商27条の22の2以下。後記 5 に記述）」に分類して規定している。

---

[17] 公開買付けに関し、米国の制度をTakeover Bid（TOB）、英国の制度をTender Offerと呼ぶ。日本の制度も含め、これらの制度は公開買付規制の対象となる取引の範囲、公開買付を行う際の期間・価格等その他の規制がさまざまである（棚橋元ほか「クロスボーダーM&Aの法制と実務上の諸論点」一橋ビジネスレビュー60巻4号91頁）。

2 公開買付規制の対象

(1) 公開買付けの定義と規制の対象

(ア) 定義

公開買付けとは、不特定かつ多数の者に対し、公告により株券等の買付け等の申込みまたは売付け等の申込みを行い、取引所金融商品市場外で株券等の買付け等を行うことをいう（金商27条の2第6項）。

(イ) 対象

公開買付けの対象は、①有価証券報告書提出会社または特定上場有価証券の発行会社の、②株券等についての、③発行会社以外の者が行う取引所金融商品市場外での買付け等であって、④金融商品取引法27条の2第1項1号ないし6号に該当し、⑤一定の適用除外要件に該当しないもの、をいう（金商27の2第1項柱書）。

(2) 公開買付規制の対象会社

有価証券報告書提出会社とは、次に定める有価証券のいずれかを発行する会社をいう（金商24条1項）。

① 金融商品取引所に上場されている有価証券の発行会社
② 流通状況が①に準ずるものとして政令で定める有価証券の発行会社
③ ①②を除き、その募集または売出しにつき有価証券届出書または発行登録追補書類等を提出した有価証券の発行会社
④ ①～③を除き、事業年度または事業年度の開始の日前4年以内に開始した事業年度のいずれかの末日における株券等の所有者の数が政令（金商令3条の6第4項）で定める数（1,000人）以上である会社

以上から、上場会社以外の会社であっても、公開買付けの対象会社となり得る場合がある。

また、特定上場有価証券の発行会社とは、特定取引所金融商品市場のみに上場されている有価証券を発行する会社をいう。[18]

---

[18] 特定上場有価証券とは、特定投資家向けに設立された市場である特定取引所金融商品市場で取引される有価証券のこと。特定上場有価証券は、特定投資家等以外の者は取引できない。

(3) 規制の対象となる株券等

株券等とは、株券のほか、新株予約権証券、新株予約権付社債券等など株券ではないが容易に株券に化体しうる市場性のある有価証券である（金商27条の2、金商令6条1項）。一方、公開買付けは会社の支配権の移動を伴う買付けを規制するものであることから、議決権のない株券等は除外される（金商令6条1項かっこ書）。

(4) 買付け等＝規制の対象となる取得行為

公開買付けは、株券等の買付けその他の有償の譲受けおよびこれに類するものとして政令で定める一定の行為（「買付け等」）が強制される（金商27条の2第1項柱書、金商令6条3項3号、公開買付2条の2）。「買付け等」には、売買のほか、代物弁済や交換等の有償取得行為のように所有権が移転する行為に加え、買主として予約完結権を取得する売買の予約、株券等の売買に係るオプションの取得、他社株転換社債券の取得が含まれる。

なお「特定買付け等」という用語も使用されるが、これは、著しく少数（当該買付けを行う日前60日間で合計10名以下）の者から株券等を市場外で買い付けて株券等所有割合が5％を超える場合をいい、この場合には公開買付けの方法によることが強制されない（金商27条の2第1項、金商令6条の2第3項）。

(5) 義務的公開買付けの対象

取引所金融商品市場外の買付け等および特定売買等による買付け等で、次の①から⑥の場合は原則として公開買付けが義務づけられている（金商27条の2第1項1号～6号）。

① 買付け等の後における株券等の所有割合が5％を超える場合（5％基準）

　　取引所金融商品市場外における株券等の買付けの後における株券等の所有割合が5％を超える場合における買付けは公開買付けによらなければならない。ただし、著しく少数の者からの買付け（特定買付等）で一定の場合（②参照）は、上述のとおり公開買付けの対象から除外される。

② 著しく少数の者からの買付けであっても買付け後の所有割合が3分の1

を超える場合（3分の1ルール）

特定買付け等に該当する場合であっても、取引所金融商品市場外の買付け等の後における株券等の所有割合が3分の1を超える場合は、特別決議を否決できる支配権を持つことになるため、公開買付けに依らなければならない。

③　ToSTNeT取引等の証券取引所内の立会外取引（特定売買等）で買付け後の所有割合が3分の1を超える場合

原則は、株券等につき証券取引所金融商品市場外の取引が対象となるが、金融商品市場内の買付け等であってもToSTNeT（Tokyo Stock Exchange Trading NeTwork System：東京証券取引所立会外電子取引システム）取引は実質的に相対取引であるため公開買付けの対象とされる。[19]

「立会外取引」は証券取引所を介して行われる取引の一形態であり、「証券取引所外の取引」とは異なるが、相対取引に該当するものは、市場外取引と類似した形態をとることが可能であり、公開買付けによらなければならない。

ライブドアのニッポン放送株の買い集め事件を契機に、改正（平成17年改正）されたものである。

東京証券取引所の立会外取引は、電子取引ネットワークシステムであるToSTNeTを通じて、すべてToSTNeT市場で売買される。

④　市場外取引と組み合わせて市場取引を行う場合

株券等の所有割合が3分の1の直前まで市場外（立会外を含む）で買付け等を行った上で、3分の1を超える場合のみの買付けを市場取引で行う場合などである。すなわち、3か月以内に市場外取引（新株の取得を含む）と市場取引を合わせて10％を超える買付けを行い、市場外取引が5％を超えて含まれており、当該取得後の株券等の所有割合が3分の1を超える場合、最初から公開買付けによらなければならない。たとえば、相対・立会

---

[19] 東京高決平成17・3・23判タ1173号125頁は、本件ToSTNeT取引による債務者の株式の大量取得は、証券取引法27条の2以下の公開買付けの趣旨・目的に照らし相当性は欠くが、法的に違法とまでは言えないとする。しかし、ToSTNeT取引は、相対取引に類似した取引であり、株主に平等に売却の機会を与えるため、平成17年の証券取引法改正により規制が導入されたものである。

外取引で5％超を取得後、市場取引・公開買付けで3分の1を超える場合における相対・立会外取引などが規制の対象となる。
⑤ 他者の公開買付期間中に競合する買付け（対抗的買付け）を行う場合
　他者が株券等について公開買付けを行っている期間中に、株券等の所有割合が3分の1を超える者が、当該公開買付け等にかかる公開買付期間に5％を超える株券等の買付けを行うときは、公開買付けによらなければならない。
　たとえば、大株主が公開買付けに応募せず、後から株式を買い増しする場合は、先行の公開買付者は市場買付けができない反面、当該既存大株主が自由に市場で買付けできることは不公平であり、かつ、どちらの者が支配権を獲得するかが、投資家にとって重要な問題であるため、競合する買付けを行った者にも公開買付けを義務化したものである。
⑥ 上記①〜⑤に準ずるものとして政令（金商令7条7項）で定める株券等の買付け等

(6) 規制の対象とならない買付け等

　金融商品市場外であっても、新株予約権者の新株予約権行使による買付け等および特定関係者からの買付け等（金商27条の2第1項ただし書）、担保権の実行による特定買付け等、事業の全部または一部の譲受けによる特定買付け等、発行会社の持株会による買付け等、有価証券報告書発行会社以外の会社の株券等の買付け等（金商令6条の2各号）などは公開買付けの対象外である。

③ 公開買付けの手続

(1) 公開買付開始公告

　公開買付けを行うときは、開始する旨およびその内容を株主等に知らせる必要があり、公開買付者は、その目的、買付け等の価格、買付け予定の株券等の数、買付け等の期間等を公告しなければならない（金商27条の3第1項、公開買付10条）。
　公告は、①電子公告（EDINET公告）による方法、または、②日刊新聞紙に掲載して行う方法により行うこととされている（金商令9条の3第1項、他社株

買付府令9条3項)。電子公告による場合は、電子公告後遅滞なく、公告をした旨、電子公告アドレス等を全国において時事に関する事項を掲載する日刊新聞紙に掲載しなければならない(金商令9条の3第3項、公開買付9条の2)。

公開買付者は、その内容に形式的不備がありまたは記載された内容が事実と相違していることを認めたときは、その内容を訂正して公告または公表しなければならない(金商27条の7第1項)。

内閣総理大臣は、公開買付期間の末日までの間、公告の内容について訂正する必要があると認めるときは、公開買付者に対し、期限を指定して、その訂正の内容を公告または公表することを命ずることができる(金商27条の7第2項)。

訂正公告の方法は、公開買付開始公告が電子公告のときは電子公告、それが日刊新聞紙によるときは日刊新聞紙により行う(公開買付9条の5第1項)。

なお、公開買付者が公開買付期間中に買付条件等の変更(金商27条の6第1項各号に規定する以外の変更に限る)を行うときは、必ず公告によりしなければならない(金商27条の6第2項)。

(2) 公開買付届出書の提出および写しの送付

公開買付者は、公開買付開始公告を行った日(行政機関の休日の場合は、その翌日)に、公開買付届出書(他社株買付府令第2号様式)および添付書類を最終的に受理権限を委任された関東財務局長にEDINETを通じて提出しなければならない(金商27条の3第2項、194条の7第1項・第6項、金商令40条1項、公開買付12条~14条)。

公開買付届出書を、関東財務局長に提出すれば、売付けの申込み等の勧誘その他の公開買付けに係る行為(公開買付説明書の交付、買付けの申込みの承諾の受付・売付けの申込みの受付、応募株券等の受入れ)が可能となる(金商27条の3第3項、公開買付15条)。

一方、公開買付開始公告を行っても、公開買付届出書を提出していなければ、売付け等の申込みの勧誘その他の公開買付けに係る行為が禁止される(金商27条の3第3項、公開買付15条)。

公開買付者は、公開買付届出書の提出後直ちに公開買付届出書の写しを、公開買付けの対象会社、金融商品取引所などに送付しなければならない(金商27

条の3第4項)。なお、EDINETによる場合は、金融商品取引所への写しの送付は不要である(金商27条の30の6)。

(3) 公開買付説明書の作成・交付

公開買付者は、公開買付説明書を作成し、公開買付けによる株券等の買付け等を行う場合には、株券等の売付けを行おうとする者に対し、あらかじめまたは同時に、公開買付説明書を交付しなければならない(金商27条の9第1項・2項、他社株買付府令24条4項)。公開買付説明書は、募集または売出し時の目論見書に該当するものであり、公衆の縦覧に供しないとされた事項を除く公開買付届出書の記載事項が記載され、当該公開買付けが金融商品取引法の規定の適用を受ける公開買付けの旨および当該公開買付説明書が同法の規定による公開買付説明書である旨が、表紙その他の見やすい箇所に記載される(公開買付24条1項~3項)。

(4) 対象会社の「意見表明報告書」の提出・送付と公開買付者の「対質問回答報告書」の提出・送付

対象会社は、公開買付開始公告が行われた日から10営業日以内に、当該公開買付けに関する意見等を記載した意見表明報告書を関東財務局長に提出しなければならない(金商27条の10第1項、金商令13条の2第1項)。また対象会社は、関東財務局長への提出後、直ちに、意見表明報告書の写しを、公開買付者、金融商品取引所などに送付しなければならない(金商27条の10第9項)。

意見表明報告書に公開買付者に対する質問が記載されている場合には、公開買付者は、当該意見表明報告書の送付を受けた日から5営業日以内に、関東財務局長に対質問回答報告書を提出しなければならない(金商27条の10第11項、金商令13条の2第2項)。また公開買付者は、関東財務局長への提出後、直ちに、対質問回答報告書の写しを、対象会社、金融商品取引所などに送付しなければならない(金商27条の10第13項)。

なお、公開買付者が、質問に対し回答の必要がないと認めた場合には、その理由の詳細を記載して対質問回答報告書を提出すれば、質問に対する回答を行わないことも認められる(公開買付第8号様式の記載上の注意(3)b)。

(5) 公開買付けの結果の公告と「公開買付報告書」の提出

公開買付者は、公開買付期間の末日の翌日に、公開買付けに係る応募株券等の数等の公開買付けの結果を公告または公表しなければならない（金商27条の13第1項）。公告・公表を行った公開買付者は、公開買付報告書を関東財務局長へ提出後、直ちに写しを、公開買付けの対象会社、金融商品取引所などに送付しなければならない（金商27条の13第2項・3項）。なお、EDINETによる場合は、金融商品取引所への写しの送付は不要である（金商27条の30の6）。

(6) 公開買付届出書等の公衆縦覧

関東財務局および対象会社の本店所在地を管轄する財務局等は、公開買付届出書および公開買付報告書、公開買付撤回届出書、意見表明報告書、対質問回答報告書およびこれらの訂正届出書・訂正報告書は、これを備え置きし、5年間公衆の縦覧に供しなければならない（金商27条の14、公開買付33条）。同様に、公開買付者（その本店及び主要支店に）および金融商品取引所ならびに金融商品取引業協会は、備え置き、公衆の縦覧に供しなければならない（金商27条の14第2項・第3項、公開買付33条2項・3項）。

④ 公開買付けに係る実体的取引規制

(1) 公開買付期間に係る規制

(ア) 公開買付期間

公開買付けによる株券等の買付け等の期間（公開買付期間）は、原則として、公開買付開始公告を行った日から起算して20営業日から60営業日以内の範囲内で公開買付者が期間を定めて行わなければならない（金商27条の2第2項、金商施行令8条1項）。

(イ) 公開買付期間の変更

公開買付期間の短縮は認められないが、延長は可能である（金商27条の6第1項3号）。延長できる期間は、原則として、公開買付開始公告で定めた公開買付期間と併せて60営業日以内である。

ただし、次の場合には、変更後に当初の公開買付期間と併せて合計60営業日を超える場合が認められる。

① 公開買付届出書の訂正届出書の提出義務がある場合に、公開買付期間が残り10営業日を切ってから、当該訂正届出書が提出された場合に、一定の場合を除き、公開買付期間を、訂正届出書を提出する日より起算して10営業日を経過した日まで延長しなければならない（金商27条の8第8項、公開買付22条1項・2項）。この場合の公開買付期間の合計60日を超える延長は、変更の周知と熟慮のための期間確保のため措置として認められている。
② 公開買付期間中に対象会社の発行する株券等について他者が公開買付けを開始した場合（対抗公開買付けが行われた場合）に、当初の公開買付期間を超えて、当該他者の公開買付期間の末日までは、延長することができる（金商令13条2項2号ロ）。

(2) 株券等の管理・買付代金に関する事務の委託

公開買付けによる株券等の買付けを行う場合には、株券等の管理、買付け等の代金支払い等の事務については、第一種金融商品取引業者または銀行等に行わせなければならない（金商27条の2第4項、金商令8条4項）。

(3) 買付条件等の変更

公開買付者は、応募株主の不利となる買付条件の変更を除き、原則として買付条件等の変更をすることができる（金商27条の6第1項・2項）。

買付条件等の変更が禁止されているものは以下のとおりである（金商27条の6第1項各号、金商令13条1項・2項）。

① 買付け等の価格引下げ（金商27条の6第1項1号）

ただし、公開買付期間中に対象会社が株式の分割または株主に対する株式、新株予約権の無償割当て（無償で行う新株予約権の株主割当てを含む）を行ったときは、他社株買付府令で定める基準（公開買付19条）に従い価格の引下げを行う旨の条件を付した場合に限り、認められる（同号かっこ書）。

② 買付予定の株式等の数の減少（金商27条の6第1項2号）
③ 公開買付期間の短縮（金商27条の6第1項3号）
④ その他政令で定める買付条件等の変更（金商27条の6第1項4号）

原則禁止されるのは、買付予定数の下限の増加（金商令13条2項1号）、公開買付期間を合計60営業日を超えての延長（同2号、上記(1)(イ)公開買付期間の変更参照）、買付け等の対価の変更（同3号）、撤回に関する条件を付した場合において当該条件の内容の変更（同4号）、である。

株主等への周知徹底を図るため、公開買付者が上記①〜④以外の買付条件等の変更を行うときは、公開買付期間中に買付条件等の内容の変更を公告しなければならない（金商27条の6第2項、公開買付19条2項）。また、公開買付者は、訂正公開買付届出書を関東財務局長に提出しなければならない（金商27条の8第2項）。

(4) 公開買付者による公開買付け等の撤回

公開買付者は、公開買付開始公告をした後においては、原則として、公開買付けに係る申込みの撤回および契約の解除を行うことができない（金商27条の11第1項本文）。

公開買付者自身による安易な撤回等を認めると市場や投資家に与える影響が大きいからでる。

ただし、一定の例外は認められている。すなわち、①公開買付けに係る株券等の発行会社またはその子会社の業務または財産に関する重要な変更その他の公開買付けの目的の達成に重大な支障となる事情（金商令14条1項：株式分割、会社分割、合併の決定等）が生じ、かつ公開買付開始公告・公開買付届出書にこれらの事情が生じた場合にあらかじめ条件として付していた場合、および②公開買付者に政令（金商令14条2項）で定める重要な事情の変更が生じた場合である（金商27条の11第1項ただし書）。[20]

公開買付けの撤回を行う場合には、公開買付期間の末日までに撤回を行う旨やその理由等の事項（公開買付27条）を、原則、公告しなければならない（金商27条の11第2項）。そして、公告をした日に公開買付撤回届出書を関東財務局長に提出しなければならない（金商27条の11第3項）。

---

[20] 金融商品取引法施行令で定める重要な事情の変更とは、解散、破産手続開始決定、民事再生手続開始決定、会社更生手続開始決定、他者による破産手続開始の申立て、不渡り等などである（金商令14条2項3号〜6号）。

(5) 株主等による公開買付けの応募の解除

応募株主等は、公開買付期間中においては、いつでも当該公開買付けに係る契約を解除することができる（金商27条の12第1項）。これは、投資者が公開買付けに応じた後に、公開買付け等の情報を十分に検討した結果、または公開買付者による買付条件等の変更もしくは競合する公開買付け（対抗公開買付け等）の開始などの事情の変更が生じた結果、その判断を変更した場合に、応募の撤回をできるようにしたものである[21]。

契約の解除があった場合においては、公開買付者は、当該契約の解除に伴う損害賠償または違約金の支払いを請求することができず、また、応募株券等を金融商品取引業者もしくは銀行等に管理させているときは、その返還に要する費用も公開買付者が負担する（金商27条の12第3項）。

(6) 全部買付義務・全部勧誘義務

(ア) 全部買付義務

公開買付者は、原則、応募株券等の全部について買い取らなければならないが、あらかじめ公開開始公告および公開買付届出書において次の条件を付した場合は適用が除外される（金商27条の13第4項柱書）。

① 応募株券等の数の合計が公開買付開始公告および公開買付届出書に記載された数に満たないときは、応募株券等の数の全部の買付け等をしない。

② 応募株券等の合計が買付け予定の株券等の数を超えるときは、その超える部分の全部または一部の買付け等をしない[22]。

ただし、②のような定めがあらかじめあったとしても、買付け後の株券等所有割合が3分の2以上となる場合には、超えた部分の全部について買付けをしなければならない（金商27条の13第4項、金商令14条の2の2）。

買付け後の株券等所有割合が3分の2以上となる場合には、上場廃止となった場合の少数株主への影響等があるからである。

---

21 公開買付けの理論と実務206頁
22 ②の場合において、応募株券等の数の合計が買付予定の株券等の数を超えるときは、按分比例の方式により公平な買付けをしなければならない（金商27条の13第5項、公開買付32条）。

(イ) 全部勧誘義務

公開買付け後の株券等所有割合が3分の2以上となる場合には、対象会社が種類株式など複数の異なる株券等を発行しているときは、買付け等の対象となる株券等の種類を限定することは認められず、原則、対象会社が発行するすべての種類の株券等について買付け等の申込みまたは売付け等の申込みの勧誘を行わなければならない（金商27条の2第5項、金商令8条5項3号、公開買付5条5項）。なお、全部勧誘義務は、一定の場合には適用を受けない（金商令8条5項3号かっこ書、公開買付5条3項）。

(7) 別途買付けの禁止

公開買付者等（公開買付者、特別関係者、公開買付代理人等）は、公開買付期間中においては、原則、公開買付けによらないで対象会社の株券等の買付け等を行ってはならない（金商27条の5本文）。

別途買付けを許すと特定の株主に対し高い価格で買い付けたり、按分比例を回避したりする等の不平等を生じる可能性があり、投資者に平等待遇を保証する公開買付けの制度趣旨に反するからである。

(8) 公開買付価格の均一性

公開買付価格については、すべての応募株主について均一の条件によらなければならない（金商27条の3、金商令8条3項）。

5 発行会社による公開買付け

(1) 発行会社の公開買付けの必要性

上場株券等の発行会社による自己株式の取引所金融市場外における買付け等に関しても、原則、公開買付け（自社株公開買付け）によらなければならないとされ、多くの公開買付けに関する規定が準用されている（金商27条の22の2第1項・2項）。

自社株の買付けには、公開買付制度の目的の一つである支配権の異動を直接予定する取引ではないことから開示は必要ないと考えられるが、適正な情報開示と投資者の平等な取扱いについては、その目的に変わりはない。

(2) 発行会社の義務的公開買付け

上場株券等の発行会社による自己株式の取引所金融市場外における買付け等のうち次のものについては、公開買付けによらなければならない（金商27条の22の2第1項柱書）。

① 会社法156条1項（会社165条3項により読み替えて適用する場合を含む）に基づき、発行会社が株主との合意により当該発行会社の株式の買付け等を行う場合（金商27条の22の2第1項1号）

② 上場株券等の発行会社が外国会社である買付け等のうち、多数の者が当該買付け等に関する事項を知りうる方法（新聞・雑誌に掲載し、または文書、放送、映画その他の方法）を用いることにより多数の者に知らせて行う買付け等（金商27条の22の2第1項2号）

発行会社による公開買付けは、業務等に関する重要な情報を有する発行会社が行うものであるため、的確な情報開示と取引の公平性を確保する観点から、未公表の重要事実があるときは、公開買付届出書を提出する日より前に当該重要事実を公表しなければならない（金商27条の22の3第1項）。

また公開買付期間中に発行会社に重要事実が生じたとき（届出書の提出前に生じた重要事実であって未公表のものを含む）は、直ちに、当該重要事実を公表し、かつ、当該公開買付けの応募者などに通知しなければならない（金商27条の22の3第2項）。

なお、この重要事実とは、金融商品取引法166条1項に規定するインサイダー取引規制における重要事実である。（金商27条の22の3第1項かっこ書、発行者公開買付23条）。

6 公開買付規制違反に対する責任

(1) 損害賠償責任

①公開買付届出書等の未提出者（金商27条の16）、②公開買付けによらないで買付け等を行った者（金商27条の17）、③公開買付開始公告・公開買付届出書に付した買付条件等によらない公開買付けをした者（金商27条の18）、④虚偽記載等のある公開買付開始公告等の公表・公告をした者および公開買付届出書（訂正届出書を含む）・公開買付説明書（訂正説明書を含む）・対質問回答報告書（訂

正報告書を含む）を提出・作成した者（金商27条の20）、⑤重要な虚偽記載等のある公開買付説明書その他の表示を使用して株券等の売付け等をさせた者（金商27条の19）には、応募株主等に生じた損害を賠償する責任がある。以上のうち②〜④の一定の場合には、損害賠償額が定められている（金商27条の17第2項、27条の18第2項、27条の20第2項）。

(2) 課徴金

公開買付開始公告をしないで買付け等を行った場合の買付総額、重要な事項に虚偽記載や表示すべき重要な事項の記載が欠けている公開買付開始公告等の公告や公開買付届出書等の提出をした場合の買付株券等の時価総額、公開買付届出書等を提出しない場合の買付株券等の時価総額に対して25％の課徴金が課される（金商172条の5、172条の6）。

(3) 刑事罰

公開買付開始公告、公開買付届出書、公開買付報告書等の開示書類の重要な事項につき虚偽記載をした者は10年以下の懲役もしくは1,000万円以下の罰金に処せられ、またはこれらが併科される（金商197条1項2号・3号）。

また、公開買付けが強制される場合に、公開買付開始公告を行わなかった者（金商27条の3第1項違反）、公開買付届出書を提出しなかった者（金商27条の3第2項違反）等には、5年以下の懲役もしくは500万円以下の罰金に処せられ、またはこれらが併科される（金商197条の2第4号・5号など）。

別途買付けの禁止（金商27条の5）に違反した者、応募株券等の決済に関する義務（金商27条の13第4項・5項）に違反した者は、1年以下の懲役もしくは100万円以下の罰金に処せられ、またはこれらが併科される（金商200条3号）。

法人等の代表者またはその代理人、使用人等が、当該法人等の業務・財産に関し、違反行為をしたときはその違反者に上記の刑事罰が科されるだけでなく、当該法人等に対しても罰金刑が課される（金商207条1項）。

Ⅳ 金融商品取引法による開示規制

1 開示規制の意義

　金融商品取引法1条は、「国民経済の健全な発展」および「投資者の保護」に資することを目的とするとして、この法律の大目的を示している。そして、同条は、この法律が定めるべき規制の内容として「企業内容等の開示規制」、「金融商品取引業者に対する規制」、「金融商品取引所に対する規制」を掲げて、それによって具体的な目的である「有価証券取引の公正確保と流通の円滑化」、「金融商品等の公正な価格形成」を図り、それによって上記の大目的に資するとする。

　開示制度は、投資者が自己責任のもとで投資判断を行うためには、有価証券および発行会社に関する情報が、発行会社等から公平かつ適時に提供されていることが前提とされる。そのため、金融商品取引法では、有価証券の発行会社に一定の情報開示を義務づけることによって、投資者に適切な情報が公平かつ適時に提供されることを保障することにより、事実を知らされないことによって被る損害からの保護を図っている。その点で開示制度の規制は金融商品取引法の主要な規制となっている。

　企業内容の開示規制には、①有価証券の募集または売出しの際に求められる発行開示規制と、②一定の流通性を有する有価証券の発行会社に求められる継続開示規制がある。

　金融商品取引法上の開示書類については、原則として、EDINET（電子開示システム：Electronic Disclosure Investors Network）による提出が義務付けられ（金商27条の30の2、27条の30の3第1項）、提出者にとって開示書類提出のための事務負担等が軽減され、行政当局にとって事務の効率化が図られ、投資家等にとっても企業情報への迅速かつ公平なアクセスが実現される。

2 開示規制の内容

(1) 発行開示制度

　発行開示には、大きく分けて①有価証券の募集・売出し等の開示規制と、②

組織再編成に係る開示規制がある。

(ア) 募集・売出し等の開示規制

有価証券の募集または売出しは、発行会社が有価証券届出書により財務局長等に提出しているものでなければ、することができない（金商4条1項本文、企業開示20条）[23]。また、発行会社、金融商品取引業者等は、金融商品取引法の規定による届出の効力が生じていなければ、募集または売出しにより取得させ、または売り付けることができない（金商15条1項）。

ただし、金融商品取引法4条1項各号のいずれかに該当する場合は、届出義務は免除される。

「有価証券の募集」とは、新たに発行される有価証券の取得勧誘で多数（原則50名以上、以下同じ）の者が含まれる場合をいい、「有価証券の売出し」とは、すでに発行された有価証券の売付けの申込みまたは買付けの申込みの勧誘（売付勧誘等）で、多数の者を相手方として行う場合をいう（金商2条3項1号・4項1号、金商令1条の5、1条の8）。

(イ) 組織再編成による開示規制

ここでいう組織再編成とは、合併、会社分割、株式交換、株式移転をいう（金商2条の2第1項、金商令2条）。金融商品取引法は、この組織再編成により、新たなに有価証券（金商令2条3）が発行される場合、またはすでに発行された有価証券を交付する場合で、組織再編成対象会社（吸収合併消滅会社、株式交換完全子会社等）の株主等が50名以上（金商2条の2第4項1号・第5項1号、金商令2条の4、2条の6）などの要件に該当する場合に、当該有価証券届出書の提出を行わなければならないとする（金商4条1項・2項）。

(2) 継続開示制度

金融商品取引所に上場されている有価証券の発行会社、有価証券の募集または発行につき有価証券届出書を提出した発行会社および株主数など一定の要件に該当する発行会社は、事業年度ごとに有価証券報告書その他の継続的な開示

---

[23] 上場会社においては、資本金の額が50億円未満の本店所在地等を管轄する財務局長等（福岡財務支局長を含む）へ、上記以外の会社は関東財務局長へ提出する（企業開示20条）。有価証券報告書等の継続的開示書類も同様である。

書類（半期報告書、四半期報告書、親会社等状況報告書、自己株券買付状況報告書など）を財務局長等に提出し、写しを上場金融商品取引所に送付しなければならない（金商24条1項、24条の4の7第1項、24条の5第1項、24条の4の4第1項など、企業開示20条）。

　また、事業年度の途中で、海外での有価証券の発行、主要株主の異動、重要な災害の発生などのほか、M&A関連では、株式交換、株式移転、会社分割、合併、事業譲渡が行われることが提出会社の業務執行を決定する機関により決定された場合に、その内容を記載した臨時報告書を財務局長等・上場金融商品取引所に提出しなければならない（金商24条の5第4項、企業開示19条1項・2項）。

(3) 開示義務違反

(ア) 刑事罰

　開示書類の虚偽記載、不提出等の開示義務違反には、懲役もしくは罰金またはこれを併科する刑事罰が定められている（金商197条1項1号、197条の2第1号・5号・6号、200条5号等）。両罰規定により、法人にも罰金が科せられる（金商207条1項1号・2号・5号）。

(イ) 課徴金

　a. **発行開示に係る課徴金納付命令**　①有価証券届出書が不提出等であるのに募集等をした者（金商172条1項）、②虚偽記載等のある発行開示書類（有価証券届出書、訂正届出書等、発行登録書、訂正発行登録書等）を提出し、募集・売出しにより有価証券を取得させ、または売り付けた発行者、および当該発行者の当該提出に関与した役員等（発行者の役員、代理人、使用人その他の従業者）で所有する有価証券を売り付けた者（金商172条の2第1項・2項）、に対して課徴金納付が命じられる。

　①の不提出等に関しては、そのほか目論見書を交付しないで売り付けた者（金商172条3項）も課徴金の対象となり、また②に関しては目論見書にも準用される（金商172条の2第4項・5項）。

　b. **継続開示に係る課徴金納付命令**　①継続開示書類（有価証券報告書、四半期報告書、半期報告書）を提出しない発行者（金商172条の3）、②虚偽記載等の

ある継続開示書類（有価証券報告書等、四半期・半期・臨時報告書等）を提出した発行者（金商172条の4）、に対して課徴金納付が命じられる。

　(ウ)　**民事責任**
　a.　**発行開示義務違反**　　目論見書交付義務違反者の賠償責任（金商16条）、虚偽記載のある目論見書等を使用した者の賠償責任（金商17条）、虚偽記載のある届出書の届出者等の賠償責任・賠償責任額・時効（金商18条〜20条）、虚偽記載のある届出書の提出会社の役員等の賠償責任（金商21条・22条）、虚偽記載等のある書類の提出者の賠償責任・時効（金商21条の2、21条の3）が規定されている。

　b.　**継続開示義務違反**　　虚偽記載等のある書類の提出者の賠償責任・時効（金商21条の2、21条の3）、虚偽記載のある有価証券報告書の提出会社の役員等の賠償責任（金商24条の4）が規定されている。

③　株券等大量保有の状況に関する開示（5％ルール）

　大量保有者とは、株券、新株予約権付社債券等の株券関連有価証券（以下、「株券等」という）で、上場会社が発行する株券等の保有者で、その株券等保有割合が5％を超えるものをいう（金商27条の23第1項）。

　大量保有者は、大量保有報告書（または変更報告書）を大量保有者となった日（または変更のあった日）の翌日から5日以内に、本店（または主たる事業所）の所在地（個人の場合は住所・居所）を管轄する財務局長等に提出し、写しを発行会社および上場金融商品取引所に送付しなければならない（金商27条の23第1項、27条の27、金商令41条、保有開示2条、8条）。

　大量保有報告書・変更報告書の提出をしない者および重要な事項につき虚偽記載のある大量保有報告書・変更報告書等を提出した者は懲役もしくは罰金に処せられ、またはこれを併科する（金商197条の2第5号・6号）。法人にも罰金が科せられる（金商207条1項2号）。

　また、大量保有報告書等の不提出および虚偽記載は、課徴金の対象となる（金商172条の7、172条の8）。

V 金融商品取引法「インサイダー取引」

1 インサイダー取引規制の意義

会社関係者が会社経営に影響を与える重要情報を知っていたり、公開買付者等関係者が公開買付け等に関する事実を知っていたりすると、それを知らない一般投資家に比べ、対象となる株式など金融商品の売買等において著しく有利となり、金融商品取引市場における公正性・健全性について一般投資家は信頼することができなくなる。そこで、インサイダー取引規制は一般投資家の信頼性を確保するため、このような行為を規制し、行為者を処罰すべきものとしている。

2 インサイダー取引の2類型

インサイダー取引には2類型がある。すなわち、①会社関係者等のインサイダー取引と、②公開買付者等関係者等のインサイダー取引である。

3 会社関係者等のインサイダー取引

会社関係者等のインサイダー取引とは、「当該上場会社等」の「会社関係者（含む元会社関係者）」または「第一次情報受領者」が「当該上場会社等の重要事実」を知りながら、その「公表」前に、当該上場会社の「特定有価証券等」の「売買等」を行うことである（金商166条1項）。

(1) 「会社関係者」

「会社関係者」とは、①当該上場会社等の役職員、②当該上場会社等に会計帳簿閲覧権（会社433条1項）を有する株主等、③当該上場投資法人に会計帳簿閲覧権（会社433条3項）を有する投資主、④当該上場会社に対する監督官庁の公務員等、⑤当該上場会社等と契約を締結している者や契約交渉中の者、⑥前記②③⑤の該当者が法人の場合、その法人の役職員である。そして、これらの者が規制されるのは、重要事実をその地位や権限に基づき知った場合である。

なお、当該上場会社等には、上場会社等の親会社および子会社、当該上場会

社等が上場投資法人等である場合における当該上場会社等の資産運用会社およびその特定関係法人（いわゆるスポンサー）も含まれる（金商166条1項1号かっこ書）。会社関係者には、会社関係者でなくなってから1年以内の者も含まれる（金商166条1項後段）。

(2) 「第一次情報受領者」

「第一次情報受領者」とは、会社関係者または元会社関係者から重要事実の伝達を受けた者、およびその伝達を受けた者が所属する法人の他の役職員をいう（金商166条3項）。

(3) 「情報伝達・取引推奨行為者」

未公表の重要事実を知った前記(1)の「会社関係者」が、他人に対し、公表前に取引させることにより利益を得させる等の目的をもって、情報伝達・取引推奨を行うことが禁止される（金商167条の2第1項）。

(4) 「重要事実」

重要事実については、下記【表2】を参照されたい。子会社の重要事実も親会社の重要事実となるので、子会社の重要事実を知って、上場会社の株式等の売買をすればインサイダー取引規制の対象となる。重要事実であっても投資判断に及ぼす影響が軽微なものとして内閣府令（有価証券の取引等の規制に関する内閣府令）で定める基準（軽微基準）に該当する場合は除外される（金商166条2項柱書）。また決算や業績の予想値に係る事実については、投資判断に及ぼす影響が重要なものとして内閣府令で定める基準（重要基準）に該当するものに限られる（金商166条2項3号、証券取引規制51条）。

なお、純資産額や売上高などを指標とする軽微基準について純粋持株会社等（「特定上場会社等」という）の場合は、その会社の属する企業集団、すなわち連結ベースで判断することにしている（証券取引規制48条～51条）。

【表2】 重要事実の一覧

（注）ゴシック体はM&A・アライアンスに関する重要事実である。

区　　分	項　　目	軽微基準
① 決定事実 会社（※のものは子会社を含む）の業務執行に関する意思決定の事実（金商166条2項1号・5号、金商令28条、29条、証券取引規制49条、52条）	ア．募集株式・新株予約権の募集	有
	イ．資本金の額の減少	無
	ウ．資本準備金・利益準備金の額の減少	無
	エ．自己株式の取得	無
	オ．株式無償割当て・新株予約権無償割当て	有
	カ．株式の分割	有
	キ．剰余金の配当	有
	ク．株式交換※	有
	ケ．株式移転※	無 (子会社のみ有)
	コ．合併※	有
	サ．会社分割※	有
	シ．事業の譲渡、譲受け※	有
	ス．解散※	無 (子会社のみ有)
	セ．新製品・新技術の企業化※	有
	ソ．業務提携、業務提携の解消※	有
	タ．子会社の異動を伴う株式等の譲渡、取得※	有
	チ．固定資産の譲渡、取得※	有
	ツ．事業の全部または一部の休止・廃止※	有
	テ．株式の上場廃止にかかる申請	無
	ト．株式の登録取消申請、取扱有価証券の指定取消申請	無
	ナ．破産手続開始、再生手続開始、更生手続開	無

		始の申立て※	
		ニ．新規事業の開始※	有
		ヌ．防戦買いの要請	無
		ネ．預金保険法72条5項の申出※	無
		ノ．（子会社のみ対象）孫会社の異動を伴う株式の譲渡、取得	無
		ハ．（子会社のみ対象）トラッキング・ストック対象である連動子会社の剰余金の配当	有
② 発生事実会社（※のものは子会社を含む）の意思に関係なく発生した事実（金商166条2項2号・6号、金商令28条の2、29条の2、証券取引規制50条、53条）		ア．災害または業務上の損害※	有
		イ．主要株主（議決権の10％以上を保有する株主）の異動	無
		ウ．上場廃止または店頭登録取消原因となる事実	有
		エ．財産上の請求に係る提起、判決、裁判以外の完結※	有
		オ．事業の差止めその他これに準ずる処分を求める仮処分命令の申立て・裁判・裁判によらない完結※	有
		カ．免許取消し・事業停止等の行政庁の処分※	有
		キ．親会社の異動	無
		ク．債権者等による破産手続開始等の申立て等	無
		ケ．手形・小切手の不渡り等	無
		コ．親会社に係る破産手続開始の申立て等	無
		サ．債務者または保証債務に係る主債務者の不渡り等または破産申立て等その他の事実による債務不履行のおそれ※	有
		シ．主要取引先（10％以上）との取引停止※	有
		ス．債権者による債務の免除または第三者によ	有

	る債務の引受け・弁済※	
	セ．資源の発見※	有
	ソ．取扱有価証券としての指定の取消の原因となる事実	有
	タ．特別支配株主による株式等売渡請求の決定等	無
	チ．**（子会社のみ対象）**孫会社に係る破産手続開始の申立て等	無
③ 決算に関する事実 会社（※のものは子会社を含む）の決算・業績予想値・決定値に関する事実（金商166条2項3号・7号、証券取引規制51条、55条）	ア．売上高予想の修正等※	有
	イ．経常利益予想の修正等※	有
	ウ．純利益予想の修正等※	有
	エ．剰余金の配当予想の修正等	有
④ バスケット条項（※のものは子会社を含む）（金商166条2項4号・8号）	ア．上記に該当しない事実で、上場会社等（上場会社の子会社）に関する重要事実で、投資判断に著しい影響を及ぼすもの※	有

【表2】②イの「主要株主の異動」とは、主要株主である者が主要株主でなくなり、主要株主でない者が主要株主となることである。主要株主の異動は、株主名簿上の名義書換えの有無を問わず（東京地判平成4・10・1判時1444号139頁）、株式の譲渡の効力が発生した時に発生する[24]。

②キの「親会社の異動」とは、親会社でない会社が新たに親会社に該当することとなること、および親会社が親会社に該当しなくなることをいう。株主名簿の名義書換えの有無を問わない[25]。

---

24 松本112頁
25 松本124頁

(5) 業務執行に関する重要事実発生の時期

決定事実とは、上場会社およびその子会社の「業務執行を決定する機関」が前記【表2】の①ア〜ハの事項を行うことについて決定したこと、または公表されている決定を行わないことを決定したことである（金商166条2項1号・5号）。

決定事実（会社の意思に基づく重要事実）の発生の始期は、株式の募集、資本金額の減少、株式無償割当てなどを行ったことではなく、それらについて決定したことである。「業務執行を決定する機関」とは、会社法が規定する決定権限のある機関に限られず、実質的に会社の決定と同視される意思決定を行うことができる機関であれば足りる（最判平成11・6・10刑集53巻5号415頁）。

取締役会に限られず、経営会議、経営委員会、常務会などの会議体のほか、代表取締役や担当役員による場合も含まれる可能性がある。たとえば、取締役の決定に至れば通常は最終決定になるというのが会社の実情であれば、取締役会決議の前でも、担当取締役の決定時に重要事実は発生する。

発生事実（会社の意思とは関係なく発生した事実）とは、原則、その事項（前記【表2】の②の事項）が発生したことである。

(6) 「特定有価証券等」の「売買等」

(ア) 「特定有価証券等」

「特定有価証券等」とは特定有価証券および関連有価証券のことをいい、特定有価証券には株券・社債券などが該当し、関連有価証券には、上場会社の特定有価証券に係るオプションを表示する金融商品取引法2条1項19号に掲げる有価証券（いわゆるカバードワラント）[26]、その他の政令で定める有価証券が該当する（金商166条1項柱書、163条1項、金商令27条の3、27条の4）。

---

[26] カバードワラント（Covered Warrant）とは、一定期間内にあらかじめ定められた価格で売買する権利である、「買う権利（コール）」や「売る権利（プット）」のオプションを証券化して自由に流通できるようにした有価証券であり、その権利の対象となる原資産には、株価指数、個別株式（日本株、外国株）、外国為替、商品（コモディティ）などさまざまなものがある。その取引形態については、大阪取引所で取引できる「上場カバードワラント」と、eワラント証券と相対で取引する「店頭カバードワラント」の二つがある。（http://www.ifinance.ne.jp/product/invest/cvwrt.htm）

(イ) 「売買等」

インサイダー取引規制において禁止される行為は「売買等」であり、「売買等」とは、売買その他の有償の譲渡もしくは譲受け、合併もしくは会社分割による承継またはデリバティブ取引をいう（金商166条1項柱書）。

(7) 「公表」

「公表」とは、①多数の者が知りうる状態に置く措置がとられたこと、すなわち、ⓐ公開権限を有する者による2以上の報道機関に対する公表後12時間が経過したこと、ⓑ金融商品取引所等に対する通知および電磁的方法（TDnet等）[27]による公衆の縦覧に供されたことであり、または、②重要事実等が記載された有価証券届出書等が公衆縦覧（EDINETの画面に表示されたときも含む）に供されたことである（金商166条4項、金商令30条）。

(8) 適用除外

インサイダー取引規制を形式的に適用すると、金融商品市場の健全性・公正性を害さない場合まで違反を構成することになるため、適用除外の規定が設けられている（金商166条6項）。

【表3】 適用除外の概要（金商166条6項各号）

①	株式割当てを受ける権利の行使による株券等の取得（1号）
②	新株予約権等の行使による株券等の取得（2号）
③	オプションの行使による特定有価証券等に係る売買等（2号の2）
④	反対株主の株式買取請求権または法令上の義務に基づく売買等（3号）
⑤	対抗買い（4号）
⑥	自己株式の取得（4号の2）
⑦	安定操作取引（5号）
⑧	普通社債券等の売買等（6号）

---

[27] TDnet（ティー・ディー・ネット）とは、東京証券取引所の運営する適時開示情報伝達システム（Timely Disclosure network）のことで、各証券取引所（東証、大証、名証、福証、札証）の上場会社と、日本証券業協会が指定するグリーンシート銘柄（フェニックス銘柄含む）の会社が開示した重要な会社情報を掲載している。

⑨	知る者同士が証券市場外で行う売買等（7号）
⑩	承継資産に占める特定有価証券等の割合が軽微な場合（8号）
⑪	未公表の重要事実を知る前に開催された取締役会における合併等の契約（9号）
⑫	新設分割（10号）
⑬	組織再編の対価としての自己株式の交付（11号）
⑭	一定の重要事実を知る前に締結された契約の履行または決定された計画の実行としての売買等、その他これに準ずる特別の事情に基づく売買等であることが明らかな売買等（12号）

４ 公開買付者等関係者によるインサイダー取引

公開買付者等関係者のインサイダー取引とは、「公開買付者等関係者（元公開買付者等関係者を含む）」および「第一次情報受領者」が、「公開買付け等の事実」を知って、その「公表」前に対象会社の対象株券等の「買付け」または「売付け」を行うことである（金商167条1項）。

(1) 「公開買付者等関係者」

「公開買付者等」とは、公開買付けをする者である。「公開買付者等関係者」は、次の者であり、その者が定められた方法で公開買付け等事実を知ったときに規制される（金商167条1項各号）。

① 公開買付者等（親会社を含む）の役員、代理人、使用人その他の従業者（以下、「役員等」という）が、その者の職務に関し知ったとき（同項1号）

② 公開買付者等の会計帳簿閲覧請求権を有する株主・社員（法人であるときはその役員等、法人でないときは代理人・使用人を含む）が、当該権利の行使に関して知ったとき（同項2号）

③ 当該公開買付者等に対する法令に基づく権限を有する者が、当該権限の行使に関して知ったとき（同項3号）

④ 当該公開買付者等と契約を締結している者または契約交渉中の者（法人であるときはその役員等、法人でないときは代理人・使用人を含む）が、当該

契約の締結もしくはその交渉または履行に関し知ったとき（同項4号）
⑤　公開買付け等にかかる上場株券等の発行者（役員等を含む）が、当該公開買付者等からの伝達により知ったとき（役員等は職務に関し、当該公開買付者等からの伝達により知ったとき）（同項5号）
⑥　②・④または⑤の者が法人である場合には、その役員等が②・④または⑤によって事実を知った場合に、その他の役員等がその者の職務に関し知ったとき（同項6号）

である。

元公開買付者等関係者とは、公開買付者等関係者でなくなった後6か月以内の者をいう（金商167条1項後段）。

(2)　「第一次情報受領者」

「第一次情報受領者」とは、上記の公開買付者等関係者から、「公開買付け等事実」の伝達を受けた者、または当該伝達を受けた者が属する法人の他の役員等が職務に関し知ったとき、である（金商167条3項）。

(3)　「情報伝達・取引推奨行為者」

未公表の公開買付け等事実を知った(1)の「公開買付者等関係者」が、他人に対し、公表前に、当該株券等の売付け・買付け等させることにより利益を得させる等の目的をもって、情報伝達・取引推奨を行うことが禁止される（金商167条の2第2項）。

(4)　「公開買付け等事実」

「公開買付け等事実」とは、「公開買付け等の実施に関する事実」または「公開買付け等の中止に関する事実」であり、この事実とは「公開買付け等を行うことについての決定をしたこと」または「公開買付者等が公表済みの当該決定に係る公開買付け等を行わないことを決定したこと」をいう（金商167条2項本文）。「行うことについての決定」とは、公開買付け自体の決定のみでなく、公開買付者等が、公開買付けのための調査や検討を業務として行う旨の決定も含まれる。

ただし、各年において買い集める株券等の数が総株主等の議決権の2.5％未満である場合など、投資者の投資判断に及ぼす影響が軽微な事実として内閣府令で定める基準（軽微基準）に該当するものは、「公開買付け等事実」に該当しない（金商167条2項ただし書、証券取引規制62条）。

(5) 「公表」

「公表」とは、①公開買付者等によって2以上の報道機関に公開され12時間以上が経過したこと、②TDnet等により公衆の縦覧に供されたこと、③公開買付開始公告、公開買付け等の撤回公告または撤回の公表がされたこと、④公開買付届出書、公開買付撤回届出書が公衆の縦覧に供されたこと、をいう（金商167条4項、金商令30条）。

(6) 対象株券等の「売付け」または「買付け」

公開買付け等事実が公開買付け等の決定に係る事実である場合は対象株券等の「買付け」が禁止され、公開買付け等事実が公開買付け等の中止である場合は「売付け」が禁止される（金商167条1項柱書、金商令33条の3、33条の4）。

(7) 適用除外

会社関係者等によるインサイダー取引規制における規制対象とほぼ同様の適用除外が認められている（金商167条5項各号、証券取引規制63条）。

なお、公開買付者等によるインサイダー取引規制においては、公開買付者等の要請に基づいて当該公開買付け等に係る上場株券等の買付けをする場合（応援買い）について適用除外としている（金商167条5項4号）。

5 刑事罰・課徴金

(1) 刑事罰

インサイダー取引規制に違反した者（個人）は、5年以下の懲役もしくは500万円以下の罰金に処せられ、またはこれを併科される（金商197条の2第13号〜15号）。

法人の代表者または代理人、使用人その他の従業者が、法人の業務または財

産に関しインサイダー取引規制に違反したときは、その行為者個人を罰する（上記）ほか、法人に対しても5億円以下の罰金刑が科される（両罰規定、金商207条1項2号）。

さらに、インサイダー取引で得た財産等は原則没収され、すでに売却等がされ没収できないときは、その価額が追徴される（必要的没収・追徴、金商198条の2第1項・2項）。

(2) 課徴金

課徴金はインサイダー取引の抑止を図り、インサイダー取引規制の実効性を確保するという行政目的を達成するための行政上の措置である。

以下の違法の類型ごとに、課徴金を納付することが命令される（金商175条・175条の2）。

a. 自己の計算で行われた場合　売付等（買付け等）の価格と重要事実等の公表日後2週間の最安値（買付け等の場合は最高値）との差額を基準として算定される（金商175条1項1号・2号、2項1号・2号）。

b. 金融商品取引業者等により他人の計算で行われた場合

① 投資運用業として違反をしたときは、当該売買等をした日の属する月（2以上の月にわたって行われたときは最後の月）における、運用対象財産の運用の対価の3か月分が課徴金額とされる（金商175条1項3号イ・2項3号イ、金商課徴金1条の21第2項・5項）。

② 投資運用業以外の者が、違反をしたときは、手数料・報酬・その他の対価の額が課徴金額とされる（金商175条1項3号ロ・2項3号ロ、金商課徴金1条の21第3項・6項）。

c. 情報伝達・取引推奨行為に対する規制に違反した場合　情報伝達・取引推奨行為（以下「違反行為」という）をした者は、当該違反行為により情報伝達を受けまたは取引推奨を受けた者（以下、「情報受領者等」という）が公表される前に取引をした場合に限り、課徴金納付が命じられる（金商175条の2第1項柱書・2項柱書）。

① 仲介関連業務（金商2条8項2号〜4号・10号の行為に係る業務）に関し違反行為をした場合は、当該違反行為をした日の属する月における情報受

領者等からの仲介関連業務対価相当額（仲介手数料）の3か月分が課徴金額とされる（金商175条の2第1項1号・2項1号、金商課徴金1条の25第1項・3項）。

② 募集等業務（金商2条9号の行為に係る業務）に関し違反行為をした場合は、①の仲介手数料の3か月分および募集等業務等の対価相当額（引受手数料）の2分の1が課徴金額とされる（金商175条の2第1項2号・2項2号、金商課徴金1条の25第1項～4項）。

③ ①および②以外の違反行為をした場合は、情報受領者等の得た利得相当額の2分の1が課徴金額とされる（金商175条の2第1項3号・2項3号、金商令33条の18～33条の22、金商課徴金1条の26）。

Ⅵ 倒産手続

1 特別清算手続

(1) 事業譲渡

　会社法は、裁判所の特別清算開始命令があった場合には、清算株式会社が、①事業の全部の譲渡、②事業の重要な一部の譲渡、③重要な子会社の株式等の全部または一部の譲渡をするには、裁判所の許可を得なければならないと規定する（会社536条1項）。なお、②に関しては、当該譲渡により譲り渡す資産の帳簿価額が当該清算会社の総資産額の5分の1（これを下回る割合を定めた場合は、その割合）を超えないものは、裁判所の許可は不要である（同条1項2号かっこ書）。

　裁判所は、許可の申立てをした事業譲渡について、知れている債権者の意見（会社896条1項）や労働組合等の意見（同条2項）をも参考にして、譲渡の対価をはじめとする譲渡契約の内容や相当性を判断し、当該事業の譲渡が債権者その他の利害関係人の利益を害することがないと認められるときは許可を与えることになる。[28]

　許可を得ないでした行為は無効となるが、清算中の会社は、これをもって善意の第三者に対抗することはできない（会社536条2項）。

　また、会社法第2編第7章の規定（467条1項5号の事後設立に関する規定を除く）は、特別清算の場合には、適用されない（会社536条3項）。したがって、事業譲渡等について株主総会の特別決議を経る必要はなく、反対株主は株式買取請求権を有しない。

　なお、裁判所の特別清算開始命令の前に事業の譲渡を行う場合は、会社法536条の許可は不要であり通常の事業譲渡手続によることになるが、事業の譲渡は財産の処分であり、特別清算開始前の保全処分に服することになる（会社540条2項）。

28　萩本編143頁

(2) 合併、会社分割、株式交換・株式移転

これらの組織再編手続に関して特別清算手続の定めはない。[29]

2 破産手続

(1) 事業譲渡

破産手続開始決定があった場合には、破産財団に属する財産の管理・処分権は破産管財人に専属するが、営業または事業の譲渡および財産の処分として子会社株式の譲渡を行う場合には、裁判所の許可を得なければならない（破78条1項、2項3号・8号）。許可をする場合には、裁判所は、労働組合等の意見を聴かなければならない（破78条4項）。許可を得ないでした行為は無効となるが、清算中の会社は、これをもって善意の第三者に対抗することはできない（破78条2項、5項）。

破産管財人は、営業または事業の譲渡および子会社株式の譲渡をしようとするときは、遅滞を生ずるおそれがあるなどの場合を除き、破産者の意見を聴かねばならない（破78条6項）。

(2) 合併、会社分割、株式交換・株式移転

これらの組織再編手続に関して破産手続の定めはない。[30]

---

[29] 平成30年3月31日までの時限立法である産業競争力強化法（平成26年1月20日施行）は、中小企業の事業再生の円滑化を目的として、「中小企業承継事業再生計画」の認定制度を設けている（同法121条）。

「中小企業承継事業再生計画」の認定にあたっては、以下のイロ方法により、中小企業承継事業再生計画（原則、5年以下の期間）の終了時において、承継された事業が、一定の事業強化に関する目標が達成されていることを要件とする。

イ　特定中小企業者から、他の事業者もしくは新たに設立される事業者を承継事業者として、事業の全部もしくは一部を事業譲渡もしくは吸収分割により承継させる方法、または新設分割により設立される事業者を承継事業者として、事業の全部もしくは一部を承継させる方法

ロ　イの承継の際、特定中小企業者に残された過剰債務等について、当該特定中小企業者を特別清算手続または破産手続により清算すること等により、その承継後2年以内に適切に整理する方法

（平成26年経済産業省告示第19号「中小企業承継事業再生の実施に関する指針」二）

[30] 中小企業承継事業再生計画・前掲（注29）参照

③ 民事再生手続

(1) 事業譲渡

　民事再生手続では、組織再編を容易にするため事業譲渡等（後記(イ) a 参照）に対して特則が定められている。すなわち再生計画内だけでなく再生計画外で裁判所の許可を得て事業譲渡等をすることが認められ、一定の場合に代替許可を得れば、株主総会の開催をしないで事業譲渡等を行うこともできる。

(ア) 再生計画外事業譲渡と再生計画内事業譲渡

　民事再生手続における事業譲渡等には、再生計画案の提出前に行う場合（以下、「計画外事業譲渡」という）と再生計画による場合（以下、「計画内事業譲渡」という）がある。

　計画外事業譲渡は、再生手続開始の決定後、再生計画案の提出前に、裁判所の許可を得て事業譲渡等を行うものであり、計画内事業譲渡は、再生計画案に織り込んで事業譲渡等を行うものである。事業譲渡等は、再生債務者のみならず、再生債権者や従業員に多大な影響を及ぼすので本来は計画内事業譲渡によって行うべきであるが、再生債務者の事業の劣化が急速に進むと予測される場合、早期に事業譲渡等を行うことが、関係当事者の利益に資する場合もあるため再生計画外の事業譲渡等も認められる。

　なお、再生手続開始の決定前に、裁判所の許可を得て事業譲渡等を行うことはできない。もっとも、事業の重要ではない一部譲渡や重要でない子会社株式等の譲渡（会社467条1項2号、1項2の2号）は、開始決定前であっても取締役会決議や取締役の決定により行うことができる（会社362条4項1号）。ただし、この場合でも、裁判所が再生手続開始の申立てがあったときに直ちに監督命令をする場合には監督委員の同意を要することになる（民再54条2項、41条1項1号参照）。

(イ) 計画外事業譲渡

　a. 裁判所の許可　再生手続開始後において、再生債務者等（民再2条2号）が再生債務者の営業もしくは事業の全部もしくは重要な一部の譲渡または再生債務者の重要な子会社等の株式等の譲渡（③において、営業の譲渡を含むものを「事業譲渡等」という）をするには、裁判所の許可を得なくてはならない（民再

42条1項前段)。この場合において、裁判所は、当該再生債務者の事業の再生のために必要であると認める場合に限り、許可をすることができる(民再42条1項後段)。

　裁判所の許可を経ないでされた事業譲渡等は無効となるが、無許可であることを知らない善意の第三者にはその無効を対抗することができない(民再42条4項、41条2項)。

　b. **再生債権者、労働組合等の意見聴取**　裁判所は、事業譲渡等の許可をする場合には、知れている再生債権者の意見を聴かなければならない(民再42条2項)。ただし、この知れている再生債権者のうち、再生債務者が再生手続開始の時においてその財産をもって約定劣後再生債権に優先する債権に係る債務を完済することができない状態にある場合における当該約定劣後再生債権を有する者は除かれる(民再42条2項かっこ書)。

　なお、民事再生法117条2項に規定する債権者委員会があるときは、知れている再生債権者の意見聴取は、債権者委員会の意見を聴けば足りるものとされる(民再42条2項ただし書)。

　また裁判所は、事業譲渡等の許可をする場合には、労働組合等の意見を聴かなければならない(民再42条3項)。この労働組合等の意見とは、再生債務者の使用人その他の従業者の過半数で組織する労働組合があるときはその労働組合、再生債務者の使用人その他の従業者の過半数で組織する労働組合がないときは再生債務者の使用人その他の従業者の過半数を代表する者の意見である。

　c. **株式会社における代替許可**　通常は、再生手続開始後であっても、株式会社である再生債務者が事業の全部もしくは重要な一部の譲渡またはその重要な子会社等の株式等の譲渡(3において、営業の譲渡を含まないものを、以下、「事業等の譲渡」という)をするには、株主総会の決議によってその契約の承認を受けなければならない(会社467条1項)。

　しかし、再生手続開始後において、株式会社である再生債務者がその財産をもって債務を完済することができないときは、裁判所は、再生債務者等(管財人があるときは管財人)の申立てにより、当該再生債務者の事業の全部もしくは事業の重要な一部の譲渡または重要な子会社等の株式等の譲渡について会社法467条1項に規定する株主総会の特別決議による承認に代わる許可(代替許

可）を与えることができる（民再43条1項）。この代替許可は、当該事業の全部もしくは事業の重要な一部の譲渡または重要な子会社等の株式等の譲渡が事業の継続のため必要な場合に限られる（同条1項ただし書）。

　株主総会の特別決議による承認を得るまで時間を要し、あるいは再生手続開始決定を受けた株式会社に株主が関心を示さず、そのために特別決議に必要な定足数を確保できず決議がなされない可能性もあり、迅速な事業等の譲渡が困難になることも想定されるので、債務超過の場合に、当該事業等の譲渡が事業の継続のために必要である場合に限り、株主総会の特別決議に代わる代替許可のみで事業等の譲渡ができることとしたものである。

　代替許可を得て事業等の譲渡をする場合には、当該事業等の譲渡に反対する株主は株式買取請求をすることはできない（民再43条8項、会社469条）。株式価値が実質ゼロと考えられる債務超過の場合であるので、やむを得ない。

　一方、事業の全部の譲受人には、民事再生法43条の適用はなく、再生債務者から事業の全部を譲り受ける場合には、会社法の定める手続によることになる。

(ウ) 計画内事業譲渡

　再生計画内事業譲渡を行う場合には、再生計画案の認可手続の中で行う。

(エ) 担保権消滅許可制度

　再生手続開始時において別除権の目的となっている再生債務者所有の財産が再生債務者の事業の継続に欠くことのできないものであるときは、再生債務者等は裁判所の許可を得て、別除権の目的物の価額に相当する金銭を裁判所に納付し、担保権を消滅させるものである（民再148条以下）。

(2) 会社分割、合併、株式交換・株式移転

　会社分割、合併、株式交換・株式移転に関し民事再生手続上、特段の規定は設けられておらず、再生手続との関連で会社分割、合併等を行う場合には、会社法の組織再編手続に従うことになる。

(3) 100％減資・増資手法による事業の再生

　100％減資および増資による方法は、再生債務者が再生計画により資本金をゼロとし、株式をすべて消却したのち、スポンサー企業に対して第三者割当増

資をして、資金を注入する方法である。

会社法の手続により100％減増資を行う方法（70頁参照）のほか、以下の民事再生手続により裁判所の許可を得て、再生計画に減資の条項を定めて行うこともできる。

(ア) 減資の手続

民事再生手続による場合において、株式会社である再生債務者がその財産をもって債務を完済することができないときは、株式の取得に関する事項、株式の併合に関する事項、資本金の額の減少に関する事項について会社法の規定によらずに、あらかじめ裁判所の許可を得たうえで再生計画案にこれらの事項を定めることができる（民再166条1項、154条3項）。そして、再生計画の定めによる減資や株式取得、株式併合の場合は、会社法に規定する株主総会決議（会社447条1項、156条1項、180条2項）は不要である（民再183条）。

(イ) 増資の手続

定款に株式譲渡制限が定められていない場合（公開会社）については、会社法の募集株式の募集事項の決定手続が必要となる（会社201条1項、199条3項、民再154条4項かっこ書参照）。

一方、定款に株式譲渡制限株式のみが定められている場合（非公開会社）については、あらかじめ裁判所の許可を得たうえで、再生計画案に募集株式を引き受ける者の募集に関する条項を定めることができる（民再154条4項、166条の2第2項）。非公開会社において募集株式の発行等は、株主総会の特別決議を要するものとされ中小企業の場合再生手続では第三者割当増資が困難となり、スポンサーによる支援に支障を来すことから定められたものである。

この非公開会社における特則は、株式会社である再生債務者がその財産をもって債務を完済することができないとき、かつ、当該募集が再生債務者の事業の継続に欠くことのできない場合に限り、裁判所は許可をすることができる（民再166条の2第3項）。本規定を定めた再生計画案は再生債務者のみが提出できる（民再166条の2第1項）。

(ウ) 100％減増資を定める再生計画の認可

再生債務者が作成し、裁判所に提出された当該再生計画案が、債権者集会等で可決された場合、裁判所は、不認可事由がない限り、認可決定をする（民再

174条)。そして、認可の決定が確定すると効力を生じ（民再176条）、再生計画に従って、募集事項が決定される。

4 会社更生手続

(1) 事業譲渡

更生手続においては、会社更生法46条１項は、事業等の譲渡（会社467条１項１号～２号の２）は更生計画によらなければすることができない（更生計画内事業譲渡）のを原則とするが、更生手続開始決定後更生計画案の付議決定がされるまでの間は、例外的に事業等の譲渡をすること（更生計画外事業譲渡）ができるとする（会更46条２項）。

(ア) 更生計画外事業譲渡

a. 裁判所の許可 　更生手続開始後更生計画案を決議に付する旨の決定がされるまでの間においては、管財人は、裁判所の許可を得て、更生会社の事業の全部もしくは重要な一部の譲渡または更生会社の重要な子会社等の株式等を譲渡することができる（会更46条２項前段）。この場合において、裁判所は、当該事業等の譲渡が当該更生会社の事業の更生のために必要であると認める場合に限り、許可をすることができる（会更46条２項後段）。許可を得ないでした事業等の譲渡は無効とするが、これをもって許可を得なかったことを知らない譲受人など善意の第三者に対抗することができない（会更46条９項）。

b. 更生債権者、更生担保権者、労働組合等の意見聴取 　裁判所は、事業等の譲渡の許可をする場合には、①知れている更生債権者（ただし、更生債権者委員会（会更117条２項）があるときは更生債権者委員会で足りる）、②知れている更生担保権者（ただし、更生担保権者委員会（会更117条６項）があるときは更生担保委員会で足りる）、③労働組合等、の意見を聴かなければならない（会更46条３項）。

なお、①の更生債権者に関して、更生会社が更生手続開始の時においてその財産をもって約定劣後更生債権に優先する債権にかかる債務を完済することができない状態にある場合における当該約定劣後更生債権を有する者は除かれる（会更46条３項１号かっこ書）。③の労働組合等とは、更生会社の使用人の過半数で組織する労働組合があるときはその労働組合、更生会社の使用人の過半数で

組織する労働組合がないときは更生会社の使用人の過半数を代表する者をいう（会更46条3項3号かっこ書）。

c. **株主に対する異議手続**　　管財人は、事業等の譲渡の相手方が更生会社の特別支配会社（会社468条1項）である場合、または前記 a. の裁判所の許可の時点で更生会社がその財産をもって債務を完済することができない状態（債務超過）にある場合を除き、更生会社が事業等の譲渡をしようとする場合は、当該譲渡の内容等および当該譲渡に反対する株主は、通知があった日から2週間以内にその旨を管財人に通知すべきことを、公告または株主に通知しなければならない（会更46条4項～6項・8項）。

この場合、更生会社の総株主の議決権の3分の1超の議決権を有する株主が書面で当該譲渡に反対の意思表示をしたときは、裁判所は前記 a. の許可をすることができない（会更46条7項2号）。また、公告または通知があった日から1か月経過後に裁判所に対する事業等の譲渡の許可の申立てがあったときは当該許可をすることができない（会更46条7項1号）。

d. **会社法手続の適用除外**　　更生計画外事業譲渡を裁判所の許可を得て行う場合は、事業等の譲渡承認の株主総会特別決議（会社467条）および反対株主の株式買取請求手続（会社469条）は不要である（会更46条10項）。[31]

(イ)　**更生計画内事業譲渡**

更生計画内で事業譲渡等を行う場合は、更生会社の株主総会特別決議、反対株主の株式買取請求手続は不要である（会更210条1項・2項）。

更生手続が行われていない場合に事業譲渡等を行うためには、更生計画において株主総会決議または取締役会決議もしくは取締役の決定が必要となる事項を定めなければならない（会更174条6号）。

(2)　**会社分割**

更生手続では、更生計画に法定の事項を記載すれば、会社分割が可能であり、

---

[31] 前記 c. で述べたとおり、総株主の議決権の3分の1超の議決権を有する株主が反対の意思表示をしないことが裁判所の許可の要件となっていることは、裏返すと、総株主の議決権の3分の2の多数決に対応するものといえるので、株主総会特別決議など会社法第2編第7章に定める手続は不要となる。

会社法上の株主総会特別決議、債権者異議手続などの手続が適用されない（会更210条1項、222条、223条）。

(ア) 更生計画における記載事項

更生計画において、吸収分割契約において定めるべき事項または新設分割計画において定めるべき事項を定めなければならない（会更182条、182条の2）。

(イ) 会社法手続の適用除外

以下の手続については更生会社に適用されない（会更210条、222条、223条）。

① 株主総会の承認決議（会社783条、795条、804条）
② 会社分割差止請求（会社784条の2、796条の2、805条の2）
③ 債権者異議手続（会社740条、789条、799条、810条）
④ 吸収分割契約等または新設分割計画等に関する書面の備置き（会社782条、794条、803条）
⑤ 反対株主の株式買取請求（会社785条、797条、806条）
⑥ 不法行為債権者または残存債権者の履行請求（会社759条2項〜4項、761条2項〜4項、764条2項〜4項、766条2項〜4項）
⑦ 会社分割無効の訴え（会社828条1項9号・10号）

(3) 新会社設立手法による事業譲渡

(ア) 更生計画における記載事項

株式会社の設立に関する条項においては、更生計画に会社更生法に掲げる事項を定めなければならない（会更183条本文・1号〜13号）。ただし、新会社設立であっても、新設合併（会更181条）、新設分割（会更182条の2）、株式移転（会更182条の4）については会社更生法183条の適用がない（会更183条ただし書）。

(イ) 会社法手続の適用除外

発起人の職務は、管財人が行い、定款は、裁判所の認証を受けなければ、その効力を生じない（会更225条1項・2項）。

更生計画において新会社の設立を定めた場合には、電磁的記録による定款の作成（会社26条2項）、出資に関する規定（会社法第2編第1章第3節。ただし、公開会社における設立時発行株式総数は発行可能株式総数の4分の1未満とすることができないとする条項〔会社37条3項〕を除く）、設立時役員等の選任および解

任に関する規定（会社法第2編第1章第4節。ただし、取締役会設置会社の取締役の員数等の条項〔会社39条〕を除く）、設立時取締役等による調査（会社法第2編第1章第5節）、設立時代表取締役等の選定等に関する条項（会社法第2編第1章第6節）、発起人等の責任等に関する条項（会社法第2編第1章第8節）、などについて適用しないものとしている（会更225条6項）。

(4) 更生手続による100％減資・増資手法

(ア) 減 資

更生手続で減資を行う場合には、取締役会決議、株主総会決議、債権者異議手続は適用されない（会更210条、212条）。ただし、更生手続が行われていない場合に減資を行うには、株主総会決議、取締役会決議など機関の決定が必要となる事項を定めなければならない（会更174条柱書・3号）。

(イ) 株式の取得と消却

更生計画に、株式の取得に関する条項として、①取得する株式の数（種類株式発行会社にあっては、株式の種類および種類ごとの数）、②株式を取得する日、を定めなければならない（会更174条の2）。そして、更生計画に、消却する自己株式の数（種類株式発行会社にあっては、株式の種類および種類ごとの数）を定めなければならない（会更174条1号、会社178条）。

(ウ) 増 資

更生手続で第三者割当増資を行う場合、募集事項等を更生計画に定めなければならない（会更175条）。

更生会社が、募集新株の割当てを行う場合には、株主総会の決議または取締役会の決議を要しない（会更210条1項）。更生計画において募集株式を引き受ける者の募集を定めた場合、募集ごとの均等の定め（会社199条5項）、現物出資の場合の検査役等に関する事項（会社207条）、募集株式の差止請求（会社210条）、募集に係る責任等の規定（会社法第2編第2章第8節第6款）は適用されない（会更215条6項）。

(5) 合　併

(ア) 吸収合併

消滅会社が更生会社であり、存続会社が株式会社である場合、更生計画に、①吸収合併契約に定めるべき事項、②存続会社が更生債権者等（会更220条1項）に金銭等を交付するときは、その金銭等に関する事項、③前記②に規定する場合はその金銭等の割当てに関する事項、を定めなければならない（会更180条1項）。

一方、存続会社が更生会社である場合、更生計画に、吸収合併で定めるべき事項を定めなければならない（会更180条3項）。

(イ) 新設合併

消滅会社が更生会社であり、新設会社が株式会社である場合、更生計画に、①新設合併契約に定めるべき事項、②新設会社が更生債権者等（会更221条1項）に株式等を交付するときは、その株式等に関する事項、③前記②に規定する場合はその株式等の割当てに関する事項、を定めなければならない（会更181条1項）。

(ウ) 会社法手続の適用除外

更生計画において合併を行う場合、事前開示書類の備置き（会社782条、794条、803条）、差止請求（会社784条の2、796条の2、805条の2）、債権者異議手続（会社740条、789条、799条、810条）、の定めは、更生会社については適用されない（会更220条2項・5項・6項、221条2項・5項）。

そのほか、更生計画の遂行における合併承認株主総会は不要であり、更生計画の遂行における更生会社の株主の株式買取請求権、更生会社の提訴権者とされる者（会社828条2項7号・8号）による合併無効の訴えの適用はない（会更210条）。

(6) 株式交換・株式移転

(ア) 株式交換

完全子会社となる会社（株式交換完全子会社）が更生会社である場合、株式交換を行う場合には、更生計画に、①株式交換契約において定めるべき事項、②株式交換完全親会社が更生債権者等（会更224条1項）に金銭等を交付すると

きは、その金銭等に関する事項、③前記②に規定する場合はその金銭等の割当てに関する事項、を定めなければならない（会更182条の3第1項）。

一方、株式交換完全親会社が更生会社である場合、更生計画に、株式交換契約で定めるべき事項を定めなければならない（会更182条の3第3項）。

(イ)　**株式移転**

更生会社が株式移転を行う場合、更生計画に、①株式移転計画に定めるべき事項、②新設株式移転完全親会社が更生債権者等（会更224条の2第1項）に当該新設会社の株式等を交付するときは、その株式等に関する事項、③前記②に規定する場合はその株式等の割当てに関する事項、を定めなければならない（会更182条の4）。

(ウ)　**会社法手続の適用除外**

更生計画で、株式交換または株式移転をする場合、書面等の事前備置き（会社782条、794条、803条）、差止請求（会社784条の2、796条の2、805条の2）、債権者異議手続（会社740条、789条、799条、810条）、の定めは、更生会社については適用されない（会更224条2項・6項、224条の2第2項）。

そのほか、更生計画の遂行における承認株主総会は不要であり、更生計画の遂行における更生会社の株主の株式買取請求権、更生会社の提訴権者とされる者（会社828条2項11号・12号）による株式交換・株式移転の無効の訴えの適用はない（会更210条）。

第2部 契約書の作成と審査の実務

第1章 M&A等の契約書の特徴

I 基本合意書・最終契約書

1 基本合意書

(1) 基本合意書の意義

　M&A等の取引は、最終の契約まで至るには長期間を要するのが一般的であるため、当事者間で重要な条件が煮詰まり、当事者が最終契約の締結に向けての交渉の継続を決定した場合に、その時点でのそれまでの基本的な合意事項を当事者が確認するための書面を取り交わす場合がある。この書面を基本合意書もしくは覚書、またはMOU（Memorandum of Understand）もしくはLOI（Letter of Intent）という（以下では、これらを「基本合意書」と称する）。したがって、基本合意書の法的拘束力の有無にかかわらず、社会的な拘束力として合意事項を取りまとめたものといえるため、以後の交渉において、合意事項を無駄に蒸し返したりすることはなく、最終契約の作成までの時間の効率化が図られる点に意義があるといえる。

　案件によっては、当該書面を作成しないで、直接、最終契約書に至る場合もある。

(2) 法的性格

　さまざまな名称で呼ばれるとおり、その目的も内容もさまざまであり、また、法的拘束力についても、すべての条項について法的拘束力がないもの、一部の条項について法的拘束力がないもの、またはすべての条項について法的拘束力があるもの、など当事者の意図するところ（法的拘束力に関する定め）に従って、

さまざまなケースがある。

　基本合意書は、最終契約に至る途中段階で合意を書面化しただけのものであり、本合意書でM&A取引等を実行することは不可能である点から、当事者の意図としても、独占交渉権、独占交渉期間、秘密保持義務、費用負担、管轄合意等を除き法的拘束力を有しないとする。なお、法的拘束力をもたせる条項、もたせない条項については特定して明示すべきである。

　基本合意書中に法的拘束力の有無について明示する条項が存在しない場合でも、わが国においては、裁判例から、少なくとも独占交渉条項・誠実交渉条項には法的拘束力があるとされる。[1]

(3)　基本合意書の内容

　定まった内容があるわけではなく、内容を一概に述べることは難しいが、基本合意書で定められている条項としては、①取引の概要の確認（取引内容や取引条件、今後の日程など）、②独占交渉権、③デューデリジェンスの協力義務、④秘密保持契約を締結していない場合の秘密保持義務、または秘密保持契約の効力確認および基本合意書締結に基づき追加すべき範囲の情報に関する秘密保持義務、⑤法的拘束力、⑥基本合意書の有効期間、⑦誠実交渉義務などがあげられる。[2]

(ア)　取引の概要に係る条項

　a.　**取引の対象**　　対象会社の株式を取引の対象とするのか、その株式の全部か一部か、対象会社の事業全部または一部を対象とするのか、などである。

　b.　**ストラクチャー**　　どのような取引形態か。株式の売買か、株式交換や合併か、事業譲渡か会社分割か、またはこれらを組み合わせるのかなどのほか、候補として複数をあげる場合もある。

　c.　**価格等**　　株式譲渡なら株価、合併なら合併比率、事業譲渡なら対象事業の価格であり、取引の最も重要な部分である。ただし、価格等は、具体的にはデューデリジェンスの後に協議され決定されることが多く、記載しても概算金

---

[1]　会社法コンメ⑰221頁〔三笘裕〕、M&A法大系186頁〔石綿学〕、神田＝武井編40頁・41頁〔浅妻敬＝行岡睦彦〕
[2]　会社法コンメ⑰221頁以下〔三笘裕〕、M&A実務ハンドブック24頁以下

額、幅、算定方法の場合もある。基本合意書の価格条項について法的拘束力をもたないとしても、デューデリジェンス等に基づき変更される可能性もあり、定めない場合も多い。

基本合意書で合意した価格等を最終的に減少することは、それが別の理由であってもデューデリジェンスにより問題点が発見されたためと、外部から推定を受けてしまう場合がある。

　d．スケジュール　　最終契約締結日、承認株主総会、クロージングの予定日などのスケジュールについての合意を定める。

　e．その他　　当事者が合意した重要な事項（役職員の処遇等）を定める。

　(イ)　独占交渉権・優先交渉権条項

譲渡人に、同一または類似取引に関する第三者との合意、勧誘、交渉等を一定期間禁止する旨を定めるものである。日本では、一般的には、独占交渉の期間は、3か月から長くても6か月程度であるため、Break up Fee の定めが置かれる例は少ない[3]。

基本合意書の合意にあたって、譲渡人は、譲受人からの独占交渉条項の要求を受けるべきか、受けるとしてもどの程度の期間とするか、などを当事者間で交渉することになる。

　(ウ)　デューデリジェンス実施条項

譲受人は、譲渡人または対象会社から開示された資料等により、基本合意書または基本的条件について合意するが、この時点では、開示された資料の正確性、開示されていない資料の内容や正確性などは確認していない。そのため、自社の担当者および弁護士、会計士等の専門家とともに、対象会社の状況を、実地に確認する必要がある。この確認手続をデューデリジェンスという。

本条項では、デューデリジェンスの対象範囲、実施時期、実施方法、実施内容、協力義務などを設ける。

　(エ)　秘密保持条項

秘密保持契約を締結している場合を除き、秘密保持条項は必須である。なお、通常は、秘密保持契約を既に締結している場合が多く、本条項で締結済の秘密

---

[3] M&A契約22頁。なお、独占交渉権条項においてのBreak up Feeとは、譲渡人が交渉から離脱して第三者との交渉等を可能にするために定めた譲受人に支払う解約金のことをいう。

保持契約の再確認を行うこととする。

　(オ)　**法的拘束力条項**

　基本合意書の合意は、取引の最終的なものではなく、デューデリジェンスの調査内容や今後の協議の結果等では、中止したり、内容が変更されたりする場合があり、法的拘束力をもたせない形を保障することが必要な条項もある。

　一方、独占交渉権・優先交渉権、デューデリジェンスへの協力義務、秘密保持、誠実交渉義務などは、法的拘束力をもたせる条項として本条項に定めることが一般的である。

　(カ)　**有効期間・契約期間**

　最終契約締結までの期間を想定し、独占交渉期間との関係も考慮しながら、本基本合意書の有効期間を設定する。

　(キ)　**誠実交渉義務条項**

　当事者の双方が最終契約締結に向けて誠実に交渉する義務である。設定することにより、契約締結上の過失という一般法理上の違反時の救済を容易にする目的がある。[4]

(4) 基本合意書締結時の適時開示

　上場会社の場合、基本合意書を締結し、当該行為について事実上決定した場合は、原則、適時開示が必要となる。

　ただし、基本合意書の締結が単に準備行為に過ぎない場合、交渉を開始するにあたって一定の合意でしかなくその成立に見込みが立たないときやその成立に至らないおそれが高いときなどまで、適時開示が求められるものではない。適時開示の要否は、基本合意書の法的拘束力の有無や、合併比率等の記載の有無で、判断すべきものではない。[5]

4　会社法コンメ⑰224頁〔三笘裕〕
5　東京証券取引所上場部編『東京証券取引所会社情報適時開示ガイドブック』52頁（東京証券取引所・2015年）

2 最終契約書

(1) 最終契約書の意義

最終契約書という契約書の名称があるわけではなく、正式かつ最終的なM&A等に係る契約書のことであり、たとえば合併でいうなら、会社法で規定する必要的記載事項（会社749条）を含み、当事者双方の合意を得て取締役会の決議（取締役会非設置会社なら取締役の決定）を経て、当事者間で締結する合併契約書のことである。[6]

(2) 最終契約書の内容

最終契約書は、M&A取引にかかる契約なら一般的には、次のような条項が定められる。

① 定　義
② 取引対象の特定と取引金額の確定または価格調整（167頁参照）
③ 表明保証および補償（170頁・180頁参照）
④ 誓約事項
⑤ 前提条件（188頁参照）
⑥ 解約条件（解約条件のうちMAC条項については184頁参照）
⑦ 債務不履行に係る損害賠償
⑧ 秘密保持
⑨ 公　表
⑩ 競業避止義務
⑪ 費用負担
⑫ 裁判管轄

---

[6] 株主総会の決議を必要とする場合のそれ以前の当事者間による契約の締結は、株主総会の承認を停止条件とする契約の締結とされる。

Ⅱ 基本合意書の特徴的な条項例

1 買収監査(デューデリジェンス)条項

【記載例1】 基本条文例

> 第○条(買収監査)
> 譲受人は、本基本合意書締結後○か月以内に、譲受人および譲受人の指定する弁護士、公認会計士などの専門家その他の代理人による、対象会社の事業、財務、法務その他合理的に必要と認められる事項について、譲受人が、本件株式譲渡の実施のため必要と認められる方法および内容に従い、買収監査(以下、「本件買収監査」という)を行うことができ、譲渡人は、本件買収監査に協力しなければならない。

(1) 買収監査(デューデリジェンス)とは

デューデリジェンス(Due Diligence =「正当なる注意」の意。以下、本項において「DD」という)とは、企業や事業等の買収を検討している企業が、投資対象の事業内容等や経営状況等を調査し、買収リスクの存在を確認する手続であり、基本合意書および秘密保持契約書を締結した後に、その譲受人が譲渡人および対象企業等に対して行うのが一般的である。[7]

その目的は、譲受人が、その対象となる企業や事業等が、想定する価値を有しているのか、将来的に価値を毀損させることはないのか、重大な偶発債務・簿外債務が存在する可能性はないのか、などを譲渡人等の資料等をもとに精査することである。[8]

DD の実施により、事前に開示されている情報の正確性の確認、開示されて

---

[7] 基本合意書の締結なしに、デューデリジェンスを行う場合があるが、その場合でも、秘密保持契約書の締結は必須である。

[8] 譲渡人側がデューデリジェンスを行う場合があり「セルサイド・デューデリジェンス」と呼ばれる。

いない企業情報から重要事実の発見などを通して、最終契約への反映がなされ、最悪の場合には、買収の中止という措置も取られる。また、買収に進む場合には、最終契約への反映だけでなく、DDにより買収後の経営方針の策定を行うことが可能になる。

DDは、当事者企業の状況に合わせて、①秘密保持契約締結後基本合意書締結前、②基本合意書締結後最終契約締結前、③最終契約締結後クロージング前などに実施し、場合によっては複数回、実施することもある。

①は買収監査依頼書など、②は基本合意書、③は最終契約書にその実施が定められる。ただし、通常は①か②であり、③は追加デューデリジェンスが多い。

(2) 調査対象

DDによる調査を行い、最終的には、譲受人が決定するための、買収可否の判断、可の場合の条件や買収価格の判断や買収後の統合計画の方法・内容策定などに寄与する情報を得るものである。

M&Aの態様や、譲渡人・譲受人の状況に応じて、以下のような種類がある。

(ア) ビジネスデューデリジェンス

買収対象の会社や事業について、その経営状況や経営資源（人・物・金・情報・ブランド・権利など）を調査し、買収をした場合の事業統合に関するシナジー効果の分析、リスク評価、買収価格の経済合理性の判断、適当なストラクチャーの選択などを行うもので、経営コンサルタントまたは譲受人（経営企画部門など）が経営コンサルタントと共同して監査にあたる。

(イ) 財務デューデリジェンス

買収対象の会社や事業について、その財務状況の詳細な調査を行い、財務諸表の正確性の確認、簿外債務・偶発債務の有無、事業計画などの将来の財務情報などの把握を行うもので、公認会計士などの専門家（または、譲受人の経理・財務部門）が中心となり監査にあたる。

(ウ) 法務デューデリジェンス

買収実施の判断、実施の場合の適正なストラクチャーの判断、買収条件決定のための法的情報の収集および対象企業の法的状況・法律上の問題点などの把握などを行うもので、弁護士（または譲受人の法務部門）が中心となり監査にあ

たる。

　法務DDの中で、会社だけではなく代表者および役員、執行役員などとの反社会的勢力との関係の有無の監査も重要となってきている。委託契約などで意図が不明なもの、額が多く定期的に支払われているものなどから、反社会的勢力との関係が判明したときは、躊躇なく、M&Aの検討を中止すべきである。

　　㈣　その他のデューデリジェンス

　人事DDは、対象会社・対象事業部などの組織風土、人材育成方法、人事考課などの状況を把握するため人事コンサルタントまたは譲受人の人事部門が、IT-DDは、対象会社のシステムの把握、システム維持・システム変更などの判断材料を把握するためシステムコンサルタントまたは譲受人のシステム部門が、環境DDは、環境汚染等を把握するため環境コンサルタントまたは譲受人の環境部門が、それぞれ行うものである。

【記載例2】　買収監査条項例

>　例1　（買収監査）　譲受人は、本合意書の締結後、最終契約の締結前までに、譲受人およびその選任する弁護士、会計士、税理士ならびにその他のアドバイザー等による譲渡人の資産および負債等について調査を実施するものとし、譲渡人はこれに協力するものとする。
>　例2　（デューデリジェンス）　譲受人は、本合意書の締結後、別途譲受人と譲渡人が協議のうえ定める日程・場所・方法等に従い、譲受人およびその選任する弁護士等の専門家等により本事業に関するデューデリジェンスを実施するものとし、譲渡人はこれに協力するものとする。なお、当該デューデリジェンスに要した費用は、すべて譲受人の負担とする。
>　例3　（デューデリジェンス）　譲受人は、本合意書の締結後、○○○○年○月○日までの間において、譲受人が選任した弁護士、会計士等と共に、対象会社の事業内容・経営実態の把握および損益・財政状態の検証を目的として、対象会社の事業所内において対象会社の内部資料等の閲覧や役職員へのインタビュー等を含む各種調査（以下、「本件調査」という）を実施するものとし、譲渡人および対象会社はこれに協力する。

例4（デューデリジェンスの実施）　譲受人は、本基本合意書締結後、本最終契約締結までの間に、譲渡人およびその子会社ならびに関連会社に対するデューデリジェンスを実施することができるものとし、譲渡人は、合理的な範囲でこれに協力するものとする。

例5（デューデリジェンスの実施）　譲受人は、本件事業譲渡の可否を判断するため、本合意書の締結後2か月以内の期間内において、譲受人およびその選任する弁護士、公認会計士ならびにその他のアドバイザー等が、譲渡人および本件事業に関する経営実態および譲渡資産、負債等を調査するものとし、譲渡人は、本件調査の実施が可能となるよう必要な協力をする。

例6（調　査）　譲渡人は、本合意書締結後、譲受人または譲受人の指定する第三者が譲渡人の事業所内に立ち入り、帳簿、書類、役職員との面談等により調査をすることを承認する。

2　前項の調査の時期、期間、方法等については、別途、譲渡人および譲受人が協議のうえ決定する。

3　譲渡人は、前2項に基づく調査につき合理的と認める範囲で協力する。

例7（調　査）　譲渡人は、本合意書締結後、譲受人が譲渡人の事業および財務内容等の実態を把握するため、譲受人または譲受人の指定する第三者（以下、「譲受人側」という）が譲渡人の事業所に立ち入り、譲渡人の会計帳簿その他の帳簿類および書類等を調査することを承認する。

2　前項の調査の時期、期間、方法等については、別途、譲渡人および譲受人が協議のうえ決定する。

3　譲渡人は、前2項に基づく調査につき合理的と認める範囲で協力するとともに、事実を譲受人側に開示・通知・回答をするものとする。

例8（経営・財務内容の調査）　譲受人は、本合意書締結後2か月以内に、譲受人の費用で、譲受人の役員ならびに従業員および譲受人の指定する弁護士、公認会計士その他の専門家ならびにアドバイザーにより、譲渡人の財務および経営の全般につき調査を実行するものとし、譲渡人はこ

れに協力するものとする。

例9（デューデリジェンスの実施）　譲受人は、本合意書の締結後、第○条に規定する期日（注：独占交渉権の期日）までの間に、譲受人が選任した弁護士、公認会計士およびファイナンシャル・アドバイザー等と共に、対象会社の事業内容・経営実態および損益状況の把握を目的として、対象会社の事業所内において、対象会社の役職員へのインタビュー、内部資料等の閲覧などの調査（以下、「本件調査」という）を実施するものとし、本件調査に対し、譲渡人は協力するとともに対象会社に協力の承認を得なければならない。

例10（デューデリジェンスの実施）　譲受人と譲渡人は、別途協議のうえ、決定する日程で、各自の責任と費用において、相手方に対してデューデリジェンスを行うことができるものとし、譲渡人と譲受人は、相手方および相手方の指定する専門家その他のアドバイザーに対して、本件会社分割等の検討のために合理的に必要な範囲内で、帳簿、記録、資料等の閲覧・謄写等、関係者に対するインタビュー、資産等の実査を許可し、これに協力するものとする。

2　独占交渉権条項

【記載例3】　基本条文例

第○条（独占交渉権）
　譲渡人は、本合意書締結日から、○○○○年○月○日までの間、譲受人以外の第三者と本合意書の目的に抵触する取引、勧誘、応諾、合意、契約および交渉等を行わないものとする。

(1) 意　義

　M&Aの交渉に、デューデリジェンスなど多額の費用と検討時間をかけて真摯に交渉に臨んだとしても、一方当事者から交渉を打ち切られる場合があり、

このような場合、交渉を打ち切られた側の当事者は不測の損害を被ることになる。特に譲渡人の状況等から、譲受人にとっては途中で交渉が途絶する可能性もある場合、一定期間、独占交渉権を設けることで、交渉が十分に行われることになる。また譲受人が、好条件の真摯な提案を行っているような場合には、一定期間であれば、譲渡人にとっても、問題はない。

この一定期間とは、一般的には、3か月から6か月程度とされる。

(2) **独占交渉権に係る裁判例（住友信託銀行対株式会社UFJホールディングス）**

(ア) **独占交渉権についての法的拘束力・差止めの仮処分**

「各当事者は、直接または間接を問わず、第三者に対しまたは第三者との間で本基本合意書の目的と抵触しうる取引等にかかる情報提供・協議を行わないものとする」という独占交渉条項（以下、「本件条項」という）に基づき、X（住友信託銀行）が、Y（UFJホールディングス）に対し、差止めの仮処分を求めた事案で、最高裁は、本件条項に基づきXおよびYが負担する不作為義務は、「最終的な合意が成立する可能性が存しないと判断されるに至った場合には、本件条項に基づく債務も消滅する」が「本件条項に基づく債務は、いまだ消滅していない」として法的拘束力があることを認めた。そして、損害の性質、内容は、本件共同事業化に関する最終的な合意が成立するとの期待が侵害されることによる損害であり、事後の損害賠償によって償えないとはいえないこと、最終的な合意が成立する可能性は相当低いこと、本件仮処分による申立ては、長期間にわたり差止めを求めるものであり、これを認められた場合には、Yの被る損害は相当大きなものと解されること等から、本件仮処分の申立ては、民事保全法23条2項の保全の要件を欠くとした（最決平成16・8・30民集58巻6号1763頁）。

(イ) **独占交渉権違反に基づく損害賠償**

前記(ア)と同様の事実関係において、X（住友信託銀行）がYら（UFJ3社の訴訟承継人）に対し本件条項違反によって損害を被ったとして債務不履行または不法行為責任に基づく損害賠償として最終契約に係る履行利益に独占交渉義務および誠実協議義務を履行していれば成立したであろう客観的可能性を乗じた

[2] 独占交渉権条項

額として1000億円と遅延損害金の支払いを求めた事案で、東京地裁は、Yらが独占交渉義務および誠実協議義務に違反していたことは明らかであり、Yらはこれらの義務違反による債務不履行責任があるとし、Yらは、これらの債務不履行と因果関係のある損害について賠償する義務を負うとするべきところ、Xは、本件において、上記債務不履行と相当因果関係のない履行利益相当額の損害ないしこれを基準に算出した損害額についてのみ主張し、それ以外の損害について主張していないから、Yらに債務不履行に基づく損害賠償責任を認めることができないとして、Xの主張を退け、請求のすべてを棄却した（東京地判平成18・2・13判時1928号3頁）。

前記(ア)の判例は、Xの損害について「最終的な合意が成立するとの期待が侵害されることによる損害とみるべき」とする。そして、東京地裁は、「Xが上記期待により被った具体的な損害を主張立証すれば足りることであるから、事柄の性質上、その額を立証することが極めて困難であるといえないことは明らかであるとする」が、これにつき裁判所がどのような理論に基づき損害額を認定するかを事前に知ることができないことから、あらゆる角度から損害額に関する主張を展開せざるを得ないとされる。[9]

(3) 独占交渉権条項例と変更例

【記載例4】　譲渡人にとって検討すべき条項例と変更例

〔検討すべき条文例〕
第○条（独占交渉権）
　譲渡人は、本合意書が終了するまでの間は、いかなる第三者に対しても、直接または間接に、本件取引と同様または類似の取引（以下、「競合取引」という）に関連して情報提供、提案、勧誘、協議、交渉または取引の実行をいっさい行わないものとする。
〔変更例①〕

9　神田＝武井編42頁〔浅妻＝行岡〕

第○条（独占交渉権）

　　譲渡人は、本合意書締結の日から3か月経過の日までの間、いかなる第三者に対しても、直接または間接に、本件取引と同様または類似の取引に関連して情報提供、提案、勧誘、協議、交渉または取引の実行をいっさい行わないものとする。

〔変更例②〕

第○条（独占交渉権）

　　譲渡人は、本合意書締結の日から○○○○年○月○日までの間、いかなる第三者に対しても、直接または間接に、本件取引と同様または類似の取引に関連して情報提供、提案、勧誘、協議、交渉または取引の実行をいっさい行わないものとする。

> **POINT**
>
> 　検討すべき条文例の「本合意書が終了」とは、別条項で、一定の期日と最終契約の締結日のいずれか早い日とする場合、または最終契約の締結日のみとする場合が多いようである。
> 　しかし、これでは、期限が不定であり、譲渡人との契約交渉が長引けば長期間、本条項に拘束されるおそれがある。
> 　一方、通常、拘束期間は3か月から6か月が多いとされ、また拘束期間が終了したとしても、契約交渉は終了しなければならないものではないため、譲渡人としてはできるだけ短期間を設定したい。
> 　変更例①は3か月間としたものであるが、変更例②は、一定期間後の期日を明記したものであり、このほうが当事者にとっては確認がしやすいのでベターである。

〔変更例③〕

※検討すべき条文例に第2項を追加したものである。

2　前項の規定にかかわらず、譲渡人が提案、勧誘等を行っていないにもかかわらず、譲渡人が第三者から競合取引に関する提案を受け、かつ当該提案に応じないことが譲渡人の取締役の善管注意義務に違反す

るおそれが高いと合理的に判断される場合には、譲渡人は、違約金として○円を譲受人に支払ったうえで、当該第三者との交渉を行うことができるものとする。

> **POINT**
>
> 変更例③は、米国において、FO（Fiduciary out）条項と呼ばれるものであり、他の譲受人からの買収提案を検討しないことが譲渡人の取締役の善管注意義務・忠実義務違反を構成するような場合に、当該取締役のこれらの義務を尽くさせるため、一定の条件の下に、一定の契約上の義務から離脱することを認める規定である。これについて、譲受人に対するブレークアップ・フィー（Break Up Fee＝解約金）を支払うのが通常である。なお、ブレークアップ・フィーは、一般に取引金額の1％～3％程度が設定される。[10]
>
> FO条項およびブレークアップ・フィーに関しては、【記載例5】独占交渉権条項例の例6～例8および（注）を参照されたい。[11]

【記載例5】 独占交渉権条項例

例1（独占交渉権）

本合意書締結日より○○○○年○月○日（以下、「本件期日」という）までの期間において、譲受人は譲渡人との間で独占的に本件譲渡に関する交渉を行うことができるものとし、譲渡人と譲受人は以下の各号を確認する。

(1) 譲渡人は、本合意書締結日より本件期日までの間、譲受人以外の第三者との間で本件譲渡またはこれに類似する取引に関するいっさいの勧誘、交渉、合意、契約を行わないものとする。

---

10 岩倉正和＝大井悠紀「M&A取引における被買収会社の株主の利益保護〔上〕」商事1743号36頁
11 岩倉＝大井・前掲論文（注10）36頁、M&A実務の基礎131頁など

(2) 譲渡人および譲受人は、本合意書締結日より本件期日までの間、本件最終契約の締結に向けて誠実に交渉するものとする。

例2（誠実交渉義務・独占交渉権）

譲渡人および譲受人は、本件譲渡に関して、本件最終契約の締結に向けて誠実に交渉するものとする。

2　譲渡人は、最終契約締結まで、株主による株式譲渡の承認、増減資、第三者との間での本件譲渡と同一または類似の情報交換、交渉、合意、契約を行わないものとする。

例3（排他的交渉権限）

譲渡人および譲受人は、〇〇〇〇年〇月〇日までの期間、他の企業等との間で本件株式譲渡などの企業提携に関する交渉等を行わないものとする。

例4（独占交渉）

譲渡人は、本合意書締結の日から〇〇〇〇年〇月〇日までの間、本事業の譲渡に関して、譲受人以外のいかなる第三者との連絡、検討、契約の交渉および締結を行ってはならない。

例5（独占的交渉権）

本合意書締結日より〇〇〇〇年〇月〇日までの間、譲渡人は、譲渡人および譲渡人の子会社〇社は、譲受人以外の第三者との間での、譲渡人の有する〇社の発行済株式の売却、〇社の募集株式の引受け、および〇社と第三者との合併等、〇社の経営権変更等の取引行為に関する情報交換、交渉、合意、契約を行ってはならず、〇社に行わせてはならない。

例6（独占交渉義務）

譲渡人および譲受人は、〇〇〇〇年〇月〇日までの期間、その形態のいかんを問わず、第三者との事業統合または業務提携に関して、事前の相手方当事者の書面による承諾を得ないで、当該第三者と情報交換、協議をしてはならない。

2　前項の規定の違反により契約交渉の継続または最終契約の締結が不能となった場合には、その相手方当事者に対して、違約金として〇円を支払わなければならない。

例7（独占交渉権）

　譲渡人は、本日より最終契約書締結まで、本件譲渡と同一または本件譲渡に影響を与えるいっさいの類似の取引について、第三者との間で協議、交渉、契約、申込みもしくは申込みの勧誘を行ってはならず、譲渡人の代理人、アドバイザー等にかかる行為を行わせてはならない。

2　前項の規定にかかわらず、譲渡人は、譲受人に対して、譲受人が本件譲渡につき負担した費用および損害金〇円を支払うことにより、本件譲渡の交渉から離脱することができる。

例8（独占交渉義務）

　譲渡人は、本基本合意書締結の日から〇か月間、第三者との間でまたは第三者に対し、直接または間接に、本件譲渡と抵触するいっさいの取引（譲渡人の株式の譲渡、発行・交付、譲渡人の重要な事業の譲渡、組織再編行為およびこれらに類似の行為を含む）等に関し、勧誘、申込み、もしくは提案の誘引、非公開情報の提供、協議、交渉、および取引の実行を行ってはならない。

　ただし、譲渡人の取締役会が、第三者から、譲渡人または譲渡人の株主の利益に照らすと、合理的に本件譲渡よりも優越している提案（譲渡人が勧誘・提案したものは除く）を受領し、その旨を書面にて譲受人に提出した場合には、譲渡人は、譲受人が当該書面を受理した日までに、本件最終契約締結のために格別に負担した金銭の50％にあたる金額を損害金として賠償することで本件譲渡の交渉から離脱することができる。

例9（独占交渉義務）（上記例8のただし書のみを変更したもの）

　ただし、譲渡人の取締役会が、第三者から、譲渡人または譲渡人の株主の利益に照らすと、合理的に本件譲渡よりも優越している提案（譲渡人が勧誘・提案したものは除く）を受領し、その旨を書面にて譲受人に提出した場合には、譲渡人は、本件譲渡の交渉から離脱することができる。

例10（損害賠償）（独占交渉義務違反の損害賠償について定めたもの）

　譲渡人または譲受人が、前条に定める独占交渉義務に違反した場合、相手方は、違反をした当事者に対して、損害賠償として、金〇円を請求

することができるものとする。

(注)　例6〜例8は、独占的交渉期間が長期（たとえば6か月以上）に及ぶような場合または期間が不定（たとえば最終契約締結までの間など）で長期に及ぶような可能性がある場合、譲渡人としては、他の条件のよい譲受人との取引の機会を逃してしまうリスクがあり、それは譲渡人の取締役にとって善管注意義務（Fiduciary Duty）違反を構成する可能性もあることから、譲渡人が一定の損害金等（Break-up Fee）を譲受人に支払うことにより、譲受人との交渉義務から離脱できる条項（Fiduciary Out 条項）を定めている。なお、3か月程度の独占交渉権であれば、Fiduciary Out 条項を設ける必要性は高くなく、日本国内における取引実務としては、半年を超える独占交渉権が設定される例は少なく、独占交渉権の例外や Break-up Fee の定めが置かれる例は少ないとされる。[12]

③　法的拘束力条項

【記載例6】　基本条文例

> 第○条（本合意書の効力）
> 　本合意書は、第○条および第○条ないし第○条を除き、法的拘束力を有しないものとし、いずれの当事者に対しても、本件最終契約を締結する法的な義務および本件事業譲渡を実行すべき法的な義務を負担させるものではない。

(1)　意　義

　基本合意書は、合意書締結の時点までに当事者間で了解した基本的な条項やデューデリジェンスの協力条項など当事者が確認する意味で規定されるものであるが、最終契約書を締結する義務がないということで法的拘束力を有しないものとする（Non-binding）規定を置くのが一般的である。

　もっとも、基本合意書の条項の中でも、法的拘束力を持たせたい事項（たとえば、優先交渉権、秘密保持義務、デューデリジェンスの受入れ義務など）については、明示的にその旨を記載し、これらのものを除いたその他は法的拘束力を

12　M&A 契約22頁

有しないとすることで、当事者の意思で最終契約に至らなかった場合でも、損害賠償の請求はできないこととするものである。

基本合意書締結前の段階では、まだデューデリジェンスが未実施の場合がほとんどであり、譲受人は対象会社等へのデューデリジェンスの結果、あるいは譲渡人が具体的な価格等の契約条件が折り合わない場合など、いつでも本取引を中止することを保証することが必要だからである。

(2) 契約交渉の一方的破棄

法的拘束力を有しないとした場合でも、交渉当事者間の信義則上の注意義務については問題となる場合がある。

契約上の債務は、契約の成立によって初めて発生するのが原則であるが、最高裁は、買受け希望者が、一定の要望を出し、それに沿って設計変更・施工をしたときに、何らその中止を求めず容認する態度であった者が、自らの都合で契約締結に至らなかった事案について、買受け希望者の契約準備段階における信義則上の注意義務違反を理由とする損害賠償責任を肯定する（最判昭和59・9・18判時1137号51頁ほか）[13]。

【記載例7】 法的拘束力条項例

> 例1（非拘束性）
> 　本合意書は、法的拘束力を有しないものとし、いずれの当事者も本件取引を最終的に実行する義務を負わず、損害賠償義務を負担せずに、本件取引に関する交渉を中止することができる。
> 例2（本合意書の拘束力）
> 　本合意書は、本合意書締結までに当事者間で確認した現在の意図を表明したものであり、第○条および第○条ないし第○条を除き、法的拘束力を有する合意または約束であると解してはならず、本合意書における条項は、最終契約が適法に締結された場合においてのみ、法的拘束力を有するもの

---

[13] 東京高判平成20・1・31金判1287号28頁〔住友不動産対フィデリティ投信事件控訴審判決〕、東京地判平成17・7・20判時1922号140頁

となる。

例3 (確認事項)

譲渡人および譲受人は、本合意書の締結により、最終契約を締結する義務を負担するものでないことを相互に確認するものとする。

例4 (法的拘束力)

本合意書第○条は法的拘束力を有せず、いずれの当事者も最終契約書を作成する義務を有しないものとし、第○条を除くすべての条項は法的拘束力を有するものとする。

例5 (法的拘束力)

本合意書は、本合意書締結日以降、当事者に対して法的拘束力を有するものとする。

例6 (非拘束性)

譲渡人、譲受人および対象会社は、ともに本合意書の締結によっては、本件取引を最終的に実行する義務を負わず、相互に無償で本件取引に関する交渉を中止することができる。

例7 (法的拘束力)

本合意書は、本件取引に関する両当事者の本合意書締結時点における理解および意図を表明したものであり、第○条および第○条を除き、法的拘束力を有しない合意または約束であることを確認する。

Ⅲ 最終契約書の特徴的な条項例

1 価格調整条項

(1) 価格調整の意義

デューデリジェンスの時間が十分取れない、資産の中身や事業の状況など詳細に検討できない、契約時点では、譲渡価格の最終的な決定が困難である場合など、契約で定めた譲渡価額を、事後的に調整し、一定の期間終了後に、最終価額を決定する場合があり、価格調整条項が設けられる。

なお、合併におけるような株主への対価の交付の場合は、価格調整条項を設けることは、事実上困難であり、事前にデューデリジェンスなどによる詳細な検討が必要となる。

【記載例8】 基本条文例

第○条（譲渡価額）
　本事業の基準譲渡価額は、金○○円とする。ただし、次項に基づき調整を実施し最終的な譲渡価額（以下、最終譲渡価額）を決定するものとする。
2　最終譲渡価額は、クロージング日前日の終了時における純資産額が金○○○円より大きい場合は、その差額分をプラス調整額として基準譲渡価額に上乗せし、また、金○○○円より小さい場合は、その差額分をマイナス調整額として減額するものとする。
3　前項における調整額の決定方法は以下のとおりとする。
(1)　譲渡人は、クロージング日後○日以内に、クロージング日前日の終了時における対象資産および対象債務に関する貸借対照表等の財務書類および前項により算出した調整額を、譲受人に提出する。譲受人は、当該財務書類受領後、○日以内に、譲渡人に当該調整額についての承諾の可否を通知する。譲受人が、上記期間内に通知を行わなかった場合には、譲渡人が提示した調整額で決定される。

(2) 譲受人は、上記期間内に譲渡人の提示した調整額を承諾しない旨の通知を行った場合は、譲渡人および譲受人は、速やかに協議を開始し、協議のうえ、調整額を決定するものとする。協議開始後〇日以内に協議が調わないときは、譲渡人および譲受人が、あらかじめ合意した〇〇監査法人にクロージング日前日の終了時における貸借対照表および調整額を決定（以下、本条において「本決定」という）させるものとする。本決定に関し、譲渡人および譲受人は拘束されるものとし、異議申述することができない。

(2) 価格調整条項の内容

　価格調整条項とは、一定の財務数値に基づく譲渡価格（最終契約の価格条項に記載・記録した価格）に対して、その後の価格の変動を調整して、実際に支払われる譲渡対価を決定するものである（ほかに、クロージング日以降の一定期間の売上、利益などの一定の財務数値が、財務目標を達成した場合、追加的に支払われるもので、アーンアウト（Earn-out）条項[14]といわれるものがあるが、わが国のM&A実務では使用されることが少ないため、ここでは割愛する[15]）。

　この場合、最終契約の価格条項に記載した価格に係る財務数値は、譲渡人が作成するが、クロージング日における財務数値は、前回の修正である点から譲渡人が作成するか、またはクロージング日以降の財務情報の基礎データは譲受人に移管されている点から譲受人が作成するか、のいずれかが考えられる。

　当事者のいずれかが作成するとしても、協議が必要であり、協議によっても合意に至らない場合は、事前に、第三者としてあらかじめ会計事務所を合意しておき、当該会計事務所に、財務数値の監査または再作成をしてもらい、会計事務所にそれに基づく調整価格を決定してもらうことが必要となる。

---

[14] アーンアウト条項については、棚橋元「上場国内会社の株式を対価とする外国会社の買収—上場国内会社による米国での三角合併」商事1922号29頁以下（2011年）、松波信也「アーンアウト条項における検討事項」商事1917号35頁以下（2010年）

[15] M&A法大系310頁

【記載例9】 価格調整条項例

例1 （価格調整条項）
　本事業の譲渡価格は、金〇円とする。ただし、譲渡価格は、第2項により調整するものとする。
2　譲渡価格は、クロージング時の純資産額が金〇円を上回るときは、その差額分を増額するものとし、また下回るときは、その差額を減額するものとする。
3　前項における調整額の決定方法は以下のとおりとする。
　(1)　譲受人は、クロージング日から〇日以内に、対象会社のクロージング日における貸借対照表等の財務書類を作成のうえ、前項により算出した調整額を、譲渡人に提出する。
　(2)　譲渡人は、譲受人が提示した当該貸借対照表を承認しない場合には、譲受人から当該貸借対照表を受領後〇日以内に、不同意である事項を譲受人に書面で通知する。譲渡人および譲受人の協議により合意に至った場合は、前項により算出した調整額で決定する。
　(3)　譲渡人および譲受人は、両者の相違点を解消するため誠実に交渉するが、譲渡人による不同意の通知後〇日以内に合意できなかった場合には、譲渡人および譲受人のいずれも、〇〇公認会計士事務所（以下、「会計事務所」という）に対し、譲渡人が不同意であった事項に限り、その確定を求めることができる。その際、譲渡人および譲受人のそれぞれに対しその考えを会計事務所に説明する合理的な機会を与えられる。
　(4)　会計事務所による当該事項に関する判断は、誤記載・誤計算等の明確な誤りがない限り、最終的なものとして譲渡人および譲受人を拘束し、前項により算出した調整額で確定する。

例2 （割当比率）
　本件株式交換においては、A社株式1株に対して〇〇円を、B社株式1株の契約日以降クロージング日までの平均株価で除した数の株式が対価として交付されるものとする。

(注) 例1は、譲受人が財務書類を作成するケースである。
例2は、株式を交付する場合の価格調整の例である。本方式は、変動制交換比率方式（Floating Exchange Ratio）と呼ばれるもので、契約締結時で対象会社の株式1株の価額を固定し、当該固定額に相当する株式を交付するという算定式で比率を求める方式である。[16]

② 表明保証条項

【記載例10】 基本条文例

> 第○条（譲渡人による表明保証）
> 　譲渡人は、譲受人に対して、本契約締結日およびクロージング日において、別紙Ⅰ「譲渡人の表明保証」の記載事項が真実かつ正確であることを表明し、保証する。
> 2　譲渡人は、前項の定めに違反する場合、および別紙Ⅰの記載事項に反することが生じた場合は、直ちに、譲受人に対してその旨を書面にて通知しなければならない。

(1) **表明保証の意義**

　表明保証とは、一般的に、M&A契約等において、譲渡人が譲受人に対して、主として対象会社および目的物に関する、一定の時点における一定の事実が正しいことを、譲受人に表明し、かつその内容を保証することをいう。

　表明保証条項は、もともとわが国の法制度にはない考え方であり、英米法の「Representation & Warranties」という概念に由来するものであり、近年、M&Aにかかる取引契約に用いられているものである。

　本条項は、譲渡人に買収対象会社など特定の目的物に関する重要な事実関係について問題がないこと、または仮に問題があるとするなら、具体的に開示させることにより、事業等の買収に関する問題点を抽出することである。譲受人

---

[16] 谷川達也＝水島淳「シティグループと日興コーディアルグループによる三角株式交換等の概要〔下〕」商事1833号19頁（2008年）、石綿学「三角組織再編をめぐる実務上の諸問題」商事1832号52頁（2008年）。

は事業等の買収契約の締結までにデューデリジェンスにより重要な問題点はすでに明らかになっており、当該表明保証条項において問題点の総仕上げを行うことになる。個別的な買収案件について、もし譲受人として心配のある事項があれば、それが十分に表明保証されているかを検討する必要がある。[17]

表明保証の主体は、譲渡人であるが、譲受人も表明保証を行う。

(2) 表明保証の法的性質

表明保証条項および補償条項は、民法上に規定はないが、M&A 取引における表明保証・補償は、表明保証の対象である一定の事項が不正確であったという事実から相手方に生じる損害をてん補することを約束する契約であり、損害担保契約に含まれるとされる。[18] したがって、表明保証に関し違反があったという場合、譲渡人は譲受人に補償責任を負うことになる。そして、表明保証条項は取引を決定する前提条件となるものであり、表明保証に違反があることが契約締結後に判明した場合には、その違反の程度に応じて、取引の中止、契約解除、補償請求、価格調整などにより、当事者間においてリスク分担が行われることになる。[19]

(3) 表明保証事項

表明保証の主な項目は次のとおりである(内容が重複するものがある)。

① 組織　　譲渡人は適法に設立された、有効に存続している株式会社である旨
② 権限等　　譲渡人は、本契約に従って、本事業等を譲渡する権限等を有し、譲渡人は必要な法令上の手続(取締役会または株主総会決議など)を完了している旨
③ 所有権　　買収対象資産に瑕疵はないか、担保権が設定されていないか

---

17 田中128頁
18 神田＝武井編10頁〔大久保圭〕。なお、本条項の法的性質が損害てん補契約とするものとして、潮見佳男・金法1812号68頁～69頁(2007年)、青山大樹・NBL895号75頁(2008年)、松尾健一・商事1876号53頁(2009年)、M&A契約148頁～151頁
19 棚橋元ほか「クロスボーダー M&A の法制と実務上の諸論点」一橋ビジネスレビュー60巻4号86頁

④　財務諸表・計算書類　　直近の財務諸表または計算書類の正確性（必要ならば過去数期のものの正確性）
⑤　資産　　譲渡資産のすべてが存在し、かつ資産価値に毀損はなく、譲渡可能であること
⑥　債権　　債権は全額回収できるか
⑦　債務　　簿外債務はないか、契約上第三者に保証すべき債務はないか、偶発債務の可能性はないか
⑧　契約　　譲渡人・譲受人にとって重要な契約は何か。譲受人が引き継ぐ契約の相手方の契約履行能力は十分か。契約履行の過程で譲受人に損失または損害が発生する可能性はないか、契約にチェンジ・オブ・コントロール条項はないか、譲渡に関し第三者の事前の同意を要する条項はないか
⑨　人事労務関係　　譲渡人の労働者の労働組合に加入の有無および労働組合との関係、従業員に関する訴訟・トラブルの有無、未払い賃金債務（サービス残業等）の有無
⑩　税務関係　　いままでの税務申告に問題はないか、追徴課税、税法違反に係る事項はないか
⑪　取引先　　販売および購買について、取引先は譲渡後も取引は可能か。取引先リストは、取引高・価格などについて正確か
⑫　知的財産権　　第三者と知的財産権をめぐる訴訟・紛争等の有無。譲渡人が第三者の知的財産権を侵害しているものはないか、第三者が譲渡人の知的財産権を侵害しているものはないか。知的財産権リストは正確か。譲渡人の使用許諾権のある知的財産権の有無
⑬　法令遵守　　独占禁止法など重要な法律に関する法令遵守態勢の状況。法令・規則等の違反の有無。譲渡人の役員・従業員等および取引先、資金、株主などの反社会的勢力との関係の有無
⑭　環境　　環境法令違反の有無。事業所用地および保有用地・賃貸借不動産等の土壌汚染、事業所等での規制物質のたれ流しなどの有無
⑮　訴訟　　取引、知的財産権、公害、製造物責任、消費者、労務・労災、独占禁止法などに関する訴訟、仲裁、法的トラブルの有無
⑯　譲渡人・譲受人が反社会的勢力に関係する者ではないこと、および契約

の相手方当事者が反社会的勢力に関係する者ではないこと

(4) 表明保証の記載例

【記載例11】 表明保証条項

例1 （譲渡人の表明保証）
　譲渡人は、譲受人に対し、本契約締結日およびクロージング日において、別紙Ⅰ記載の事項が真実かつ正確であることを表明し、保証する。
2　譲渡人は、前項の定めに違反すること、および別紙Ⅰの記載事項に反することを認識した場合は、遅滞なく譲受人に対してその旨を書面にて通知・報告しなければならない。
3　譲渡人は、譲受人が譲渡人に対して行った調査（デューデリジェンス）および本条における表明および保証についての譲渡人の認識は、かかる表明および保証の効力に何ら影響を及ぼさないことを確認する。

【記載例12】 別紙Ⅰ「表明保証事項」

別紙Ⅰ　譲渡人の表明保証
(1) 設立・能力および倒産手続の不存在
　① 譲渡人は、日本法に基づき適法かつ有効に設立され、かつ存続する株式会社であり、現在行っている事業に必要な権限および権能を有している。
　② 譲渡人に関して、破産手続開始、会社更生手続開始、民事再生手続開始、特別清算手続開始その他の倒産手続の申立てはなされておらず、かかる倒産手続の開始の原因となる事実はない。譲渡人による本契約の締結およびそれらの義務の履行は、かかる倒産手続の開始の原因とはならない。
(2) 本契約の締結および履行のための前提

①　譲渡人は、本契約を適法かつ有効に締結し、これを履行するために必要な権限および権能を有している。

②　譲渡人は、本契約の締結および履行に関し、会社法、定款、取締役会規則等その他の社内規則に従った必要な社内手続をすべて履践している。

③　譲渡人等（譲渡人の代表者、役員を含む）は、反社会的勢力（暴力団、暴力団員、暴力団員でなくなった時から5年を経過しない者、暴力団準構成員、暴力団関係企業、総会屋、政治活動・宗教活動・社会運動標榜ゴロ、特殊知識集団等その他これに準ずる者）にすべての点において該当しておらず、該当するおそれもない。

(3) **強制執行可能性**

本契約は、譲渡人の適法、有効かつ法的な拘束力ある義務を構成し、譲渡人に対して、本契約の条項に従った強制執行が可能である。

(4) **違反の不存在**

譲渡人による本契約の締結、クロージングの実行および本契約の条項の遵守は、譲渡人の定款、取締役会規則その他の社内規則のいかなる規定にも抵触または違反せず、また譲渡人になされた裁判所、政府または規制機関の判決、決定、命令、裁判上の和解および譲渡人が当事者となる重要な契約に抵触または違反していない。

(5) **許認可等の取得**

①　譲渡人は、本契約の締結および履行のために必要とされる司法・行政機関等による許認可・承認の取得、司法・行政機関等に対する報告・届出等その他適用ある法令上等の手続を、すべて該当法令等の規定に従い適法かつ適正に履践している。

②　譲渡人は、本事業を運営するために必要とされる司法・行政機関等による許認可・免許等の取得および適用ある法令上等の手続を、該当法令等の規定に従い適法かつ適正に履践しており、譲渡人はこれらの手続に関し重大な違反を行っていない。

(6) **本件対象資産**

①　譲渡人は、本件対象資産のすべてにつき適法かつ有効に取得し、か

つこれに対する有効な所有権等の権利は譲渡人に帰属しており、本件対象資産は、<u>別紙Ⅱに記載のものを除き</u>、担保権、制限物権、請求権その他のいっさいの負担を伴わず、かつ、譲渡人による本件対象資産の譲渡を妨げるいかなる事由も存在しない。
② 本件対象資産に重大な瑕疵はなく、通常かつ慣習的に許容される通常の運営によって生じる損耗を除き、通常の業務過程において支障のない使用状態にあり、また使用しうる状態にあり、また適切に維持および修補されており、本件対象資産の利用の支障となるいかなる事由も存在しない。
③ 本件対象資産のうち不動産に関し、建物、境界、衛生、安全に関するものを含むあらゆる法令、省令、命令または規則の違反はない。
④ 譲渡人は、本件対象資産に係る知的財産権(特許権、商標権、意匠権、実用新案権、著作権およびノウハウその他いっさいの知的財産権をいい、出願中のものを含み、また外国におけるこれに相当するものを含む)の有効性、権利の帰属またはその使用に関し、いかなる第三者からも請求、通知または警告その他の連絡を受領しておらず、また、譲渡人の知り得る限り第三者の知的財産権を侵害するおそれはない。
⑤ 本件対象資産に含まれる債権は、適法かつ有効に成立し、存続しており、<u>別紙Ⅱ記載のものを除き</u>、各債権の債務者はいずれも弁済期において、その全額が回収可能である。

(7) **対象契約**
① 本件対象契約は、その当事者間でいずれも適法かつ有効に締結されており、かつ各当事者の適法、有効かつ法的拘束力のある義務を構成する。
② 本件対象契約の前項の義務は、その条項に従って、各契約当事者に対して執行可能である。
③ 本件対象契約は、いずれも譲渡人および相手方当事者は債務不履行に陥っておらず、譲渡人の知り得る限りそのおそれも存在しない。
④ 本件事業譲渡に伴い、<u>別紙Ⅲ記載のものを除き</u>、本件対象契約にチェンジ・オブ・コントロール条項はなく、契約の解除または更新の拒

絶またはそれらの要請はない。
⑤　本件対象契約の相手方当事者（相手方当事者の代表者、役員、経営を支配する者を含む）より、暴力団排除条項または覚書に基づき反社会的勢力（暴力団、暴力団員、暴力団員でなくなった時から5年を経過しない者、暴力団準構成員、暴力団関係企業、総会屋、政治活動・宗教活動・社会運動標榜ゴロ、特殊知識集団等その他これに準ずる者）ではないこと、および反社会的勢力に関係する者ではないことの表明・確約を書面にて受領しており、相手方当事者は反社会的勢力には関係せず、譲渡人が知る限り反社会的勢力と関係を有するおそれはない。

(8) **対象従業員**
①　譲渡人は、転籍する譲渡人の従業員（別紙〇に記載）に対して、負担する報酬または給与、その他法令、契約、雇用条件等により支払義務を負う金銭等のすべてを履行しており、現在まで、支払期限が到来したもので未払いとなっているものはない。
②　譲渡人と従業員との間における雇用に関する重大な違反は存在しない。
③　譲渡人と従業員との間に、ストライキ、ピケッティング、業務停止、怠業その他従業員との労働紛争は存在しない。

(9) **計算書類等**
①　別紙〇に添付の直近の計算書類等および本事業にかかる貸借対照表（添付計算書類）は、すべて会社法、会社計算規則、金融商品取引法、税法その他の法令、企業会計原則に基づき、日本において一般に公正妥当と認められる企業会計の基準に従って作成されている。
②　添付計算書類に関し、期間の末日である〇〇〇〇年〇月〇日以降、譲渡人の財務状況および経営成績に重大な変化がなく、後発事象（簿外債務、追徴税ならびに加算税など）は発生していない。

(10) **税務等**
①　譲渡人は、関係する地域を所管する税務当局等に対し、適時に納付すべきすべての税務申告書を提出しており、当該税務申告書は、すべての点において真実、適正なものであり、完全なものである。

②　譲渡人が納付すべきすべての税金、社会保険料、年金保険料、労働保険料その他の公租公課は、すべて適正かつ適法に納付されている。

③　譲渡人は、所轄の税務当局等から、公租公課に関するクレーム等の請求は受けておらず、かかる税務当局等との間で何ら紛争または見解の相違は生じてはおらず、譲渡人の知り得る限りそのおそれはない。

(11)　訴訟等

本事業に属する権利義務または資産を対象とする、またはこれらに関連する、もしくは影響を与える訴訟等（訴訟、仲裁、調停、強制執行、差押え、仮差押えもしくは仮処分）は、係属しておらず、また、譲渡人の知り得る限りは、そのおそれも存在しない。

(12)　詐害意思の不存在

本件事業譲渡および本件譲渡価格については、譲渡人による第三者を害する意図その他不法な意図に基づき行われものではない。

(13)　その他

上記の各項目のほか、またはこれらに関し、本件事業譲渡後に譲受人による本事業の遂行を妨げ、または本事業の運営を悪化させるおそれのある重大な事項は存在しない。

(5)　表明保証の除外、表明保証の対象・範囲の制限方法

表明保証ができない個別の事項について、譲渡人等がその内容を特定してその事実などを表明保証の除外事項として別紙に記載することが行われている（前記(4)【記載例12】表明保証事項の別紙の(6)①⑤、(7)④の「別紙Ⅱ・Ⅲ記載のものを除き」、および下記【記載例13】を参照のこと）。

表明保証の例外として除外された事実は、譲受人等がこれを受け入れ、譲渡人等に補償を求めないことにより目的物の瑕疵の責任分担を明確にしている[20]。

また、表明保証の対象・範囲の制限として、重要性・重大性の記述、対象範囲の特定、認識による限定などが行われる場合がある。

---

[20]　企業法・金融法の課題88頁〔江平亨〕

これらの結果、リスク分担として、当該別紙に記載されたものについては、譲受人等は、表明保証違反を理由とした補償請求等ができなくなるが、他方、買収契約等の買収価格の決定に反映させることができることになる。

　なお、個別事項を記載するのではなく、「デューデリジェンスにおいて開示した事項」などと記載して除外する場合もあり、譲渡人にとっては対象項目が広範囲になるので有利な点があるが、デューデリジェンスにおいて情報開示が不充分であった場合などに、トラブルが発生する可能性がある。[21]

【記載例13】　表明保証の対象・範囲の制限

〔表明保証の除外〕

例1　別紙（注：表明保証の除外事項を記載したもの）に記載したものを除き、当該事項が真実かつ正確であることを表明および保証する。[22]

例2　前項に表明保証として明示的に記載した事項以外の事項に関しては、何ら表明保証をしないものとする。[23]

〔重大・重要性の記述〕

例1　譲渡人は、対象事業にかかる運営または履行に関し、重要な点において、適用あるすべての法令ならびに条例・規則等および司法・行政機関の判断等を遵守している。

例2　譲渡人および対象会社の事業、資産、運営等に対し重大な影響を及ぼしうる事実または事象のすべてについて譲受人に開示している。

例3　譲渡人は、本契約締結時点または保証時点において、対象事業の商品または製造方法等の知的財産権に関して重大な影響を及ぼすクレーム、紛争または訴訟は、継続しておらずそのおそれもない。

例4　譲渡人は、対象事業に関し、軽微な違反を除き、適用のある法令および条例ならびに規則を遵守している。

---

[21] たとえば、譲渡人側が、対象会社のデューデリジェンス実施の際、生データを交付したが、収益操作の事実を発見できなかったのは、譲受人側に重過失があったとして、譲渡人側が抗弁するような状況の場合（アルコ事件＝東京地判平成18・1・17判時1920号136頁）。

[22] 江平・前掲論文（注20）88頁

[23] 金丸和弘「M&Aに関する契約交渉過程における情報提供義務」NBL879号45頁（2008年）

2 表明保証条項

〔範囲の特定〕
例1　譲渡人は、本契約締結日およびクロージング日(ただし、別紙1の表明保証において表明保証時点が明記されているものはその時点)において、別紙○記載の事項が真実かつ正確であることを表明し、保証する。

例2　譲渡人は、国または地方公共団体等に対して負担すべき公租公課などにつき、本契約締結後の国税庁の調査における見解との差異による滞納が発生し、かつ重大な影響を及ぼす場合を除き、すべて支払期限までに支払っており、いっさい滞納していない。

例3　譲渡人は、本契約締結時点または保証時点において、国内および別紙○に記載する国において対象事業の商品または製造方法等の知的財産権に関しクレーム、紛争または訴訟が係属しておらず、そのおそれもない。

例4　譲受人のすべてのデューデリジェンスの調査終了日以降、本契約締結日までの間、通常の取引によるものを除き、その資産および負債の状態につき、重大な変化がなく、また重大な変化がなかった。

〔認識による限定〕
例1　譲渡人の知り得る限り[24]、対象会社の売掛債権はいずれもその全額が、それぞれ現在の所定の支払期限までに回収が可能である。

例2　対象会社は、その従業員に対し、法令上支払義務を負うすべての賃金を遅滞なく支払っており、従業員に関して雇用に関する紛争は存在せず、また、譲渡人の知る限りそのおそれもない。

(注)　【記載例13】の下線部分は表明保証の対象・範囲を制限する文言である。

---

[24] 東京地判平成25・2・7 LEX/DB25511149は、原告会社(譲受人)が、被告会社と締結した自動車販売事業の事業譲受契約の「平成22年3月31日を末日とする事業年度に関する計算書類等において負債として計上された債務及び同日後に従前と一貫した通常の業務範囲の中で負担した債務は、知り得る限り存在していない。」との表明保証条項に関し、原告が従業員の横領行為の損害賠償の支払いを求めた事案について、裁判所は、被告が当該横領行為によって被告会社の資産に悪影響を及ぼす負担が生じていたことを知りうるに足りる証拠はないとした。

③ 補償条項

【記載例14】 基本条文例

第○条（補　償）
　譲渡人は、以下の各号に定める違反により、クロージング日から○年内に限り譲受人に生ずるいっさいの損害（履行利益の賠償を含む）をてん補するものとする。
　(1) 第○条の譲渡人による表明保証違反
　(2) 本契約に基づく譲渡人の義務違反

(1) 補償条項の意義・法的性質

補償条項とは、表明保証条項の違反だけでなく、契約上の義務違反（コベナンツ〈誓約〉条項の義務違反その他の契約条項の義務違反）があった場合に、相手方当事者が被った損害をてん補する旨を定めたものである。

前記【記載例14】第1号の表明保証違反の法的性質は、前記171頁②(2)「表明保証の法的性質」で述べたが、損害担保契約と解するのが適当である。損害担保契約とすると無過失責任と解され帰責性を必要としない。[25]

損害担保契約は、譲渡人が譲受人に対して、譲受人が一定の事項から被ることがあるべき損害をてん補することを約する契約をいい、保証契約と類似するが、損害担保契約は主たる債務の存在を前提としない点で保証債務と異なる。[26]

【記載例14】第2号の契約上の誓約条項その他の条項の義務違反は、民法上の債務不履行責任と解される。[27] この点、表明保証違反と異なり、誓約条項違反は義務違反を問題とするものであり、過失責任と解される。[28][29]

25　青山大樹「英米型契約の日本法的解釈に関する覚書（下）」NBL895号78頁（2008年）、M&A契約251頁〔笠原康弘〕
26　奥田380頁
27　M&A契約250頁〔笠原康弘〕

(2) 補償の限定

　表明保証の責任は、無過失責任とされるが、最終契約締結後に、当事者が予測しない損害が発生する可能性も否定できないため、適当なリスクの分担のために、補償対象の期間、補償額に制限を設けることがある。補償の限定において「重要な点において違反した場合」と規定した場合に、個々の表明保証条項で「重要な点において」と規定していると、二重の限定がかかり、さらに個別金額の下限（下記㈣）を定めていると、補償条項発動に二重三重の制限がかかってしまうことになるので、譲受人は譲渡人との調整の協議が必要となる。[30]

㈦　補償対象の期間

　当事者の負担を軽減するため、一定の期間内に発生するもの、または請求するものを対象とすることがある。この場合、表明保証違反や契約上の義務違反があったか否かは決算を経ないとわからないことも多く、譲受人としては、決算や監査役報告等を確認する期間を含めた期限を設けることが必要となる。[31]

　以上から、最短でも最終契約締結から1年は必要であろう。

㈣　補償額の制限

　補償額の制限は、一般的な契約で行われている上限（cap）を設けるものだけでなく、下限（floorまたはbasket）を設けるものもある。

　下限は、些細な金額について調査・確定など煩瑣な手続を要求されることから設定されることがある。これには、個別事由の下限と累計金額の下限があり、後者は、累計で下限金額を超える場合に、全額を補償するものと、下限を超過する金額のみを補償するものがある。

　上限は、違反した者が補償する最大額である。

28　民法415条は債務不履行による損害賠償責任には、帰責事由が必要であるとされる（内田Ⅲ140頁）。そして、債務不履行の有責性は、債務者の故意・過失または信義則上これと同視すべき事由（履行補助者の過失の場合）である（北川113頁）。
29　青山・前掲論文（注25）84頁
30　会社法コンメ⒄229頁〔三笘裕〕
31　M&A実務の基礎111頁〔飯塚陽〕、M&A契約229頁〔笠原康弘〕

【記載例15】 補償条項例

例1 （損害賠償）
　　譲渡人および譲受人は、本契約に定める自己の表明保証違反および本契約上の義務違反により相手方が損害、損失または費用等（以下「損害等」という）を被った場合には、当該相手方に対し損害等を補償するものとする。

例2 （損害賠償）（例1に、ただし書追加）
　　ただし、当該補償は、クロージング日から○年以内に、相手方が書面で通知または請求したものに限る。

例3 （損害賠償）（前記例1および例2の補償条項に第2項追加）
2　前項における補償請求にかかる補償額の総額は、累積金額で○円を超えない場合に、前項ただし書の期限内に相手方から通知・請求した場合に限られる。

例4 （補　償）
　　譲渡人または譲受人は、本契約に基づく義務違反または表明保証違反に該当する事実が生じ、またはかかる事実が生じるおそれがある場合は、速やかに相手方に対し書面により通知または請求をする。
2　前項において通知または請求を受けた譲受人または譲渡人は、相手方が被った損害、損失または費用等を補償するものとする。

例5 （損害賠償）
　　譲受人または譲渡人は、相手方に第○条に定める表明および保証違反またはその他本契約に違反があった場合には、相手方に対して、クロージング日から○年以内に限り、当該違反により被った損害、損失およびこれに関連して発生した費用（以下、「損害等」という）の賠償または補償を請求することができる。
2　各当事者は、前項に基づく損害等の賠償または補償の請求は、1件につき○○○万円を下回る額については損害または補償を請求することはできない。

例6 （損害賠償および期間）

3 補償条項

　　譲渡人または譲受人に本契約の義務の違反、または表明および保証違反があった場合、相手方当事者は、クロージング日後〇年以内（※注：または「〇か月以内」）に限り、違反した当事者に対し、当該違反により被った損害の賠償を請求することができる。
2　前項に基づき違反した各当事者が負担する損害賠償の限度額は合計（損害遅延金を除く）で、譲渡価格に相当する額を上限とする。

例7（補　償）

　　譲受人および譲渡人が本契約に違反し、または表明および保証に違反し、相手方に対して損害を生じさせた場合、当該違反行為を行った当事者（以下、「補償当事者」という）は、他の当事者（以下、「被補償当事者」という）に対し、損害、損失または費用等（以下、「損害等」という）を補償するものとする。
2　被補償当事者が、前項に基づき補償当事者に対し補償を請求できる金額は、合計で〇円を超えることができず、かつ補償の請求はクロージング日から〇か月を超えてすることができない。ただし、補償当事者の故意または重大な過失に基づく場合は、この限りではない。

例8（補　償）

　　譲渡人および譲受人は、本契約において相手方が行った表明および保証に違反したことならびに相手方の義務違反または不履行により、自らに生じた損害の補償を相手方に対して請求することができる。
2　前項の規定に基づく請求は、クロージング日から〇か月を経過する日までになされ、かつ当該譲渡金額の〇％相当額をその累計の上限額とし、かつ1事由あたりの損害額が〇〇万円を超えた場合に限り行うことができる。

例9（本契約の違反）

　　譲渡人または譲受人は、第〇条および第〇条に定める表明および保証条項に違反し、またはその他の本契約の義務に違反し、相手方に損害を与えた場合、相手方が被った損害を賠償しなければならない。

例10（補　償）

　　譲渡人は、本契約に基づく自らの義務の違反または第〇条第〇項に定める自らの表明および保証の違反に起因もしくは関連して、譲受人等

（譲受人の役員または従業員を含む）が損害、損失を被った場合または費用が発生した場合（以下、これらを「損害等」という）、かかる損害等を賠償または補償する。

2　譲受人は、本契約に基づく自らの義務の違反または第○条第○項に定める自らの表明および保証の違反に起因もしくは関連して、譲渡人等（譲渡人の役員または従業員を含む）が損害等を被った場合、かかる損害等を賠償または補償する。

3　本条に基づく賠償または補償は、クロージング日から1年内に、相手方当事者に対して書面をもって請求した場合に限られるものとする。

（注）　例2、例5第1項、例6第1項、例7第2項、例8第2項、例10第3項は、補償対象期間を限定する条文例であり、また例3、例5第2項、例6第2項、例7第2項、例8第2項は、補償金額を制限する条文例である。

④ MAC条項（Material Adverse Change条項）

【記載例16】　基本条文例

第○条（重大な悪影響）

　最終契約締結日およびクロージング日において、対象会社（対象会社の親会社ならびにその子会社、および対象会社の子会社を含む。以下、本条において同じ）が、第○条に定める表明および保証に違反がないこと、および対象会社の事業、資産、負債、財務状態、経営成績、キャッシュフロー、事業運営の結果、その他の状況（以下、「事業等の状況」という）に重大な悪影響を及ぼす事由、または合理的に予期される重大な悪影響を及ぼす事由が発生していないこと。ただし、対象会社の事業に重大な悪影響を及ぼす、または合理的に予期される重大な悪影響を及ぼす事由が、国内または世界的な経済、金融市場の一般的普遍的な事象である場合には、除かれるものとする。

2　前項に違反がある場合、買主は、クロージング日までに限り、売主に書面で通知することにより、本契約を解除することができる。

④ MAC条項（Material Adverse Change条項）

(1) MAC条項とは

　M&A取引においては、最終契約締結日から効力発生日（クロージング日）までの間に一定の期間が置かれることが通常であり、その間に、当事会社の財産状態や経営状態に重大な悪影響を及ぼす事由が発生した場合、買主にクロージングを拒否する権利が与えられ、買主は、解約金や損害賠償金などの義務を負うことなく、本取引から撤退できる旨を定めた条項をいう。[32]

　MAC条項は、売主と買主のリスク分担機能を有するものと認識される。

　MAC条項は、買主側が、クロージング日の間際になって、MAC条項を理由に、取引を中止する可能性もあるため、できるだけ具体的に定めておくことが必要である。

(2) MAC条項に関する裁判例[33]

　東京地判平成22・3・8判時2089号143頁は、表明保証条項に違反したため契約解除をした旨の主張に対し、「株価算定書の重要な点に虚偽があったとはいえず、また、会社の財政状態に悪影響を及ぼす重要な事実が生じたとはいえない場合には、株式譲渡契約の表明保証条項に違反したとはいえないから、契約の解除原因を欠く」とした。

　本件株式譲渡契約書6条は、Xに対し、本件株式譲渡契約締結日および譲渡日（クロージング日）において同条各号の事項を表明し保証する旨を定め、同条4号2文は、平成20年2月29日付け本件対象会社の株価算定表の重要な点で虚偽のないことを定め、4号3文は、平成19年9月30日以後、対象会社の財政状態に悪影響を及ぼす重要な事実が生じていないことを定めている。

　本件株式譲渡契約書15条は、Xは、表明保証した事項に関し、虚偽があり、または重大な事項が不正確であった場合は、本件株式譲渡契約を解除できる旨を定める。

　そして、裁判所は、以下のように判示している。

　「営業利益に関するXの主張に対して、6条4号3文における財政状態に悪影響を及ぼす事実とは営業利益の数値に影響を及ぼすような具体的事実をいう

32　原田充浩ほか「MAC条項を巡る実務対応に関する一考案」金判1380号2頁
33　神田＝武井編17頁〔金丸和弘〕

と解すべきであり、Xは、当該具体的事実を主張していない。また、本件事業計画における平成20年9月期の営業利益の数値はあくまでも予測ないし計画にすぎないから、平成20年の営業利益のマイナスが上回ったことから、対象会社の財政状態に悪影響を及ぼす重要な事実が生じたとはいえない。

債務超過に関するXの主張に対して、社会的な不動産市況の下落というような一般的普遍的な事象については、本件株式譲渡契約書2条2項における譲渡代金の調整の原因になる余地はあるとしても、6条4号3文の表明保証の対象とはならず解除の原因となるものではない。[34] そのほか、4億円を超える価値を有する無形固定資産はないことに関して、Xの主張は、国立印刷局より再実施許諾を受けている当該非独占的通常実施権の価値についての評価の妥当性を主張するに過ぎないとして、無形固定資産に関して対象会社の財政状態に悪影響を及ぼす重要な事実が生じたとはいえない。また4000万円を超える退職金債務の引当不足の主張に対して、退職金の引当不足があるとしても、対象会社の財政状態に悪影響を及ぼす重要な事実が生じたとはいえない。」

(3) 米国におけるMAC条項に関する裁判所の判断基準

米国における「重大な悪影響」条項の具体的な規定文言は、個別の案件によりさまざまであり、その解釈についても具体的な判決が蓄積されていく中で重要な判断を示した裁判例もあり、その一つとして、ニューヨーク州法の下で、「重大な悪影響」の発生の有無に関しての解釈を示したIBP判決がある。[35] 本判決は、合併契約において「重大な悪影響」が発生したといえるためには、①買手が認識していなかった事情があり、また、②短期間ではなく合理的期間にわ

---

[34] 東京地判平成22・3・8の原文は「表明保証の対象となり解除の原因となるものではない」とするが、その後段の文意から、本書では「表明保証の対象とはならず解除の原因となるものではない」と記載した。

[35] In re IBP, Inc. Shareholders Litigation. 789A. 2d 14（Del.Ch.2001）。Tyson社（鶏肉販売全米1位。以下、「T社」という）が、IBP社（牛肉販売で全米1位。以下、「I社」という）の全株式を取得することで合意し、両社は、2001年1月合併契約を締結した。合併契約書には、表明保証事項（MAC条項）が定められており、違反（I社および子会社の状況等に重大な不利な影響の発生・進展）があった場合は契約解除できる旨の定めがあった。契約締結後のI社の収益の減少が大きく、2001年3月、T社は、I社に対し契約解除するとともに、資産減少が「重大な不利な影響」にあたるとしてその正当性を主張した。一方、I社は、契約履行の強制を請求する訴えを提起し、当該各訴訟はデラウェア州衡平裁判所に統合された（適用法はニューヨーク州法）。

4 MAC 条項（Material Adverse Change 条項）

たり対象会社の収益力に重大な悪影響があることが必要であるとの判断基準を示したものである。[36]

(4) MAC 条項の対応

M&A 契約において、本条項に関し、契約交渉期間や DD（デューデリジェンス）や契約項目が多岐にわたることからおのずから限度があることが多く、当事者が詳細な検討や交渉をした結果として、MAC 事由を定めることは難しく、ひな形等をベースに若干アレンジした程度で締結に臨む場合も多いと考えられる。

しかし、トラブルを回避するためには、MAC 条項の対象となる事象および事実、その重大な悪影響の程度などについて、当事者において理解可能な、かつ、できるだけ具体的な記述が必要となる。

具体的には、MAC 事由の対象となる事象（たとえば、対象会社の事業、財務状態等）や MAC 事由の例外としてその適用を除外する事象について、より詳細な規定や数値基準を設けることが望ましいとされる。[37]

下表は、米国における MAC 条項の例外規定の例であるが、そのほか、インサイダー取引の発生事実と軽微基準との関係、不可抗力免責事項なども参考になると思われる。

【表4】 米国における MAC 条項の例外規定

米国における例外規定[38]
1　一般的な市況の変化（規定率99％）
2　契約の締結の開示による影響（96％）
3　戦争（規定率95％）
4　法律の変更（95％）
5　テロ（規定率94％）
6　対象会社の属する業界における一般的な市況の変化（規定率93％）

36　中東＝大杉＝石綿編291頁〔内田修平〕
37　M&A 実務の基礎127頁〔田子小百合〕
38　各項目の規定率は、Nixon Peabody LLP "2013 Nixon Peabody MAC survey" における米ドル換算取引額ベースで上位100件に該当する事例（2012年6月1日から2013年5月31日）についての統計データによる。なお規定率は、上記データのうち、該当条項の使用割合である。

```
  7  経営目標の不達成（86％）
  8  政治的状況の変化（80％）
  9  天災地変（規定率71％）
  10 顧客の減少・経営状況の悪化（40％）
```

5 クロージングの前提条件

【記載例17】 基本条文例

> 第○条（クロージングの前提条件）
> 　譲受人は、クロージング日において以下の各号が満たされていることを前提条件として、第○条第○項に定める譲受人の義務を履行するものとする。ただし、譲受人は、以下の各号の全部または一部が満たされていない場合でも、その任意の裁量により、以下の各号の条件を放棄することができる。
> (1) 第○条第○項に規定する譲渡人による表明および保証が、クロージング日においてすべて真実かつ正確であること。
> (2) 譲渡人が、本契約に基づきクロージング日までに履行または遵守すべき事項をすべて履行または遵守していること。
> (3) ○○○○の財務状態、経営成績、キャッシュフロー、事業、資産、負債もしくは損益の状況またはこれらの見通しに重大な悪影響を及ぼす可能性のある事由もしくは事象が発生していないこと。
> (4) 本契約の締結が譲渡人の決定機関において承認されていること。
> (5) 第○条に定める役員のすべての辞任届が提出されていること。
> (6) その他、譲受人が譲渡人に合理的に要求した書類の提出が履行されていること。
> 2　譲渡人は、クロージング日において以下の各号が満たされていることを前提条件として、第○条第○項に定める譲渡人の義務を履行するものとする。ただし、譲渡人は、以下の各号の全部または一部が満たされていない場合でも、その任意の裁量により、以下の各号の条件を放棄する

ことができる。
(1) 第○条第○項に規定する譲受人による表明および保証が、クロージング日においてすべて真実かつ正確であること。
(2) 譲受人が、本契約に基づきクロージング日までに履行または遵守すべき事項をすべて履行または遵守していること。

(注) 譲受人のクロージングの前提条件（特に第1項第3号以下）は、M&A取引の内容により異なる。

(1) 「クロージングの前提条件」とは

多くのM&A契約では、一定の前提条件が満たされた場合にのみクロージングを実行する旨が規定される。相手方による一定の条件が満たされていないと、クロージングをしても、その後の手続の負荷が大きい場合などは、クロージングを延期もしくは中止または解除した方がよい場合がある。そこで、各当事者は、解除条項と組み合わせることにより、一定の時期までに前提条件が満たされなかった場合には、この取引から離脱する権利を有することとなる。[39]

(2) 「前提条件」と解除の効果

たとえば「譲受人がクロージング日に以下の条件が満たされていることを前提条件として、譲渡人は、クロージング日において義務を履行する」旨の条項がある場合、条件とされた事項が実現されないままクロージング日を経過した時点で、当該前提条件の不成就が確定する。ただし、前提条件の不成就が当然に解除権の発生となるものではなく、前提条件の不成就を解除事由とする解除規定があって初めて解除が有効となる。[40]

---

39 M&Aの契約131頁
40 青山大樹「英米型契約の日本法的解釈に関する覚書(上)」NBL894号18頁～18頁、M&A実務の基礎120頁〔村山由香里〕

(3) 具体的な前提条件・条項例

【記載例18】 「表明保証の正確性・真実性」条項例

> 例1　第○条第○項に規定する譲渡人（または譲受人）の表明および保証のすべてが、クロージング日において、真実かつ正確であること。
>
> 例2　第○条第○項に規定する譲渡人（または譲受人）の表明および保証の重要な点が、クロージング日において、真実かつ正確であること。
>
> 例3　クロージング日において、第○条第○項に規定する譲渡人（または譲受人）の表明および保証の重要な点が、真実かつ正確であること（ただし、前項各号のうち、「重要な」または「重大な」などの限定文言が付されているものについては、表明および保証が、真実かつ正確であることとする）。
>
> 例4　第○条第○項に規定する譲渡人（または譲受人）の表明および保証の重要な点が、本契約締結日およびクロージング日において、真実かつ正確であること。

　例2・例4は、表明保証を「重要な点」に限定している。しかし、表明保証自体が「重要な」などの限定を加えている場合、例2・例4では、二重の限定をすることとなるので、例3のただし書は「重要な」などの文言のある規定については、前提条件における表明保証の正確性・真実性の対象を単に真実かつ正確であるものとする。[41]

　例4は、本契約締結日において正確であったものが、クロージングの時点では、不正確となった場合である。この場合、クロージング前の誓約条項または善管注意義務条項違反である場合、債務者が回避できない一般的な外部の状況による違反である場合などが考えられ、個別具体的に、当事者の任意の裁量による放棄をして義務を履行することができるか否かを判断することとなろう。

---

[41] M&A 契約137頁

【記載例19】 「契約上の義務の履行」条項例

例1　譲渡人（または譲受人）が、本契約に基づき、クロージング日までに履行または遵守すべき重要な義務をすべて履行または遵守していること。

例2　本契約に従い、譲渡人（または譲受人）がクロージング以前に履行すべきすべての義務を履行していること。

【記載例20】 「当事者における必要な手続等の完了」条項例

例1　譲渡人（または譲受人）は、法令および定款に基づき、譲渡人（または譲受人）の取締役会または株主総会で、本契約の締結にかかる承認を得ていること。

例2　対象会社の取締役会が、本件株式譲渡を承認する旨の決議をしており、譲渡人が、かかる承認決議の取締役会議事録の写しを譲受人に交付していること。

例3　譲渡人が、対象会社から本件株式譲渡を承諾する旨の書面を取得しており、当該書面の写しを譲受人に交付していること。

例4　譲渡人が、出向予定のすべての従業員から出向承諾書を取得していること。

例5　譲受人は、対象会社への融資を実行して銀行借入金を完済し、譲渡人が銀行に対して保証または担保設定している契約が解除されていること。

例6　別紙○に記載の譲渡人の役員について、すべての辞任届が提出されていること。

【記載例21】 「第三者との必要な手続の完了」条項例

> 例1　別紙○に記載の取引契約において、当該契約の相手方当事者から、当該契約上の地位の移転の承諾を認める書面を受領していること、もしくは相手方当事者との間で新規契約を締結する旨の書面を受領していること。
>
> 例2　譲受人が、公正取引委員会に対し独占禁止法10条2項に基づく届出を行い、譲受人に対して排除措置命令を行わない旨の通知が交付されていること。
>
> 例3　譲受人が、本契約の締結および履行に必要な関係官庁の同意、許可、または命令等の交付を受けていること。

例2の公正取引委員会における企業結合に係る第1次審査の待機期間内に交付される排除措置命令を行わない旨の通知と第2次審査期間内に交付される通知がある（詳細は本章Ⅱ独占禁止法「企業結合規制」100頁参照）。

6　誓約事項

【記載例22】　クロージング前の誓約事項の基本条文例

> 第○条（クロージング前の譲渡人の義務）
> 　譲渡人は、本契約締結日以降クロージングまでの間、対象会社をして、本契約締結以前と実質的に同一かつ通常の業務の方法で、対象会社の現経営陣に業務執行および財産の管理・運営を行わせしめるものとし、譲受人の事前の書面による承諾のある場合を除き、通常の業務執行の範囲を超える事項、または重要な財産の処分その他対象会社の財務内容、資産内容および運営に重大な影響を与える事項を行わせないようにしなければならない。
> 2　譲渡人は、本契約締結日以降クロージングまでの間に、対象会社の取締役および監査役から辞任届を提出させる。
> 3　譲渡人は、クロージング日までに、対象会社をして、取締役会を開催

させて本件株式譲渡を承認する決議を行わせ、当該議事録の写しを譲受人に交付する。
4　譲渡人は、本契約締結日以降クロージングまでの間、対象会社をして、第○条に定める表明保証の内容につき真実性・正確性を維持継続するために必要な行為を行わせしめるものとする。
5　譲渡人は、本契約締結日以降クロージングまでの間に、対象会社をして、第三者との間で契約上要求される通知の実施および承諾の取得をクロージングまでに完了するよう、合理的な努力をさせるものとする。
6　譲渡人は、本契約締結日以降クロージングまでの間、訴訟、法令違反、その他対象会社の事業、資産、負債、財務状況、経営状況、キャッシュフローまたは将来の収益計画に重大な悪影響を及ぼすおそれのある事由または事象が発生したことを認識した場合、直ちに譲受人に対して報告するものとする。

【記載例23】　クロージング後の誓約事項の基本条文例

第○条（クロージング後の譲渡人の義務）
　譲渡人はクロージング後においても、対象会社の事業が円滑に運営されるよう、対象会社に対して必要な協力を行うものとする。
2　譲渡人は、自らまたはその子会社・関連会社を通じて、クロージング日から○年間、対象会社の事業と競合する内容の事業を行わないものとする。

(1)　「誓約事項」の意義・法的性質

　誓約は、クロージングまでに、またはクロージング後も、契約当事者が実行しなければならない行為および禁止される行為を定め、それらの行為の履行および不履行を義務付けるものである。
　誓約事項は、英米法における「Covenants」（特定の行為をする、またはしない

旨の約束）の概念をわが国の契約実務に取り入れたものであり、一般的には契約書上、「誓約」、「譲渡人の義務」、「譲受人の義務」などのタイトルが付される。

誓約の日本法上の法的性質は、契約上の当事者の義務であると解され、主たる義務以外の付随義務を定める特約であるとされる。たとえば、事業譲渡契約の主たる義務は、事業の売買であるが、それに付随する売買の期日まで、債務者が事業自体の価値を維持・継続する義務や価値を下げる行為を禁止する義務などがそれである。

(2) 「誓約事項」の効果

クロージング前までの誓約事項を定めることにより、クロージング日の確実な実行を担保するものである。また、クロージング後の誓約事項を定めることにより、クロージング後の各当事者の義務を定め、各当事者にとって必要な、M&A契約の目的もしくは利益の維持・継続を、担保するものである。

契約において誓約事項違反の効果について定めることにより、違反した場合の効果が発生する。なお、誓約事項は主たる義務以外の付随義務を定める特約であるとされるので（前記(1)参照）、その違反が当然に解除権の発生につながるものではなく、解除についての定めが必要となる。[42]

一般的には、「クロージングの前提条件」に誓約事項の違反の場合の効果を定め、相手方が誓約事項を履行していない場合に、当方は履行義務を負わないとするものが多い（5「クロージングの前提条件」(1)、(2)（189頁）参照）。

(3) 誓約事項の具体例

(ア) クロージング前までの誓約事項の条項例

契約締結日からクロージング日までの期間を考慮し、譲渡の対象となる会社や事業の価値が減少しないことを確保するための義務、クロージングの障害となる事項の解消や必要な手続の履践をすべき義務などがある。

42　判例は、「当事者の一方が契約をなした主たる目的の達成に必須的でない付随的義務の履行を怠ったに過ぎないような場合には、特段の事情がないかぎり、相手方は、その義務の不履行を理由として当該契約を解除することはできない」とする（最判昭和36・11・21民集15巻10号2507頁）。

【記載例24】 クロージング前までの誓約事項例

〔譲渡人の誓約事項例〕

例1　譲渡人は、本契約締結後クロージング日までの間、善良なる管理者の注意をもって、本件譲渡対象〇〇を、本契約締結以前と実質的に同一かつ通常の方法で、事業の運営および財産の管理を行うものとし、譲受人の事前の書面による承諾のない限り、これに反する行為を行ってはならないものとする。

例2　譲渡人は、本契約締結後クロージング日までの間に、対象会社（または対象事業、など）の取引等に関する締結済みの契約上の地位の譲渡人から譲受人への移行について、当該契約の相手方である第三者から、承諾書面を取得するか、または新たに当該契約と同一条件で譲受人と契約を締結できるような措置をとるものとする。

例3　譲渡人は、本契約締結後クロージング日までの間、譲受人の取締役または執行役員が、対象会社の運営に関する情報についてのアクセス権を有することを認めるものとする。

〔譲渡人および譲受人の誓約事項例〕

例4　譲渡人（または譲受人）は、クロージングまでに、本件対象〇〇の譲渡に関し、法令、証券取引所規則、定款その他の社内規則等において必要とされるいっさいの手続を履践するものとする。

例5　譲渡人および譲受人は、本契約に定める各自の表明保証に違反する事実または重大な違反に該当する可能性が高い事実が判明した場合、直ちに相手方に対して通知するものとする。ただし、かかる通知をした譲渡人または譲受人は、当該通知によって当該表明保証違反による責任を免れるものではない。

〔譲受人の誓約事項例〕

例6　譲受人は、譲受人として本契約の履行に必要な関係官庁の同意、許可または命令等を得ていなければならない。

例1は、クロージング日までの期間に、譲渡価値の劣化を来さないため、譲

渡人に、原則、通常業務の範囲内で対象会社の運営をすべき義務を負わせるものである。

例2は、契約にチェンジ・オブ・コントロール条項がある場合に相手方の同意を得る旨を、譲渡人に義務づけるものである。

例3は、契約締結後、クロージングまでの間、対象会社の価値を減少しないようその運営を監視するとともに、クロージング直後の円滑な経営の引継ぎのため、譲渡人に義務づけるものである。

例4および例6は、クロージングまでに必要な手続の履践を義務づけるものである。

(イ) クロージング後の誓約事項の条項例

M&A取引実行後の譲渡人および譲受人の義務を定めるものである。譲渡人について、競業避止義務、事業や対象会社への人、モノ、知的財産権などの協力義務を定めたり、また譲受人について、一定期間、従前の労働条件を維持する義務や対象会社をして取引関係を継続する義務などを定めたりするものである。

【記載例25】 クロージング後の誓約事項例

〔譲渡人の誓約事項例〕

例1　譲渡人は、クロージング日から〇年間、日本国内外を問わず、本事業と実質的に競合関係に立つ業務を直接、間接を問わず行わないものとする。

例2　譲渡人は、クロージング後においても、譲受人の要請に応じ、対象会社の事業の運営が円滑に行われるよう、有償または無償で、対象会社に対する必要または適切な協力を行うこととする。

例3　譲渡人は、クロージング後においても1年間は、譲受人の要請に応じ、譲受人の本事業の引継ぎおよび運営に必要な限度において、本事業に従事する譲受人の従業員に業務指導を行うものとする。

例4　譲渡人は、クロージング日から〇年間は、対象会社がクロージング前から使用する譲渡人の有する〇〇システムおよび本社ビルを継続して

使用することを認めるものする。

例5　譲渡人は、クロージング後も引き続き、対象会社の事業運営に必要なライセンスを供与するものとする。

〔譲受人の誓約事項例〕

例6　譲受人は、クロージング後においても、本契約に基づく本事業の譲渡にもかかわらず、譲渡人が本事業と同一の事業を行うことを妨げないものとする。

例7　譲受人は、対象会社の労働組合と別途合意する場合を除き、クロージング日から〇年間、対象会社の従業員のクロージング前の労働条件を維持するものとする。

例8　譲受人は、クロージング後、本件株式譲渡契約に基づき辞任する取締役または監査役（以下、役員という）に関して、役員個人に対する職務執行に係る責任を追及しないものとする。

例9　譲受人は、合理的な理由がない限り、クロージング後も、対象会社が譲渡人から〇〇を購入する取引を継続するものとする。

第2章 M&A・アライアンスの検討段階前の契約書

1 秘密保持契約書

POINT

(1) 秘密保持契約書の意義

M&Aやアライアンスの交渉の前提として、相手方または対象会社の情報が当事者に開示される必要があるが、第三者に漏えい・開示されることがあってはならない。そこで、秘密保護契約書の締結が、交渉の前提条件となることが多い。

秘密保持契約書には、秘密情報の定義、当該秘密情報の第三者への漏えい・開示の禁止および情報受領者の目的外使用の禁止などが、規定される。

秘密保持契約書は、法的拘束力のある契約書として締結され、この点で、秘密保持契約書と同時または直後に締結される場合がある基本合意書とは異なるとされる[1]。

事業譲渡や株式譲渡などは、原則、譲受人は譲渡人や対象会社の情報が開示されればそれで済む場合もあるが、当事者間の交渉で、譲渡人にとっては、買収後の事業や対象会社に関する情報、譲受人の資金調達や譲受人の支払能力に関する情報も必要となる場合もあり、双方当事者の秘密保持義務が必要となる。

(2) 秘密保持契約書の内容

---

1 会社法コンメ(17)219頁〔三苫裕〕

㋐ 秘密情報の定義

　情報開示者から開示される情報に、秘密情報である旨の記述または秘密情報にその旨の記号等があれば、情報受領者の情報管理がしやすくなるが、M&Aでは、譲渡人や対象会社等に関する広範囲かつ大量の情報が開示される場合も多く、秘密情報を広く定義し、適用除外情報を除いたものを実際の秘密情報とする定め（後記「秘密保持契約書」第2条およびPOINT参照）が一般的である。

㋑ 秘密保持義務

　M&Aやアライアンスの交渉の場合、デューデリジェンス、スキームの立案、対価の算定、最終契約書の作成などに専門家が関与する場合が多く、情報受領者として当事者が指定する専門家等も当事者として認め、同時に専門家等に直接秘密保持義務を負担させる旨の定めが必要となる。ただし、これにかかわらず専門家等により損害が発生したとしても、その責任は、契約当事者である譲受人や譲渡人が負う旨の定めも必要となる。

㋒ 目的外使用の禁止

　情報受領者が同業者である場合には、他部署への漏えいの可能性があるので、情報受領者においては、本目的に関係する業務担当者の限定、他の部署とのファイアー・ウォールの設定なども考えたい。一方、情報開示者としても、必要なタイミングでの開示や、他の部署には開示しない旨などの確認などを行うことも検討すべきである。

(3) M&A秘密保持契約書・アライアンス秘密保持契約書

　目的がM&Aの検討である秘密保持契約書の有効期間（ただし、残存条項はあり得る）は、最終契約締結日またはクロージング日をもって終了するのが一般的である。吸収合併に関する秘密保持契約書は、その目的がどのようなものであろうと効力発生日をもって終了する（会社750条1項）。

　アライアンス秘密保持契約書は、アライアンスの可否判断のための調査から可の場合の最終契約締結までの期間を対象とする検討用秘密保持契約書、および最終契約締結後からアライアンス期間を対象とするアライアンス用秘密保持契約書の2段構えで締結する。

　また、共同研究開発用の秘密保持契約書は、共同で行った最終的な成果

のみならず、中間成果、当事者間で協議されたノウハウなどを含む議事録なども秘密情報の対象とすべきである。

●想定するケース●

　A株式会社は、全国で○○○店舗のコンビニエンスストアの事業運営をフランチャイズビジネスおよび直営店で行っている。一方、B株式会社も、全国でコンビニエンスストア○○○○店舗のフランチャイズビジネスおよび直営店の運営を展開しているが、国内において有数のコンビニエンスチェーンをめざして、A社の全株式を引き受け、B社の子会社とすることを検討するため、秘密保持契約書を締結するものである。

　本契約書で、双方を情報開示者（特にB社を情報開示者）としたのは、A社が、B社のコンビニエンスストアの運営状況や経営状況等の情報を知って、本件株式譲渡が、自社のフランチャイジー店舗等にとって利益があるかどうか検討しなければならないからである。

【書式１】　秘密保持契約書

秘密保持契約書

　A株式会社（以下、「譲渡人」という）とB株式会社（以下、「譲受人」という）は、次のとおり秘密保持契約（以下、「本契約」という）を締結する。

POINT

(1)　その他の契約方式

　本秘密保持契約書のように、譲渡人および譲受人のみが当事者となり署名する方式が一般的な方法であるが、そのほか、譲受人が譲渡人に差し入れる「差し入れ方式」、M&Aコンサルタントが当事者となる三者契約方式などがある。

(ア)　差し入れ方式

譲渡人および譲受人が当事者となり署名する方式ではなく、譲渡人の秘密保持だけが必要ならば、譲受人が譲渡人に差し入れる方式がとられることもある。

〔変更例〕

(譲渡人)

A株式会社

代表取締役　〇〇〇〇　様

秘密保持に関する誓約書

当社(譲受人)は、貴社(譲渡人)から提供される一定の内部資料等の秘密情報(以下、「本件秘密情報」という)の開示等について、厳守することを約するため本誓約書(以下、「本件誓約書」という)を差し入れる。

(イ)　三者契約方式

譲渡人、譲受人のほか仲介者であるM&Aコンサルタントが、当事者となり契約を締結する場合の前文の変更例である。

〔変更例〕

A株式会社(以下、「譲渡人」という)とB株式会社(以下、「譲受人」という)および株式会社Cコンサルティング(以下、「仲介人」という)は、以下のとおり秘密保持契約(以下、「本契約」という)を締結する。

(2)　当事者の略称

秘密保持契約締結の原因となる企業、事業、株式等の取引を想定して「譲渡人」、「譲受人」としたが、「売主」「買主」「売り手」「買い手」でも構わない。ただし、ある条項のみ抜き出しても、当事者の権利義務関係がわかればよいので、当事者が相互に、情報を開示する側にもなり、また情報を受領する側にもなる本契約においては、具体的な条項については、当事者のうち、ある情報を開示する者を「情報開示者」、その情報を受領する者を「情報受領者」とした。

アライアンス契約は通常は、当事者を債務者または債権者に分類す

> ることができないため、当事者の企業略称や頭文字など略称から当事者が判別できる語句が望ましいが、難しい場合は、一般的な甲、乙またはA、Bなどでも差し支えない。もっとも、具体的な条項については、「情報開示者」、「情報受領者」で構わない。

第1条（目　的）

　譲受人および譲渡人は、○○事業の譲受人への株式譲渡（以下、「本件譲渡」という）を検討するため（以下、「本件目的」という）に、相互に必要と認められる範囲の内部資料等の秘密情報（以下、「本件秘密情報」という）を相手方に対して開示する。

> **POINT**
>
> (1)　秘密保持契約を締結する目的
> 　相手方の秘密情報を得て、M&Aストラクチャーをどうするかも含めて判断することが目的である場合などは、いくら事業譲渡が最有力であっても、デューデリジェンス（DD）の結果により変更されることがあり固定的な記載はしない。ただし、あまりに目的が広範であると本契約第4条（目的外使用の禁止）との関連で問題となる。
> 〔変更例〕
> 第1条（目　的）
> 　　譲受人は、<u>M&Aおよび資本・事業提携等に関して検討するため</u>（以下、「本件目的」という）に、相互に必要と認められる範囲の内部資料等の秘密情報（以下、「本件秘密情報」という）を相手方に開示する。

第2条（秘密情報の定義）

　本件秘密情報とは、文書、図面、その他書類に記載され、もしくは電磁的または光学的方法等により記載・記録されたいっさいの情報で、譲渡人または譲受人（以下、「情報開示者」という）が相手方当事者（以下、「情報受領者」という）に対して開示した情報をいう。

ただし、次の各号に該当するものを除く。
(1) 情報開示者から開示された時点において、すでに公表されていたもの
(2) 情報開示者から開示された後に、情報開示者が公表したもの
(3) 情報開示者から開示が行われた後に、情報受領者の故意または過失によらないで第三者によって公表されたもの
(4) 情報開示者から開示が行われる前に、情報受領者が自ら取得し、または正当な権利を有する第三者より正当な手段により入手したことを、情報受領者が証明できるもの

> POINT
>
> (1) 秘密情報の定義の方法
> 　特定の情報について、変更例のように秘密情報であることを明示された方が、情報受領者にとって管理がしやすいが、デューデリジェンスのように大量の、かつ個々の情報が、短期間に開示されることが多い場合には、このような秘密情報であることの通知や秘密情報である旨の記載を付加することは難しく、本条のように知り得たすべての情報を秘密情報の候補にあげて、ただし書の「適用除外情報」に該当するものを除いて秘密情報であると定義することの方が一般的である。
>
> 〔変更例〕
> 第2条（秘密情報の定義）
> 　本件秘密情報とは、文書、図面、その他書類に記載され、もしくは電磁的または光学的方法等により記載・記録されたいっさいの情報で、譲渡人または譲受人（以下、「情報開示者」という）が相手方当事者（以下、「情報受領者」という）に対して開示した<u>時点において</u>、情報受領者に対して秘密情報であることを通知したもの、または情報受領者に対して開示した情報に極秘、㊙、社外秘、Confidential その他の日本語・外国語を問わずその<u>意味を表す用語の文字の記載・記録により、その他の情報とは明瞭に区分できるもの</u>をいう。

（※ただし書の「適用除外情報」は変更ない。）

(2) 口頭情報を定義する場合

　当事者間での打合せ、電話等などで、口頭で機密事項を相手方当事者に話してしまい、後で心配になるケースも多い。口頭での情報開示は、口頭でその旨が秘密である旨を念押ししたとしても証拠とはならない。その打合せ議事録および文書にて秘密情報である旨を記載し、情報受領者に交付すべきである。

〔変更例〕

第 2 条（秘密情報の定義）

　本件秘密情報とは、文書、図面、その他書類に記載され、もしくは電磁的または光学的方法等により記載・記録されたいっさいの情報<u>および口頭による秘密情報</u>で、譲渡人または譲受人（以下、「情報開示者」という）が相手方当事者（以下、「情報受領者」という）に対して開示した情報をいう。<u>なお、口頭による秘密情報とは、情報開示者が開示の日から○日以内に、当該情報が秘密である旨を文書にて送付した場合に限り、秘密情報として扱うものとする。</u>

（※ただし書の「適用除外情報」は変更ない。）

第 3 条（秘密保持義務）

　情報受領者は、本件秘密情報を厳重に保管および管理をし、事前に情報開示者の書面による同意を得た場合を除き、これを第三者に開示もしくは漏えいしてはならない。

2　情報受領者は、本件秘密情報に関与する情報受領者の役員および従業員を限定するものとし、これらの者に対しても、前項の義務を課すものとする。

3　第 1 項の規定にかかわらず、情報受領者は、本目的の遂行に必要な限り、あらかじめ情報開示者に通知することにより、本件秘密情報を弁護士、公認会計士、アドバイザー等（以下、「本件専門家等」という）に開示することができる。

4　情報受領者は、前項に基づき本件秘密情報を開示した本件専門家等に

対して、本契約と同等の秘密保持義務を課すものとする。
5 　第1項の規定にかかわらず、情報受領者は、その株式を上場する証券取引所が定める適時開示の基準または法令に基づき、情報開示者から開示された本件秘密情報を公表しなければならない場合、情報開示者の同意を得ずに公表することができる。
6 　第1項の規定にかかわらず、法律もしくは法的手続もしくは権限のある官公署の命令もしくは要請により本件秘密情報の開示が義務づけられている場合には、情報開示者の同意を得ずに公表することができる。

> POINT
>
> (1) 専門家等への情報の開示と秘密保持の義務付け
>
> 　秘密保持義務の内容は、本条第1項のように「秘密情報の厳重な管理」、「第三者への開示・漏えいの禁止」および次条の「目的外の使用禁止」である。
>
> 　秘密情報について検討するため情報受領者側では、情報受領者の役員・従業員（子会社の役員・従業員も規定する場合がある）だけでなく、デューデリジェンスをはじめとする専門家等への開示が必須となってくるため、その旨の開示が規定される（本条第3項、第4項）。
>
> (2) 本条第3項の対象者の検討
>
> 　専門家等以外にも、情報受領者の親会社、支配権を有する株主、情報受領者に対する買収資金の提供者などを、本条第3項に定める場合がある。

第4条（目的外使用の禁止）

　情報受領者は、本件目的のためにのみ本件秘密情報を使用することができる。

> POINT
>
> 　本条は、相手方当事者が、同業種、関連業種などの場合には、相手方の他部門への漏えいについても注意を払わなければならない。

〔変更例〕

第4条（目的外使用の禁止）

情報受領者は、本件目的のためにのみ本件秘密情報を使用する<u>役職員を指定し、本契約締結後、速やかに、情報開示者に通知しなければならない</u>。

第5条（開示の対象）

情報受領者は本件秘密情報を、本件目的を遂行するための情報受領者の役員ならびに従業員および情報受領者があらかじめ情報開示者に対して通知をした本件専門家等に限り、必要な範囲内で開示をすることができる。

2　情報受領者は、前項の役員ならびに従業員および本件専門家等の行為についてすべての責任を負うものとし、かつこれらの者に対して、本契約上の情報受領者の義務を遵守させなければならない。

> **POINT**
>
> 　第4条の趣旨を徹底する必要がある場合（たとえば相手方当事者が競業事業者などの場合）、第5条第1項で開示の範囲をさらに限定し、業務遂行上、情報を知る必要のない情報受領者の役職員等は開示対象に含まれない旨を徹底したい。
>
> 〔変更例〕
>
> 第5条（開示の対象）
>
> 　情報受領者は本件秘密情報を、本件目的を遂行するための情報受領者の役員ならびに従業員および情報受領者があらかじめ情報開示者に対して通知をした本件専門家等<u>のうち、業務上、当該秘密情報を知る必要のある者に限り</u>、必要な範囲内で開示をすることができる。
>
> （※第2項は変更ない。）

第6条（秘密情報の取扱い）

情報受領者は、本契約に基づき情報開示者から開示または提供された

本件秘密情報が、情報開示者からのいかなる権限、所有権もしくは権益の移転または譲渡を意味するものではなく、また、将来の移転または譲渡を約束するものではないことを確認する。

第6条（返　還）

　情報受領者は、本件目的が達成された場合、または本件目的の中止もしくは中断が決定された場合、情報開示者から返還の要求があった場合、本件秘密情報を所持する必要がなくなった場合、または本契約が期間満了もしくは合意解約その他の事由により終了した場合には、速やかにいっさいの本件秘密情報をそのすべての写しとともに情報開示者に返還するものとする。ただし、情報受領者は、返還不能なもの等については、情報開示者に通知のうえ情報開示者の指示に従い、これを粉砕または焼却できるものとする。

> POINT
>
> 　本契約の特徴として、比較的短期間にM&Aの検討が終了すること、そうでなくても秘密情報の開示を受けた者が秘密情報をもとにM&Aを中止することもあり、秘密度の高い情報が多く、秘密情報の返還が必須となる。
> 　また、情報開示者は、返還不可能なものについて粉砕・焼却等を委ねる場合、廃棄（粉砕・焼却等の）証明書の提出を義務づけることも必要である。

第7条（権利・義務の不存在）

　譲渡人および譲受人は、本契約の締結によっては本件目的の成立に関し何らの権利義務を有するものではなく、本件目的の不成立に関して相手方に何らの請求も行うことができない。

第8条（損害賠償義務）

　情報受領者は、本契約に違反し情報開示者に損害を与えた場合、情報開示者に直接生じた損害を賠償する義務を負う。

> **POINT**
>
> 本契約の期間中に、違反を行っている事実が発覚したときは、差止めを求めることも検討すべきである。
>
> 〔変更例〕
> **第8条（中止・損害賠償義務）**
> 　情報受領者は、本契約に違反した場合に、自ら、または情報開示者の差止め請求に基づき、直ちに違反行為を中止する義務を負うとともに、情報開示者に与えた損害を賠償する義務を負う。

第9条（有効期間）
　本契約の有効期間は、契約締結の日より〇〇〇〇年〇月〇日までとする。ただし、第6条、第8条、第11条に関する規定は、本契約終了後も、さらに〇年間有効に存続する。

> **POINT**
>
> 本契約の目的をM&Aや業務提携などアライアンスの検討のためとすると、契約期間としてはせいぜい1年程度であろう。ただし、残存条項を設定する場合はある。
> 　なお、合併については、有効期間にかかわらず、その効力発生日以降は、本契約書の効力はないと解される。

第10条（最終契約等）
　本契約に関し、譲渡人および譲受人間で締結された最終契約またはその他の合意書面により別段の定めがある場合は、当該定めに従う。

> **POINT**
>
> 秘密保持契約書は、通常、基本合意書、M&A最終契約書、その他アライアンス契約書の検討・締結の前に締結されるものであり、後で締結される契約書に秘密保持に関する規定を定める場合がある。
> 　この場合、秘密保持契約書に対して、後の契約書の当該規定はその

特約であり、当該規定が効力を有することを定めるものである。

第11条（協議解決）
　譲渡人および譲受人は、本契約に定めのない事項の取扱いを定める場合、または本契約の条項について疑義が生じた場合には、誠意をもって協議し解決にあたるものとする。

第12条（合意管轄）
　本契約に関する紛争は、○○地方裁判所をもって、第１審の専属的合意管轄裁判所とする。

　本契約の成立を証するため本書２通を作成し、譲渡人および譲受人が記名押印のうえ各１通を保有する。

　○○○○年○月○日
　　　　　（譲渡人）
　　　　　　　住所　　　愛知県名古屋市中区○○１－１－１
　　　　　　　会社名　　Ａ株式会社
　　　　　　　代表者名　代表取締役　○○○○
　　　　　（譲受人）
　　　　　　　住所　　　東京都新宿区○○２－２－２
　　　　　　　会社名　　Ｂ株式会社
　　　　　　　代表者名　代表取締役　○○○○

２ アドバイザリー業務委託契約書

●想定するケース●

　株式会社 X は、非上場会社である。X では、自社の事業の維持を図るため、譲渡先の選定または第三者からの出資を目的とする事業の承継について、株式会社 Y コンサルティングから案件全体の運営や交渉の進め方、企業評価等に関して専門的なアドバイスを受けることになった。

【書式2】　M&A アドバイザリー業務委託契約書

M&A アドバイザリー業務委託契約書

　X 株式会社（以下、「委託者」という）および株式会社 Y コンサルティング（以下、「受託者」という）は、委託者の事業の承継に係る M&A のアドバイスに関して、次のとおり、契約（以下、「本契約」という）を締結する。

第1条（目　的）

　委託者は、株主からの委託者の株式の譲受け、委託者の事業の第三者への譲渡ないしは第三者からの委託者への出資の実行（以下、「本件事業の承継」という）に関し、第2条に定めるアドバイザリー業務（以下、「本件業務」という）の遂行を受託者に委託し、受託者はこれを受託する。

第2条（本件業務の範囲）

　本件業務の目的を達するための本件業務の範囲は、以下の各号のとおりとする。

　(1)　必要な情報の収集・調査および資料の作成

　(2)　基本スキームの立案

　(3)　実務手続上の助言および打ち合わせのスケジューリング

　(4)　相手先候補者企業に対する委託者情報の開示および候補者企業の委託者への提示

　(5)　相手先との秘密保持契約など事前手続と打ち合わせの場での立会

いおよび助言
(6) 必要時の監査法人、弁護士等の専門家の選定、依頼および委任
(7) 必要となる契約書等文書のひな形の提示と助言
(8) デューデリジェンスの立会いおよび助言
(9) その他、進捗状況に応じた必要な専門知識や経験に基づくアドバイス
(10) 最終合意に関するアドバイスおよび最終契約の締結に対する助言
(11) クロージングのための手続等に対する助言

> **POINT**
>
> **(1) 委託業務の範囲**
>
> 業務の範囲は、できるだけ明確に記載すべきであり、委託者の要望により内容が異なってくることから、ひな型などで対応せず、必要なら「別紙」または「業務マニュアル」を添付する。
>
> **(2) 業務範囲である契約書の作成検討業務と弁護士法72条**
>
> アドバイザリー契約が、弁護士法72条（非弁護士の法律事務の取扱い等の禁止）に該当するか否かについて、裁判例（東京地判平成24・12・17 LEX/DB25499455）は、「弁護士法72条は、弁護士または弁護士法人でない者が、『訴訟事件、非訟事件および審査請求、異議申立て、再審査請求等の行政庁に対する不服申立事件その他一般の法律事件』に関して、『鑑定、代理、もしくは和解その他の法律実務』の取扱い等を業とすることを禁止しているところ、『その他一般の法律事件』は、『訴訟事件』等の例示を受けて規定されている以上、同例示に準ずる程度の争いや疑義のおそれの存在が必要であると解するのが相当である」として、委託者と相手先との間で法的紛議が生ずることが不可避であることをうかがわせる事実はなく、「その他一般の法律事件」に該当すると認めることはできないとして、弁護士法72条に違反しないとする。

第3条（専任受託）

委託者は受託者の事前の同意なく、〇〇〇〇年〇月〇日までは、本件事業の承継に関するコンサルティング業務を、他の企業に依頼しないものとする。

第4条（報　酬）

本件業務委託の報酬は、総額金〇〇〇万円（消費税相当額を含まない）とする。

2　支払方法は、下記条件に基づくものとする。

(1)　着手金　〇〇〇万円（消費税相当額を含まない）を本契約締結時に支払う。

(2)　中間金　〇〇〇万円（消費税相当額を含まない）を相手方との基本合意書締結時に支払う。

(3)　成功報酬　〇〇〇万円（消費税相当額を含まない）を本件事業の承継のクロージング時に支払う。

3　前項の報酬は、受託者の指定した銀行口座に振り込むものとする。なお、報酬の支払いに際し、課される消費税その他税金および費用は委託者の負担とする。

4　委託者が支払った本条第2項第1号および第2号の報酬については、本件事業の承継の成否にかかわらず返還されないものとする。

POINT

(1)　報酬費用

「着手金＋成功報酬」という報酬体系が一般的であり、着手金については、案件の規模や性質、業者のスタンスによりさまざまである。成功報酬は、取引金額の1％～5％の範囲内で設定されることが一般的である。着手金は、ゼロの場合から数10万円～1000万円程度までであり、案件の内容、規模、性質、業者によっても異なる。[2]

(2)　着手金と成功報酬

委託者の目的は、委託者と第三者の間の最終契約の成就である。それには、委託者の意図だけではなく、第三者（具体的取引の相手方）

2　M&A実務ハンドブック53頁

の意図も重要なファクターであり、たとえ基本合意書を締結したとしても第三者の事情により解約という事態が発生する可能性もある。[3]したがって着手金・中間金が第4項記載のように返還されないとすると、第2項第1号の着手金および第2号の中間金をどのような金額や取扱いにするかが重要になってくる。このような場合には、成功報酬のみとすることも考えられる。

〔変更例〕

第4条（報　酬）

　本件業務の報酬として、委託者は受託者に対し、以下の各号の通り支払うものとする。

(1)　委託者が、受託者の紹介にかかる候補者と本件の承継に関する最終契約を締結したときは、受託者に対して、本件取引のクロージング日から〇日以内に、取引価格に各段階の報酬料率を乗じて得た合計額の成功報酬を支払うものとする。

取引金額	報酬料率
5億円まで部分	5％
5億円を超え、10億円までの部分	4％
10億円を超え50億円までの部分	3％
50億円を超え、100億円までの部分	2％
100億円を超える部分	1％

(2)　前号の報酬料率を算定した額が1000万円に満たないときは、報酬額は1000万円（消費税別途）とする。

第5条（実費の負担）

　本契約の目的達成の成否にかかわらず、受託者が本件業務の遂行上必要とする実費は、受託者の請求の都度委託者が前条第3項の銀行口座に振り込むものとする。なお、当該実費には本契約の目的達成のため受託

3　住友信託銀行対旧UFJホールディングス事件（最決平成16・8・30民集58巻6号1763頁）

者が委任した専門家に支払う費用を含むものとする。

第6条（秘密保持）

委託者および受託者は、委託者または候補先もしくは相手方が開示した本件事業の承継にかかる秘密情報を、本契約に先立ち〇〇〇〇年〇月〇日付で委託者、受託者間で締結した秘密保持契約（以下、「秘密保持契約」という）に基づき、取り扱うものとし、他の目的には一切使用してはならない。

第7条（直接交渉の禁止）

委託者は受託者の事前の同意なく、本件事業の承継に関し、候補先または第三者もしくはその関係者ならびにその代理人と直接接触または交渉をしてはならない。

> **POINT**
>
> 委託者が他の受託者に依頼すると、三者間で混乱が生じるおそれがある。そこで、本件に関し他の受託者との委託取引を行わない旨を定めることも検討すべきである
>
> 〔追加条項例〕
>
> 第〇条（専任契約）
>
> 委託者は受託者の事前の同意なく、〇〇〇〇年〇月〇日までは、本件事業の承継に関するコンサルティング業務を、他の企業に依頼しないものとする。

第8条（有効期間）

本契約の有効期間は、本契約締結日より1年間とする。ただし期間満了の〇か月前までにいずれかの当事者より書面による別段の申し出がないときは、さらに1年間延長するものとし、以後も同様とする。

なお、期間満了の日において候補先との間で本件事業の承継に関する交渉が継続中の場合は、有効期間を本件事業の承継が終了するまで延長するものとする。

2　前項により本契約が終了した場合といえども、秘密保持義務および有

効期間終了後の成立に関し定める義務は、本契約終了後〇年間は存続するものとする。

> **POINT**
>
> 委任契約は民法651条１項により、いつでも解約できることになるため、解約についての定めを置くことも検討する。[4]
> 変更例は受託者に対する任意解除権と報酬との関係について規定する。
>
> 〔変更例〕
> 2 前項（※第８条第１項）の契約期間中であっても、委託者は受託者に対して、１か月前までに書面による通知をすることにより、本契約を解除することができる。ただし、相手方との基本合意書締結時後、本件事業の承継の最終契約締結前までに委託者が本契約を解除したとき（相手方からの契約解除による場合を除く）は、成功報酬は３分の１に減額して支払わなければならない。
> 3 前２項により本契約が終了した場合といえども、秘密保持義務および有効期間終了後の成立に関し定める義務は、本契約終了後〇年間は存続するものとする。

第９条（本契約終了後の成立）

本契約の終了後〇年以内に、受託者が紹介した候補先との間で本件事業の承継が第三者の関与による場合も含め成立した場合には、本契約に基づく受託者の仲介者としての業務の成果により当該事業の承継が成立したものとみなし、受託者は委託者に対し、本契約第４条第２項第３号に定める成功報酬を請求することができ、委託者はこれを支払うものとする。

> **POINT**
>
> ◎ 契約終了後のみなし成立期間・成功報酬

---

4 任意解除規定と成功報酬については裁判例（東京地判平成24・12・17LEX/DB25499455）がある。

受託者にとってはできるだけ長期を望むことになるが、委託者にとって納得できる合理的期間を設定すべきである。

みなし成立期間については、成功報酬の金額を下げる場合もある。

〔変更例〕

第9条（本契約終了後の成立）

本契約の終了後〇年以内に、委託者と受託者の紹介にかかる候補先が、本件事業の承継に関して合意に達したときは、本契約に基づき事業の承継が成立したものとみなし、受託者は委託者に対し、第4条に定める中間金（中間金を支払済みの場合は除く）および成功報酬の金額の〇〇％を請求することができ、委託者はこれを支払うものとする。

第10条（免　責）

本契約締結の前後を問わず、委託者に対し受託者が提供する本件業務の遂行は委託者の参考のために提供されるものであり、委託者は自らの判断の下にその採否を決定するものとする。また、受託者ならびにその役員および従業員は、本件業務の遂行に基づき委託者が具体的にとった行為の結果に対して責任を負わず、また本件事業の承継が成就せず、本件事業の承継に関する相手方との契約が締結されなかった場合も、委託者に対し何らの責任を負わないものとする。ただし、受託者の本件業務の遂行に係る故意または重大な過失により、委託者が被った直接損害（間接損害、逸失利益、保険等によりてん補された損害は含まない）についてはこの限りではなく、この場合、受託者の賠償責任の限度は、第4条第2項に基づく受託者が受領した報酬金額を超えないものとする。

第11条（契約違反）

本契約に基づき免責される場合を除き、委託者および受託者は、本契約の違反により損害を被ったときは相手方に対して、その賠償を請求できる。

第12条（権利義務の譲渡禁止）

委託者および受託者は、相手方の当事者の書面による事前の承諾がな

い限り、第三者に対して、本契約の当事者たる地位および本契約から生ずる権利義務について、承継、譲渡、担保設定その他いっさいの処分を行ってはならない。

第13条（協　議）

　本契約に定めのない事項または解釈に疑義のある事項については、委託者と受託者が誠意をもって協議し解決を図るものとする。

第14条（管轄合意裁判所）

　委託者および受託者は、本契約に関し裁判上の紛争が生じたときは、東京地方裁判所をもって、第1審の専属的合意管轄裁判所とする。

本契約締結の証として本書2通を作成し、各自1通を保有するものとする。

〇〇〇〇年〇月〇日

　　　　　　　　　　委託者　東京都〇区〇〇　1－10－1
　　　　　　　　　　　　　　X株式会社
　　　　　　　　　　　　　　　代表取締役　〇〇〇〇　㊞
　　　　　　　　　　受託者　東京都〇〇区〇〇町　1－1
　　　　　　　　　　　　　　株式会社Yコンサルティング
　　　　　　　　　　　　　　　代表取締役　〇〇〇〇　㊞

第3章 会社法の組織再編に関する契約書

I　合併に関する契約書

1　吸収合併に関する基本合意書

●想定するケース●

　事案は、上場会社であるA社・B社の2社が、吸収合併をすることを目的として、今後の方向や日程の予定について一定の合意に達したので、基本合意書を取り交わすものである。

　本基本合意書に基づき、2社は、適時開示をすることになる。

※本基本合意書は、後記2「吸収合併契約書」における場合とは別個のケースの合意書である。

POINT

(1)　取締役会承認および適時開示

　合併基本合意書には、最終契約書（合併契約書の意。以下同じ）のような会社法による必要的記載事項の規定は要件ではなく、各条項の内容から、合併当事会社が特定され、基本合意書締結日以降、各当事会社が最終契約書の締結に向けて、真摯にかつ誠実に交渉を行うものが定められていれば、基本合意書としての役割を果たすものと解される。

　もっとも、会社法の法定事項は最終契約で定めるとしても、基本合意書において法的拘束力を認めるもの、または法的拘束力条項で法的拘束力が

あると定めるものも存在し（下記、本合意書の「本合意書の効力」の条項を参照）、違反すると損害賠償義務が発生することから、取締役会設置会社では取締役会の承認が必要と解する。さらに、上場会社にあっては、基本合意書の締結は、原則、適時開示の対象となり、取締役会の承認を得ることが通例である。

(2) その他

第2部第1章Ⅰ①「基本合意書」（148頁）を参照されたい。

【書式3】 合併に関する基本合意書

合併に関する基本合意書

A株式会社（以下、「存続会社」という）とB株式会社（以下、「消滅会社」という）は、合併に関する基本的条件に関し、以下のとおり基本合意書（以下、「本合意書」という）を締結する。

> **POINT**
>
> 本基本合意書では、すでに「合併」により組織再編を行うことが合意されており、当事者をわかりやすい略称とするため、A株式会社を「存続会社」、B株式会社を「消滅会社」としたが、消滅会社は抵抗があるとする場合や、まだ統合ストラクチャーをどうするかが合意できていない場合には、社名のアルファベットの頭文字（たとえば「A社」「K社」）のほか、従来の一般的な略称である「甲」「乙」でも構わない。

第1条（合併の目的）

存続会社および消滅会社は、市場競争力の強化および経営基盤を強化するため、対等の精神で本件合併の最終契約（以下、「本件最終契約」と

---

1 最決平成16・8・30民集58巻6号1763頁参照。また最判昭和59・9・18判時1137号51頁など信義則上の注意義務違反を認めるものもある（165頁参照）。

いう）を締結することを目的として、誠実に交渉を行うものとする。

> **POINT**
>
> 合併の目的は、合併当事者の合併にあたっての認識を確認する象徴的な意味として、また、公表する際に合併の理由として必要となる。目的を前文に含める場合もある。
>
> 〔変更例①〕
>
> 第1条（目　的）
>
> 　存続会社と消滅会社は、小売事業環境が大きく変化している中で、同業種との競争に加え、量販店や百貨店等の異業種との競争激化という厳しい事業環境の下で、競争に勝ち抜くために、両当事会社の経営資源を結集し、新たな小売グループの形成を目的として、すべてのステークホルダーに貢献できる企業となることを目指すものとする。
>
> 〔変更例②〕
>
> 第1条（合併の目的）
>
> 　存続会社と消滅会社は、○○の製造装置、各種○○機器システム等、成長が期待される○○事業に両当事者が一体となって取り組み、両当事者の持つポテンシャルのシナジー効果を最大限に発揮し、事業の発展を図るために合併する。

第2条（合併の方法）

　合併により、存続会社が、消滅会社を吸収し、消滅会社は解散するもの（以下、「本件合併」という）とする。

> **POINT**
>
> 本件合併の内容について、合併後の商号、本店所在地などを合意していれば、それらの条項も定める。なお、商号・本店所在地は、存続会社の定款変更によらなければ効力を生じない。
>
> 〔追加条項例〕
>
> 第○条（商号および本店の住所）

合併後の商号は、C株式会社とし、合併後の本店の住所は東京都
　　○○区○○町1－1－1に置く。

第3条（合併比率）
　存続会社および消滅会社は、第7条に定める本件調査を実施後、それぞれ第三者機関に合併比率の算定を依頼し、その結果を持ち寄り、アドバイザーとしての当該第三者機関の出席も得たうえ、協議により、本件合併の合併比率を本件最終契約締結までに決定する。

> **POINT**
> 　基本合意書において合併比率を合意する場合もみられるが[2]、合併比率は、株主等にとって最重要事項であり、双方またはいずれかが上場会社の場合には公表せざるを得ず、当該交換比率を前提に、証券市場が動く可能性があり、基本合意書で定めるべきか否かについては、慎重に判断を下すべきである。どちらかというと、合併比率は、デューデリジェンス後、会社法が規定する最終契約書に定めればよい（会社749条1項2号・3号、783条1項、309条2項12号）。
> 　変更例は合併比率の内容を記述したものである。
> 〔変更例〕
> 　第3条（合併比率）
> 　　消滅会社の普通株式1株に対し、存続会社の普通株式0.5株を割り当てるものとする。

第4条（従業員）
　存続会社は、合併期日において、消滅会社の従業員を引き継ぐものとし、従業員に関する取扱いについては、別に存続会社および消滅会社が協議して定める。

---

[2] 2006年1月～2009年9月に合併に関する基本合意書の締結をTDnetにおいて公表した事例43件のうち、基本合意書で合併比率まで決定している事例は13件とのことである（合併ハンドブック37頁）。

> **POINT**
>
> 　消滅会社の従業員との労働契約および労働組合との労働協約は、包括承継により、当然に存続会社に引き継がれるのが原則である。この場合に、消滅会社と存続会社の労働条件の統一的・画一的処理の要請から、判例は、合併における労働条件変更の必要性を認める（最判昭和63・2・16民集42巻2号16頁）。
>
> 　詳細は、第1部第2章Ⅰ[2]「合併」（91頁）を参照されたい。

第5条（存続会社の役員および任期）

　存続会社の代表取締役社長および代表取締役副社長は別紙のとおりとし、そのほかの役員は合併承認取締役会までに定め、存続会社の合併承認株主総会で選任する。

2　前項により新たに存続会社の取締役および監査役に就任した者の任期は、合併承認株主総会の後、1年以降の最初に開催される存続会社の定時株主総会の終結の時までとする。

第6条（本件合併実行までのスケジュール）

　存続会社および消滅会社は、以下の各号の日程を目途とし、手続を進める。

(1)　合併承認取締役会　　　　○○○○年○月○日
(2)　最終契約書締結　　　　　○○○○年○月○日
(3)　合併承認臨時株主総会　　○○○○年○月○日
(4)　消滅会社上場廃止日　　　○○○○年○月○日
(5)　合併期日　　　　　　　　○○○○年○月○日
(6)　合併登記　　　　　　　　○○○○年○月○日

> **POINT**
>
> **(1)　最終契約書締結日と合併承認株主総会の日**
>
> 　合併契約の締結と株主総会の合併承認決議とは時期的にどちらが先であってもよいとされるが、通常は、株主総会による合併契約承認決議の前に、取締役会設置会社では取締役会決議および会社代表者によ

る株主総会の承認を効力発生条件とする最終契約（合併契約）が締結される。[3]

(2) **合併期日と合併登記の日**

吸収合併の場合、合併登記は、合併期日（＝合併の効力発生日）から2週間以内にしなければならない（会社921条）。会社法は、消滅会社の解散は、吸収合併の登記の後でなければ、第三者に対抗できず、この対抗不能は第三者の善意・悪意を問わない（会社750条2項）。

合併登記は、第三者対抗要件としての意味を有する。合併期日後、合併登記までの最長で2週間の間の消滅会社の代表取締役が消滅会社を代表して行う第三者への譲渡等については、存続会社は対抗できないことになるので、存続会社に当該第三者に対して資産引渡義務、移転登記義務が生ずる。

一方、合併期日前に、消滅会社が資産譲渡等を行った場合には、存続会社は合併期日に、資産引渡義務、移転登記義務を引き継ぐことになるので問題は発生しない。[4]

第7条（デューデリジェンス）

存続会社および消滅会社は互いに、本件合併を遂行するか否かを判断するため、本合意書の締結後2か月の期間内において、各当事会社および各当事会社が選任する弁護士、公認会計士ならびにその他のアドバイザー等が、相手方に関する以下の事項を調査（以下、「本件調査」という）するものとし、相手方は本件調査の実施について必要な協力をするものとする。

(1) 会計処理、財務内容、将来の収益見通し
(2) 経営管理、営業活動、技術開発力、設備の保全・稼働状況など
(3) 第三者との重要な契約関係、株式の譲渡、不動産の利用・権利状況、労務関係、知的財産・著作権関係、係争事件の有無、汚染等の環境リスクなど

---

[3] 会社法コンメ(17)96頁〔柴田和史〕
[4] 会社法解説189頁、合併ハンドブック235頁以下

> POINT

(1) 合併におけるデューデリジェンス（DD）の特徴

上場会社同士の合併の場合は、存続会社または消滅会社が、互いに相手方に対して、デューデリジェンスを行う。

そして、本デューデリジェンスを基礎に、存続会社と消滅会社が、それぞれが委託した専門算定機関による算定書を持ち寄り最終的に合併比率を決定する。

(2) デューデリジェンスの前の表明保証

デューデリジェンスの前に、すでに当事会社が、本合意書締結のために、財務諸表等の資料を取り交わしているならば、それらの資料等、および本合意書締結時点における合併にあたり各当事会社の重要事項に関して概括的に表明保証を定める場合もある。

〔追加条項例〕

第○条（表明保証）

 存続会社および消滅会社は、互いに相手方に対して、自己が提出した自己の財務諸表の内容が真実かつ適正であることを保証し、貸借対照表に計上されていない保証債務等、簿外の債務が存在しないことを表明し保証する。

2 存続会社および消滅会社は、互いに相手方に対して、自己の従業員に対して未払い賃金、時間外手当、社会保険料などの労働契約に関する債務は存在しないことを表明し保証する。

3 存続会社および消滅会社は、互いに相手方に対して、自己が所有する土地および建物に有害物質による汚染がないことを表明し保証する。

4 存続会社および消滅会社は、互いに相手方に対して、自己が第三者の特許権等の知的財産権を侵害していないことを表明し保証する。

5 存続会社および消滅会社は、互いに相手方に対して、自己が第三者から何らのクレーム等を受けておらず、自己に帰属する可能性のある重大な債務が存在しないことを表明し保証する。

6　存続会社および消滅会社は、互いに相手方に対し、自己のみならずその代表者、役員等を含み反社会的勢力とはいっさい関係がないことを表明し保証する。

第8条（条件の修正、契約解除）

　存続会社および消滅会社が行う本件調査により、新たな重要な事情を発見したときには、当事者が協議のうえ合併の諸条件を変更することができる。

2　前項の重要な事情が回復困難で、当事者間の信頼関係を維持できないときは、存続会社または消滅会社は本合意書を解除できる。

3　前項の場合、解除の原因が相手方の故意または重過失によるときは、相手方は損害賠償をする責に任じる。

第9条（善管注意義務）

　存続会社および消滅会社は互いに、合併期日までは下記の事項を行わず、その財産状態ならびに損益状況が大幅に変化しないよう努めるものとする。ただし、事前にその相手方が書面により承諾した場合にはこの限りではない。

(1)　増減資、新株予約権の発行

(2)　新規借入れ、新規投融資、担保権の設定

(3)　重要財産の売却または購入

(4)　従業員の賃金・給与の水準の大幅な変更

(5)　重要な顧客との取引条件の変更

第10条（独占交渉権）

　本日より〇〇〇〇年〇月〇日の間、本件合併に関して、存続会社および消滅会社は第三者との間で、発行済株式の売却、増資の引受け、合併、株式交換、株式移転、経営権の変更などにつき、いっさいの情報交換、合意、契約を行わないものとする。

> **POINT**
>
> 独占交渉権条項については、第2部第1章Ⅱ[2]「独占交渉権条項」（157頁）を参照されたい。

第11条（秘密保持契約）

　存続会社および消滅会社は、本件合併の準備のために〇〇〇〇年〇月〇日に締結した秘密保持契約は、本合意書締結後も、有効であり、遵守しなければならない。

> **POINT**
>
> 　デューデリジェンスを控えているため、秘密保持契約または秘密保持条項は、重要であり、まだ秘密保持契約を締結していないなら、本条項を秘密保持条項として、または同時もしくは速やかに秘密保持契約を締結することが必要となる。

(1) 別に秘密保持契約を締結する場合

〔変更例〕

第11条（秘密保持契約）

　存続会社および消滅会社は、<u>本合意書締結と同時に秘密保持契約書を締結</u>しなければならない。

(2) **本条項を秘密保持条項とする場合**

〔変更例〕

第11条（秘密保持）

　存続会社および消滅会社は、<u>本合意書の締結の過程において、および本件合併に係る協議・交渉等の経緯・内容ならびに本件合併に関し相手方から開示・提出されたいっさいの情報につき、あらかじめ相手方に通知した弁護士、公認会計士、税理士および本件合併を担当するアドバイザー以外のいかなる第三者に対しても開示・漏えいをしないものとする。ただし、以下の各号に該当する事項は、この限りではない。</u>

<u>(1) 本合意書締結前よりすでに了知していた情報</u>

> (2) 秘密保持義務を負うことなく第三者から適法かつ正当に入手した情報
> (3) 自社で独自に開発した事項にかかる情報
> (4) 相手方が公表することを承諾した情報
> (5) すでに公知となった情報
> (6) 相手方から開示された後に公知となった情報

第12条（合併準備委員会）

　存続会社および消滅会社は、本合意書締結後、速やかに、各当事者の代表取締役社長を共同委員長とし数名の各当事者の役員を構成員とする合併準備委員会を設置するとともに、当該共同委員長が自己の担当者を指名し、合同で機能別に合併準備部会を設ける。その詳細は別途、合併準備委員会が定めるものとする。

POINT

　本条は、両当事会社のトップが中心となる合併準備委員会の設置およびその下で、各部門の合併に向けて合併準備部会を設置し、部門ごとの課題を検討し、合併前後の部門ごとの対応計画とその実施を行うものである。

第13条（有効期限）

　本合意書は、〇〇〇〇年〇月〇日までに本件最終契約が締結に至らなかった場合、失効する。ただし、書面にて、当事者間で有効期限の変更につき合意がなされた場合には、この限りではない。
2　前項の期限までの間において、天災地変、経済的激変その他不可抗力事由により、存続会社または消滅会社の資産状態に重大な変動が生じたときは、当事者が協議のうえ、合併条件を変更し、または本合意書を解除することができる。

第14条（本合意書の効力）

　本合意書は、第〇条ないし第〇条を除き、法的拘束力を有しないもの

とし、いずれの当事者に対しても本件最終契約を締結する義務および本件合併を実行すべき法的な義務を負担させるものではない。

> **POINT**
>
> **(1) 法的拘束力の有無**
>
> 合併基本合意書・覚書の法的拘束力に関しては、合意書において、①合併の計画・基本的事項として合併の目的・態様、合併後の商号、合併比率、合併交付金の有無・金額、役員人事・報酬、従業員の引継ぎ、合併期日など、最終契約書の骨子となるべきものと、②合併交渉にかかる秘密保持義務、合理的期間に限定した独占交渉権、デューデリジェンスの実施と協力義務などの合意を内容とするものがあり、②の合意は、最終契約の内容に直接関係するものではないから、当事会社の株主総会決議を得ることは必要なく、これらの合意は、合併の具体的実現のための準備としてなされるのが通常なので、拘束力を否定する特段の事情のない限り、法的拘束力を認めるのが当事者の意思に適合する。
>
> これに対して、①の事項は、合併契約の内容そのものを含んでいるが、最終契約として株主総会決議等の承認を得ることを予定したものではなく、特段の定めがない限り、その合意には法的拘束力がなく、単に道義的遵守が相互に期待されているに過ぎないとされる[5]。
>
> **(2) 変更例**
>
> 本条は、列挙した条項以外は、法的拘束力を有しないとするが、逆に列挙した条項以外は法的拘束力を有するとするものもある。合意書の各条項の構成、法的拘束力を有することとすべき事項の多少などでどちらをとるかは変わる。
>
> 〔変更例〕
>
> **第14条（法的拘束力）**
>
> 　本合意書の第○条および第○条（以下、本条で「当該条項」という）は法的拘束力を有せず、いずれの当事者も本件最終契約を締結

5　以上は、今井＝菊池57頁～58頁による。なお、河本ほか13頁の中村直人発言も同趣旨と解される。

する義務および本件合併を実行すべき法的な義務を<u>有しないものとし、当該条項以外のすべての条項は法的拘束力を有するものとする。</u>
※その他、法的拘束力条項については、第2部第1章Ⅱ[3]「法的拘束力条項」（164頁）を参照されたい。

第15条（誠実交渉義務）

本合意書に定めのない事項もしくは本合意書の解釈に関して疑義が生じた場合、本合意書の趣旨に従い、誠実に協議して決定する。

第16条（裁判管轄）

本合意書に関するいっさいの紛争については、東京地方裁判所を第1審の専属的合意管轄裁判所とする。

本合意書締結の証として、本書2通を作成し、当事者が記名押印のうえ、各1通を保有する。

〇〇〇〇年〇月〇日

　　　　　　　　　　（存続会社）東京都〇〇区〇〇町1－1－1
　　　　　　　　　　　　　　　　A株式会社
　　　　　　　　　　　　　　　　　代表取締役社長　〇〇〇〇　㊞
　　　　　　　　　　（消滅会社）東京都〇〇区〇〇町1－2－3
　　　　　　　　　　　　　　　　B株式会社
　　　　　　　　　　　　　　　　　代表取締役　　　〇〇〇〇　㊞

2 吸収合併契約書

●想定するケース●

東日本を中心に物流・倉庫事業を展開するA株式会社は、さらに事務の合理化、物流システムの効率化を推進するとともに経営基盤の強化を図り、業績の安定的向上を目指すため、西日本地区において物流事業を委託しているB株式会社を吸収合併するものである。

※本契約書は、前記1「吸収合併に関する基本合意書」における場合とは別個のケースの最終契約書である。

POINT

(1) 吸収合併契約書の必要的記載事項の注意点

合併契約の必要的記載事項に瑕疵がある場合には、株主から効力発生日前は合併の差止めの請求、効力発生日後は合併無効の訴えの提起をされる可能性がある（会社784条の2、828条1項7号）。

会社法は、合併する会社は合併契約を締結しなければならないとし、必要的記載事項を定めなければならないとする（会社748条1項、吸収合併に関しては749条1項、751条1項）。合併契約書を作成しても、合併契約の必要的な記載が欠けている場合、または記載が違法な場合は、原則的に無効である。[6]

したがって、最終契約の締結前に、必要的記載事項に漏れや違法がないかチェックすべきである。

(2) 定款変更条項、取締役・監査役の選任条項、剰余金の配当条項の注意点

これらの条項を合併契約書に定めることは差し支えないが、株主総会において合併契約の決議手続の中ではなく、それぞれの項目について、別途、個別に決議手続が必要となる。

6　江頭855頁、885頁、弥永425頁

第 2 条、第10条および POINT を参照されたい。

【書式 4】 吸収合併契約書

吸収合併契約書

A 株式会社（以下、「X」という）と B 株式会社（以下、「Y」という）とは、合併のため、次のとおり契約（以下、「本契約」という）を締結する。

> **POINT**
>
> ### (1) 三者による吸収合併契約の場合
> 会社法 2 条27号は、吸収合併について「会社が他の会社とする合併であって」とする。
>
> 存続会社 A 社に対し、消滅会社を B 社および C 社とする場合、三者契約としては認められるが、会社法上は、存続会社 A 社に対し消滅会社を B 社とする吸収合併と、存続会社 A 社に対し消滅会社を C 社とする別の吸収合併を、契約書上に便宜的に記載したに過ぎない。したがって、下記のように必要的記載事項について 2 つの吸収合併として、分けて考える必要がある。
>
> 〔変更例①〕※前記前文参照
> 　A 株式会社（以下、「X」という）<u>および</u> B 株式会社（以下、「Y」という）<u>ならびに C 株式会社（以下、「Z」という）</u>は、合併のため、次のとおり契約を締結する。
>
> 〔変更例②〕※本契約第 1 条参照
> 　第 1 条（合併の方法）
> 　　<u>X（存続会社）、Y（消滅会社）および Z（消滅会社）</u>は、以下の方法で合併する。
> 　<u>(1)</u> X および Y は、X を吸収合併存続会社、Y を吸収合併消滅会社として合併する<u>（以下、「本合併 1 」という）</u>。

(2) XおよびZは、Xを吸収合併存続会社、Zを吸収合併消滅会社として合併する（以下、「本合併2」という）。

2　XおよびYならびにZの商号および住所は、次のとおりである。

(1) X（吸収合併存続会社）

　　商　　号　　A株式会社

　　住　　所　　東京都中央区〇〇一丁目2番3号

(2) Y（吸収合併消滅会社）

　　商　　号　　B株式会社

　　住　　所　　福岡県福岡市〇区〇〇二丁目3番4号

(3) Z（吸収合併消滅会社）

　　商　　号　　C株式会社

　　住　　所　　愛知県名古屋市中区〇〇三丁目4番5号

〔変更例③〕

第4条（資本金および準備金の額）※本契約第4条参照

　X（存続会社）は、本合併1により資本金〇〇〇〇円および資本準備金〇〇〇〇円を増加し、本合併2により資本金〇〇〇〇円および資本準備金〇〇〇〇円を増加し、Xの資本金および準備金の合計額は次のとおりとする。

(1) 資本金の額　　　　　金〇〇〇〇円の増加

(2) 資本準備金の額　　　金〇〇〇〇円の増加

(3) 利益準備金の額　　　変動しない

〔変更例④〕

第6条（効力発生日）※本契約第6条参照

　本合併1および本合併2の効力発生日は、〇〇〇〇年〇月〇日とする。ただし、いずれか一方の合併が効力を生じない間は、他の合併も効力を生じないものとする。

　なお、本合併1、本合併2のいずれかの、または本合併1、本合併2双方の合併手続の進行に応じ、必要があるときはX、Y、Zが協議のうえ、これを変更することができる。

(2) 当事会社の略称

> 筆者は、会社略称を「甲・乙」「X・Y」などではなく、一つの条項だけをみても当事者間の権利義務関係がわかる略称である「存続会社・消滅会社」「合併会社・被合併会社」などを使用すべきことを提唱している。[7]
>
> しかし、吸収合併の場合は、対等な立場での合併を標榜して吸収合併をすることも多く、そのような場合には「存続会社・消滅会社」などの略称がそぐわない可能性もあるので、本契約ではあえて「X・Y」としている。このような場合でなければ、当事者の権利義務関係が明確にわかる上記の表示が望ましいことはいうまでもない。
>
> ただし、本書の解説書としての目的から、X・Yの後に（存続会社）（消滅会社）の注記をしている。

第1条（合併の方法）

XおよびYは、Xを吸収合併存続会社、Yを吸収合併消滅会社として合併する（以下、「本合併」という）。

2　XおよびYの商号および住所は、次のとおりである。

(1) X（吸収合併存続会社）

　　商　号　　A株式会社

　　住　所　　東京都中央区〇〇一丁目2番3号

(2) Y（吸収合併消滅会社）

　　商　号　　B株式会社

　　住　所　　福岡県福岡市〇区〇〇二丁目3番4号

POINT

(1) **当事者の特定**

当事会社の商号・住所は、会社法が定める必要的記載事項である（会社749条1項1号）。

(2) **合併当事会社の対等性**

吸収合併の手法を用いるが、実際の合併比率が1：1または比率が

7　業務委託契約書実務90頁

ほとんど変わらない場合、対等な立場で合併することの合意ができているような場合でも、会社法上、存続会社、消滅会社の旨の記述が必要となる。

〔変更例〕

第1条（合併の方法）
　XおよびYは、<u>対等な立場で合併する。ただし、会社法の手続上は、Xを吸収合併存続会社、Yを吸収合併消滅会社として合併する</u>（以下、「本合併」という）。

第2条（定款の変更）
　X（存続会社）は、本合併の効力発生を条件として、Xの定款を別紙のとおり変更する議案を、本合併の効力発生日の前日までの間に、Xの株主総会の承認を得なければならない。

POINT

(1) 定款の変更の定め

　本条は、存続会社に対し、効力発生日の前日までに定款変更議案を株主総会に提出することを義務づけるものである（会社783条1項）。
　旧商法で変更後の定款は、吸収合併契約書の必要的記載事項であった（旧商法409条）が、会社法では任意的記載事項である。
　また、本条のような記載が合併契約にあったとしても、存続会社の株主総会で別途、合併契約の承認決議とは別個の定款変更の決議（会社466条、309条2項11号）を経なければならない。[8]

(2) 定款変更の例

【別紙】　A株式会社定款

現行定款	変更案
（商号） 第1条　当社は、<u>A</u>株式会社と称し、英文では<u>A</u>, Incと表	（商号） 第1条　当社は、<u>AB</u>株式会社と称し、英文では<u>AB</u>, Incと表

8　会社法解説191頁

示する。 （目的） 第2条　当会社は、次の事業を営むことを目的とする (1)　…… (2)　…… 　　・ 　　・ 　　・ (10)　前各号に付帯または関連する一切の業務 <u>（新設）</u> <u>（新設）</u> <u>（新設）</u> 第3条～第5条　（条文省略） （発行可能株式総数） 第6条　当会社の発行可能株式総数は、<u>○○○</u>万株とする。 第7条～第18条（条文省略） （取締役の員数） 第19条　当会社の取締役は、<u>○○</u>名以内とする。 第20条～第28条　（条文省略） （監査役の員数） 第29条　当会社の監査役は<u>○○</u>名以内とする。 第30条～第40条　（条文省略） <u>（新設）</u>	示する。 （目的） 第2条　当会社は、次の事業を営むことを目的とする (1)　…… (2)　…… 　　・ 　　・ 　　・ (10)　<u>△△△△</u> (11)　<u>○○○○</u> (12)　<u>□□□□</u> (13)　前各号に付帯または関連する一切の業務 第3条～第5条　（現行どおり） （発行可能株式総数） 第6条　当会社の発行可能株式総数は、<u>△△△</u>万株とする。 第7条～第18条（現行どおり） （取締役の員数） 第19条　当会社の取締役は、<u>△△</u>名以内とする。 第20条～第28条　（現行どおり） （監査役の員数） 第29条　当会社の監査役は<u>△△</u>名以内とする。 第30条～第40条　（現行どおり） （附則） <u>第1条（商号）、第2条（目的）、第6条（発行可能株式総数）、第</u>

	19条（取締役の員数）および第29条（監査役の員数）の変更は、当社およびB株式会社との合併の効力発生を条件として当該合併の効力発生日（〇〇〇〇年〇月〇日予定）に効力を発生する。なお、本附則は、当該合併の効力発生日をもって、これを削除する。

第3条（合併に際して交付する株式数および割当てに関する事項）

　X（存続会社）は本合併に際して、Y（消滅会社）の株主が所有するYの株式に代わる金銭等として、本合併が効力を生ずる時点の直前時のYの株主名簿に記載・記録されたYの株主（XおよびYを除く。以下、「割当株主」という）が所有する株式の合計数に対し、0.7を乗じて得た数のXの普通株式を交付する。

2　X（存続会社）は本合併に際して、割当株主に対して、Y（消滅会社）の株式に代わる株式としてその所有するYの株式1株につき、Xの普通株式0.7株の割合をもって割当交付する。

POINT

(1) 合併に際して交付する株式数

　これらは、必要的記載事項である（会社749条1項2号柱書・イ）。第3条第1項は、消滅会社の株主に交付する存続会社の株式の合計数の算定方法を記載している。

　なお、算定方法でなくて、単に交付する株式の総数を記載してもよい。ただし、この場合、本契約締結時から効力発生時点の直前時までの間に、消滅会社において自己株式の処分、新株予約権の行使が行われると、本契約締結時に比べ発行済株式数が多くなる可能性もある。そのような可能性がないなら、株式数の記載でもよい。

〔変更例〕

第3条（合併に際して交付する株式数および割当てに関する事項）

X（存続会社）は本合併に際して、Y（消滅会社）の株主（XおよびYを除く）が所有するYの株式に代わる金銭等として、Xの普通株式〇〇〇〇〇株を交付する。
2　X（存続会社）は本合併に際して、本合併が効力を生ずる時点の直前時のY（消滅会社）の株主名簿に記載・記録されたYの株主（XおよびYを除く）に対して、Yの株式に代わる株式としてその所有するY株式1株につきXの普通株式0.7株の割合をもって割当交付する。

　(2)　割当比率
　割当てに関する事項は、必要的記載事項である（会社749条1項3号）。
　割当比率は当事者双方の株主にとって重要事項であり、本条で割当比率を定めるだけでなく、合併対価の相当性に関する事項等について、当事会社は株主、債権者の閲覧等に供しなければならない（会社782条1項、会社則182条3項・4項、会社794条1項、会社則191条1号）。

　(3)　端数の処理
　端数の処理方法は、会社法234条1項により定められており、契約上定めなくても問題はない。ただし、念のためとして定めるなら以下のような条項を追加することとなる。

〔変更例〕
3　Xが、前2項に関し、交付対象株主にXの株式を交付する株式の数に1株に満たない端数があるときは、会社法234条その他の法令に従い処理をするものとする。

　(4)　三角合併
　三角合併とは、存続会社が消滅会社の株主に対して、存続会社の親会社の株式等を交付するものである。三角合併に関しても、交付する親会社の財産の内容、数、もしくは額または算定方法が必要的記載事項となる（会社749条1項2号ホ）。

〔変更例〕
　第3条（合併に際して交付する株式数および割当てに関する事項）
　　X（存続会社）は本合併に際して、Y（消滅会社）の株主が所有す

るYの株式に代わる金銭等として、本合併が効力を生ずる時点の直前時のYの株主名簿に記載・記録されたYの株主（XおよびYを除く。以下、「割当株主」という）が所有する株式の合計数に対し、0.7を乗じて得た数のZ（Xの親会社）の普通株式を交付する。
2　X（存続会社）は本合併に際して、割当株主に対して、Y（消滅会社）の株式に代わる株式としてその所有するYの株式1株につき、Z（Xの親会社）の普通株式0.7株の割合をもって割当交付する。

(5) 無対価合併

消滅会社が完全子会社や債務超過会社の場合などには、存続会社が消滅会社の株主に合併対価を交付しないことも認められ、これを無対価合併という（会社749条1項2号柱書参照）。この場合、会社法の必要的記載事項ではないので記載しなくても会社法上問題はないが、消滅会社が債務超過会社の場合には、合併契約書には交付しない旨を記載すべきである。[9]

〔変更例〕

第3条（合併に際して交付する株式の数）
　　X（存続会社）は本合併に際して、Y（消滅会社）の株主が所有するYの株式に代わる金銭等を交付しない。

(6) 存続会社株式を交付する消滅会社株主の特定

㋐　旧商法下での存続会社株式の交付

旧商法下の合併契約書においては、本条（第3条）に関して、「甲（存続会社）は合併に際し、合併期日前日の最終の乙（消滅会社）の株主名簿に記載された株主が所有する株式数にそれぞれ○を乗じた数の合計に相当する株式を発行し、その各株主に対し、その所有する乙の株式1株につき、甲の株式○株の割合をもって交付する」旨の記載がなされることが一般的であった（下記変更例参照）。

旧商法下の一定期間（平成13年商法改正による金庫株解禁後、平成18年5月の会社法施行まで）においては、消滅会社の有する消滅会社株

---

[9] 会社法コンメ(17)126頁〔柴田和史〕

式（自己株式）は、合併により消滅するが、存続会社はこれに対し合併により新株を割り当てることも可能とされた[10]。

そして、消滅会社の有する自己株式に対して存続会社株式を割り当てない場合には、その旨およびその株式数を合併契約書に記載しなければならないとされた[11]。

上記の一定期間においては、存続会社が消滅会社株式を有する場合は、存続会社は自己の有する消滅会社株式に、新株を割り当てることが可能（当然）とされた[12]。もっとも、割当てをしなくても差し支えなく、存続会社の有する消滅会社株式が多数の場合には、これに存続会社株式を割り当てると自己株式の処分に困ることになり株価に大きな影響を及ぼす可能性があり、割当てをしないことも多かった[13]。

また「合併期日前日の最終の乙（消滅会社）の株主名簿に記載された株主」と規定されていても、反対株主に関しては、旧商法下から反対株主を交付される対価の実体法上の権利者とするという趣旨の規定とは解されてこなかったとされるが、規定の形式上は、実体法上は対価の割当てを受けないはずの反対株主が割当てを受ける株主に含まれており、反対株主から無用な権利主張も懸念されるとの見解もある[14]。

(イ) **会社法下での存続会社株式の交付**

会社法では、消滅会社の株主に消滅会社、存続会社を除くことを明記している（会社749条1項3号、新設合併の場合は753条1項9号）。

反対株主の株式買取請求に関しても以下の規定が存在する。株式買取請求をした反対株主は、会社の承諾がなければ請求を撤回できず、買取請求を行った株式については、株主から株主名簿の書換請求ができないようにし、その実効化を図っている（会社785条7項・9項）。また、消滅会社の株式買取請求の対象となる株式について、効力発生日にその株式買取りの効力が発生することとしている（会社786条6項）。

---

10 河本ほか93頁以下
11 今井＝菊池129頁
12 今井＝菊池130頁
13 河本ほか93頁
14 小松岳志「組織再編契約に関する実務の動向と諸問題」商事1893号20頁（2010年）

このため、株式買取請求がされた後、合併の効力が生じたときは当該請求をした株主の有する株式は、消滅することになる。[15]

そして、会社法では、効力発生日が到来した時点において、まず、①反対株主の株式買取請求権による買取りの効力が生じ、その直後に、②合併の効力（消滅会社に対する対価の割当て等）が発生するものと整理されており、①の法的効果は、②の直前時に生ずることとなる。[16]

会社法施行後の2009年1月1日から2010年1月末日までの間の合併契約18件中、旧商法下の規定の仕方（前記(ｱ)参照）を踏襲し、かつ反対株主の株式買取請求権の言及のないものが12件あったとされる。[17] そこで、旧商法の規定の仕方で、株式買取請求権の言及をも加えた変更例を参考として以下に記した。

〔変更例〕

第3条（合併に際して交付する株式数および割当てに関する事項）

X（存続会社）は本合併に際して、Y（消滅会社）の株主が所有するYの株式に代わる金銭等として、効力発生日の前日の最終のYの株主名簿に記載・記録されたYの株主（X、Yおよび会社法785条に基づく反対株主のうちその全部の株式につき株式買取請求をした株主を除く。以下、「割当株主」という）が所有する株式（会社法785条に基づく反対株主が保有する一部の株式につき株式買取請求をした株式の数を除く。以下、「所有株式」という）の合計数に対し、0.7を乗じて得た数のXの普通株式を交付する。

2　X（存続会社）は本合併に際して、割当株主に対して、Y（消滅会社）の株式に代わる株式としてその所有するYの所有株式1株につき、Xの普通株式0.7株の割合をもって割当交付する。

(ｲ)　「株主名簿上の株主」の記載をしない場合

本章Ⅲ②「株式交換契約書」第3条のPOINT（311頁）を参照され

15　論点解説681頁以下
16　組織再編23頁
17　小松・前掲書（注14）19頁

第4条（資本金および資本準備金）

本合併により増加するX（存続会社）の資本金および準備金の額は次のとおりとする。

(1) 資本金の額　　　　金○○○○円の増加
(2) 資本準備金の額　　金○○○○円の増加
(3) 利益準備金の額　　変動しない

> POINT
>
> **(1) 資本金・準備金の増加額**
>
> 合併対価として株式を交付する場合には、存続会社の資本金および準備金の額に関する事項は、無対価合併および三角合併の場合を除き、必要的記載事項となる（会社749条1項2号イ・ホ）。資本金および準備金として計上すべき額は、会社計算規則35条および36条に定められている。
>
> 変更例①は、増加額を記載するが、変動する可能性もあるので、ただし書を設けている。金額を定めないで法務省令の定めに従って、定める旨を規定しておくことも認められる（変更例②）。また「資本金に計上可能な金額の半分を資本金とし、残余を資本準備金とする」などの定めも認められる[18]（変更例③）。[19]
>
> 〔変更例①〕柱書は変更なし。
>
> (1) 資本金　　金○○○○円（ただし法令により増加することができる上限額が、当該額を下回る場合にあっては、当該上限額）の増加
>
> (2) 資本準備金の額　　金○○○○円（ただし法令により増加することができる上限額が、当該額を下回る場合にあっては、当該上限額）の増加
>
> (3) 利益準備金の額　　変動しない。

---

[18] 郡谷＝和久384頁
[19] 郡谷＝和久384頁

〔変更例②〕

第4条(資本金および準備金)

　本合併により増加するX(存続会社)の資本金および準備金の額は、会社計算規則35条および36条の定めに従い、Xが定めるものとする。

〔変更例③〕

第4条(資本金および準備金)

　本合併により増加するX(存続会社)の資本金および準備金の額は、資本金に計上可能な金額の50％を資本金とし、残りの50％を資本準備金とする。

(2)　無対価合併

無対価合併については、本契約第3条のPOINT(5)を参照されたい。

〔変更例〕

第4条(資本金および準備金)

　X(存続会社)の資本金および準備金の額は、増加しない。

第5条(合併承認総会)

　X(存続会社)またはY(消滅会社)は〇〇〇〇年〇月〇日に、それぞれ株主総会を開催し、本契約書の承認および本合併に関する必要な事項の決議を経るものとする。ただし、合併手続の進行に応じ、必要があるときはX、Yが協議のうえ、これを変更することができる。

POINT

(1)　吸収合併契約の承認

　両当事者が総会において承認を受けるべき場合は、効力発生日の前日までに、株主総会の特別決議にて、本件吸収合併契約の承認を受けなければならない(会社783条1項、795条1項、309条2項12号)。

　本条項に関しては、必要的記載事項ではないが(会社749条参照)、会社法上、株主総会の開催が必要な場合に、その期日を定めて承認を得ることは、効力発生日等の関係からもそれなりに意義のあることで

ある。

ただし、具体的な合併実務等により、遅れることも考えられるので、その旨を定めてある。

(2) 略式合併または存続会社が簡易合併の要件を満たす場合

特別支配会社の相手会社では、株主総会の決議を要しない（会社784条1項、796条1項）。

存続会社において、消滅会社の株主に交付する対価の帳簿価額の合計額が、存続会社の純資産額（会社則196条）の5分の1を超えないときは、原則、株主総会の決議は不要である（会社796条2項本文）。

〔変更例①〕

第5条（合併承認総会）

X（存続会社）は○○○○年○月○日に、株主総会を開催し、本件吸収合併契約の承認および本合併に必要な事項の決議を経るものとする。ただし、Y（消滅会社）は、会社法784条1項に定める略式合併により、本件吸収合併契約に関する株主総会決議を経ることなく決定できる。

〔変更例②〕

第5条（合併契約等の決定）

X（存続会社）は、会社法796条2項に定める簡易合併により、またY（消滅会社）は、会社法784条1項に定める略式合併により、それぞれ本件吸収合併契約および本合併に必要な事項に関し、株主総会決議を経ることなく決定するものとする。

第6条（効力発生日）

合併の効力発生日は、○○○○年○月○日とする。ただし、合併手続の進行に応じ、必要があるときはX（存続会社）およびY（消滅会社）が協議のうえ、これを変更することができる。

POINT

(1) 必要的記載事項

合併の効力は、本契約書に定めた効力発生日に生じる（会社750条）ため、効力発生日は必要的記載事項である（会社749条1項6号）。

(2) 契約書の効力発生日と登記との関係

契約で定めた実質的な効力発生日と、法律上の効力発生日とされた登記の日が異なることにより、上場会社において株式の円滑な流通を阻害する事態が生じているとの理由から、会社法では合併の登記の日の効力発生（旧商法102条）を廃止し、本契約書に定めた効力発生日に吸収合併のすべての効力が生ずるとする[20]（会社750条1項）。もっとも、効力発生日から合併登記の日まで、消滅会社はなお存在するため、消滅会社については、合併登記をするまで、第三者に対し、その善意・悪意を問わず、対抗することができないとして、その解決を図っている（会社750条2項、752条2項）。

(3) 効力発生日の変更

債権者異議手続が終了していない場合は、合併の効力が発生しないため、効力発生日を変更する必要がある（会社750条6項、790条）。

第7条（会社財産の引継ぎ）

Y（消滅会社）は、〇〇〇〇年〇月〇日現在の貸借対照表、財産目録その他同日現在の計算書を基礎として、その資産、負債および権利義務のいっさいを、効力発生日にX（存続会社）に引き継ぐ。

POINT

本条は、会社法750条1項により、当然に効力発生日に権利義務を承継することになるので必要的記載事項ではない。

(1) 包括承継

消滅会社の全財産を存続会社が承継することが、吸収合併の本質的要請であり、承継する権利義務の範囲について、留保することは認められない（大判大正6・9・26民録23輯1498頁）。

(2) 効力発生日における財産

---

[20] 会社法解説189頁

消滅会社は、効力発生日における資産、負債、権利義務のいっさいについて、増減額等の明細書等を作成する必要がある。必要なら、念のため第2項を追加する（変更例）。

〔変更例〕

第7条（会社財産の引継ぎ）

（第1項は変更なし）

2 　Y（消滅会社）は、前項の期日の翌日から効力発生日に至るまでの資産、負債および権利義務の変動について、変動明細書を作成し、X（存続会社）に提出する。

第8条（善管注意義務）

X（存続会社）およびY（消滅会社）は、本契約締結日から効力発生日に至るまでの間、善良なる管理者の注意をもってそれぞれ業務を執行し、その財産および権利義務に重大な影響を及ぼす行為を行う場合には、あらかじめXY協議して合意のうえ実行する。

> **POINT**
>
> **(1) 重大な影響を及ぼす行為を行った場合の責任**
>
> 本条項は、契約の締結から効力発生日に至るまでに、当事会社の財産状況が変動すると合併を行う前提が崩れてしまうため設けるものである。
>
> 厳格な表明保証責任条項も考えられるが、合併という性質上、その効力が発生した後は当事会社が同一主体となってしまうため、簡単な善管注意義務条項やMAC条項（184頁および本契約第12条のPOINT参照）を設置する取扱いがされることが多いとされる。[21]
>
> **(2) 重大な影響を及ぼす場合の具体的条項例（剰余金の配当条項）**
>
> 剰余金の配当は、当事会社から財産が流出する行為であり、合併の基礎となる合併比率にも影響をもたらすため、最終契約締結後、クロージング日までに剰余金の配当を行う場合には、上限額について合意

21　M&A契約58頁

しておく必要がある。

剰余金の配当を行う場合は、合併契約に記載したとしても、別個に株主総会の決議手続（会社454条1項）を経なければならない（追加条項例①）[22]。

また、剰余金の配当条項は、旧商法（旧商法409条7号）とは異なり必要的記載事項ではなくなったため、記載する必要がないことから、確認の意味で、剰余金の配当を行わない旨の条項を設ける例もある（追加条項例②）。

〔追加条項例①〕

第○条（剰余金の配当）

X（存続会社）は、効力発生日までの間に、Xの株主総会の承認を得て、総額○万円を限度として、Xの株主に対して剰余金の配当を行うことができる。

2 Y（消滅会社）は、効力発生日までの間に、Yの株主総会の承認を得て、総額○万円を限度として、Yの株主に対して剰余金の配当を行うことができる。

〔追加条項例②〕

第○条（剰余金の配当）

X（存続会社）およびY（消滅会社）は、本契約締結日から効力発生日までの間、剰余金の配当を行うことができない。

(3) 表明保証責任

合併という性質上、その効力が発生した後は当事会社が同一主体となってしまうため効力発生後の事項に関する合意をしても意味がなく、たとえば、表明保証を行い、合併の効力発生後に表明保証違反があったことが判明した場合に、消滅会社に対して補償請求権を発生させても意味がないとされる[23]。

ただし、消滅会社の取締役等に対して補償請求権を発生させる場合が考えられる。

---

[22] 会社法解説191頁
[23] M&A契約57頁

「第○条　前条に規定する合併日の財産目録および貸借対照表ならびにこれに附属する各種書類に、故意または重大な過失による誤謬脱落もしくは隠れた瑕疵があったため、新組合が損害を受けたときは、その損害を与えた被合併組合の役員は、各個人の資格において連帯して賠償の責に任ずるものとする。」

　上記条項は、農業協同組合の4組合が、合併して新農業協同組合を新設する旨の合併契約において規定されていたものである。新組合を新会社、被合併組合の役員を消滅会社の役員と読み替えれば、会社においても同様の契約を締結することは可能である。

　当該契約は組合間の契約であるが、その効力について判例（最判平成21・3・31民集63巻3号472頁）は、以下のように述べている。最高裁は、「本件合併契約は、旧4農協を当事者とするものであり、A農協（合併により消滅する農協の一つ）の役員を当事者とするものではない。しかし、A農協の役員のうちA農協の理事会に出席して同農協が本件合併契約を締結することに賛成した理事またはこれに異議を述べなかった監事に該当する者については、本件合併契約の中に、旧4農協のうちのいずれかの農業協同組合の貸借対照表等に誤謬脱落等があったためにB農協（合併により新設される農協）が損害を受けた場合には、そのことに故意または重過失がある当該農業協同組合の役員は個人の資格において賠償する責任を負う旨を明記した本件賠償条項が含まれていることを十分に承知したうえで、A農協が本件合併契約を締結することに賛成するなどして、その締結手続を代表理事にゆだねているのであるから、同農協の代表理事を介して、旧4農協に対し、個人として本件賠償条項に基づく責任を負う旨の意思表示をしたものと認めるのが相当であるとして、理事会で当該契約について賛成の意思表示をした理事等は上記条項についての責任を負う」とした。

　上記判例から、合併により同一主体となってしまうとしても、上記条項のように、取締役等個人の資格において連帯して賠償責任を負うとすることも可能であるが、これに反対する取締役は異議を述べその旨を取締役会議事録に明記しておく必要がある。

〔上記判例に基づく追加条項例〕
　第○条（取締役の賠償責任）
　　第○条に定める表明および保証の内容に、故意または重大な過失による違反があったため、存続会社が損害を受けたときは、その損害を与えた消滅会社の取締役は、各個人の資格において連帯して賠償の責に任ずるものとする。

第9条（従業員の処遇）
　X（存続会社）は、Y（消滅会社）の従業員を効力発生日において、Xの従業員として引き継ぐものとする。ただし、勤続年数については、Yにおける計算方式による年数を通算し、その他の細目については、XY協議して定めるものとする。

POINT

(1) 従業員全員の承継と雇用条件
　消滅会社の権利義務が包括的に承継される。たとえば、契約書に「X（存続会社）は、Y（消滅会社）の従業員を引き継がない」とすることはできるが、労働契約解約の適正な手続を経て従業員を解雇しなければ、効力は生じない。[24]
　また、合併の場合は、消滅会社と従業員の雇用関係が、そのまま存続会社に承継される。しかし、雇用条件がそのまま引き継がれると、二つの雇用条件が並立することになり、会社運営上も望ましくない。
　そこで、包括承継後の問題として、雇用条件を一本化する方向での当事者間（使用者・労働者）の合意または変更が合理的であることなどが求められることになる。[25]

(2) 本条の効力
　本条は、XYが労働条件の修正をすることを定めているが、(1)で述べたとおり、これのみによっては、消滅会社の従業員に対する関係で

---

[24] 今井＝菊池199頁、会社法コンメ(17)151頁〔柴田和史〕
[25] 本書第1部第2章I②合併（91頁）

は、何らの効力も生じない。これらは、労働契約の包括的承継後の労働者とXとの間の、労働条件の合意、または合意を得ない場合の不利益変更の問題として処理されることになる[26]。

(3) 存続会社グループ内での従業員全員の承継

関連会社は合併の当事者ではないが、存続会社が従業員を世話する義務を負うので契約そのものは、有効であるとされる[27]。

〔変更例〕

第9条（従業員の処遇）

X（存続会社）は、Y（消滅会社）の従業員を効力発生日において、XおよびXの関連会社の従業員として引き継ぐものとする。

第10条（役員の選任）

合併に伴い新たにX（存続会社）の取締役または監査役となるべき者については、第5条に定めるX（存続会社）の合併承認総会において選任する。

> **POINT**
>
> 役員の選任条項において、取締役名や監査役名を記載する例もあるが、本条項で記載をしても、改めて取締役、監査役の選任手続が必要となる[28]。

第11条（役員の退職慰労金）

X（存続会社）は、Y（消滅会社）の取締役または監査役のうち、効力発生日後、引き続きXの取締役または監査役に選任される者があるときは、その者に対する将来退任する場合の退職慰労金は、消滅会社における在任期間と存続会社における在任期間とを通算して算出するものとする。

2　Y（消滅会社）は、Yの取締役または監査役のうち、効力発生日後、

26　今井＝菊池200頁
27　河本ほか277頁〔今井宏、河本一郎の発言〕
28　会社法解説191頁

X（存続会社）の取締役または監査役に選任されない者に対して、Yの退職慰労金基準に従い、Yの株主総会の決議に基づき、退職慰労金を支給することができる。

> **POINT**
>
> 　合併に際し退任する消滅会社役員の退職慰労金に関する事項は、必要的記載事項ではない。
> 　しかし、消滅会社の役員の退職慰労金は、剰余金の配当条項（第8条のPOINT(2)）と同様に、資産の変動を発生させるため本条項には意味がある。
> 　なお、消滅会社においては、本件合併の議題とは別に退職慰労金贈呈の件について株主総会の承認を得なければならない（会社361条、387条、379条）。

第12条（合併条件の変更・解除）

　本契約の締結の日から効力発生日に至るまでの間において、天災地変その他の事由により、X（存続会社）またはY（消滅会社）の資産もしくは経営状態に重要な変動が生じたときは、XY協議のうえ合併条件を変更し、または互いに損害賠償等を請求することなく、本契約を解除することができる。

> **POINT**
>
> **(1) MAC（Material Adverse Change）条項**
> 　対象会社の資産や経営状態に重大な悪影響を及ぼす変動が発生または判明した場合に、相手方が違約金や損害賠償金を支払うことなく契約を解除し撤退する権利をMAC条項（184頁参照）として合併契約書等に盛り込むものである。
> 　MAC条項の主たる目的は、基本的には存続会社保護であり、消滅会社は特定列挙を提案すべきであるが、重大な悪影響を及ぼす事象を列挙しておくことや一定の例外事項を設けることも検討に入れる必要がある。

〔変更例〕ただし書を追加する。

第12条（合併条件の変更解除）

ただし、一般的な経済および市場の状況の変更、XまたはYの事業に関する業界全体に影響を与える法改正、戦争、天災地変、気候の変動によるときはこの限りではない。

(2) 合併条件の変更

合併条件の変更は、吸収合併手続をやり直す必要があり、当然に新合併契約書による株主総会の承認が必要となる。

第13条（合併契約の効力）

本契約は第5条に定めるX（存続会社）およびY（消滅会社）の株主総会の承認を得た時に効力を生じ、法令に定められた関係官庁の承認が得られないときは、その効力を失う。

第14条（協議事項）

本契約に定めるもののほか、合併に関し必要な事項は本契約の趣旨に従って、X（存続会社）Y（消滅会社）協議のうえ、これを決定する。

本契約の成立を証するため、本契約書2通を作成し、存続会社および消滅会社が記名押印のうえ、各1通を保有する。

〇〇〇〇年〇月〇日

　　　　　　X（存続会社）　東京都中央区〇〇一丁目2番3号
　　　　　　　A株式会社
　　　　　　　代表取締役　〇〇〇〇　㊞

　　　　　　Y（消滅会社）　福岡県福岡市〇区〇〇二丁目3番4号
　　　　　　　B株式会社
　　　　　　　代表取締役　〇〇〇〇　㊞

3 新設合併契約書

●想定するケース●

　A株式会社は、群馬県高崎市内に本店を設置し北関東地方を中心にホームセンター事業を展開し、一方のB株式会社は、神奈川県相模原市内に本店を設置し、県内を中心にホームセンター事業を展開している。このたび両社は新設合併し、両社の商号を連結したAB株式会社として都内に進出すべく、新宿区内に本店を設置し、新たに東京事業本部を立ち上げ、北関東事業本部および神奈川事業本部の3事業本部体制のもとに、さらなる事業拡大を図るものである。

POINT

(1)　**新設合併が少ない理由**

　新設合併は、当事会社の全部が解散し、同時に新会社が設立される。実務では、経済的に対等である当事者であっても、合併比率を対等とする吸収合併が行われることが多く、新設合併が行われることはほとんどない。

a.　**登録免許税額の違い**　　登録免許税額が、吸収合併の場合は資本金増加額の1000分の1.5であるのに対し、新設合併の場合は新設会社の資本金額の1000分の1.5となる。

b.　**すべて消滅会社である**　　消滅会社の受けていた営業の許認可、上場資格がいったん消滅し、改めて免許申請、新規上場が必要となるなどのデメリットが発生する。

(2)　**交付金合併が不可**

　当事会社の株主に、合併対価として金銭を交付することはできない（会社753条1項6号〜9号）。

(3)　**設立の特則**

　原則、設立に関する会社法の規定は適用されない（会社814条1項）。

【書式5】 新設合併契約書

新設合併契約書

　A株式会社（以下、「X」という）とB株式会社（以下、「Y」という）は、合併をすることによりC株式会社（以下、「新設会社」という）を設立することについて、次のとおり新設合併契約（以下、「本契約」という）を締結する。

第1条（合併の方法）

　合併により消滅するXおよびYは、その権利義務の全部を合併により設立する新設会社に承継し（以下、「本合併」という）、XとYは解散する。

2　本合併の新設合併消滅会社の商号および住所は、以下の各号のとおりである。

(1)　X
　　　商号：A株式会社
　　　住所：群馬県高崎市〇〇1－1－1

(2)　Y
　　　商号：B株式会社
　　　住所：神奈川県相模原市〇〇区〇〇3－2－1

> **POINT**
>
> 　消滅する会社の商号および住所は、新設合併契約の必要的記載事項である（会社753条1項1号）。

第2条（新設会社の目的等）

　新設会社の目的、商号、所在場所、および発行可能株式総数は次のとおりとする。

(1)　目　的
　　　イ　〇〇の製造販売
　　　ロ　〇〇の輸入販売

ハ　前各号に附帯する一切の事業
(2)　商　号
　　AB株式会社
(3)　本店所在地
　　住所：東京都新宿区○○1－1－1
(4)　発行可能株式総数
　　4,000株

> **POINT**
>
> 　新設する会社の目的、商号、本店所在地、発行可能株式総数は、新設合併契約の必要的記載事項であり（会社753条1項2号）、かつ定款の絶対的記載事項（会社27条1号～3号、37条）である。なお、本条第3号は、本店所在地なので、記載は最小行政区画まででもよい（例：東京都○○区、神奈川県横浜市、○○県○○市、○○県○○町）。

第3条（その他の定款記載事項）

　前条に掲げた事項以外に定款で定める事項は、別紙定款記載のとおりである。

> **POINT**
>
> 　前条で定めるもののほか定款で定める事項は、新設合併契約の必要的記載事項である（会社753条1項3号）。項目も多く、そのすべての内容を契約書に記載するのではなく、本条のように別紙定款記載のとおりとすればよい。

第4条（新設会社の機関構成と設立時役員）

　新設会社の機関構成は、取締役会設置会社かつ監査役設置会社とする。
2　設立時取締役は、次の者とする。
　(1)　○○○○
　(2)　○○○○
　(3)　○○○○

(4)　○○○○
　(5)　○○○○
3　設立時監査役は、次の者とする。
　(1)　○○○○
　(2)　○○○○
　(3)　○○○○

> **POINT**
>
> **(1)　設立時取締役**
> 　設立時取締役の氏名は、新設合併契約の必要的記載事項である（会社753条1項4号）。
>
> **(2)　その他の設立時役員等**
> 　設立時監査役を設置する場合は、新設合併契約の必要的記載事項である（会社753条1項5号ロ）。そのほか設立時会計参与を設置する場合の設立時会計参与の氏名または名称（同条1項5号イ）、会計監査人を設置する場合の会計監査人の氏名または名称（5号ハ）も新設合併契約の必要的記載事項である。
>
> **(3)　監査等委員会設置会社の特則**
> 　監査等委員の設立時取締役とそれ以外の設立時取締役を区別して定めなければならない（会社753条2項、38条2項）。監査等委員である設立時取締役は3名以上で過半数は社外取締役でなければならない（会社39条3項、331条6項）。
>
> 　また監査等委員会設置会社は、会計監査人設置会社であることを要するので、新設合併契約書において設立時会計監査人の氏名または名称を定めなければならない（会社753条1項5号ハ、327条5項、38条3項3号）。
>
> 〔変更例〕
> 　**第4条（新設会社の機関構成と設立時役員）**
> 　　新設会社の機関構成は、<u>監査等委員会設置会社</u>とする。
> 　2　設立時取締役<u>（第3項の者を除く）</u>は、次の者とする。

(1)　○○○○
　(2)　○○○○
　(3)　○○○○
　(4)　○○○○
　(5)　○○○○
3　<u>設立時監査等委員である設立時取締役（第2号および第3号の者は設立時社外取締役）は、次の者とする。</u>
　(1)　○○○○
　(2)　○○○○
　(3)　○○○○
4　<u>設立時会計監査人は次の者とする。</u>
　　有限責任監査法人○○○○

第5条（合併対価の交付および割当て）

　新設会社は、本合併に際して普通株式1,000株を発行するものとする。
2　新設会社は、本合併が効力を生ずる時点の直前時のXの株主名簿に記載されたXの株主（ただし、XおよびYを除く）に対して、その所有するXの株式に代えて、X株式1株につき新設会社株式○株の割合で割当て交付する。
3　新設会社は、本合併が効力を生ずる時点の直前時のYの株主名簿に記載されたYの株主（ただし、XおよびYを除く）に対して、その所有するYの株式に代えて、Y株式1株につき新設会社株式○株の割合で割当て交付する。

> **POINT**
>
> **(1)　吸収合併契約との違い**
>
> 　新設合併では、消滅会社に、新設会社の株式を交付しなければならないが、それに加えて新設会社の社債・新株予約権・新株予約権付社債の交付も認められるが、これら以外の金銭その他の財産を交付することは認められていない（会社753条1項6号・8号）。

(2) 無対価の場合

XがYの完全親会社の場合、Yの株主（すなわちX）には新設会社株式を割り当てないこともできる。

〔変更例〕

本条第3項を変更する。

第5条（合併対価の交付および割当て）

3　新設会社は、Yの株主に対して、いっさいの対価を交付しないものとする。

第6条（資本金および準備金）

新設会社の資本金および準備金の額は次のとおりとする。

(1)　資本金　　　　○,○○○万円
(2)　資本準備金　　○,○○○万円

POINT

新設会社の資本金および準備金の額は、新設合併契約の必要的記載事項である（会社753条1項6号）。

これらの額は、適用する規定を記載することでよい（前記2「吸収合併契約書」第4条のPOINT（241頁）を参照されたい）。

〔変更例〕

第6条（資本金および準備金）

　新設会社の資本金および準備金の額は、会社計算規則第45条から第48条までの定めに従い、XおよびYが決定する。

第7条（消滅会社の新株予約権）

新設会社は、本合併に際し、新設会社が成立する時点の直前時のXの新株予約権原簿に記載・記録されたXの新株予約権者に対して、その所有する当該新株予約権1個につき金○○円の割合をもって、割当て交付する。

POINT

(1) 新株予約権の効力

消滅会社が新株予約権を発行しているときは、新設会社の成立の日に、その新株予約権は消滅する（会社754条4項）。そのため、消滅会社の新株予約権者に対して、交付する新設会社の新株予約権または金銭について定めておく必要がある（会社753条1項10号、754条5項）。

(2) 無対価

会社法753条1項10号イは新設会社の「新株予約権を交付するときは」、または10号ハは「金銭を交付するときは」との記載であり、無対価とすることもありうる。

(3) 新株予約権買取請求

新設合併契約における消滅会社の新株予約権についての定め（たとえば、上記の無対価とする定めなど）が、消滅会社の新株予約権の発行決議において定められた合併をしたときの承継に関する条件（会社236条1項8号イ）と合致する場合を除き、消滅会社に対し、自己の有する新株予約権を公正な価格で買い取ることを請求することができる（会社808条1項1号）。

(4) 新設会社の新株予約権を交付する場合

変更例は、新設会社が消滅会社の新株予約権者に対して、新設会社の新株予約権を交付する場合である。

〔変更例〕

第7条（消滅会社の新株予約権）

　新設会社は、本合併に際し、新設会社が成立する時点の直前時のXの新株予約権原簿に記載・記録されたXの新株予約権者に対して、その所有する当該新株予約権1個につき<u>別紙記載の内容の新設会社の新株予約権1個の割合</u>をもって、割当て交付する。

第8条（承継する財産）

　XおよびYは、〇〇〇〇年3月31日現在における貸借対照表その他

の計算書類を基礎として、合併期日までの増減を加除した資産、負債および権利義務のいっさいを、合併期日において、新設会社に承継するものとする。

> POINT
>
> 新設会社は、その成立の日に消滅会社の権利義務を承継する（会社754条1項）。本条は、当該規定を確認的に定めたものである。

第9条（善管注意義務）

XおよびYは、本契約締結後、合併期日の前日に至るまで、善良な管理者の注意をもって各業務を遂行し、かついっさいの財産管理を行い、その財産および権利義務に重大な影響を及ぼす行為を行う場合には、あらかじめXYで協議し合意のうえ、実行するものとする。

第10条（剰余金の配当）

XおよびYは、○○○○年○月31日の最終の株主名簿に記載・記録された株主または登録株式質権者に対し、それぞれ1株あたり○円（総額○円）を限度として、○○○○年○月○日から○○○○年○月○日までの期間の剰余金を支払うことができる。

第11条（退任役員の退職慰労金）

XおよびYは、XおよびYの取締役または監査役のうち、合併期日後、新設会社の取締役または監査役に選任されない者に対して、XまたはYの退職慰労金支給基準に従い、それぞれの株主総会の決議に基づき、退職慰労金を支給することができる。

> POINT
>
> 合併に際し退任する消滅会社役員の退職慰労金に関する事項は、必要的記載事項ではない。
>
> しかし、消滅会社の役員の退任は、資産の変動が発生するため、本条項は意味がある。
>
> なお、消滅会社においては、本件合併の議題とは別に退職慰労金贈呈の件として株主総会の承認を得なければならない（会社361条、387

条、379条）。

第12条（従業員の雇用）
　新設会社は、合併期日において、ＸおよびＹの従業員を新設会社の従業員として雇用し、その勤続年数を通算する。

第13条（合併承認総会）
　ＸとＹは、本契約につき承認を得るため、○○○○年○月○日までに、それぞれ株主総会を開催するものとする。

POINT

(1) 総会決議による承認
　新設合併の場合の消滅会社には、特別支配会社の定めはないため略式合併はできず、また吸収合併の消滅会社と同様、簡易合併も認められていない。よって、承認は、株主総会の特別決議による（会社309条2項12号）。
　なお、新設会社が、消滅会社（公開会社）の株主に交付する株式の全部または一部が譲渡制限株式であるときは、承認は株主総会の特殊決議（会社309条3項3号）を要する。

(2) 株主総会開催日
　会社法は新設合併の登記前までとする（会社754条、922条1項1号イ・ロ）が、合併準備の必要上、本条では一定期日までの株主総会の開催を定めるものである。

第14条（合併期日）
　合併期日（合併登記予定日）は、○○○○年○月○日とする。ただし、合併手続の進行その他の事由により必要があるときは、ＸおよびＹが協議のうえ、これを変更することができる。

POINT

(1) 合併期日の効果
　会社は、本店所在地において設立登記をすることにより成立

（会社49条）。新設会社は、その成立の日に消滅会社の権利義務を承継する（会社754条1項）。

(2) 合併期日の決定

新設合併の登記をした日が、合併期日であり、新設会社が成立した日である。そして新設合併の登記の日は、会社法で定められており、ⓐ総会決議の日、ⓑ種類株主総会の決議を要するときは、その決議の日、ⓒ株主に通知・公告をした日から20日を経過した日、ⓓ新株予約権を発行しているときは、新株予約権者に通知・公告をした日から20日を経過した日、ⓔ債権者異議手続の終了日、ⓕ消滅会社が合意により定めた日、のいずれか遅い日から2週間以内でなければならない（会社922条1項柱書・1号）。

第15条（合併契約の変更、解除）

本契約締結の日から合併期日までの間に、天災地変その他の理由により、XまたはYの資産状態もしくは経営状態に重大な変更が生じた場合、または隠れたる重大な瑕疵が発見された場合には、XおよびYは協議のうえ、本契約を変更しまたは相互に損害賠償等を請求することなく本契約を解除することができる。

第16条（契約の失効）

本契約は、関係官庁の認可がない場合、またはXまたはYの株主総会の承認を得ることができないときは、その効力を失うものとする。

第17条（協議解決）

本契約に定めのない事項、または本契約書の解釈に疑義が生じた事項については、XおよびYが誠意をもって協議のうえ、解決する。

本契約の成立を証するため、本契約書2通を作成し、XおよびYが記名押印のうえ、各1通を保有する。

〇〇〇〇年〇月〇日

　　　　　　　　X（消滅会社）　東京都〇〇区〇〇1－1－1

　　　　　　　　　　　　　　　Ａ株式会社
　　　　　　　　　　　　　　　　代表取締役　〇〇〇〇　㊞
　　　　　Ｙ（消滅会社）　東京都〇〇区〇〇3－2－1
　　　　　　　　　　　　　　　Ｂ株式会社
　　　　　　　　　　　　　　　　代表取締役　〇〇〇〇　㊞

〔別紙〕　ＡＢ株式会社定款（略）

Ⅱ 会社分割に関する契約書

1 共同新設分割に関する基本合意書

●想定するケース●

A株式会社とB株式会社は、両社が事業展開をしている〇〇事業に関して、両社の事業を統合して、新しく会社を設立することに一定の合意をみたため、交渉の途中段階で、基本合意書を取り交わした。
※本基本合意書は、後記2「共同新設分割計画書」における場合とは別個のケースの合意書である。

【書式6】 共同新設分割に関する基本合意書

基本合意書

A株式会社(以下、「A社」という)とB株式会社(以下、「B社」という)とは、両当事者が有する〇〇製品の製造・販売に関する事業(以下、「〇〇事業」という)を承継させるため、共同新設分割に関して合意したので、基本合意書(以下、「本基本合意書」という)を締結する。

第1条(目　的)

　A社およびB社は、〇〇事業にかかる市場および消費者の変化に対応するため、事業基盤および経営資源を統合し、効率的かつ強固な経営体制を確立することを目的として、新設会社に両社の〇〇事業を統合する。

第2条(方　法)

　A社およびB社の〇〇事業に関して有する権利義務を、新設分割により新たに設立する株式会社(以下、「新設会社」という)に承継させる(以下、「本件分割」という)。

第3条(株式割当比率)

A社およびB社は、第7条に定める本件調査を実施後、それぞれ第三者機関に株式割当比率の算定を依頼し、その結果を持ち寄り、アドバイザーとして当該第三者機関の出席も得たうえ、協議により、本件分割の株式割当比率を本件最終契約締結までに決定する。

> POINT
>
> 　基本合意書において設立する承継会社（新設会社）株式の割当比率を合意する場合もみられるが、割当比率は、新設分割の最重要事項であり、株主総会の特別決議を経なければならず、慎重な対応をすべきであろう（会社763条1項7号、804条1項、309条2項12号）。
>
> 　そこで、本条では株式割当比率の決定に至る手続を定めたものである。
>
> 　変更例は、株式の割当比率および割当数を定めたものである。
>
> 〔変更例〕
>
> 　第3条（株式割当比率）
>
> 　　本件分割により発行する新設会社の株式の数は〇〇〇〇株とし、その割当比率はA社1に対しB社0.5とし、A社に対し〇〇〇株、B社に対し〇〇〇株を割り当てるものとする。

第4条（分割期日）

　新設会社の登記の日は、〇〇〇〇年〇月〇日をめどとする。

第5条（従業員）

　A社およびB社の〇〇事業部門に在籍する従業員のうち、分割期日に在籍する者は新設会社の従業員として引き続き雇用するものとし、その他の条件、細目については、A社およびB社で別途協議する。

第6条（新設会社の役員および任期）

　新設会社の設立時代表取締役社長にはA社取締役D、設立時代表取締役専務にはB社取締役Eが就任するものとし、そのほかの設立時役員は、最終契約書締結までに決定する。

第7条（デューデリジェンス）

Ａ社およびＢ社は互いに、本件分割を遂行するか否かを判断するため、本基本合意書の締結後２か月の期間内において、各当事会社および各当事会社が選任する弁護士、公認会計士ならびにその他のアドバイザー等が、本件分割の対象となる相手方の〇〇事業に関する以下の事項を調査（以下、「本件調査」という）するものとし、相手方は、合理的に必要な範囲内で帳簿、記録等の閲覧・謄写等、役員またはその従業員へのインタビュー、事業所の実査等、本件調査の実施について必要な協力をするものとする。

(1)　会計処理、財務内容、将来の収益見通し
(2)　経営管理、営業活動、技術開発力、設備の保全・稼働状況など
(3)　第三者との重要な契約関係、不動産の利用・権利状況、労務関係、知財・著作権関係、係争事件の有無、汚染等の環境リスクなど

POINT

◎　共同新設分割におけるデューデリジェンス（DD）の特徴

　単独新設分割は、分割会社が事業に関して有する権利義務の全部または一部を会社を設立して承継するもので、この場合、通常は、分社化をめざすものである（買収対象事業を分社化し、分社化した会社の株式を買収するという方法もあるが、これは新設分割計画と株式譲渡契約の二つの契約として理解できる）。したがって、通常は、分割会社の事業を構成する権利義務を分割するものであるので、その調査は、分割会社内の手続に任せればよい。

　一方、共同新設分割は、２以上の分割会社が共同して、事業に関して有する権利義務の全部または一部を一つの会社を設立して承継するものであり、DDの時点では会社は設立されておらず、分割会社が他の分割会社に対してDDを実施することになる。

　このDDは、共同新設分割の可否、可の場合の新会社の規模、運営方法など、および新会社株式割当比率のための調査が中心となる。

第８条（条件の修正、契約解除）

A社およびB社が行う本件調査により、新たな重要な事情を発見したときには、当事者が協議のうえ本件分割の諸条件を変更することができる。
2　前項の重要な事情が回復困難で、当事者間の信頼関係を維持できないときは、A社またはB社は本基本合意書を解除できる。
3　前項の場合は、解除の原因が一方の故意または重過失によるときは、相手方に対して損害賠償をする責に任じる。

第9条（善管注意義務）

　A社およびB社は互いに、分割期日までは、本件分割に係る対象事業に関する下記の事項を行わず、その財産状態ならびに損益状況が大幅に変化しないよう努めるものとする。ただし、事前にその相手方が書面により承諾した場合にはこの限りではない。
(1)　増減資、新株予約権の発行
(2)　新規借入れ、新規投融資、担保権の設定
(3)　重要財産の売却または購入
(4)　従業員の賃金・給与の水準の大幅な変更
(5)　重要な顧客との取引条件の変更

第10条（独占交渉権）

　本日より〇〇〇〇年〇月〇日までの間、本件分割に関して、A社およびB社は第三者との間で、発行済株式の売却、増資の引受け、合併、会社分割、株式交換、株式移転、経営権の変更などにつき、いっさいの情報交換、合意、契約を行わないものとする。

> **POINT**
>
> 　独占交渉権条項については、第2部第1章Ⅱ[2]「独占交渉権条項」（157頁）を参照されたい。

第11条（秘密保持契約）

　A社およびB社は、本件分割の準備のために〇〇〇〇年〇月〇日に締結した秘密保持契約は、本基本合意書締結後も、有効であり、遵守し

なければならない。

> POINT
>
> デューデリジェンスを控えているため、秘密保持契約または秘密保持条項は、重要であり、まだ秘密保持契約を締結していないなら、本条項を秘密保持条項として、または速やかに秘密保持契約を締結することが必要となる。
>
> (1) 別に秘密保持契約を締結する場合
>
> 別に秘密保持契約を締結する場合の変更例は、以下のとおりである。
>
> 〔変更例〕
>
> 第11条（秘密保持契約）
>
> 　A社およびB社は、本基本合意書締結後、速やかに、秘密保持契約を締結しなければならない。
>
> (2) 本条項を秘密保持条項とする場合
>
> 本条項を秘密保持条項とする場合の変更例は、以下のとおりである。
>
> 〔変更例〕
>
> 第11条（秘密保持義務）
>
> 　A社およびB社は、本件分割のために本件最終契約書の締結までの過程において、本件分割に係る協議・交渉等の経緯・内容ならびに本件分割に関し相手方から開示・提出されたいっさいの情報につき、あらかじめ相手方に通知した弁護士、公認会計士、税理士および本件分割を担当するアドバイザー以外のいかなる第三者に対しても開示・漏えいをしないものとする。ただし、以下の各号に該当する事項は、この限りではない。
>
> (1) 本基本合意書締結前よりすでに了知していた情報
> (2) 秘密保持義務を負うことなく第三者から適法かつ正当に入手した情報
> (3) 自社で独自に開発した事項にかかる情報
> (4) 相手方が公表することを承諾した情報
> (5) すでに公知となった情報

(6) 相手方から開示された後に公知となった情報

第12条（新設会社準備委員会）

A社およびB社は、本基本合意書締結後、速やかに、新設会社の設立時代表取締役社長に就任する予定のDを委員長とし、Eのほか数名の各会社の担当役員・担当部長を構成員とする新設会社準備委員会を設置し、当該委員長が各当事者の担当者を指名し、合同で機能別に準備部会を結成する。その詳細は別途、新設分割準備委員会が定めるものとする。

> **POINT**
>
> 本条は新設会社のトップが中心となる新設会社準備委員会の設置およびその下で、各部門にかかる共同新設分割に向けて準備部会を設置し、部門ごとの課題を検討し、設立後の部門ごとの対応計画とその実施を行うものである。

第13条（有効期限）

本基本合意書は、〇〇〇〇年〇月〇日までに本件最終契約が締結に至らなかった場合、失効する。ただし、書面にて、当事者間で有効期限の変更につき合意がなされた場合には、この限りではない。

2 前項の期限までの間において、天災地変、経済的激変その他不可抗力事由により、A社またはB社の資産状態に重大な変動が生じたときは、当事者が協議のうえ、分割条件を変更し、または本基本合意書を解除することができる。

第14条（本合意書の効力）

本基本合意書は、第〇条ないし第〇条を除き、法的拘束力を有しないものとし、いずれの当事者に対しても本件最終契約を締結する義務および本件分割を実行すべき法的な義務を負担させるものではない。

> **POINT**
>
> 法的拘束力条項については、第2部第1章Ⅱ3「法的拘束力条項」

(164頁)を参照されたい。

第15条（協議事項）

本基本合意書に定めのない事項もしくは本基本合意書の解釈に関して疑義が生じた場合、本基本合意書の趣旨に従い、誠実に協議して決定する。

第16条（裁判管轄）

本基本合意書に関するいっさいの紛争については、東京地方裁判所を第1審の専属的合意管轄裁判所とする。

本基本合意書締結の証として、本書2通を作成し、当事者が記名押印のうえ、各1通を保有する。

〇〇〇〇年〇月〇日
　　　　　　　（A社）東京都〇〇区〇〇町1－1－1
　　　　　　　　　　　A株式会社
　　　　　　　　　　　代表取締役社長　〇〇〇〇　㊞
　　　　　　　（B社）東京都〇〇区〇〇町1－2－3
　　　　　　　　　　　B株式会社
　　　　　　　　　　　代表取締役　　　〇〇〇〇　㊞

2 共同新設分割計画書

> ●想定するケース●
>
> S株式会社およびH株式会社の事業の一部を新設会社が承継する共同新設分割を行うものである。
>
> ※本計画書は、前記 1 「共同新設分割に関する基本合意書」における場合とは別個のケースの最終契約書である。

> **POINT**
>
> **(1) 共同新設分割といわゆる共同吸収分割**
>
> 共同新設分割は、各分割会社が共同して一つの計画を作成するとされる（会社762条2項）。したがって、各当事者が株主総会の承認を得なければ、共同新設分割を実行できない。
>
> 一方、共同吸収分割も可能であるが、会社法に共同吸収分割の規定はないため、原則、承継会社と各分割会社がそれぞれ別個の吸収分割契約を締結することになり、分割会社のいずれか一方が、株主総会の承認を得ることができないとすると、承継会社と他方の分割会社で吸収分割が実行できることになる。
>
> **(2) 株式割当比率**
>
> それぞれの事業を持ち寄り新たな会社を設立する共同新設分割は、当事会社がどれだけ株式を保有するかが重要となってくる。この場合、第三者機関に事業価値の分析評価を依頼し、当事会社の割当比率を算定してもらうことになるが、それで終わりではなく、それは当事者間の割当て決定のスタートである。
>
> 割当比率の算定が、たとえばA社1：B社0.49の場合、A社1：B社0.99の場合などは、協議によりA社が議決権数の3分の2、または過半数をとるかどうか、また第三者機関の複数に依頼をし、それぞれの算定値に差がある場合などは、協議の結果によっては新設会社の運営にも影響を与えることになる。

【書式7】 共同新設分割計画書

共同新設分割計画書

POINT

◎ 会社法上は、「契約書」ではなく「計画書」である

　会社法762条2項は、2以上の株式会社が共同して新設分割をする場合には、当該2以上の株式会社は、共同して「新設分割計画」を作成しなければならないとする。

　会社法では、吸収分割をする場合には、吸収分割契約を締結し（会社757条）、新設分割をする場合には新設分割計画を作成しなければならない（会社762条）。

　会社法では、契約・計画概念を整理し、原則として既存の複数の会社間における権利義務等の移転を伴う組織再編行為については「契約を締結」しなければならないこととし、新たに設立する会社に対しては権利義務等を移転する態様の組織再編行為については「計画を作成」しなければならないこととしている。そして、複数の会社が共同して新設分割を行う場合は、複数の会社が共同して新たな会社の設立に向けた行為をしているのであって、その複数の会社間の関係は、当事者間に権利義務等の移転に係る債権債務関係が生ずる場合とは異なる。[29]

　昭和株式会社（以下、「S社」という）および平成株式会社（以下、「H社」という）は、共同して設立する新設会社に、その事業の一部を承継させる会社分割（以下、「本件分割」という）を行うことにつき、以下のとおり共同新設分割計画（以下、「本件分割計画」という）を作成する。

29　以上は、会社法解説191頁。同書によれば、新設合併が新設合併計画ではなく、新設合併契約と整理されているのは（会社753条1項柱書）、旧商法が契約の締結として整理しており（旧商法410条柱書）、実務上の定着している概念であること、性質上必然的に2以上の会社が行うものであることが予定されていることからとする。

第1条（分割の方法）

S社およびH社（以下、2社を総称して「分割会社」という）は、分割会社の〇〇〇事業（以下、「本件事業」という）を取り巻く今後の環境変化に対応し、経営基盤の強化・経営の効率化を目的とし、本件事業に関し新たに新設するX株式会社（以下、「新設会社」という）に承継させるため、分割会社が共同して新設分割を行うものとする。

第2条（新設会社の定款）

新設会社の目的、商号、本店の所在地および発行可能株式総数その他の定款で定める事項は、別紙1「X株式会社定款」に記載のとおりとする。

> **POINT**
>
> 以下のとおり定款記載事項はすべて新設分割計画の必要的記載事項であるので、本条で定款を別紙に記載するものとした。
>
> **(1) 定款の絶対的記載事項**
>
> 定款の絶対的記載事項のうち、新設会社の目的、商号、本店所在地および発行可能株式総数（会社27条1号～3号、37条1項、98条）は、新設分割計画に定めなければならない（会社763条1項1号）。
>
> これに対し、設立に際して出資される財産の価額またはその最低額（会社27条4号）、および発起人の氏名または名称、住所（同条5号）は、適用が除外され、新設会社の定款は、発起人ではなく分割会社が作成する（会社814条）。
>
> しかし、新設会社に出資される財産は、新設分割会社（本件の場合S社およびH社）の権利義務であり、新設分割計画に定めなければならない（会社763条1項5号）。
>
> **(2) 定款の相対的記載事項、任意的記載事項**
>
> 上記(1)以外の定款の記載事項を新設分割計画に定めなければならない（会社763条1項2号）。

第3条（新設会社の役員の氏名）

新設会社の設立時の取締役および監査役は次のとおりとする。

(1) 設立時取締役　A、B、C
(2) 設立時監査役　D、E

POINT

発起人が存在せず、また出資の履行は、新設会社の成立まで待たなければならないため、新設会社の役員および会計監査人は新設分割計画に定めなければならず、新設分割計画の必要的記載事項である（会社763条1項3号・4号[30]）。

第4条（新設会社が承継する権利義務）

新設会社は、その成立の日をもって、本件分割により、S社およびH社から承継する資産、債務、雇用契約その他の権利義務は、別紙2－1「S社承継権利義務明細表」および別紙2－2「H社承継権利義務明細表」に記載のとおりとする。

2　前項の規定に基づく分割会社から新設会社に対する債務の承継については、すべて免責的債務引受けの方法による。

POINT

(1)　「新設会社が承継する権利義務」条項の記載方法

本条の権利義務の内容に基づき、分割会社の権利義務が、新設会社に承継されることになる。したがって、本条をどのように記述するかが、重要となる。

記載方法は、新設会社の承継する権利義務を明確に示す点にあるから、記載から各権利義務の帰趨が疑義なく判断できるようであれば、概括的な記載であっても足りるとする[31]。

〔検討すべき条文例〕

第○条（新設会社が承継すべき権利義務）

新設会社は、その成立の日をもって、本件分割により、S社およ

30　会社法コンメ(17)375頁以下〔神作裕之〕
31　原田晃治「会社分割法制の創設について（中）」商事1565号7頁

びH社から両当事者の○○事業部門に属する権利義務のすべてを承継する。

　上記のような記載は、単独新設分割では問題はないと解される。しかし、特に共同新設分割においては、株主等が対価の相当性等を判断し、法的救済方法の選択など合理的な行動をとるための情報を得るという点からは不十分ではないかという意見もある[32]。

　共同新設分割会社の株主、債権者にとってわかりにくいものであり、本第4条のごとく、別紙「承継権利義務明細表」などとし、重要な権利義務については概括的であっても記載すべきである。

　なお、事業と直接結びつかない権利義務で承継するもの、承継する事業に関連するが承継しないこととされた権利義務についても、また承継債務が免責的か重畳的かの区別についても、明確性の観点から記載すべきであろう[33]。

　そして、別紙の「承継権利義務明細表」の末尾に、些細な事業に関する権利義務について、たとえば「以上に記載したほか、S社の○○事業部門の権利義務のすべてについて新設会社に承継する」とすれば、承継の決定がなされない権利義務についての取扱いが問題となることもない。

(2)　相手方当事会社株式の承継不可

　会社法763条1項5号かっこ書は、新設会社が分割会社から承継する権利義務について「株式会社である新設分割会社の株式及び新株予約権に係る義務を除く」とする。

　では、本件のように、共同新設分割により、X社（新設会社）を設立する場合において、S社が有するH社株式、またはH社が有するS社株式をX社に承継させることができるかが問題となる。

　本件は、「2以上の会社は共同して新設分割計画を作成しなければならない（会社762条2項）」場合であり、また当該計画には新設会社が分割会社から承継する権利義務を定めなければならないが（会社

32　会社法コンメ(17)377頁〔神作裕之〕
33　会社分割の理論78頁〔山形康郎〕

763条1項5号)、S社およびH社からX社に別々に権利義務を承継する場合ではなく、本条1項5号かっこ書にいう「株式会社である新設分割会社」には、S社、H社が含まれ、その有する相手方当事会社株式の承継は認められないと解される。[34]

(3) 承継権利義務明細表

本章Ⅱ[4]「吸収分割契約書」の別紙1 (302頁) を参照されたい。

第5条(本件分割に際し新設会社が発行する株式の数ならびに株式の割当て)

新設会社は、本件分割に際して普通株式1800株を発行するものとし、S社1株に対しH社0.8株の株式割当比率に基づき、S社に対しては新設会社株式1000株、H社に対しては同株式800株を割当て交付するものとする。

POINT

(1) 新設会社の株式を、分割会社の株主に割り当てる場合(分割型分割)

〔変更例〕第2項を追加する。

第5条(新設分割に際し新設会社が発行する株式の数ならびに株式の割当て)

2 H社は、前項において割当て交付された新設会社株式○○○株すべてを、本件分割が効力を生ずる時点の直前時におけるH社の株主名簿に記載されたH社の株主に対して、その所有するH社株式1株につき新設会社の株式○株の割合をもって割当て交付するものとする。

(2) 株式割当ての相当性に関する事項の開示

共同新設分割の場合の株式割当て等に関して、分割会社は、その定めの相当性に関する事項を、事前(備置開始日)から事後(会社成立後6か月間)まで開示しなければならない(会社763条1項7号・9号、

---

34 会社法コンメ(17)380頁〔神作裕之〕

803条1項、会社則205条1号)。

〔書式例〕 株式割当等理由書[35]

○○○○年○月○日

株式割当等理由書

昭和株式会社
　　代表取締役社長　　○○○○
平成株式会社
　　代表取締役社長　　○○○○

　昭和株式会社と平成株式会社は、両社の○○○事業に関して、○○○○年○月○日に共同新設分割計画書を締結いたしましたが、これに際し、両社は株式の割当比率および割当数を以下のとおり決定しました。

　両社は割当比率の算定および割当数に関する交渉に先立ち公正性、妥当性を確保する観点から、それぞれ第三者機関である株式会社○○および△△コンサルティング株式会社に株式割当比率算定の依頼をしました。

　当該比率の算定にあたり、株式会社○○は、修正簿価方式および収益還元方式による分析を行い、一方、△△コンサルティング株式会社は、修正純資産法（超過収益均衡モデル）による分析を行い、それぞれ算定結果の提出を受けました。

　この算定結果を踏まえて、両社にて協議をした結果、新設会社の設立時に発行する普通株式につき昭和株式会社1に対し、平成株式会社0.8を割り当てることを決定しました。

　その結果、新設会社の設立時に発行する普通株式1800株に対して、昭和株式会社は1000株、平成株式会社は800株を割り当てる

---

[35] 再編書式292頁

ことにいたしました。

　上記の内容については、両社は、相当と判断をしております。

　また、本件分割後の新設会社の資本金および準備金については、本件分割により新設会社に承継される資産および負債額、新設会社の財務基盤等を考慮のうえ、両社が協議し決定したものであり、両社は相当であると判断しております。

以上

(3) 対　価

対価として認められるのは、新設会社の株式のほか、新設会社の社債、新設会社の新株予約権、新設会社の新株予約権付社債である。これらについても割当比率を定める必要がある（会社763条7号・9号）。これら以外の財産を対価とすることは認められない。

第6条（新設会社の資本金および準備金の額）

　新設会社における設立の際の資本金および資本準備金は次のとおりとする。

(1) 資本金　　　　　　　　　○円
(2) 資本準備金　　　　　　　○円

POINT

◎ **新設会社の資本金および準備金の額**

　共同新設分割の新設会社の資本金および準備金に関する事項は、必要的記載事項である（会社763条6号）。

　新設会社の資本金および準備金の額は、適用される規定を記載するのみでもよいとされる（下記変更例参照）。

　共同新設分割の場合には、会社計算規則51条に計算方法についての規定がある。具体的には、まず、各分割会社に分割したものとみなして、仮会社の計算を行う（会社計算51条1号）。したがって、ここでの計算は、単独新設分割と同様、会社計算規則49条または50条の規定に

従って処理することができる。次に、当該各仮会社が新設合併をすることとして計算を行う（会社計算51条2号）。このため、ここでの処理は、新設合併のところ（本章Ⅰ③「新設合併契約書」第6条POINT（257頁））で述べた処理を行うことになる。[36]

〔変更例〕

第6条（新設会社の資本金および準備金の額）

　新設会社における設立の際の資本金および準備金は、<u>会社計算規則51条および49条または50条および45条ないし48条の定めに従い、新設会社が決定する。</u>

第7条（新設会社の成立の日）

　新設会社の成立の日（以下、「会社成立日」とする）は、〇〇〇〇年〇月〇日とする。ただし、分割手続の進行その他の事由により変更する必要があるときは、分割会社の協議により、会社成立日を変更することができる。

POINT

(1) 登記の日＝新設会社成立日＝分割の効力発生日

　新設分割の効力発生は、新設会社成立の日であり（会社764条1項）、会社の成立は本店所在地における登記による（会社49条）。当事会社の判断により登記をすべき日を定めることは可能である。

(2) 会社成立日の変更

　株主総会における承認決議、債権者異議手続、その他の手続が終了していなければ、新設分割計画に規定した登記をすべき日を変更することは可能である。新設分割は登記の日に効力を生ずるので、変更後の効力発生日の公告は不要である。[37]

第8条（本件分割の承認手続）

---

[36] 郡谷＝和久606頁〜611頁
[37] 会社法解説205頁

分割会社は、それぞれ〇〇〇〇年〇月〇日をめどとして、株主総会において本件分割計画書の承認を得るものとし、前条の会社成立日の前日までに、債権者異議手続その他関係法令により必要となる手続を終了しておかなければならない。

第9条（秘密保持義務）

分割会社は、本件分割の遂行のために〇〇〇〇年〇月〇日に締結した秘密保持契約は、本件分割計画締結後も、有効であり、遵守しなければならない。

第10条（競業避止義務）

分割会社は、会社成立日以降、〇〇年間、日本国内において本件事業と競合する事業を行ってはならない。

> **POINT**
>
> 会社分割のうち、とりわけ新設分割契約においては、分割会社・新設会社の利害が対立する事項について分割会社に法律関係明確化の義務を負わせることが必要であり、会社法の事業譲渡に関し譲渡会社の競業を禁止する規定（同法21条）が類推適用されると解釈されている。[38]本契約は、共同新設分割であるので、地理的範囲および期限について、両当事者の確認のために、競業避止義務規定を設けるものである。
>
> なお、上記の事情から、競業避止義務を負わない場合は、各別に、その旨の定めが必要となる。
>
> 〔変更例〕
>
> ##### 第9条（競業避止義務）
>
> 分割会社は、会社成立日以降においても、<u>競業避止義務を負担しないものとする。</u>

第11条（表明および保証）

S社は、H社および新設会社に対し、本分割計画書締結日および会社成立日において、別紙3に記載の事実が、真実かつ正確であることを表

---

[38] 江頭897頁

明し保証するものとする。
2　H社は、S社および新設会社に対し、本分割計画書作成日および会社成立日において、別紙4に記載の事実が、真実かつ正確であることを表明し保証するものとする。
3　前2項の表明保証につき、会社成立日において、S社およびH社は、それぞれ別紙3または別紙4記載の事実が、真実かつ正確であることを表明し保証するため新設会社と覚書を締結する旨を確認する。

> POINT
>
> 　新設会社は、本件分割計画の当事者ではないことから、本件分割計画における分割会社の表明保証等に関して、新設会社の成立日において、分割会社それぞれと新設会社間の表明保証等に関する覚書を締結することにしている。

第12条（賠償または補償）

　S社およびH社は、本件分割計画に定める自己の表明保証または自己の義務の違反に起因して相手方が損害等を被りまたは負担する場合には、当該相手方に対し、かかる損害等の賠償または補償をするものとする。
2　S社およびH社は、本件分割計画に記載する自己の表明保証または自己の義務の違反に起因して新設会社に対し、損害等を被らせまたは負担させた場合には、新設会社の当該当事会社に対するかかる損害等の賠償または補償請求を受け入れるものとする。
3　前2項に基づく賠償または補償は、会社成立日から1年後の応答日までに書面をもって請求した場合に行われるものとする

> POINT
>
> 　第2部第1章Ⅲ3「補償条項」（180頁）を参照されたい。

第13条（新設会社に債務の履行を請求した債権者の求償）

　会社法の制度に基づきS社およびH社の債権者が新設会社にその債

務の履行を請求できる場合において、新設会社は、負担した額のすべてにつき当該債務を発生させた各当事会社に求償することができる。

> POINT
>
> 本条は、分割会社（本件の場合S社・H社）の債権者保護のために、以下の会社法で定める新設会社が当該債権者に対する債務を負担した場合の求償について定めたものである。
>
> (1) 分割会社の知れていない債権者の保護
>
> 分割会社の債権者であって、各別の催告を受けなかった債権者（ただし、分割会社の公告方法が日刊新聞紙での公告または電子公告であり、官報に加えて、これらの方法による二重公告を行った場合には不法行為債権者に限る）は、分割会社に知れているかいないかにかかわらず、分割会社または新設会社のいずれにも債務の履行を請求することができる（会社764条2項・3項等）。
>
> (2) 分割会社における残存債権者の保護
>
> 新設合併の場合、新設会社に承継されない債務の債権者（以下、「残存債権者」という）を害する場合で、分割会社が残存債権者を害する場合を知っており、かつ新設会社が残存債務者を害することを知っていた場合に、新設会社が承継した財産の価額を限度として、新設会社に直接、債務の履行を請求することができる（会社764条4項〜7項等）。

第14条（本件分割の変更および中止）

本件分割計画作成の日から会社成立日の前日までの間において、天災地変その他の事由により、S社もしくはH社または両社において、その財産状態または経営状態に重大な変動が生じた場合、本件分割につき、分割会社が協議し、本件分割計画の内容を変更し、または本件分割を中止することができる。

第15条（誠実協議）

分割会社は、本件分割計画に定めのない事項、または本件分割計画の

解釈について疑義のある事項について、誠意をもって協議のうえ、解決するものとする。

第16条（裁判管轄）
　本件分割計画に関する分割会社間に生じたいっさいの訴訟については、東京地方裁判所を第1審の専属的合意管轄裁判所とする。

　本件分割計画書の作成の証として本書2通を作成し、分割会社が記名押印のうえ各1部を保有し、また新設会社は成立時に本件分割計画書の写しを1部保有するものとする。

○○○○年○月○日
　　　　（分割会社S社）東京都○○区○○町1－1－1
　　　　　　　　　　　　昭和株式会社
　　　　　　　　　　　　　　代表取締役社長　○○○○　㊞
　　　　（分割会社H社）東京都○○区○○2－1－1
　　　　　　　　　　　　平成株式会社
　　　　　　　　　　　　　　代表取締役社長　○○○○　㊞

〔別紙1〕　X株式会社定款（略）
〔別紙2-1〕　S社承継権利義務明細表（略）
〔別紙2-2〕　H社承継権利義務明細表（略）
〔別紙3〕　S社表明保証（略）
〔別紙4〕　H社表明保証（略）

③ 新設分割計画書

●想定するケース●

A株式会社は、他の主力事業に傾注するため、自社のX事業について、新設分割により、B株式会社を設立し承継することとなった。

新設分割は、①事業部門の分社化・持株会社化、②事業譲渡、③不採算部門の切離し・再生、④合弁事業の創設・再生、⑤中小企業の事業承継対策などに活用される[39]。本ケースでは、X事業およびA株式会社の主力事業の拡大および利益構造の転換のために、グループ内での組織再編の一環として行うものである。

【書式8】 新設分割計画書

新設分割計画書

A株式会社（以下、「当会社」という）は、当会社の○○の事業に関して有する権利義務の全部を分割により設立する会社（以下、「設立会社」という）に対して承継させることに関し、以下のとおり新設分割計画（以下、「本計画」という）を作成する。

第1条（目　的）

当会社は、本計画に定めるところに従って、当会社の○○の事業（以下、「本事業」という）に関して有する権利義務の全部を分割により設立する株式会社に承継させるため、新設分割の方法により会社分割を行う（以下、「本分割」という）。

第2条（設立会社の定款で定める事項）

設立会社の目的、商号、本店所在地および発行可能株式総数その他設立会社の定款で定める事項は、別紙1「設立会社定款」に記載のとおりとする。なお、本店所在場所は、次のとおりとする。

---

[39] 会社法コンメ(17)356頁〔神作裕之〕

(本店所在場所)　東京都○○区○○1－2－3

> **POINT**
>
> (1) **設立会社の目的、商号、本店所在地および発行可能株式総数**
>
> 必要的記載事項であり（会社763条1項1号）、かつ、定款の絶対的記載事項である（会社27条、37条）。
>
> (2) **定款で定める事項**
>
> 必要的記載事項である（会社763条1項2号）。

第3条（設立会社の設立時取締役等）

　設立会社の設立時取締役は、次のとおりとする。

　　　　○○○○
　　　　○○○○
　　　　○○○○

2　設立会社の設立時監査役は、次のとおりとする。

　　　　○○○○

> **POINT**
>
> (1) **設立時取締役の氏名**
>
> 必要的記載事項である（会社763条1項3号）。
>
> (2) **設立時監査役の氏名**
>
> 必要的記載事項である（会社763条1項4号ロ）。
>
> そのほか、設立時会計参与の氏名または名称、設立時会計監査人の氏名または名称も必要的記載事項である（会社763条1項4号イ・ハ）。

第4条（当会社から承継する権利義務）

　設立会社は、その成立の日において、本事業に関する別紙2「承継権利義務明細表」に記載する資産、債務、雇用契約その他の権利義務を、当会社から承継する。ただし、承継する権利義務のうち資産および負債

40　分割会社の商号を承継会社が承継する場合は、会社法22条（譲渡会社の商号を使用した譲受会社の責任等）が類推適用される（最判平成20・6・10判時2014号150頁）。

の評価については、○○○○年○月○日現在の貸借対照表その他計算書類の計算を基礎とし、これに効力発生日前日までの増減を加除したうえで確定する。
2　当会社の設立会社に対する債務の承継は、免責的債務引受けの方法による。
3　当会社の設立会社に対する債務の承継に関し、会社法第764条第2項の規定により当会社が弁済責任を負う場合であっても、当該債務の最終的な負担者は設立会社とする。

> **POINT**
>
> 　設立会社が分割会社（当会社）から承継する資産、債務、雇用契約その他の権利義務（分割会社の株式および新株予約権に係る義務を除く）に関する事項は、必要的記載事項である（会社763条1項5号）。

第5条（設立会社が交付する株式の数）

　設立会社が本分割に際して当会社に対して交付する設立会社の株式の数は、普通株式○○株とする。

> **POINT**
>
> 　設立会社が新設分割に際して分割会社（当会社）に対して対価として交付する設立会社の株式の数等に関する事項は、必要的記載事項である（会社763条1項6号）。

第6条（設立会社の資本金、準備金に関する事項）

　設立会社の成立の日における資本金および準備金の額は、以下のとおりとする。

(1)　資本金の額　　　　　　　○円
(2)　資本準備金の額　　　　　○円
(3)　その他の資本剰余金の額　会社計算規則49条1項に定める株主資本等変動額から1号の額および2号の額の合計額を控除した額

> **POINT**
>
> 　設立会社が新設分割に際して分割会社（当会社）に対して対価として交付する設立会社の資本金および準備金の額に関する事項は、必要的記載事項である（会社763条1項6号）。
>
> 　設立会社の資本金および準備金については適用する規定を記載するのみでもよいとされる。
>
> 〔変更例〕
> 　**第6条（設立会社の資本金、準備金に関する事項）**
> 　　設立会社の成立の日における資本金および準備金の額は、<u>会社計算規則49条または50条の定めに従い、設立会社が決定</u>する。

第7条（登記をすべき日）

　本分割の登記をすべき日は、○○○○年○月○日とする。ただし、分割手続の進行その他の事由により必要があるときは、当会社の取締役会の決議をもって、これを変更することができる。

> **POINT**
>
> 　登記すべき日（会社924条1項1号）の変更は、吸収分割の効力発生日の変更手続（会社790条2項）のような規定はない。したがって、本条のように取締役会に変更決定権をもたせ、機動的な変更が可能なようにしておくべきである。

第8条（競業避止義務を負わない旨の確認）

　当会社は、本分割にかかわらず、本事業およびこれに類似する事業に係る競業避止義務を負わないものとする。

第9条（本分割の変更および中止）

　本計画作成の日から効力発生日に至るまでの間において、天災地変その他の事由により、当会社の財産状態または経営状態に重要な変動を生じた場合、本分割について法令上必要な行政官庁の許認可等を得ることができなかった場合、その他本分割を本計画に従って実行することが合

理性を欠くものと当会社が判断した場合には、当会社は、本計画を変更し、または本分割を中止することができる。

以上

○○○○年○月○日

　　　　　　　　　　住　所　東京都○○区○○１－２－２
　　　　　　　　　　　　　　Ａ株式会社
　　　　　　　　　　　　　　代表取締役社長　○○○○　㊞

〔別紙１〕　設立会社の定款（略）
〔別紙２〕　承継権利義務明細表（略）

4 吸収分割契約書

●想定するケース●

A株式会社は、吸収分割の方法により、A株式会社の一事業部門である○○に関する事業を、既存のB株式会社に承継させるものである。

【書式9】 吸収分割契約書

吸収分割契約書

A株式会社（以下、「分割会社」という）とB株式会社（以下、「承継会社」という）とは、分割会社がその事業に関して有する権利義務の一部を承継会社に承継させる吸収分割に関し、次のとおり吸収分割契約書（以下、「本契約」という）を締結する。

第1条（目　的）

　分割会社は、吸収分割により、その経営する事業のうち○○に係る事業（以下、「本事業」という）に関して有する権利義務の一部を承継会社に承継させ、承継会社はこれを承継する（以下、「本分割」という）。

第2条（当事会社の商号および住所）

　本分割を行う分割会社および承継会社の商号および住所は、以下のとおりである。

　　（分割会社）商号：A株式会社
　　　　　　　　住所：東京都○○区○○町○丁目○番○号
　　（承継会社）商号：B株式会社
　　　　　　　　住所：東京都○○区○○町○丁目○番○号

> POINT
> 必要的記載事項である（会社758条1号）。ただし、頭書の部分、または末尾の記名押印欄に住所・商号の記載があれば足りる。

第3条（本分割により承継する権利義務）

　承継会社は、効力発生日において、本事業に関する別紙1「承継権利義務明細表」に記載する資産、債務、雇用契約その他の権利義務を、分割会社から承継する[41]。ただし、承継する権利義務のうち資産および負債の評価については、○○○○年○月○日現在の貸借対照表その他計算書類の計算を基礎とし、これに効力発生日前日までの増減を加除したうえで確定するものとする。

2　分割会社の承継会社に対する債務の承継は、免責的債務引受けの方法による。

3　分割会社の承継会社に対する債務の承継に関し、会社法759条2項の規定により分割会社が弁済責任を負う場合であっても、当該債務の最終的な負担者は承継会社とする。

POINT

(1) 必要的記載事項

　吸収分割の承継の対象となる資産、債務、雇用契約その他の権利義務を記載する必要がある（会社758条2号）。その定め方は、必ずしも個々の権利義務を個別に特定して帰属先を明らかにする必要はないにしても、特定の権利義務が分割後いずれの会社に帰属するのかが明らかになる程度の記載は必要である[42]。

(2) 債務引受けの方法の明示

　債務に関する定めは、それが免責的に承継会社に承継されるのか、重畳的に承継されるのか、それとも分割会社の債務として残るのか明示されなければならない[43]。

(ア) 重畳的債務引受けの場合の負担割合

　重畳的に分割会社・承継会社が債務を負担するにしても、その最終的な負担割合を定めておく必要がある。

---

[41] 分割会社の商号を承継会社が承継する場合は、会社法22条（譲渡会社の商号を使用した譲受会社の責任等）が類推適用される（最判平成20・6・10判時2014号150頁）。
[42] 江頭897頁
[43] 江頭898頁

〔変更例〕本条第2項・第3項の変更

第3条（本分割により承継する権利義務）

2 分割会社の承継会社に対する債務の承継は、<u>重畳的債務引受けの方法による。ただし、当該債務を分割会社が負担したときは、分割会社はその負担のすべてを承継会社に対して求償する。</u>

(イ) **免責的債務引受け、債務引受けをしない旨の定めのある場合**

① 異議を述べることができる分割会社の債権者であって、各別の催告を受けなかった債権者（ただし、分割会社の公告方法が日刊新聞紙での公告または電子公告であり、官報公告に加えて、これらの方法による二重公告を行った場合には不法行為債権者に限る）は、分割会社に債務の履行を請求できない旨の定めがあっても、分割会社に債務の履行を請求できる（会社759条2項）。

　この場合、免責的債務引受けの定めがあっても分割会社が債務を負担することになるので、本条第3項は、当該債務の最終的負担者を承継会社とするものである。

② 異議を述べることができる分割会社の債権者であって、各別の催告を受けなかった債権者（前記①のただし書に同じ）は、承継会社に債務の履行を請求できない旨の定めがあっても、承継会社に債務の履行を請求できる（会社759条3項）。

〔変更例〕本条に第4項を追加

第3条（本分割により承継する権利義務）

<u>4　承継会社は第1項に定めるものを除く分割会社の債務を引き受けない。ただし、会社法759条3項の規定により当該債務を承継会社が負担したときは、承継会社はその負担のすべてを分割会社に対して求償する。</u>

第4条（本分割に際して承継会社が交付する金銭等）

　承継会社は、本分割に際して、新たに普通株式〇〇株を発行し、そのすべてを分割会社に割り当て、交付する。

> **POINT**
>
> (1) 必要的記載事項
>
> 　分割の対象となる分割会社の「事業に関する権利義務の全部又は一部に代わる」対価またはその算定方法を、記載する必要がある（会社758条4号）。対価は、承継される権利義務の内容（本契約第3条）とともに、最も重要な条項である。
>
> 〔変更例①〕対価が金銭（交付金分割）の場合
>
> 　　第4条（本分割に際して承継会社が交付する金銭等）
>
> 　　　承継会社は、本分割に際して、<u>金○○円</u>を分割会社に交付する。
>
> 〔変更例②〕対価が親会社株式（三角吸収分割）の場合
>
> 　　第4条（本分割に際して承継会社が交付する金銭等）
>
> 　　　承継会社は、本分割に際して、<u>○○株式会社の普通株式○○株</u>を分割会社に交付する。
>
> (2) 無対価分割
>
> 　企業グループとしての経営効率化を目的として、会社分割により子会社間で事業の移転が行われるケースがあり、完全子会社間での会社分割が行われる場合は、一般的には、分割の対価を交付しない「無対価分割」で行われる。会社法は、「金銭等を交付するときは、……」と定めており（会社758条4号）、吸収分割において無対価分割も可能であるが、無対価分割についてその他の定めはなく、会社法上は「本分割に際して承継会社が交付する金銭等」の条項を設置する必要はない。ただし、明確にするためには、その旨の記載が必要であろう。
>
> 〔変更例〕
>
> 　　第4条（本分割に際して承継会社が交付する金銭等）
>
> 　　　承継会社は、本分割に際して、<u>金銭等の交付を行わない。</u>

第5条（増加する資本金、準備金等）

　本分割により増加する承継会社の資本金および準備金の額は、次のとおりとする。

(1) 資本金

　　　〇〇円
(2) 資本準備金

　　　〇〇円
(3) 利益準備金

　　　増加しない。

> **POINT**
>
> 　交付する金銭等（対価）が承継会社の株式であるときは資本金、準備金の増加額は、必要的記載事項である（会社758条4号イ）。
>
> **(1) 資本金・準備金の増加額**
> 　具体的な金額を定めないで法務省令の定めに従って定める旨を規定しておくことも認められる。[44]
>
> 〔変更例①〕
>
> **第5条（承継会社の資本金、準備金等）**
> 　本分割により増加する承継会社の資本金および準備金の額は、会社計算規則37条および38条の定めに従い、承継会社が定めるものとする。
>
> 〔変更例②〕
>
> **第5条（増加する資本金、準備金等）**
> 　本分割により増加する承継会社の資本金および準備金の額は、資本金に計上可能な金額の50％を資本金とし、残りの50％を資本準備金とする。
>
> **(2) 無対価分割**
> 　無対価分割については、本契約第4条のPOINTを参照されたい。
> 　もっとも、承継する事業の純資産額を全額、資本剰余金とする場合には、資本金、準備金の額は増加しないことになる。
>
> 〔変更例〕
>
> **第5条（承継会社の資本金、準備金等）**

---

[44] 郡谷＝和久384頁

本分割により承継会社の資本金および準備金の額は、増加しない。

第6条（効力発生日）
　本分割の効力発生日は、○○○○年○月○日とする。ただし、分割手続進行上の必要性その他の事由により、分割会社と承継会社とが協議してこれを変更することができる。

POINT

(1) 必要的記載事項
　吸収分割が効力を生ずる日は、必要的記載事項である（会社758条7号）。なお、以下の問題例のように、効力を生ずる日を特定しないことはできないと解される。

〔問題例〕
　「本分割の効力発生日は、債権者異議手続が終了した日とする」、「本分割の効力発生日は、本契約第3条に定める権利義務の承継が終了した日とする」、「本分割の効力発生日は、別途、当事者が協議をして定めたうえ、公告をする」。

(2) 効力発生日の変更手続
　必要的記載事項であっても、効力発生日の変更は再度、株主総会の承認を得ることを要しない。ただし、分割会社では、変更前の効力発生日の前日までに、公告を行う必要がある（会社790条2項）。
　なお、本契約の効力発生日を、当事者間の吸収分割の最低条件として最も遅い日を定め、承継行為が整ったらできるだけ早く効力を生じさせたい場合は、変更後の効力発生日の前日までに、公告を行う必要がある。

(3) 効力の発生
　債権者異議手続が終了していないときまたは吸収分割を中止したとき（会社745条6項）、株主総会の承認を経ていないとき（会社783条1項、795条1項）、株式買取請求について株主に通知をしていないとき（会社785条3項、797条1項）は、効力発生日が到来しても効力は生じ

ない。

※本契約第11条の POINT を参照されたい。

第7条（株主総会の期日）

　分割会社は○○○○年○月○日に株主総会を開催し、承継会社は○○○○年○月○日に株主総会を開催し、それぞれ本契約書の承認および本分割に必要な事項の決議を求める。ただし、分割手続の進行上の必要性その他の事由により、分割会社と承継会社とが協議して開催期日を変更することができる。

第8条（競業避止義務を負わない旨の確認）

　分割会社は、本分割にかかわらず、本事業およびこれに類似する事業に係る競業避止義務を負わない。

> **POINT**
>
> 　「事業そのもの」が承継される場合には、吸収分割契約に別段の定めがなければ、事業譲渡に関する競業避止義務（会社21条）が類推適用され、分割会社は競業避止義務を負う。[45]したがって、競業避止義務を負わない旨または負う旨の条項がない場合には、会社法21条1項により、分割会社は、自動的に同一市町村内では20年間同一の事業をすることができないことになる。
>
> 〔変更例〕競業避止義務を負う例
>
> ### 第8条（競業避止義務）
>
> 　分割会社は、効力発生日から5年間、日本国内において本事業と実質的に競合する事業を行わない。

第9条（会社財産の管理等）

　本契約締結後効力発生日まで、分割会社は本事業につき、承継会社はそのいっさいの事業につき、それぞれ善良なる管理者の注意をもってその業務の執行および財産の管理をする。分割会社または承継会社が本契

---

[45] 江頭897頁、会社法コンメ(1)207頁〔北村雅史〕

約に重大な影響を及ぼす事項を行おうとするときは、あらかじめ分割会社と承継会社とが協議したうえでこれを行う。

第10条（分割条件の変更および本契約の解除）

分割会社および承継会社は、本契約締結の日から効力発生日の前日までの間において、天災地変その他の不可抗力事由により、分割会社または承継会社の資産状態、経営状態に重大な変更が生じたときは、協議のうえ、合意により本契約に定める条件を変更し、または本契約を解除することができる。

> **POINT**
>
> **(1) 本契約条件の変更**
>
> 本契約条件の変更については、本章Ⅰ[2]「吸収合併契約書」第12条のPOINT(2)(251頁)を参照されたい。
>
> **(2) 本契約の中止**
>
> 吸収分割契約の締結後に、当該吸収分割を中止したときは、効力発生日が到来しても、吸収分割の効力は生じない（会社745条6項、759条10項）。会社法上、吸収分割の中止に関しての定めは設けられておらず、原則、株主総会で承認決議がなされている場合は、その中止の承認決議が必要となる。
>
> もっとも、会社法立法担当者の見解としては、吸収分割契約において一定の条件の下に吸収分割の中止を定めることは差し支えないとする。[46]
>
> しかし、本条項に該当することが明らかであれば、中止の総会決議は要しないが、本条項に該当するか否かの判断に迷う場合は、総会決議を経るほうがベターであろう。[47]
>
> **(3) 本契約の解除**
>
> 不可抗力だけではなく本契約の義務違反、表明保証違反も含める場合もある。
>
> 〔変更例〕第2項を追加する。

---

[46] 論点解説706頁
[47] 会社分割ハンドブック238頁

第10条（分割条件の変更および本契約の解除）

2　前項の定めにかかわらず分割会社および承継会社は、効力発生日の前日までに、相手方につき以下の各号の一が生じたときは、相手方への書面による通知により、本契約を直ちに解除することができる。

　(1)　本契約に基づくか否かにかかわらず、故意または重過失による重大な違反行為が判明した場合

　(2)　本契約を継続しがたい重大な本契約上の義務違反が生じた場合で、書面による催告にもかかわらず、効力発生日までに当該違反が是正されない場合または期限を明示しての是正かつその保証がない場合

　(3)　相手方の責に帰すべき事由により、〇〇〇〇年〇月〇日までに本分割の効力が発生しない場合

3　前項各号の場合、分割会社および承継会社は、相手方に対する損害賠償の請求をすることができ、また契約を解除したときであっても相手方に対する損害賠償請求を妨げない。

第11条（本契約の効力）

本契約は、効力発生日の前日までに、分割会社および承継会社の株主総会の承認または法令に定める関係官庁の承認が得られないときは、その効力を失う。

POINT

(1)　株主総会の承認

会社法は、効力発生日の前日までに、分割会社または承継会社の株主総会の承認を受けなければならないとする（会社783条1項、795条1項）。

しかし、効力発生日の前日までとすると、会社分割の準備はほとんど整っている中で、債権者、債務者、株主など関係先等への説明等に難しい対応を迫られる可能性がある。

また、効力発生日の変更は、既定の効力発生日の前日までに、変更

後の効力発生日を公告しなければならず、株主総会決議や官庁の承認の期限が効力発生日の前日とすると、公告は不可能に近い。その点からすると、本条の期限を前倒しすることに理由がある。

〔変更例①〕

　第11条（本契約の効力）

　　本契約は、<u>〇〇〇〇年〇月〇日</u>までに、分割会社および承継会社の株主総会の承認または法令に定める関係官庁の承認が得られないときは、その効力を失う。

〔変更例②〕

　第11条（本契約の効力）

　　本契約は、効力発生日の<u>10日</u>前までに、分割会社および承継会社の株主総会の承認または法令に定める関係官庁の承認が得られないときは、その効力を失う。

　(2)　関係官庁の承認

　　関係官庁の承認が得られない場合、その中止には原則、株主総会の中止決議が必要となる（本契約第10条のPOINT参照）。

第12条（本契約書に定めのない事項）

　本契約に定める事項のほか、本分割に際し必要な事項は、分割会社と承継会社とが協議して定める。

第13条（合意管轄）

　本契約に関し、分割会社・承継会社間に生じたいっさいの訴訟については、東京地方裁判所を第1審の専属的合意管轄裁判所とする。

　本契約締結の証として本書2通を作成し、分割会社および承継会社が記名押印のうえ、各1通を保有する。

　　〇〇〇〇年〇月〇日

　　　　　　　　　　　　　（分割会社）

　　　　　　　　　　　　　東京都千代田区〇〇1－1－1

　　　　　　　　　　　　Ａ株式会社
　　　　　　　　　　　　代表取締役　○　○　○　○　㊞
　　　　　（承継会社）
　　　　　　　　　　　　東京都中央区○○３―３―３
　　　　　　　　　　　　Ｂ株式会社
　　　　　　　　　　　　代表取締役　○　○　○　○　㊞

〔別紙１〕　承継権利義務明細（302頁参照）

〔その他の記載事項〕

(1)　定款の変更
〔追加条項例〕
第○条（定款の変更）
　承継会社は、承継会社の株主総会において、本分割の効力発生日をもって、承継会社の定款を次の各号のとおり変更する。
(1)　定款第１条の商号をAB株式会社に、英文ではAB CORPORATIONに変更する。
(2)　定款第２条の目的として、「○○の製造および販売」を追加する。
(3)　定款第６条の発行可能株式総数を○○○株増加し、合計の総数を○○○○株とする。
(4)　定款第18条の取締役の員数を○名増加し、合計の員数を○名以内とする。

POINT

(1)　**本条項の意味**
　旧商法では、承継会社が定款の変更をするときは分割契約書に定めなければならなかった（旧商法374条の17第２項１号）ことから、承継会社の定款の変更を最終契約書に規定する場合があるが、定款の変更は任意的記載事項であり、規定しなくても問題はなく、また規定した

としても、別途、株主総会で定款変更の手続を経なければならない。

したがって、本条項の意味は、定款の変更を株主総会へ上程すること、および分割会社の事業が承継されていることの確認が中心となる。定款の変更箇所が多い場合は、別紙に記載することになる。

(2) **分割会社の定款変更**

承継会社としては、分割会社の定款の変更を定めておく意味もあるのではないか。特に競業禁止義務がある場合には、当該期間中、会社の目的中の競合する事業を削除するなどである。変更例②は、定款の附則を用いて、競業禁止期間中は該当する目的事項を失効させ、期間経過後に再発効させるものである。

〔変更例①〕 上記の定款変更条項に第2項を追加する。

2　分割会社は、分割会社の株主総会において、本分割の効力発生日をもって、分割会社の定款を次の各号のとおり変更する。

　(1)　定款第2条の目的として、第2号に定めてある「○○の製造および販売」を削除し、第3号以降をそれぞれ順に繰り上げる。

　(2)　……

〔変更例②〕

2　分割会社は、分割会社の株主総会において、本分割の効力発生日をもって、分割会社の定款を次の各号のとおり変更する。

　(1)　……

　(2)　下記の附則を新設する。

記

(附則) 第2条第2号に定める「○○の製造および販売」は、○○○○年○月○日の臨時株主総会において承認された「定款の変更」および「吸収分割契約」に基づき、当該吸収分割の効力発生日の前日に効力を失効し、2026年4月1日にその効力を生ずる。なお、本附則は、2026年4月1日の経過後削除する。

48　会社法解説190頁

(2) 表明保証および損害賠償

　分割会社と承継会社は、吸収合併や株式交換の場合とは異なり、別法人格であり、また完全親子関係を生ずるとは限らないことから、効力発生日後に表明保証違反があった場合に、グループ内の組織再編でなければ、損害賠償請求をできるようにしておくべきである。[49]

〔追加条項例〕

第○条（表明および保証）

　承継会社は、分割会社に対し、本契約締結日および効力発生日において、別紙○に記載する事項が真実かつ正確であることを表明し、保証する。

2　分割会社は、承継会社に対し、本契約締結日および効力発生日において、別紙○に記載する事項が真実かつ正確であることを表明し、保証する。

第○条（表明および保証の有効期間および損害賠償請求）

　承継会社または分割会社に本契約上の義務の違反、または表明および保証の違反があった場合には、相手方当事者は、効力発生日から1年以内に限り、違反した当事者に対し、当該違反により現実に被った損害の賠償を請求することができる。

(3) 取引実行の前提条件

〔追加条項例〕

第○条（承継に係る前提条件）

　承継会社は、効力発生日に以下の条件が成就していなければ、第○条に定める本分割に関する承継会社の義務の履行を拒絶することができる。

(1) 第○条に定める分割会社の表明および保証が効力発生日現在においてすべての重要な点について真実かつ正確であること

(2) 分割会社の本契約上のすべての義務が履行されていること

(3) 本分割その他本契約に定める取引に必要なすべての登録、届出ならびに関係官庁の承認および許認可の取得等が終了し、効力発生日から

49　M&A契約71頁

　　　　承継会社が本事業を開始できることが確実であること
　(4)　承継対象契約のうち重要なものについて、当該対象契約の相手方が契約上の地位の分割会社から承継会社への移転に同意したこと※(注)
　(5)　分割会社の株主総会を開催し、本契約の締結および履行を承認する分割会社の株主総会の承認を得て、分割会社が承継会社に対して議事録の写しを交付したこと
2　分割会社は、効力発生日に以下の条件が成就していなければ、第○条に定める本事業に関する権利義務の承継を拒絶することができる。
　(1)　第○条に定める承継会社の表明保証が効力発生日現在においてすべての重要な点について真実かつ正確であること
　(2)　承継会社の本契約上のすべての義務が履行されていること
　(3)　承継会社が分割会社に対して、本契約の締結および履行を承認する承継会社の株主総会の議事録の写しを交付したこと
　(4)　承継会社が分割会社に対して、承継会社として本契約の締結および履行に必要な公正取引委員会その他の関係官庁の同意、許可または命令等の写しを交付したこと
※(注)　本条第1項第4号に関しては、承継対象契約において、たとえば次のような条項がある場合である。

〔参考条項〕

第△条（契約の解除）

　買主（(注)本吸収分割契約の分割会社の相手方である）は、次の各号の一に該当したときは、催告その他の手続を要しないで、直ちに本契約および個別契約の全部または一部を解除することができる。

　(1)～(8)　省略
　(9)　事業の譲渡をしたとき、または他の会社との合併もしくは会社分割をしたとき
　(10)　以下省略

別紙1　承継権利義務明細

（別紙1）

承継する権利義務等の明細

　承継会社が、効力発生日において本分割により分割会社から承継する資産、債務、雇用契約その他の権利義務については、次のとおりとする。

1　資　産
　承継会社は、次に掲げる資産を承継する。ただし、知的財産権は、下記3に記載する。
(1)　本事業に関する現預金、売掛金、商品、前払い費用その他の流動資産のいっさい
(2)　本事業に関する土地・建物、附属設備、什器設備、長期前払い費用、ソフトウェアその他固定資産のいっさい
(3)　流動資産、有形固定資産、無形固定資産、投資有価証券以外の資産のうち、本事業に関する資産のいっさい

2　負　債
　承継会社は、本事業に関する支払手形、買掛金、未払い金、未払い費用、借入金、その他いっさいの負債を承継するものとする。

3　知的財産権
　特許権、実用新案権、意匠権、商標権、著作権、ノウハウ、営業秘密、その他の知的財産権（以下、「知的財産権」という）は、承継会社に承継されない。ただし、効力発生日において分割会社が所有し、本事業に必要であると分割会社が認める知的財産権に関しては、分割会社が承継会社にその実施権または使用権を許諾する。

4　雇用契約以外の契約上の地位等
　承継会社は、本事業に関する売買契約、取引基本契約、業務委託契約、リース契約、保証契約その他の契約（雇用契約および知的財産権ならびに上記1または2において分割会社から承継されない資産または負債に関する契約を除く。以下、「本件契約」という）における契約上の地位および本件契約

に付随する権利義務を承継する。ただし、本件契約のうち本事業に関しない条項等がある場合は、本事業に関する部分についてのみ承継される。

　本件契約のうち、会社分割による契約上の地位の移転または支配権の移転が契約の解除事由、終了事由、違反事由を構成する可能性がある等の理由により、当該契約の相手方当事者の同意を得る必要があるものは、分割会社が相手方当事者の同意を得て、承継会社に引き継ぐものとする。

5　雇用契約等

(1)　承継会社は、本分割により効力発生日において、主として本事業に従事する従業員との間の雇用契約を分割会社から承継する。

(2)　承継会社は、本分割により効力発生日において、従として本件事業に従事する従業員のうち、本事業に必要なものとして分割会社と承継会社が協議のうえ認めた従業員については、当該従業員の同意を得たうえで、当該従業員との間の雇用契約を分割会社から承継する。

6　許認可等

承継会社は、本事業に関する許可、認可、承認、登録、届出等のうち、法令上承継可能なものについて承継する。

Ⅲ 株式交換・株式移転に関する契約書

1 株式交換に関する基本合意書

●想定するケース●

B社の発行済株式の30％を保有するA社が、完全親子会社関係を構築し、事業の一体化、および効率化を図る目的で、完全親子会社関係の創設を企図するものである。
※本基本合意書は、後記2「株式交換契約書」における場合とは別個のケースの合意書である。

【書式10】 株式交換に関する基本合意書

基本合意書

A株式会社（以下、「完全親会社」という）およびB株式会社（以下、「完全子会社」という）は、完全親会社と完全子会社の株式交換（以下、「本件株式交換」という）に関して、基本合意書（以下、「本合意書」という）を締結する。

第1条（目　的）

本合意書は、完全親会社が完全子会社の発行済株式総数を保有する完全親子会社関係を創設するための株式交換に関する基本的事項を規定し、最終的に株式交換契約（以下、「本件最終契約」という）を締結することを目的とする。

POINT

(1) 目的の意味

本合意書では、本合意書そのものの目的を定めているが、完全親会社（および株式交換前の完全子会社も）が上場会社であるような場合、

株式交換の大義名分を開示する必要があり、その骨子となる「株式交換の目的」に重きを置く定めとする場合がある（以下の変更例）。

(2) 変更例

第1条（株式交換の目的）

　<u>完全親会社および完全子会社は、両社の事業の拡大と効率化を図るため経営を一体化し、完全子会社が○○グループのもつ販路や技術力等の経営資源を最大限に活用し強固な協業体制の確立を目的とするため株式交換を行う。</u>

第2条（発行済株式総数・株主構成の確認）

　完全親会社および完全子会社は、完全子会社の発行済株式総数ならびに株主構成およびその保有割合が、本日現在、以下のとおりであることを確認する。

(1)　発行済株式総数　　　○○,○○○株
(2)　株主構成　　　　　　完全親会社30％、完全子会社役員5％、従業員5％、その他株主60％

第3条（株式交換比率）

　完全親会社および完全子会社は、それぞれ第三者機関に交換比率の算定を依頼し、その結果を持ち寄り、アドバイザーとして当該第三者機関が加わり、本件株式交換における株式交換比率に関して本件最終契約締結までに決定する。

POINT

(1) **本合意書に基づき今後、株式交換比率を決定する場合**

変更例は株式交換比率の決定方法を定めたものである。

〔変更例〕

第3条（株式交換比率）

　完全親会社および完全子会社は、<u>第5条の完全親会社によるデューデリジェンス後、資産内容等を検討し交換比率を算定のうえ、両当事者が本件株式交換における株式交換比率を協議し、本件最終契</u>

約締結までに決定する。

(2) 合意書に株式交換比率を定める場合

合意書に株式交換比率を定めた条項がある場合、合意書中に「当該条項を拘束力を有しない条項」とする特段の定めを設けるとしても、当該交換比率は最重要事項であり、双方またはいずれかが上場会社の場合には公表せざるを得ず、当該交換比率を前提に、証券市場が動く可能性があり、合意書で定めるべきか否かについては、慎重に判断を下すべきである。どちらかというと、株式交換比率は、会社法が規定する最終契約書に定めればよい（会社768条1項2号・3号）。

変更例は、株式交換比率を定めたものである。

〔変更例〕

第3条（株式交換比率）

<u>株式交換比率は、完全子会社株式1株あたり完全親会社株式0.5株とする。</u>

2　<u>前項の株式交換比率については、第5条の完全親会社によるデューデリジェンス後、変更することがある。</u>

第4条（従業員および役員の処遇）

完全親会社および完全子会社は、従前のとおりそれぞれの従業員を雇用するものとし、その労働条件や処遇については、当分の間、従前のものを継続適用することに合意する。

2　完全親会社および完全子会社は、それぞれの役員について、本件株式交換の承認株主総会の後、1年以降に到来する最初の定時株主総会終結の時まで、引き続き委任することを保証する。当該役員の職務や報酬等についても、原則として、当該株主総会終結の時まで適用するものとする。

第5条（デューデリジェンス）

完全親会社は、本合意書の締結後、3か月以内に、完全親会社の費用で、完全親会社の役員、従業員および完全親会社の指定する公認会計士、弁護士ならびにアドバイザーなどの専門家により、完全子会社の財務・

経営・法務についての精査を行うものとし、完全子会社はこれに協力するものとする。
2　前項の精査により完全子会社の直近の貸借対照表に資産として計上されている資産の不存在、簿外債務・偶発債務・不法行為等の瑕疵が発見されたときは、本件株式交換比率の算定に影響を及ぼすことができる。

第6条（善管注意義務）
　完全親会社および完全子会社は、本合意書の締結日から本件最終契約締結の日までの期間中、善良な管理者の注意義務をもって業務執行および財産の管理、運営を行うものとする。
2　完全親会社および完全子会社は、本合意書の締結日から本件株式交換の効力発生日までの期間中、それぞれの財務内容、資産内容または権利義務に重大な悪影響を及ぼすおそれのある事由が生じた場合には、直ちに、相手方に報告するものとする。

第7条（株式交換の日程）
　完全親会社および完全子会社は、○○○○年○月○日をめどとして本件最終契約を締結するものとし、その後の本株式交換は、以下の日程をめどに進めるものとする。
(1)　完全親会社の承認株主総会　　○○○○年○月○日
(2)　完全子会社の承認株主総会　　○○○○年○月○日
(3)　完全子会社の上場廃止日　　　○○○○年○月○日
(4)　本株式交換の効力発生日　　　○○○○年○月○日

> **POINT**
> 　本条第4号の効力発生日は、本件最終契約においても定めなければならない（会社768条1項6号）。

第8条（秘密保持）
　完全親会社と完全子会社は、○○○○年○月○日に締結した「秘密保持契約書」に基づき、本株式交換を進めるものとする。

> **POINT**
>
> 秘密保持条項については、本章Ⅰ①「吸収合併に関する基本合意書」第11条のPOINT（226頁）を参照されたい。

第9条（裁判管轄）

本合意書に関するいっさいの紛争については、東京地方裁判所を第1審の専属的合意管轄裁判所とする。

第10条（確認事項）

本合意書は、本件株式交換に関する両当事者の理解および意図を表明するのものであり、第5条、第6条、第8条、第9条を除き、法的拘束力を負担するものではないことを確認する。

> **POINT**
>
> 秘密保持義務、合理的期間に限定した独占交渉権、デューデリジェンスの実施と協力義務などの合意は、最終契約の内容に直接関係するものではないから、合併の具体的実現のための準備としてなされるのが通常なので、法的拘束力を否定する特段の事情のない限り、法的拘束力を認めるのが当事者の意思に適合する（本章Ⅰ①「吸収合併に関する基本合意書」第14条のPOINT（228頁）を参照されたい）。
>
> 以上から、最終契約の内容に直接関係のない第5条のデューデリジェンスの実施と協力義務、第6条の最終契約までの間の善管注意義務、第8条の最終契約までの間の秘密保持義務、第9条の本合意書に関する裁判管轄の合意について法的拘束力があるものとした。

本合意を証するため、本書2通を作成し、各自記名押印のうえ、各1通を保有する。

〇〇〇〇年〇月〇日

　　　　　　　　　　　　　　（完全親会社）

　　　　　　　　　　　　　　東京都〇区〇1－2－3

　　　　　　　　　　　　　　　A株式会社

                        代表取締役社長〇〇〇〇   ㊞
        （完全子会社）
                東京都〇区〇3―2―1
                B株式会社
                        代表取締役〇〇〇〇   ㊞

〔その他の検討すべき条項〕

> POINT
>
>   ◎　独占交渉義務
> 　独占交渉権に関しては、第2部第1章Ⅱ2「独占交渉権条項」（157頁）を参照されたい。
> 〔追加条項例〕
> 　第〇条（独占交渉義務）
> 　　完全親会社および完全子会社は、本合意書契約の日から3か月の間、その形態のいかんを問わず、第三者との事業統合または業務提携等に関して、当該第三者と一切の勧誘、情報交換、協議、交渉等をしてはならない。

2 株式交換契約書

───●想定するケース●───
本契約書は、前記1「株式交換に関する基本合意書」におけるケースの最終契約書である。

【書式11】 株式交換契約書

株式交換契約書

A株式会社（以下、「完全親会社」という）とB株式会社（以下、「完全子会社」という）とは、株式交換に関し、次のとおり株式交換契約（以下、「本契約」という）を締結する。

> **POINT**
>
> 契約書の前文で必要的記載事項（当事会社の商号および住所、会社768条1項1号）を満たす変更例である。当事会社の商号および住所は、契約書の中のどこかに規定されていればよい。契約書末尾の当事者の表示であってもよい。
>
> この場合、本契約第2条の規定は必要ではない。
>
> 〔変更例〕
> A株式会社（住所：東京都○○区○○1−2−3。以下、「完全親会社」という）とB株式会社（東京都○○区○○3−2−1。以下、「完全子会社」という）とは、株式交換に関し、次のとおり株式交換契約（以下、「本契約」という）を締結する。

第1条（株式交換の方法）
完全親会社および完全子会社は、本契約に基づき、株式交換により、完全親会社を株式交換完全親会社、完全子会社を株式交換完全子会社と

して、完全子会社の発行済株式の全部を完全親会社に取得させる（以下、「本株式交換」という）。

第2条（商号および住所）

(1) 完全親会社
　商号：A株式会社
　住所：東京都〇〇区〇〇1－2－3
(2) 完全子会社
　商号：B株式会社
　住所：東京都〇〇区〇〇3－2－1

> **POINT**
>
> 完全親会社および完全子会社の商号および住所は、必要的記載事項である（会社768条1項1号）。
>
> ただし、契約書中に当事者の商号、住所が確認できればよいため、前文（前文のPOINT参照）、もしくは本契約書末尾の当事者の署名押印欄に記載されていれば足りる。

第3条（株式交換に際して交付する金銭等）

完全親会社は、本株式交換に際して、本株式交換が効力を生ずる時点の直前時の完全子会社の株主名簿に記載または記録された株主（ただし、完全親会社を除く。以下、「割当対象株主」という）に対し、その保有する完全子会社の株式の合計数に0.5を乗じた数の完全親会社の株式を交付する。

> **POINT**
>
> 完全子会社の株主に対して交付する対価の内容等に関する事項は、必要的記載事項である（会社768条1項2号）。
>
> **(1) 割当対象株主**
>
> 「完全子会社の株主名簿」と記載することが一般的であるが、この場合、株主名簿に株主として記載または記録されていない限り株主として取り扱われない。しかし、会社がリスクを取ったうえで株主名簿

上名義書換え未了の株主を株主として取り扱うことも可能であるため、株主数が少なく株主等の動向がすべて把握できている場合など、あえて「株主名簿上の株主」の記載をしない場合もある。[50]

〔変更例〕

第３条（株式交換に際して交付する金銭等）

　　完全親会社は、本株式交換に際して、完全子会社の本株式交換が生ずる時点の直前時の<u>完全子会社の株主</u>（ただし、完全親会社を除く。以下、「割当対象株主」という）に対し、その保有する完全子会社の株式の合計数に0.5を乗じた数の完全親会社の株式を交付する。

(2) 交付する金銭等の種類および数

〔変更例①〕交付する金銭等が、「株式」の場合

　　※「株主名簿上の株主」の記載をせず、かつ交付する具体的な株式数を記載するものである。

第３条（株式交換に際して交付する金銭等）

　　完全親会社は、本株式交換に際して、本株式交換が効力を生ずる時点の直前時の<u>完全子会社の株主</u>（完全親会社を除く。実質株主を含む。以下同じ。以下、「割当対象株主」という）に対し、その所有する完全子会社の株式に<u>代わる金銭等として</u>、完全親会社の普通株式〇〇〇株を交付する。

〔変更例②〕交付する金銭等が、「新株予約権」の場合

第３条（株式交換に際して交付する金銭等）

　　完全親会社は、本株式交換に際して、本株式交換が効力を生ずる時点の直前時の完全子会社の株主名簿に記載または記録された株主（ただし、完全親会社を除く。以下、「割当対象株主」という）に対し、その保有する完全子会社の株式の合計数に〇〇を乗じた数の<u>別紙〇に記載する</u>完全親会社の新株予約権を交付する。

〔変更例③〕交付する金銭等が、「金銭」の場合

　　※変更例②に対して、以下の下線の部分のみ変更する。

50　株式交換・株式移転ハンドブック78頁

第3条(株式交換に際して交付する金銭等)

……、その保有する完全子会社の株式の合計数に○○円を乗じた額と同額の金銭を交付する。

〔変更例④〕 交付する金銭等が、「親会社の株式」の場合

※いわゆる「三角株式交換」の場合である。

第3条(株式交換に際して交付する金銭等)

……、その保有する完全子会社の株式の合計数に○○を乗じた数のC株式会社の株式を交付する。

(3) 株式交換の対価を交付しない(無対価株式交換)場合

会社法768条1項2号は、「……金銭等を交付するときは」と定めているため、対価をなしとすることも可能である。当事会社の2社の完全親会社が同一の会社である場合などの場合である。

〔変更例〕

第3条(株式交換に際して交付する金銭等)

完全親会社は、株式交換に際して、完全子会社の株主に対し、その株式に代わる金銭等の交付を行わない。

(4) 端数の処理その他

本章Ⅰ②「吸収合併契約書」第3条のPOINT(236頁)を参照されたい。

第4条(金銭等の割当て)

完全親会社は、本株式交換に際して、完全子会社の割当対象株主に対して、その株式に代わる株式として、その所有する完全子会社の普通株式1株につき、完全親会社の普通株式0.5株の割合をもって割当て交付する。

POINT

完全子会社の株主に対して交付する対価の割当てに関する事項は、必要的記載事項である(会社768条1項3号)。

第5条（完全親会社の資本金および準備金の額）

完全親会社は、本株式交換により、資本金および準備金を次のとおり増加する。ただし、本株式交換がその効力を生ずる日（以下、「効力発生日」という）における完全子会社の資産および負債の状態により、完全親会社と完全子会社が協議のうえ、これを変更することができるものとする。

(1)　資本金　　　　　○○○円
(2)　資本準備金　　　○○○円

> **POINT**
>
> 完全子会社の株主に対して交付する対価が完全親会社の株式の場合は、完全親会社の資本金、準備金に関する事項は、必要的記載事項である（会社768条1項2号イ）。
>
> また、金額を定めないで、法務省令の定めに従って定める旨を規定しておくことも認められる。
>
> 〔変更例〕
>
> 　第5条（完全親会社の資本金および準備金の額）
>
> 　　本株式交換により増加する完全親会社の資本金および準備金の額は、会社計算規則39条の定めに従い、完全親会社が定めるものとする。

第6条（株式交換に際して新株予約権者に対して交付する対価）

完全親会社は、本株式交換に際して、本株式交換が効力を生ずる時点の直前時の完全子会社の新株予約権原簿に記載または記録された新株予約権者（完全親会社を除く。以下、「割当対象新株予約権者」という）に対し、その保有する完全子会社の新株予約権の合計数に○○を乗じた数の別紙○に記載する内容の完全親会社の新株予約権を交付する。

> **POINT**
>
> ◎　完全子会社が新株予約権を発行している場合の必要的記載事項
>
> 　株式交換契約において、完全子会社の新株予約権者に対して完全親

会社の新株予約権を割り当て、交付するときに、それに関する事項（会社768条1項4号・5号）を定めなければならないのは、株式交換完全子会社の発行している新株予約権・新株予約権付社債の承継を認めないと、株式交換の効力発生日以後でも、完全子会社に新株予約権が残存していることになり、完全親子会社関係には至らないからである。また、承継を認める場合でも、完全子会社の新株予約権者に対し、新株予約権の内容が異なるため明確にしておく必要があるからである。

第7条（新株予約権の割当て）

完全親会社は、本株式交換に際して、各割当対象新株予約権者に対して、その新株予約権に代わる完全親会社の新株予約権として、その所有する完全子会社の新株予約権1個につき、完全親会社の新株予約権〇個の割合をもって割当て交付する。

POINT

完全子会社の新株予約権者に対する完全親会社の新株予約権の割当てに関する事項は必要的記載事項である（会社768条1項5号）。

(1) **本契約第6条と第7条を合体し、一つの条項とする場合**

会社法は768条1項4号と5号に分かれているが、一つの条項とする場合も多い。

本契約第7条を以下のように第6条第2項として変更するものである。

〔変更例〕

第6条（株式交換に際して新株予約権者に対して交付する対価および割当て）

完全親会社は、本株式交換に際して、本株式交換が効力を生ずる時点の直前時の完全子会社の新株予約権原簿に記載または記録された新株予約権者（完全親会社を除く。以下、「割当対象新株予約権者」という）に対し、その保有する完全子会社の新株予約権の合計数に〇〇を乗じた数の別紙〇に記載する内容の完全親会社の新株予約権

を交付する。
2 　前項の割当てについては、各割当対象新株予約権者に対して、その新株予約権に代わる完全親会社の新株予約権として、その所有する完全子会社の新株予約権1個につき、完全親会社の新株予約権○個の割合をもって割当て交付する。

(2) **交付する対価**

株式交換完全子会社の新株予約権者に対する交換対価は、株式交換完全親会社の新株予約権に限られる（会社768条1項4号柱書）。吸収合併の場合の対価とは異なるので注意が必要である（会社749条1項4号参照）。

なお、株式交換をするときに完全子会社の発行決議に定められた条件（会社236条1項8号ニ）と合致しない条件（本契約第6条の別紙○の内容による）である場合、完全子会社の新株予約権者に新株予約権買取請求権が認められる（会社787条1項3号）。

第8条（効力発生日）

効力発生日は、○○○○年○月○日とする。ただし、本株式交換の手続の進行状況に応じて必要があるときは、完全親会社と完全子会社が協議のうえ、これを変更することができるものとする。

POINT

(1) **必要的記載事項**

効力発生日は、必要的記載事項である（会社768条1項6号）。

(2) **変更は公告で可能**

必要的記載事項であっても、効力発生日の変更は再度、株主総会の承認を得ることを要しない。ただし、完全子会社は、変更前の効力発生日の前日までに、公告を行う必要がある（会社790条2項、939条1項）。会社法は、株式交換完全子会社のみが公告すれば足りるとする。しかし、完全親会社についても、同時に、公告をすべきである。[51]

---

[51] 会社法コンメ(18)182頁〔柴田和史〕

〔変更例〕
　第8条（効力発生日）
　　効力発生日は、〇〇〇〇年〇月〇日とする。ただし、本株式交換の手続の進行状況に応じて必要があるときは、完全親会社と完全子会社が協議のうえ、これを変更することができるものとする。<u>この場合、完全親会社および完全子会社のそれぞれが、公告を行うものとする。</u>

第9条（株式交換承認総会）
　完全親会社は〇〇〇〇年〇月〇日に、完全子会社は〇〇〇〇年〇月〇日に、それぞれ株主総会を招集し、本契約書の承認および本株式交換に必要な事項の決議を経るものとする。ただし、本株式交換の手続の進行状況に応じて必要があるときは、完全親会社と完全子会社が協議のうえ、これを変更することができるものとする。

> POINT
>
> 本条は、任意的記載事項である。
> 　会社法は、株主総会の承認は効力発生日の前日までに受けなければならないとする（会社795条1項、783条1項）。そこで、具体的な日程が定まっていない場合、効力発生日の前日までとして本条項に記載しても会社法上は問題ないが、実務上は、日程的な余裕を設けておきたい。

〔変更例〕
　第9条（株式交換承認総会）
　　<u>完全親会社および完全子会社は、効力発生日の〇日前までに、</u>それぞれ株主総会を招集し、本契約書の承認および本株式交換に必要な事項の決議を経るものとする。

第10条（善管注意義務）
　完全親会社および完全子会社は、本契約締結後効力発生日までの間、善良なる管理者の注意をもってそれぞれ業務の執行および財産の管理を

行い、その財産および権利義務に重大なる影響を及ぼす行為を行う場合には、あらかじめ完全親会社と完全子会社が協議して合意のうえ実行するものとする。

> **POINT**
>
> 本条は、任意的記載事項である。
>
> 効力発生日までに、完全親会社または完全子会社の財産が変動する場合には、株式交換比率の算定に重大な影響を与える可能性があるため、財産管理の善管注意義務を設けるものである。

第11条（株式交換条件の変更および本契約の解除）

本契約の締結日から効力発生日に至るまでの間において、天災地変その他の事由により、完全親会社または完全子会社の資産もしくは経営状態に重要な変動が生じたときは、完全親会社と完全子会社が協議のうえ、株式交換条件その他本契約の内容を変更し、または本契約を解除することができる。

> **POINT**
>
> 本条は、任意的記載事項である。
>
> ただし、本条があるからといって、常に、株主総会の変更の承認を得ずに変更できるものではないことに注意する必要がある。

第12条（本契約の効力）

本契約は、第9条に定める完全親会社および完全子会社の株主総会の承認が得られないとき、または法令に定める関係官庁の承認が得られないときは、その効力を失う。

第13条（協議事項）

本契約に定めるもののほか、本株式交換に関し必要な事項は、本契約の趣旨に従って、完全親会社と完全子会社が協議のうえ、これを決定するものとする。

本契約の成立を証するため、本契約書2通を作成し、完全親会社および完全子会社が記名押印のうえ、各自1通を保有する。

　〇〇〇〇年〇月〇日
　　　　　　　　　　　（完全親会社）
　　　　　　　　　　　　東京都〇区〇〇1－2－3
　　　　　　　　　　　　A株式会社
　　　　　　　　　　　　代表取締役　〇　〇　〇　〇　㊞
　　　　　　　　　　　（完全子会社）
　　　　　　　　　　　　東京都〇〇区〇〇3－2－1
　　　　　　　　　　　　B株式会社
　　　　　　　　　　　　代表取締役　〇　〇　〇　〇　㊞

③ 共同株式移転に関する基本合意書

●想定するケース●

A株式会社とB株式会社が経営統合をし、両社の経営管理を行う完全親会社である持株会社を設立するため、当事者間で一定の合意を得たため、基本合意書を締結するものである。

※本基本合意書は、後記④「共同株式移転計画書」における場合とは別個のケースの合意書である。

【書式12】 共同株式移転に関する基本合意書

基本合意書

A株式会社（以下、「A社」という）とB株式会社（以下、「B社」という）とは、株式移転により共同して持株会社を設立することについて、以下のとおり基本合意書（以下、「本合意書」という）を締結する。

第1条（目　的）

　A社およびB社は、両社の行っている事業について、営業エリア・顧客・業務分野に競合関係が少なく補完関係が多いことを踏まえ、事業基盤および経営資源を統合し、効率的かつ強固な経営体制を確立することが可能であるため、持株会社設立による経営統合を行うことに合意する。

第2条（方　法）

　A社およびB社は、株式移転の方法（以下、「本株式移転」という）により共同して完全親会社となる持株会社（以下、「本持株会社」という）を設立し、その完全子会社となる。

第3条（株式移転比率）

　A社およびB社は、第6条に定める本件調査を実施後、それぞれ第三者機関に株式移転比率の算定を依頼し、その結果を持ち寄り、アドバ

イザーとして当該第三者機関の出席も得たうえ、協議により、本件株式移転の株式移転比率を本件最終契約締結までに決定する。

> **POINT**
>
> 基本合意書において、設立する持株会社（完全親会社）株式の割当比率を合意する場合もみられるが、割当比率は、株主等にとって最重要事項であり、双方またはいずれかが上場会社の場合には公表せざるを得ず、当該割当比率を前提に、市場が動く可能性があり、合意書で定めるべきか否かについては、慎重に判断を下すべきである。どちらかというと、割当比率は、デューデリジェンス後に、株主総会の承認を要する最終契約書に定めた方がよいのではないか（会社773条1項5号・63号、804条1項、309条2項12号）。
>
> そこで、本条では株式移転比率（割当比率）の決定に至る手続を定めたものである。
>
> 一方、以下の、変更例は、株式移転比率を定めたものである。
>
> 〔変更例〕
>
> **第3条（株式移転比率）**
>
> 　本株式移転により割り当てられる本持株会社株式は、A社株の1株に対し本持株会社株式1株、B社株1株に対し本持株会社株式0.5株を割り当てるものとする。

第4条（本持株会社の設立）

　本持株会社の設立登記を、○○○○年○月○日をめどとし、本株式移転手続の状況に応じ、必要があるときはA社およびB社が協議のうえ、設立登記の日を変更することができる。

第5条（株式移転承認総会）

　A社およびB社は、○○○○年○月○日までに臨時株主総会を開催し、本株式移転計画につき承認を得る。

第6条（デューデリジェンス）

　A社およびB社は互いに、本株式移転を遂行するか否かを判断する

ため、本合意書の締結後2か月の期間内において、各当事者および各当事者が選任する弁護士、公認会計士ならびにその他のアドバイザー等が、相手方に関する以下の事項を調査（以下、「本件調査」という）するものとし、相手方は本件調査の実施について必要な協力をするものとする。
(1) 会計処理、財務内容、将来の収益見通し
(2) 経営管理、営業活動、技術開発力、設備の保全・稼働状況など
(3) 第三者との重要な契約関係、株式の譲渡、不動産の利用・権利状況、労務関係、知財・著作権関係、係争事件の有無、汚染等の環境リスクなど

第7条（秘密保持義務）

　Ａ社とＢ社は、〇〇〇〇年〇月〇日に締結した「秘密保持契約書」に基づき、本株式移転を進めるものとする。

> **POINT**
>
> 秘密保持条項については、本章Ⅰ①「吸収合併に関する基本合意書」第11条のPOINT（226頁）を参照されたい。

第8条（条件の修正、契約解除）

　Ａ社およびＢ社が行う本件調査により、新たな重要な事情を発見したときには、当事者が協議のうえ本株式移転の諸条件を変更することができる。

2　前項の重要な事情が回復困難で、当事者間の信頼関係を維持できないときは、Ａ社またはＢ社は本合意書を解除できる。

3　前項の場合は、解除の原因が相手方の故意または重過失によるときは、相手方は損害賠償をする責に任じる。

第9条（善管注意義務）

　Ａ社およびＢ社は互いに、設立登記の日までは下記の事項を行わず、その財産状態ならびに損益状況が大幅に変化しないよう努めるものとする。ただし、事前にその相手方が書面により承諾した場合にはこの限りではない。

(1) 増減資、新株予約権の発行
(2) 新規借入れ、新規投融資、担保権の設定
(3) 重要財産の売却または購入
(4) 従業員の賃金・給与の水準の大幅な変更
(5) 重要な顧客との取引条件の変更

第10条（独占交渉権）

　本日より、本株式移転に関して、A社およびB社は第三者との間で、発行済株式の売却、増資の引受け、合併、株式交換、株式移転、経営権の変更などにつき、いっさいの情報交換、合意、契約を行わないものとする。

> **POINT**
>
> 　独占交渉権条項については、第2部第1章Ⅱ[2]「独占交渉権条項」（157頁）を参照されたい。

第11条（設立準備委員会）

　A社およびB社は、本合意書締結後、速やかに、各当事者の代表取締役社長を共同委員長とし数名の各当事者の役員を構成員とする持株会社設立準備委員会（以下、「設立準備委員会」という）を設置し、当該共同委員長が自社の担当者を指名し、合同で機能別に準備部会を結成する。その詳細は別途、設立準備委員会が定めるものとする。

> **POINT**
>
> 　本条は、両当事会社のトップが中心となる設立準備委員会の設置と、その下で各部門の株式移転に向けて準備部会を設置し、部門ごとの課題を検討し、株式移転前後の部門ごとの対応計画とその実施を行うものである。

第12条（有効期限）

　本合意書は、○○○○年○月○日までに本件最終契約が締結に至らなかった場合、失効する。ただし、書面にて、当事者間で有効期限の変更

につき合意がなされた場合には、この限りではない。
2 　前項の期限までの間において、天災地変、経済的激変その他不可抗力事由により、A社またはB社の資産状態に重大な変動が生じたときは、当事者が協議のうえ、本株式移転の条件を変更し、または本合意書を解除することができる。

第13条（本合意書の効力）

本合意書は、第6条ないし第10条および第12条ならびに第15条を除き、法的拘束力を有しないものとし、いずれの当事者に対しても本件最終契約を締結する義務および本株式移転を実行すべき法的な義務を負担させるものではない。

> **POINT**
>
> (1) **法的拘束力**
>
> 秘密保持義務、合理的期間に限定した独占交渉権、デューデリジェンスの実施と協力義務などの合意は、最終契約の内容に直接関係するものではないから、株式移転の具体的実現のための準備としてなされるのが通常なので、法的拘束力を否定する特段の事情のない限り、法的拘束力を認めるのが当事者の意思に適合する（本章I[1]「吸収合併の基本合意書」第14条のPOINT（228頁）を参照されたい）。
>
> 以上から、最終契約の内容に直接関係のない第6条のデューデリジェンスの実施と協力義務、第7条の最終契約までの間の秘密保持義務、第8条の株式移転条件の変更、第9条の最終契約までの間の善管注意義務、第10条の独占交渉権、第12条の有効期限、第14条の協議事項および第15条の本合意書に関する裁判管轄の合意について法的拘束力があるものとした。
>
> (2) **変更例**
>
> 本条は、掲げた条項以外は、法的拘束力を有しないとするが、逆に掲げた条項以外は法的拘束力を有するとするものもある。合意書の各条項の構成、法的拘束力を有することとすべき事項の多少などでどちらをとるかは変わる。

〔変更例〕
　第13条（法的拘束力）
　　本合意書の第1条ないし第5条および第11条（以下、本条で「当該条項」という）は法的拘束力を有せず、いずれの当事者も本件最終契約を締結する義務および本株式移転を実行すべき法的な義務を有しないものとし、当該条項以外のすべての条項は法的拘束力を有するものとする。
　　※その他、法的拘束力条項については、第2部第1章Ⅱ③「法的拘束力条項」（164頁）を参照されたい。

第14条（協議事項）
　本合意書に定めのない事項もしくは本合意書の解釈に関して疑義が生じた場合、本合意書の趣旨に従い、誠実に協議して決定する。

第15条（合意管轄）
　本合意書に関し当事者間に生じたいっさいの訴訟については、東京地方裁判所を第1審の専属的合意管轄裁判所とする。

　本合意書締結の証として、本書2通を作成し、当事者が記名押印のうえ、各1通を保有する。

○○○○年○月○日
　　　　　　　　　　（A社）東京都○○区○○町1—1—1
　　　　　　　　　　　　　　A株式会社
　　　　　　　　　　　　　　　代表取締役社長　　○○○○　㊞
　　　　　　　　　　（B社）東京都○○区○○町1—2—3
　　　　　　　　　　　　　　B株式会社
　　　　　　　　　　　　　　　代表取締役　　　　○○○○　㊞

4 共同株式移転計画書

●想定するケース●

上場会社であるＸ株式会社とＹ株式会社が経営統合をし、両社の経営管理を行う完全親会社である持株会社を設立するため、最終契約書を締結するものである。

設立する会社は、成立の日に上場することを予定する。

※本計画書は、前記3「共同株式移転に関する基本合意書」における場合とは別個のケースの最終契約書である。

【書式13】 共同株式移転計画書

共同株式移転計画書

Ｘ株式会社（以下、「甲」という）およびＹ株式会社（以下、「乙」という）は、共同株式移転の方法により株式移転（以下、「本株式移転」という）を行うことにつき合意したので、以下のとおり共同して株式移転計画（以下、「本計画」という）を作成する。

第1条（本株式移転）

甲および乙は、本計画の定めるところに従い、共同株式移転の方法により、新たに設立する株式移転完全親会社（以下、「設立会社」という）の成立の日において、甲および乙の発行済株式の全部を設立会社に取得させる株式移転を行う。

第2条（設立会社の目的、商号、本店所在地、発行可能株式総数その他定款で定める事項）

設立会社の目的等に関する事項は以下のとおりとする。

(1) 目　的

設立会社の目的は、別紙1の定款第○条記載のとおりとする。

(2) 商　号

設立会社の商号は、「株式会社Ｃホールディングス」とし、英文では「C HOLDINGS CORP.」と表示する。
(3)　本店の所在地
　　　設立会社の本店の所在地は、東京都港区とし、本店の所在場所は、東京都港区〇〇３丁目３番３号とする。
(4)　発行可能株式総数
　　　設立会社の発行可能株式総数は、〇〇株とする。
2　前項に掲げるもののほか、設立会社の定款で定める事項は、別紙１の定款記載のとおりとする。

> **POINT**
>
> (1)　必要的記載事項
> 　株式移転計画の必要的記載事項である（会社773条１項１号・２号）。なお、これらの事項は定款の絶対的記載事項である（会社27条、37条、98条）。
>
> (2)　別紙定款の引用
> 　上記(1)で述べたように、これらは定款の絶対的記載事項であるので、すべてを定款の引用とする方法でもよい。
>
> 〔変更例〕
> 　第２条（設立会社の目的、商号、本店所在地、発行可能株式総数その他定款で定める事項）
> 　　設立会社の目的、商号、本店所在地、発行可能株式総数その他定款で定める事項は、別紙１の定款記載のとおりとする。

第３条（設立会社の設立時役員の氏名ならびに設立時会計監査人の名称）
　設立会社の設立時取締役の氏名は次のとおりとする。
　　〇〇〇〇
　　〇〇〇〇
　　〇〇〇〇
　　〇〇〇〇
　　〇〇〇〇

2　設立会社の設立時監査役の氏名は次のとおりとする。
　　○○○○
　　○○○○
　　○○○○
　　○○○○
3　設立会社の設立時会計監査人の名称は次のとおりとする。
　有限責任監査法人○○○○

> **POINT**
>
> (1)　**必要的記載事項**
>
> 　設立時取締役、設立時監査役の氏名、および設立時会計参与、設立時会計監査人の氏名または名称は必要的記載事項である（会社773条1項3号・4号）。
>
> (2)　**監査等委員会設置会社の設立時取締役**
>
> 　設立会社が監査等委員会設置会社の場合、設立時取締役は設立時監査等委員とそれ以外の設立時取締役と区別して、株式移転計画上に定める（会社773条2項）。
>
> 〔変更例〕
>
> 第3条（設立会社の設立時役員の氏名ならびに設立時会計監査人の名称）
>
> 　設立会社の設立時監査等委員である取締役以外の取締役の氏名は次のとおりとする。
> 　　設立時取締役○○○○
> 　　設立時取締役○○○○
> 　　設立時社外取締役○○○○
> 2　設立会社の設立時監査等委員である取締役の氏名は次のとおりとする。
> 　　設立時取締役○○○○
> 　　設立時社外取締役○○○○
> 　　設立時社外取締役○○○○

3 設立会社の設立時会計監査人の名称は次のとおりとする。
有限責任監査法人○○○○

第4条（本株式移転に際して交付する株式の数の算定方法およびその割当て）

　設立会社は、本株式移転に際して、本株式移転が効力を生ずる時点の直前時（以下、「基準時」という）の甲および乙の株主名簿に記載または記録された株主に対し、それぞれの有する株式に代わり、次の各号に定める数の合計に相当する数の設立会社の株式を交付する。
(1) 甲が基準時に発行している株式数に○を乗じた数
(2) 乙が基準時に発行している株式数に▽を乗じた数
2　設立会社は、本株式移転に際して、基準時の甲および乙の各株主に対し、その有する甲または乙の株式につき、次の割合の設立会社の株式を割り当てる。
(1) 甲の株主については、その有する株式1株につき設立会社の株式○株
(2) 乙の株主については、その有する株式1株につき設立会社の株式▽株

POINT

(1) 必要的記載事項

　本条第1項は、完全子会社の株主に対して完全親会社の株式の数またはその数の算定方法を記載しており必要的記載事項である（会社773条1項5号）。第2項は、完全子会社の個々の株主に対する株式の割当てを定めるものであり、必要的記載事項である（会社773条1項6号）。

(2) 完全子会社の株主へ株式以外の交付の場合

　上記(1)で述べた「株式」のほか、「社債」「新株予約権」「新株予約権付社債」を交付することもできるが（会社773条1項7号）、株式交換とは異なり、これら以外の財産を交付することはできない。

第5条(設立会社の資本金および準備金の額に関する事項)

　設立会社の成立の日における設立会社の資本金および準備金の額は、次のとおりとする。
(1) 資本金の額
　　○○百万円
(2) 資本準備金の額
　　○○百万円
(3) 利益準備金の額
　　0円

> POINT
>
> 設立会社の資本金、準備金については、適用される規定を記載するのみでもよいとされる。
>
> 〔変更例〕
>
> 第5条(設立会社の資本金および準備金の額に関する事項)
>
> 　設立会社の成立の日における設立会社の資本金および準備金の額は、会社計算規則52条の定めにより、甲および乙が決定する。

第6条(本株式移転に際して交付する新株予約権の数および算定方法およびその割当て)

　設立会社は、本株式移転に際して、甲が発行している新株予約権に関し、基準時の甲の新株予約権原簿に記載または記録された新株予約権者に対し、その有する新株予約権に代わり、甲の新株予約権の総数と同数の、別紙2に掲げる内容の設立会社の新株予約権を交付する。

2　設立会社は、本株式移転に際して、基準時の甲の新株予約権原簿に記載または記録された新株予約権者に対し、その有する甲の新株予約権1個につき、別紙2の内容の設立会社の新株予約権1個を割り当てる。

> POINT
>
> ◎　完全子会社が新株予約権を発行している場合の必要的記載事項
>
> 株式移転計画において、完全子会社の新株予約権者に対して完全親

会社の新株予約権を割り当て、交付するときに、それに関する事項（会社773条1項9号・10号）を定めるのは、株式移転完全子会社の発行している新株予約権・新株予約権付社債の承継を認めないと、設立会社の成立の日以後でも、完全子会社に新株予約権が残存していることになり、完全親子会社関係には至らないからである。また、承継を行う場合には、完全子会社の新株予約権者に対し、新株予約権の内容が異なるため明確にしておく必要があるからである。

第7条（設立会社の成立の日）

設立会社の設立の登記をすべき日（第5条ならびに以下、「設立会社の成立の日」という）は、〇〇〇〇年〇月〇日とする。ただし、本株式移転の手続進行上の必要性その他の事由により必要な場合は、甲および乙は、協議し合意のうえ、変更することができる。

POINT

(1) 任意的記載事項

会社は設立の登記により成立する（会社49条）。したがって、株式移転の効力は、当事会社の合意ではなく設立登記の日に発生するため、株式交換と異なり、効力発生日は、必要的記載事項とはなっていない。ただし、株式移転の効力発生日（＝設立登記の日）を、実務では記載するのが一般的である。

(2) 株式移転の登記

本条のように、2以上の株式会社が共同して移転する場合は、会社法925条各号に定める日のいずれか遅い日から2週間以内に設立登記をしなければならない（会社925条）。もっとも会社成立の日は、事業年度開始日や事業年度の下半期開始日などに合わせることも多い。

第8条（株式移転計画承認株主総会）

甲および乙は、〇〇〇〇年〇月〇日を開催日として、それぞれ臨時株主総会を招集し、本計画の承認および本株式移転に必要な事項に関する

決議を求める。ただし、株式移転手続の進行上の必要性その他の事由により、甲乙協議のうえ、株主総会開催日を変更することができる。

> **POINT**
>
> 本条は、任意的記載事項である。
>
> 会社法上、株主総会の承認は会社成立の日までに受けていればよい（会社774条）。そこで、具体的な日程が定まっていない場合、会社成立の日の前日までとして本条項に記載しても問題ないが、実務上は、日程的な余裕を設けておきたい。
>
> 〔変更例〕
> **第8条（株式交換承認総会）**
> 　甲および乙は、設立会社の成立の日の〇日前までに、それぞれ臨時株主総会を招集し、本計画の承認および本株式移転に必要な事項の決議を求める。

第9条（設立会社の株式上場）

設立会社は、設立会社の成立の日において、その発行する普通株式の〇〇証券取引所への上場を予定する。

> **POINT**
>
> 本条は、任意的記載事項である。
>
> 完全子会社となる会社は、上場廃止となるため、代わりに設立会社を簡易な手続で上場させることができる（テクニカル上場）。そのような場合、本条および次条を入れることが多い。

第10条（設立会社の株主名簿管理人）

設立会社の株主名簿管理人は、株式会社〇〇信託銀行とする。

> **POINT**
>
> 本条は、前条と同様、任意的記載事項である。前条のポイントで述べたように上場を予定する場合、取引所の上場基準により、株主名簿

管理人を置く必要がある。そのため、前条と対で、設立会社の株主名簿管理人を規定するのが一般的である。

第11条（剰余金の配当）

甲および乙は、本計画の作成後、設立会社の成立の日までの間、設立会社の成立の日以前の日を基準日とする剰余金の配当決議を行ってはならない。

> **POINT**
>
> (1) 配当の禁止
>
> 剰余金の配当は、完全子会社から財産が流出する行為であり、本計画作成後、設立会社の成立の日までに行うと、株式移転比率に直接影響を及ぼすことになるため、本条では、その禁止を定める。なお、本条は、会社法に定めはなく、任意的記載事項である。
>
> (2) 条件付配当の認容
>
> 本計画の作成後、設立会社の成立の日までの間の時期に期末配当や中間配当などがあり配当が必要な場合がある。

〔変更例①〕完全子会社2社に、一定限度で剰余金の配当を認める場合である。

第11条（剰余金の配当）

　<u>甲は、本計画の作成後、設立会社の成立の日までの間、その時点の甲の株主に対し、総額○円を限度として、剰余金の配当を行うことができる。</u>

2　<u>乙は、本計画の作成後、設立会社の成立の日までの間、その時点の乙の株主に対し、総額○円を限度として、剰余金の配当を行うことができる。</u>

3　甲および乙は、<u>前2項に定める場合を除き、</u>設立会社の成立の日以前の日を基準日とする剰余金の配当決議を行ってはならない。

〔変更例②〕完全子会社のうち1社のみ一定限度で剰余金の配当を認める場合である。

第11条（剰余金の配当）

　甲は、本計画の作成後、設立会社の成立の日までの間、その時点の甲の株主に対し、総額〇円を限度として、剰余金の配当を行うことができる。

2　甲および乙は、前項に定める場合を除き、設立会社の成立の日以前の日を基準日とする剰余金の配当決議を行ってはならない。

第12条（善管注意義務）

　甲および乙は、本計画の作成後設立会社の成立の日に至るまで、それぞれ善良な管理者の注意をもって、通常の範囲内で自らの業務執行および財産の管理運営を行い、それぞれの財産または権利義務に重大な影響を及ぼし得る行為（株主総会決議または取締役会決議に基づく自己株式の取得行為を含む）については、本計画に特段の定めがある場合を除き、あらかじめ甲および乙が合意のうえ、これを行う。

> **POINT**
>
> 　本条は、任意的記載事項である。
> 　設立会社の成立の日までに、完全子会社の財産が変動する場合には、株式移転比率の算定に重大な影響を与える可能性があるため、財産管理の善管注意義務を設けるものである。

第13条（事情変更）

　本計画の作成後設立会社の成立の日に至るまで、次のいずれかの事由が発生した場合には、甲および乙は、協議し合意のうえ、本計画の内容を変更し、または本株式移転を中止することができる。

(1)　甲または乙のいずれかの財産状態もしくは経営状態に重大な変更が生じた場合
(2)　本株式移転の実行に重大な支障となる事態が発生した場合
(3)　その他、本計画の実行を著しく困難にする事態が生じた場合

> **POINT**
>
> 本条は、任意的記載事項である。
> ただし、本条があるからといって、常に、株主総会の変更の承認を得ずに変更できるものではないことに注意する必要がある。

第14条（本計画の効力）

本計画は、次の各号のいずれかに該当する場合には、その効力を失う。

(1) 第8条に定める甲または乙の株主総会において本計画の承認および本株式移転に必要な事項に関する決議が得られない場合
(2) 前条に基づき、本株式移転が中止された場合
(3) 本株式移転につき、法令で定める関係官庁の承認が得られない場合

第15条（協議事項）

本計画に定める事項のほか、本計画に定めがない事項、その他本株式移転に必要な事項は、本計画の趣旨に従い、甲および乙が別途協議のうえ、定める。

本計画の作成を証するため、本書2通を作成し、甲乙記名押印のうえ、各1通を保有する。

〇〇〇〇年〇月〇日

　　　　　　　　　　　　甲　東京都〇区〇〇1－2－3
　　　　　　　　　　　　　　X株式会社
　　　　　　　　　　　　　　代表取締役社長　　〇〇〇〇　㊞
　　　　　　　　　　　　乙　東京都△区△3－3－3
　　　　　　　　　　　　　　Y株式会社
　　　　　　　　　　　　　　代表取締役社長　　〇〇〇〇　㊞

〔別紙1〕　設立会社定款（略）
〔別紙2〕　設立会社の新株予約権の内容等（略）

第4章 事業・株式の譲渡に関する契約書

1 事業譲渡に関する基本合意書

●想定するケース●

　A株式会社の事業の一部を、B株式会社に譲渡することに関して、一定の合意をみたので、契約交渉の途中段階で、両社間で、基本合意書を取り交わすものである。
※本基本合意書は、後記2「事業譲渡契約書」における場合とは別個のケースの合意書である。

【書式14】　事業譲渡に関する基本合意書

基本合意書

　A株式会社（以下、「譲渡人」という）とB株式会社（以下、「譲受人」という）は、譲渡人の○○事業部の事業（以下、「本事業」という）を譲受人に譲渡することに関し、以下のとおり、基本合意書（以下、「本合意書」という）を締結する。

　第1条（本事業譲渡）

　　譲渡人および譲受人は、本合意書に基づき締結される予定の事業譲渡契約（第5条に定義される）の各規定に従い、○○○○年○月○日または譲渡人および譲受人が別途合意する日（以下、「クロージング日」とい

う）をもって、譲渡人が本事業を譲受人に譲渡し、譲受人がこれを譲り受けること（以下、「本事業譲渡」という）に合意する。

　ただし、「本事業」に係る債務は、簿外債務を含めいっさいを引き継がないものとする。

第2条（譲渡価格）

　譲渡の対価として譲受人が譲渡人に支払うべき金額は、本合意書に基づき、譲渡人および譲受人が協議により適正な金額を定めるものとする。

> POINT
>
> 　変更例は、譲渡価額として、金額を定めるものである。第2項で修正可能なものとするが、いったん定めた以上、よほどの事由がないと変更はしにくい。
>
> 〔変更例〕
>
> 　第2条（譲渡価額）
>
> 　　本合意書に基づく譲渡人の譲受人に対する本事業の譲渡の対価（以下、「譲渡価額」という）は、金○億円（消費税別）とする。
>
> 2　前項にかかわらず、本事業の資産状況に重大な変動が生じた場合その他譲渡価額に実質的な影響を及ぼす事情があるときは、譲渡人および譲受人合意のうえ譲渡価額を修正するものとする。

第3条（スケジュール）

　本事業譲渡に係る主要事項のスケジュールは、次のとおりとする。ただし、当該スケジュールの変更が必要となる場合は、譲渡人・譲受人間で合意のうえ当該スケジュールを変更することができる。

(1) デューデリジェンスの実施　　本合意書締結後2週間

(2) 事業譲渡契約の締結　　デューデリジェンス終了後2週間以内（ただし、遅くとも○○○○年○月○日まで）

(3) クロージング日　　○○○○年○月○日または譲渡人および譲受人が別途合意する期日

第4条（デューデリジェンス）

譲受人は、本合意書締結後、譲受人および譲受人の指定する弁護士、公認会計士などの専門家その他の代理人を通じ「本事業」のビジネス、財務、法務その他合理的に必要と認められる事項について、譲受人が本事業譲渡の実施のために必要と認められる方法および内容に従い、前条に定めるスケジュールをめどとして、デューデリジェンスを行うことができるものとする。

2　譲渡人は、譲受人が本事業に関するデューデリジェンスを合理的な内容、範囲および態様にて実施できるように協力するものとする。かかるデューデリジェンスに要した費用は、全額、譲受人の負担とする。

第5条（最終契約）

譲渡人および譲受人は、第3条に定めるスケジュールに従い、本事業譲渡に関する条件その他の詳細を最終的に確定する法的拘束力のある事業譲渡契約（以下、「最終契約」という）を締結する。

第6条（従業員の取扱い）

譲渡人の本事業に従事する従業員（以下、「本従業員」という）に関しては、クロージング日において全員を譲受人が引き続き雇用するものとし、その処遇および労働条件については、最終契約締結時における本従業員の譲渡人における雇用条件を下回らないものとする。

> **POINT**
>
> 事業譲渡では、従業員の雇用の継続についても、個別承継であるため、どうするかは重要である。これについては、従業員の意向を無視することができないので（民法625条1項）、譲渡人、譲受人、従業員の三者の合意をもとに決まると考えるべきである（東京高判平成17・7・13労判899号19頁）。

第7条（費用の分担）

本事業譲渡のため要する費用（弁護士、公認会計士その他専門家に対する費用を含む）は、譲渡人が行うものは譲渡人が、譲受人が行うものは譲受人がそれぞれ負担するものとする。

第8条（公　表）

　譲渡人および譲受人は、本事業譲渡に関し、事前に合意した内容等を除きプレスリリースその他の公表を行ってはならない。ただし、譲渡人および譲受人は、証券取引所の規則により開示が義務づけられている事項に関しては、事前に相手方と協議のうえ、開示と同時または開示後、プレスリリースその他の公表ができる。

第9条（優先交渉）

　譲渡人は、本合意書の締結日から〇〇〇〇年〇月末までの間（以下、「優先交渉期間」という）、本事業の譲渡に関し、譲受人以外のいかなる第三者とも連絡、検討、契約の交渉および締結を行ってはならない。

第10条（誠実義務）

　譲渡人および譲受人は、本合意書締結の後、本合意書に基づき誠実に交渉し、最終契約の締結および本事業譲渡の実行に向けて相互に最大限協力するものとする。

第11条（秘密保持）

　譲渡人および譲受人は、〇〇〇〇年〇月〇日付けで締結した「秘密保持契約書」に従って、相手方の秘密情報を取り扱うことを再確認する。

> **POINT**
>
> 秘密保持契約を締結していない場合の秘密保持条項である。
>
> 〔変更例〕
>
> **第11条（秘密保持）**
>
> 　譲渡人および譲受人は、<u>本合意書において企図された取引の検討に際して相互に交換される秘密情報および当該取引の検討の事実</u>について、相手方の書面による同意なくしてこれを第三者に漏えいし、<u>当該取引の検討</u>以外の目的に使用してはならない。ただし、その検討のために合理的に必要となる範囲で、互いに自己の役員および従業員に、かかる相手方の秘密情報および当該取引の検討の事実を開示することができる。また、本合意書の各当事者は、当該取引を進めるにあたり指名する弁護士、公認会計士、アドバイザーに対して、

> かかる相手方の秘密情報、当該取引の検討の事実を開示することができる。
> 2 前項の定めは、次の各号に該当する情報には適用されないものとする。
> (1) 開示の時点ですでに受領当事者が保有している情報
> (2) 受領当事者が独自に開発した情報
> (3) 開示の時点で公知であった情報、および開示後受領当事者の責によらずに公知となった情報
> (4) 受領当事者が秘密保持義務を負うことなく第三者から正当に入手した情報
> (5) 裁判所または行政機関から法令、規則、行政指導等に基づき開示を求められた情報
> 3 本条の定めは、本合意書が効力を失ったときも、その後2年間有効に存続するものとする。ただし、本合意書の有効期間中に最終契約が締結されたときは、最終契約の定めに従うものとする。

第12条（本合意書の拘束力）

本合意書は、本合意書において企図された取引に関する譲渡人および譲受人の現在の意図を表明したものであり、第4条、第8条ないし第11条、第13条および第16条の規定を除き、法的拘束力を有しないものとし、最終契約を締結する法的な義務または本事業譲渡を実行する法的義務を負わせるものではない。

第13条（損害賠償）

本合意書の一方当事者が第8条、第9条および第11条のいずれかに違反したことにより、相手方が損害を受けた場合には、当該違反当事者は相手方に対し、その損害を賠償するものとする。

第14条（有効期間）

本合意書の有効期間は、最終契約が締結された日または優先交渉期間の終了のいずれか早い日までとする。

第15条（協議事項）

本合意書に定めのない事項または本合意書の内容に疑義が生じた場合には、各当事者は、信義に従い誠実に協議しこれを解決するものとする。
第16条（管轄裁判所）
　本合意書の履行および解釈に関する紛争については、○○地方裁判所をもって第１審の専属的合意管轄裁判所とする。

　本合意を証するため、本合意書を２通作成し、譲渡人および譲受人が記名押印のうえ、各１通を保有するものとする。

　○○○○年○月○日

　　　　　　　　　　　　　譲渡人
　　　　　　　　　　　　　　東京都港区○○３―２―１
　　　　　　　　　　　　　　　Ａ株式会社
　　　　　　　　　　　　　　　代表取締役　○　○　○　○　㊞
　　　　　　　　　　　　　譲受人
　　　　　　　　　　　　　　神奈川県横浜市西区○○２―３―１
　　　　　　　　　　　　　　　Ｂ株式会社
　　　　　　　　　　　　　　　代表取締役　○　○　○　○　㊞

2　事業譲渡契約書

　事業譲渡契約は、通常、①譲渡対象事業の特定、②クロージング日、③譲渡財産、④譲渡対価およびその支払方法、⑤財産移転手続、⑥競業避止義務・従業員の引継ぎ等に関する事項、⑦株主総会決議の期日などを定めるほか、譲渡会社の善管注意義務、事情変更による契約解除の可能性、契約に定めのない事項に関する協議など、合併契約に類似する条項が置かれる。[1]

●想定するケース●

　Ａ株式会社は、Ｂ株式会社の事業の一部である〇〇事業部門を譲り受けることについて、Ｂ社との間で事業譲渡契約を締結した。本事業譲渡は、譲渡人であるＢ社においては、株主総会特別決議が必要となるものである（会社467条1項2号、309条2項11号）。
※本契約書は、前記１「事業譲渡に関する基本合意書」における場合とは別個のケースの最終契約書である。

POINT

(1) 偶発債務・簿外債務の承継の予防

　消滅会社の権利義務を包括的に承継する吸収合併とは異なり、事業譲渡は、譲受会社が、事業譲渡契約において譲渡対象資産や権利義務を特定し、欲しいものだけを承継し、問題となる簿外債務や偶発債務を承継しないことも可能である。[2]

　ただし、債務を承継しないことで、譲渡会社の債権者（譲受会社に承継されない債務の債権者＝残存債権者）を害する場合には、残存債権者が譲受会社に、当該債務の履行を請求することができる（会社23条の2）。

(2) 株主総会決議

　かつて旧商法の下での、本ケースのような事業の一部の譲渡の場合、譲渡会社の株主総会決議の要否を判断することは、譲渡会社の法務部にとっ

1　江頭952頁、今中・事業譲渡58頁以下、会社法コンメ(12)80頁以下〔武井一浩〕参照
2　三浦＝河島3頁、会社法コンメ(12)78頁〔武井一浩〕

ても大変悩ましい問題であった。

　会社法では、量的側面において形式基準が設けられ、重要な一部であるときは、譲渡する資産の帳簿価額が譲渡会社の会社法施行規則134条に従い算出される総資産額の5分の1を超えない場合を除き、株主総会特別決議を経なければならない（会社467条1項2号）。

　量的な問題として、譲渡資産の帳簿価額が総資産額の5分の1を超えない場合は、株主総会決議を不要とした。これが、量的な基準が5分の1を超えなければ、株主総会決議は不要とするもので、5分の1を超える場合の重要性の基準は解釈に委ねられたままとされる。したがって、5分の1超であれば、依然として、重要な一部か否かの判断をすることになる。[3]

　株主総会決議が必要な事業譲渡契約がその決議を経ていない場合は、無効と解されリスクが大きい。[4]

　そこで、5分の1に近接しているものは、売上高・利益・従業員数の量的基準が事業全体の10％程度を超えていないこと、質的基準として沿革等から会社のイメージに大きな影響がないことの検証をしておくことも必要である。[5]

　また5分の1超である場合には、実務では、明らかに重要でないと判断されるものを除き、自動的に株主総会の決議を求めることになるとの見解もある。[6]

【書式15】　事業譲渡契約書

事業譲渡契約書

　A株式会社（以下、「譲渡人」という）とB株式会社（以下、「譲受人」という）とは、譲渡人の事業の一部を譲受人に譲渡することに関し、以下の

---

[3]　論点解説600頁
[4]　最判昭61・9・11金法1143号82頁
[5]　江頭951頁
[6]　アドバンス会社法873頁

とおり契約（以下、「本最終契約」という）を締結する。

第1条（定　義）

本最終契約において、以下に記載した「　」内の用語は、本最終契約の各条項において特に定める場合を除き、以下の意味を有するものとする。

(1) 「本事業」とは、譲渡人が本最終契約締結時に営んでいる○○事業部門にかかる事業であって、譲渡資産、承継債務および移管契約により構成されるものをいう。

(2) 「譲渡資産」とは、本事業に関する資産のうち、クロージング日において譲渡人が譲渡し、譲受人が引き受ける別紙1「譲渡資産明細表」に記載の物件をいう。

(3) 「承継債務」とは、本事業に関する債務のうち、クロージング日において、譲受人が免責的に引き受ける別紙2「譲渡債務明細表」に記載の物件をいう。

(4) 「移管契約」とは、本事業に関する契約のうち、別紙3「移管契約明細表」に記載の物件をいう。

(5) 「クロージング」とは、第5条に定める譲渡人が譲受人に対して行う本事業の譲渡手続の完了を意味する。

(6) 「クロージング日」とは、○○○○年○月○日または譲渡人および譲受人が別途合意する日を意味し、譲渡人が譲受人に対して本事業の譲渡手続が完了した日とする。

(7) 「譲渡価格」とは、第3条に定める本事業の譲渡の対価をいう。

POINT

(1) 定義の方法

本条は、繰り返し各条項で使用される用語を、定義条項としてまとめて定義するものである。このほか、特に定義条項を設けないで、当該用語が最初に使用される条項において定義する方法もある。

〔変更例〕

第1条（目　的）

譲渡人は、譲渡人が本最終契約締結時に営んでいる〇〇事業部門にかかる事業であって、譲渡資産、承継債務および移管契約により構成されるもの（以下、「本件事業譲渡」という）を譲受人に譲渡するものとする。

(2) 定義の注意事項

定義した用語が、一般的なものである場合には、条項中において一般的な使用と理解してしまうおそれがあり、区別するため「本件」、「本」などの語を付加し、定義した用語であることを明らかにすることが必要である。たとえば、「事業」と「本事業」、「子会社」と「本件子会社」、「債権」と「本件債権」などである。

(3) 譲渡資産

事業譲渡において譲渡の対象は、一定の事業目的のため組織化され、有機的一体として機能する財産の全部または重要な一部の財産である。

ただし、事業譲渡においては、個別承継であり、本事業に関する財産であっても、対象から除外することも可能である。本条第2号では、別紙1「譲渡資産明細表」（省略）に記載の物件として、譲渡資産を特定する。

(4) 承継債務

上記したように、事業譲渡は、合併とは異なり個別（特定）承継であり、事業譲渡契約で対象を特定して承継することができる。したがって、債務はいっさい承継しないとすることも、可能である。譲受人にとっては、債務のリスクを軽減することが可能であるが、逆に、対価のマイナス面がなくなるので、その分、譲渡価額が高額になる可能性がある。

㋐ 債務をいっさい承継しない旨の条項例

〔追加条項例〕

第〇条（債務の承継）

譲受人は、本事業の譲受けにあたり、法律上の原因のいかんを問わず、クロージング日においてすでに発生している債務およびクロージング日以前の原因に基づきクロージング日以降に発生する譲渡

人の債務（偶発債務および簿外債務を含む）をいっさい引き受けない。

(イ) **債務を負わない旨の条項を記載した場合の例外と対処**

譲受人が譲渡人の商号を引き続き使用する場合は、譲受人は2年間、譲渡人の事業によって生じた債務（偶発債務・簿外債務も含まれる）を弁済する責任を負うことになる（会社22条1項・3項）。

この場合には、上記の追加条項があっても原則、並存的に債務を引き受けることになるので、債務を負わない旨の登記またはクロージング日後、遅滞なく、債権者に対し、債務を負わない旨の通知が必要となる（会社22条2項）。

(ウ) **債務を引き受けないこと等により譲渡会社の債権者を害する場合**

譲受人が譲受人に承継されない債務の債権者（残存債権者）を害することを知って事業譲渡をした場合には、残存債権者は、その譲受人に対して、承継した財産の価額を限度として、当該債務の履行を請求できる（会社23条の2第1項）。

第2条（事業譲渡）

譲渡人は、クロージング日に、本事業を譲受人に譲り渡し、譲受人はこれに対価を支払い、譲り受けるものとする。

第3条（譲渡価格）

譲受人が譲渡人に支払うべき譲渡価格は、金〇億円（以下、「本件譲渡価格」という。消費税および地方消費税を含む）とする。

POINT

(1) 支払方法の定め

変更例は、第2項を追加し、支払方法を定める。

〔変更例〕

第3条（譲渡価格および支払方法）

2　本件譲渡価格は、譲渡人が指定する銀行口座に振込みの方法により支払うものとする。

以下の変更例は、第2項を追加し、支払方法の分割払いを定める。

この場合、譲渡人にはクロージング日後の与信リスクが発生するので、第1回を契約締結日とし、第2回をクロージング日とする方法もある。

〔譲受人に有利な変更例〕

第3条（譲渡価格および支払方法）

2　本件譲渡価格は、2回の分割払いとし、その支払内容および支払時期は以下のとおりとし、譲渡人が指定する銀行口座に振り込む方法により支払うものとする。

　　(1)　第1回支払い（クロージング日）　　　本譲渡価格の〇％
　　(2)　第2回支払い（〇〇〇〇年〇月〇日）　本譲渡価格の〇％

〔譲渡人に有利な変更例〕

第3条（譲渡価格および支払方法）

2　本件譲渡価格は、2回の分割払いとし、その支払内容および支払時期は以下のとおりとし、譲渡人が指定する銀行口座に振り込む方法により支払うものとする。

　　(1)　第1回支払い（本最終契約締結日）　　本譲渡価格の〇％
　　(2)　第2回支払い（クロージング日）　　　本譲渡価格の〇％

(2)　算定方法による価額の定め

　変更例は、本条のような確定額ではなく、算定方法のみを定める場合である。

〔変更例〕

第3条（譲渡価格）

　譲受人が譲渡人に支払うべき譲渡価格（以下、「本件譲渡価格」という）は、クロージング日の前日の最終における譲渡財産の時価を基準とし、譲受人および譲渡人が協議して定めるものとする。

2　前項の本件譲渡価格が確定後、速やかに、譲受人および譲渡人が協議し、支払い時期および方法について決定する。

(3)　価格調整条項

　最終契約締結からクロージング日までが長期間となる場合、事業の価値が変動する可能性があり、その場合には価格調整条項を設ける必

要がある。

〔変更例〕

　第3条（譲渡価格）

　　譲受人が譲渡人に支払うべき譲渡価格の基準を、金〇億円（以下、「本件基準譲渡価格」という。消費税および地方消費税を含む）とする。

2　譲渡人は、譲受人に対し、クロージング日におけるクロージングの実行前に直近の計算書類（以下、「クロージング計算書類」という）を提示するものとし、事前に当事者間で定めた価格調整方法に基づき、クロージング計算書類と前項の基準譲渡価格の作成の基礎とした〇〇〇〇年〇月〇日現在の計算書類との変動を勘案して、調整価格を決定するものとする。

　※価格調整方法に関しては、第2部第1章Ⅲ①「価格調整条項」（167頁）を参照されたい。

第4条（引継作業）

　譲渡人は、譲受人への本事業の譲渡に必要な引継作業を、本最終契約締結日以降クロージング日までに完了させる。

第5条（クロージング）

　本事業の譲渡は、第9条に定める条件が成就し、または放棄されることを条件として、クロージング日に、譲渡人および譲受人が別途合意する場所で行うものとする。

2　譲渡人は、クロージング日に、譲受人に対し次の行為を行うものとする。

　(1)　譲渡資産および譲渡資産の登記または登録名義を変更するために必要ないっさいの文書の引渡し

　(2)　移管契約に係る契約書その他譲受人による移管契約の承継のために必要ないっさいの文書の引渡し

3　譲受人は、クロージング日に、譲渡人が前項に従った引渡しをしたことを確認するのと引換えに、譲渡価格の全額を譲渡人が別途指定する銀行口座に振り込んで支払うものとする。

第6条(譲渡人の表明および保証)

譲渡人は、譲受人に対し、本最終契約締結日およびクロージング日において、別紙4「譲渡人の表明および保証」に記載する事項が真実かつ正確であることを表明し、保証する。

POINT

表明および保証は、契約当事者が、一定の時点における一定の事実・権利関係に関する状況を記載した内容が正確であることを表明し、保証をするものであり、英米法の Representations & Warranties という概念に由来するものであり、わが国の法制度にはない考え方である。

本条は、譲渡人の表明および保証を定めるものであり、事業譲渡契約書の中でも最も重要な条項である。事業を譲り受ける場合、譲受人は、最終契約の作成に先立ち、クロージングの障害および対価の減額となる事項の有無を確認するため、譲受人による各種デューデリジェンスを行うことが一般的である。しかし、デューデリジェンスを行ったとしても、限られた範囲や時間の中で行われることから、すべての問題点を抽出することは困難である。そこで、近年、事業譲渡契約において、譲渡人から譲渡人および対象目的物に関する事実について表明保証を行うことが一般的となってきた。

(1) 表明保証における文言による限定

譲渡人の表明保証の範囲の制限として、次のような文言がある。

〔一般的条文例〕

譲渡人は、いかなる法令についても遵守している。

〔変更例①〕

譲渡人は、本事業に関するいかなる法令についても遵守している。

〔変更例②〕

譲渡人は、本事業に関する軽微な法令を除きいかなる法令についても遵守している。

〔変更例③〕

譲渡人は、本事業に関するいかなる重要な法令についても遵守している。

〔変更例④〕

譲渡人は、譲渡人の知り得る限り本事業に関するいかなる法令についても遵守している。

〔変更例⑤〕

譲渡人は、譲渡人の知る限り本事業に関するいかなる法令についても遵守している。

(2) 表明および保証の別紙内容例[7]

別紙4　　　　　譲渡人の表明および保証

(1) 設立・能力および倒産手続の不存在

① 譲渡人は、日本法に準拠して適法かつ有効に設立され、適法かつ有効に存続している株式会社であり、また、適法かつ有効に財産を所有し、本最終契約を締結し、本最終契約上の義務を履行し、本事業の譲渡をクロージングすることにつき必要な権利能力および行為能力を有する。

② 譲渡人に関して破産手続開始、会社更生手続開始、民事再生手続開始、特別清算開始その他の倒産手続（外国法に基づく倒産手続を含む）の申立てはなされておらず、かかる倒産手続の開始の原因となる事実はない。譲渡人による本最終契約の締結およびそれらの義務の履行は、かかる倒産手続の開始の原因とならない。

(2) 契約の有効性および執行可能性

譲渡人は、本最終契約の締結および履行に関し、会社法、独占禁止法、金融商品取引法、定款、取締役会規則その他譲渡人の社内規則に従った必要な社内手続をすべて履行し、かつ譲渡人の取締役会および株主総会において承認されている。本最終契約はそ

---

[7] 契約書式第3巻628頁以下、M&A契約170頁以下

の締結日において有効かつ適法に締結され、譲渡人の適法、有効かつ法的拘束力のある債務を構成する。また、本最終契約は、法律または信義則によりその履行の強制が制限される場合を除き、その各条項に従い譲渡人に対して強制執行が可能な義務を構成する。譲渡人に対し、本最終契約で実行される本事業の譲渡の差止め、中止、もしくは変更、または本事業の譲渡の著しい遅延を招くような訴訟、仲裁、その他の司法上または行政上の手続は係属しておらず、かつ、これらの手続が開始されるおそれもない。

(3) 違反の不存在

譲渡人による本最終契約の締結、本事業の譲渡の実行および本最終契約の条項の遵守は、譲渡人の定款、取締役会規則その他の会社規則のいかなる規定にも抵触または違反するものではなく、また譲渡人に対してなされた裁判所、政府または規制機関の判決、決定、命令、裁判上の和解および譲渡人が当事者となる重要な契約に抵触または違反していない。

(4) 譲渡資産

① 別紙1記載のすべての譲渡資産につき存在し、譲渡人はそのすべてに譲渡する権限を有しており、譲渡資産は、担保権、制限物権、請求権その他のいかなる負担、制限(本事業の通常の遂行により通常発生するものを除く)を伴わない。

② 通常かつ慣習的に許容される損耗を除き、譲渡資産に含まれる有形資産は、合理的な使用状況にあり、それを使用して業務を行うことが可能であり、また、適切に保全および修理されている。

③ 譲渡資産に含まれる不動産に関し、建物、立地、環境、境界、衛生、安全に関するものを含むあらゆる法令、政令、省令、命令または規則について、軽微なものを除き違反はない。

④ 譲渡人は、譲渡資産に含まれる特許権、商標権、意匠権、実用新案権、著作権、営業秘密およびノウハウその他いっさいの知的財産権(出願中のものを含み、また、外国におけるこれに相

当するものを含む。以下、「本件譲渡知的財産」という）の有効性、権利の帰属またはその使用に関し、いかなる第三者からも請求、通知その他の連絡を受け取っていない。本最終契約の締結および履行は譲渡人の本件譲渡知的財産に対する権利を損なうものではない。

⑤　譲渡資産に含まれる棚卸資産には、期限切れ等出荷に値しないものは、同種同等の取引において一般的に保有する範囲を超えては存在しない。

(5)　移管契約

別紙3に「重要契約」との標記のある移管契約は、すべてその条件に従って有効で、拘束力があり、また、譲渡人は、当該移管契約に基づくすべての義務を適切に履行しており、これらについて債務不履行、解除事由または期限の利益喪失事由その他譲渡人に不利益を生じさせる原因となる事由（以下、「債務不履行事由等」という）は存在しない。重要移管契約の相手方は、対象契約に基づくすべての義務を適切に履行しており、これらについて債務不履行事由等に陥っていない。チェンジオブコントロール条項を定める重要移管契約の相手方から、契約の解除または更新の拒絶の申出または要請はなく、譲渡人が知り得る限り債務不履行事由等が存在するとの通知を受けていない。

(6)　コンプライアンス

①　譲渡人は、本事業に関し、会社法、独占禁止法、金融商品取引法について知る限り違反はなく、その他の適用ある法令についても、知る限り軽微な違反を除いて遵守している。

②　譲渡人は、本最終契約の締結時において、譲渡人または譲渡人の役員等（譲渡人の業務を執行する社員、取締役、または執行役員、部長などこれらに準ずる者をいい、相談役、顧問その他いかなる名称であるかを問わずこれらの者と同等以上の支配力を有する者を、「役員等」という。以下、同じ）が、暴力団、暴力団員、暴力団員でなくなった時から5年を経過しない者、暴力団準構

成員、暴力団関係企業、総会屋、政治活動・宗教活動・社会運動標ぼうゴロ、特殊知能暴力集団等その他のこれらに準ずる者（以下、これらを「反社会的勢力」という）に該当せず、以下のⓐからⓔのいずれにも該当しない。かつ、将来にわたっても、これらに該当しない。

ⓐ 反社会的勢力が経営を支配していると認められる関係を有すること
ⓑ 反社会的勢力が経営に実質的に関与していると認められる関係を有すること
ⓒ 譲受人もしくは第三者の不正の利益を図る目的または第三者に損害を加える目的をもってするなど、不当に反社会的勢力を利用していると認められる関係を有すること
ⓓ 反社会的勢力に対して資金等を提供し、または便宜を供与するなどの関与をしていると認められる関係を有すること
ⓔ 役員等が反社会的勢力と社会的に非難されるべき関係を有すること

(7) **許認可**

譲渡人は、本事業を行うにあたって、法令上必要な許認可および承認（登録、届出、許可、認可、免許などを含む。以下、「本件許認可等」という）をすべて適法かつ有効に取得しており、適法かつ有効に存続し、効力の停止、失効または取消し等はなく、そのおそれもない。

(8) **知的財産権**

譲渡人の知る限り、本事業、本事業に属する財産、または本事業に関して販売された製品およびその製造方法が、第三者の特許権、商標権、意匠権、実用新案権、著作権およびノウハウその他いっさいの知的財産権（出願中のものを含み、また外国におけるこれに相当するものを含む）を侵害していない。譲渡人は、本事業、本事業に属する財産、または本事業に関して販売された製品およびその製造方法に関し、第三者の知的財産権その他の権利の侵害

に関する第三者からのクレームその他の連絡を受け取っていない。

(9) **環　境**

譲渡人は、本事業に関し、土壌、地下水、汚水、大気汚染、騒音、振動、悪臭、危険物または廃棄物その他の環境保護に関するあらゆる法律、条例、準則、規則、公害防止協定または行政指導を遵守しており、これらに違反しておらず、違反に関連する行政機関による請求、調査その他の手続も存在せず、それらが発生するおそれもない。本事業に関し、いかなる者からも、土壌、地下水、汚水、大気汚染、騒音、振動、悪臭、危険物または廃棄物等の環境問題に関して、苦情は申し立てられておらず、それらが発生するおそれもない。本事業に関し、譲渡人の知り得る限り、譲受人に環境に関する責任を負わせるおそれのある汚染や危険物質の放出その他のいかなる原因も存在しない。

(10) **訴訟その他の紛争**

本事業に関して、譲渡人に対するまたは譲渡人に係るいかなる訴訟または調停、審判、仲裁、ADRも係属しておらず、また譲渡人の知る限りそのおそれもない。

(11) **財務諸表**

譲渡人の〇〇〇〇年〇月〇日付けの貸借対照表、同日に終了した年度に関する損益計算書は、日本における一般に公正妥当と認められた企業会計の基準に従って適法に作成されており、同日現在または当該期間に関する本事業の財務状態および事業成績を同基準に照らしてすべての重要な点において正確かつ適正に表示している。

(12) **従業員に関する紛争**

本事業に関して、クロージング後譲渡人に引き継がれる従業員に関する紛争は発生しておらず、譲渡人の知り得る限りそのおそれもない。

(13) **事業に係る変化**

〇〇〇〇年〇月〇日以降、本事業に重大な悪化は生じておらず、

そのおそれも生じていない。ただし、日常業務において通常発生する変動についてはこの限りではない。

　⒁　**完全な開示**

　本最終契約締結日前に、譲渡人は、譲受人に対して、本事業に関するすべての重要な情報を開示した。当該開示済みの情報は重要な点についてすべて正確、真実かつ完全なものである。本最終契約締結日前に譲渡人が譲受人に対して開示した情報以外に、本事業に関する重要な情報はない。

第7条（譲受人の表明および保証）

　譲受人は、譲渡人に対し、本最終契約締結日およびクロージング日において、別紙5「譲受人の表明および保証」に記載する事項が真実かつ正確であることを表明し、保証する。

POINT

別紙5の内容例[8]

　別紙5　　　　　　譲受人の表明および保証

　⑴　設立・能力および倒産手続の不存在

① 譲受人は、日本法に準拠して適法かつ有効に設立され、適法かつ有効に存続している株式会社であり、また、適法かつ有効に財産を所有し、かつ、本最終契約を締結し、本最終契約上の義務を履行し、本事業の譲渡をクロージングすることにつき必要な権利能力および行為能力を有する。

② 譲受人に関して破産手続開始、会社更生手続開始、民事再生手続開始、特別清算開始その他の倒産手続の申立てはなされておらず、かかる倒産手続の開始事由はない。譲受人による本最終契約の締結およびそれらの義務の履行は、かかる倒産手続の

---

[8] 契約書式第3巻630頁

開始事由とならない。

(2) **契約の有効性および執行可能性**

譲受人は、本最終契約の締結および履行に関し、会社法、定款、取締役会規則その他譲受人の会社規則に従った必要な社内手続をすべて履行し、かつ取締役会の承認を得ている。本最終契約はその締結日において有効かつ適法に締結され、譲受人の適法、有効かつ法的拘束力のある債務を構成する。また本最終契約は、法律または信義則によりその履行の強制が制限される場合を除き、その各条項に従い譲受人に対して強制執行が可能な義務を構成する。譲受人に対し、本最終契約で実行される本事業の譲渡の差止め、中止、もしくは変更、または本事業の著しい遅延を招くような訴訟、仲裁、その他の司法上または行政上の手続は係属しておらず、かつ、これらの手続が開始されるおそれもない。

(3) **違反の不存在**

譲受人による本最終契約の締結、本事業の譲渡の実行および本最終契約の条項の遵守は、譲受人の定款、取締役会規則その他の会社規則のいかなる規定にも抵触または違反するものではなく、また、譲受人に対してなされた裁判所、政府または規制機関の判決、決定、命令、裁判上の和解および譲受人が当事者となる重要な契約に抵触または違反していない。

第8条（当事者の義務）

譲渡人は、譲受人の請求により、本最終契約に定める取引に関連する情報を随時提供するものとする。

2 本最終契約締結後クロージング日までの間、譲渡人は、本最終契約締結前と変わるところなく善良な管理者の注意をもって本事業を継続する。かかる期間中、譲渡人は、日常業務から通常発生するものを除き、譲受人の事前の書面による同意なくして、本事業に関し、資産の譲渡を行わず、またはリース、ライセンス、その他の契約を締結しない。

3　譲渡人および譲受人は、本最終契約に定める取引に関連して、必要な関係官庁の承認および許認可の取得、登録、届出等の手続を協力して行う。
4　譲渡人は、〇〇〇〇年〇月〇日までに株主総会を開催して本最終契約の承認を求める。

第9条（クロージングに係る前提条件）

　譲受人は、クロージング日に以下の条件が成就していなければ、第5条に定める本事業の譲渡を実行する義務の履行を拒絶することができる。

(1)　第6条に定める譲渡人の表明および保証がクロージング日現在においてすべての重要な点について真実かつ正確であること
(2)　譲渡人の本最終契約上のすべての義務が履行されていること
(3)　本事業の譲渡その他本最終契約に定める取引に必要なすべての登録、届出ならびに関係官庁の承認および許認可の取得等が終了し、クロージング日から譲受人が本事業を開始できることが確実であること
(4)　移管契約のうち重要なものについて、移管契約の相手方が契約上の地位の譲渡人から譲受人への移転に同意したこと
(5)　譲渡人の株主総会を開催し、本最終契約の締結および履行を承認する譲渡人の取締役会および株主総会の承認を得て、譲渡人が譲受人に対して議事録の写しを交付したこと

2　譲渡人は、クロージング日に以下の条件が成就していなければ、第5条に定める本事業の譲渡を実行する義務の履行を拒絶することができる。

(1)　第7条に定める譲受人の表明保証がクロージング日現在においてすべての重要な点について真実かつ正確であること
(2)　譲受人の本最終契約上のすべての義務が履行されていること
(3)　譲受人が譲渡人に対して、本最終契約の締結および履行を承認する譲受人の取締役会の議事録の写しを交付したこと
(4)　譲受人が譲渡人に対して、譲受人として本最終契約の締結および履行に必要な公正取引委員会その他の関係官庁の同意、許可または命令等の写しを交付したこと

第10条（解　除）

譲渡人および譲受人は、本最終契約締結後クロージング日までの間に以下の各号のいずれかが生じた場合には、相手方当事者に対して通知し、本契約を直ちに解除することができる。

(1) 相手方当事者が本最終契約に規定される第6条ないし第9条をはじめ重要な義務に違反し、当該違反の是正を求める書面による通知を受領した後15日を経過しても当該違反を是正しない場合

(2) ○○○○年○月○日までに、第5条に従って本事業の譲渡が実行されない場合

2 譲渡人または譲受人が前項に従って本最終契約を解除した場合、相手方当事者の違反により被った損害の賠償を求めることができるものとする。

第11条（表明および保証の有効期間および損害賠償請求）

譲渡人または譲受人は、相手方当事者に本最終契約上の義務の違反、または表明および保証の違反があった場合に、クロージング日から1年以内に限り、書面により、相手方当事者に対し、当該違反により現実に被った損害の賠償を請求することができる。

2 前項に基づいて譲渡人または譲受人が負担する損害賠償の合計金額（遅延損害金を除く）は譲渡価格の金額を上限とする。

POINT

表明および保証は、クロージング日に終了するのではなく、通常、有効期限が定められる。その期間内に違反が発見された場合には、相手方は、本条項に基づき損害を賠償することになる。

(1) **請求手段**

期限ぎりぎりで、電話など口頭での賠償請求も受け得るとすると、混乱等の問題が発生する。「書面」のみを請求手段とし、明確にしておくべきである。なお、すぐに対応が取れるためには「違反の日時・事実・内容および損害の状況を明記のうえ」などを定めることも検討したい。

(2) **表明および保証の有効期間**

期間としては、通常は、クロージング日から1年間程度の期間を設

定することが多いとされる。一方、対象会社が決算期を迎えてみなければ、契約上の義務違反または表明保証違反があったかどうか判明しない場合が一般的であるから、譲受人からすると、短くても対象会社の決算期をまたぐように（決算や監査報告を確認してから期限が到来するように）すべきとするものがある。

　以上からすると、有効期限は1年ないしは決算報告・監査報告確認後数か月ということになるのであろう。

　ただし、米国においてではあるが、一般的な表明保証条項に関する存続期間とは別に、環境に関する表明保証の存続期間については、クロージングから3年ないし5年の間で交渉されることも多いとされる。

(3) 譲受人における請求の範囲

　「起因または関連して」などの文言が、譲受人にとって相当因果関係にある損害等よりも広い範囲の請求を意図する文言であるとされる。また、上記文言で相当因果関係のない損害等も請求できるかは、裁判例がないため、譲受人は、可能な限り「弁護士費用を含む」、「転売利益を含む」など補償の対象範囲を明記することが妥当であるとされる。

〔変更例〕

第11条（表明保証の有効期間および損害賠償）

　譲渡人または譲受人は、相手方当事者に本最終契約上の義務の違反、または表明および保証の違反に起因または関連して損害等（合理的な範囲内の弁護士報酬および転売利益を含む）が発生した場合には、クロージング日から1年以内に限り、相手方当事者に対し書面により、当該違反により被った損害等の賠償を請求することができる。

第12条（従業員の引継ぎ）

9　服部301頁
10　M&A実務の基礎111頁
11　伊藤ほか147頁
12　企業法・金融法の課題90頁〔江平亨〕

譲受人は、譲渡人が作成した従業員名簿に記載する従業員（以下、「本従業員」という）全員を、クロージング日付で雇用するものとする。本従業員の譲受人における雇用条件は、本最終契約締結時における本従業員の譲渡人における雇用条件を下回らないものとする。

> **POINT**
>
> 　従業員については、(1)引き継がない方法と、(2)引き継ぐ方法がある。
>
> ### (1) 引き継がない方法
>
> 　株主総会の特別決議が要件となる事業譲渡は、一定の事業目的のために組織化され、有機的一体として機能する財産の譲渡があれば足り、具体的には、事業用財産に製造・販売等のノウハウが付随して移転されれば要件を満たし、従業員の移転は必ずしも要件ではないとする見解が有力である[13]。したがって、事業譲渡において、従業員を引き継がないことのみでは、株主総会による譲渡の承認を免れることができない。
>
> 　この方法には、(ア)譲渡人の従業員が関与しない方法と、(イ)引き継がないで、譲渡人が従業員として出向させる方法、譲渡人が譲受人と請負契約を締結し事業運営を請け負う方法などが考えられる。
>
> ### (ア) 譲渡人の従業員が関与しない方法
>
> 〔変更例〕
>
> **第12条（業務指導）**
>
> 　譲受人は、本事業に従事する譲渡人の従業員を、いっさい引き継がないものとする。
>
> 2　譲渡人は、本契約締結後、クロージング日までの間に、本事業に従事する譲渡人の従業員による、本事業の引継ぎおよび業務指導を行うものとする。また、クロージング日以後においても、事前に取り決めた日当を譲受人が支払うことにより、譲受人は、その要請に基づき譲渡人の従業員の業務指導を受けることできる。
>
> ### (イ) 譲渡人が従業員を出向させる方法

13　江頭950頁

〔変更例〕
　第12条（従業員の出向）
　　譲渡人は、原則、クロージング日において、本事業に従事する従業員を譲受人に出向させるものとし、その取扱いおよび出向期間等については、当事者が協議のうえ、決定するものとする。
(2)　引き継ぐ方法
　従業員を引き継ぐ方法には、(ア)譲渡人と従業員間で雇用契約を合意解除したうえで、新たに譲受人と当該従業員間で雇用契約を締結する方法と、(イ)雇用契約上の使用者たる地位を譲渡人から譲受人に移転する方法などがある。この場合、民法625条1項の趣旨から、従業員の個別の同意がなければ、移転させることはできない。従業員の同意の取得は譲渡人の側の責任で行う必要がある。
(ア)　雇用契約を譲渡人と従業員間で合意解除し、別途譲受人と当該従業員間で雇用契約を締結する方法
〔変更例①〕
　第12条（従業員の引継ぎ）
　　譲受人は、原則、本事業に従事する譲渡人の従業員を引き継ぐものとし、当該従業員は、クロージング日を解除条件とする譲渡人間の雇用契約を合意解除するものとし、クロージング日を停止条件とする譲受人との雇用契約の申込みを行うものとし、その詳細については、各当事者が協議のうえ定めるものとする。
　そのほか譲渡人による対象従業員の転籍命令をし、同意のあった従業員を譲受人が雇用する方法（変更例②）などがある。
〔変更例②〕
　第12条（従業員の取扱い）
　　譲受人は、クロージング日の前日までに、譲渡人の作成した従業員名簿に記載の本事業に従事する従業員のうち譲受人への転籍を承諾した者をクロージング日付で雇用するものとする。
2　譲渡人は、前項の従業員についてクロージング日の前日までに発生する賃金、退職金債務その他譲渡人との労働契約に基づき、もし

くはこれに附帯して発生したいっさいの債務を履行するものとする。

3　譲受人は、譲渡人の前項の債務を承継しない。

(イ)　譲渡人の使用者としての地位の譲渡

　この場合であっても、民法625条1項の従業員の同意は必要である。この方法は、すでにある事業を行って従業員を抱えている企業が、事業を譲り受ける場合には、労働条件が2通りになるので、選択することは難しい。会社を新設し、そこへ対象となる事業を譲り受けるなら、この方法でも可能である。退職金算定上の勤続年数を通算する場合には、その分を譲渡金額の中で加味することも考えられる。

　この方法は、譲受人と従業員間で特段の合意が成立しない限り、譲渡人の労働条件が承継される。

〔変更例〕

第12条（従業員の取扱い）

　譲受人は、クロージング日をもって、本事業に従事する譲渡人の従業員を、従前の条件で引き継ぐものとする。

2　前項の場合といえども、クロージング日の前日までに発生した従業員に対する賃金、退職金債務その他譲渡人との労働契約に基づき、もしくはこれに附帯して発生したいっさいの債務を、譲受人はいっさい引き継がないものとする。

第13条（競業避止義務）

　譲渡人は、クロージング日から〇年間、日本国内において本事業と実質的に同一の事業を行わないものとする。

POINT

(1)　競業禁止期間

　会社法21条2項は、譲渡会社が同一の事業を行わない旨の特約をした場合には、その特約は、その事業を譲渡した日から30年の期間内に限り、その効力を有するとする。

　したがって、最長でも30年までしか競業禁止を義務づけることはで

きない。なお、単に譲渡人が競合を行わない旨を定めた場合は「30年間」となるが、変更例では確認の意味で30年間を追加したものである。

〔検討すべき条項例〕

第13条（競業避止義務）

　譲渡人は、クロージング日以降、日本国内において本事業と実質的に同一の事業を行わないものとする。

〔変更例〕

第13条（競業避止義務）

　譲渡人は、クロージング日以降30年間、日本国内において本事業と実質的に同一の事業を行わないものとする。

(2) 同一の事業

　同一の事業とは、事業譲渡契約において譲渡対象とされた譲受人に承継された事業をいい、譲渡会社の定款所定の事業目的でも譲渡対象とならなかったものは含まれない。実際には同一事業であるか否かが判然としない場合があり（洋菓子の販売業と和菓子の販売業、同じ商品の小売業と卸売業など）、譲受人がその事業（営業）から収益を上げることを譲渡人が妨げるべきでないとする趣旨からすると、市場が重なる場合に顧客が競合するものは同一と解される。[14]

　以上から、本契約第13条では「実質的に同一の事業」と規定するが、一般的にいうと「類似の事業」までは広げることは困難であろう。

〔検討すべき条項例〕

第13条（競業避止義務）

　譲渡人は、クロージング日以降10年間は、本事業と同一または類似の事業を行わないものとする。

〔変更例〕

第13条（競業避止義務）

　譲渡人は、クロージング日以降10年間は、本事業と実質的に同一の事業を行わないものとする。

14　会社法コンメ(1)204頁〔北村雅史〕

(3) 競業禁止の対象

譲渡人の子会社や譲渡人が提携する第三者も対象とする場合がある。逆に地域を限定する場合も考えられる。

〔変更例〕

第13条（競業避止義務）

譲渡人およびその子会社は、クロージング日から○年間、日本国内において本事業と実質的に同一の事業を行わないものとする。

(4) 競業禁止の対象の限定

譲渡人の事業は、譲受人に譲渡されるが、子会社では実質的に同一の事業（たとえば、当該事業の販売のみの取扱いなど）を行っている場合に、限定を設けるものである。

〔変更例〕

第13条（競業避止義務）

譲渡人およびその子会社は、クロージング日から○年間、日本国内において本事業と実質的に同一の事業（以下、「本件同一事業」という）を行わないものとする。ただし、譲渡人の子会社が、クロージング日の前日において現に行っている本件同一事業についてはこの限りではない。

第14条（秘密保持）

譲渡人および譲受人は、相手方当事者の書面による同意がない限り、クロージング日後3年間、本最終契約の交渉過程に関する情報、および本最終契約締結前のデューデリジェンス、本最終契約の締結、本最終契約に定める取引の実行その他本最終契約に関連して相手方当事者から受領したいかなる情報も、本最終契約の目的以外に使用せず、また、法令（各証券取引所および日本証券業協会の規則を含む）の命ずるところに従って開示する場合を除き、第三者に開示してはならないものとする。

2　前項の定めは、次の各号に該当する情報には適用されないものとする。

(1) 開示の時点ですでに受領当事者が保有している情報

(2) 受領当事者が独自に開発した情報

(3) 開示の時点で公知であった情報、および開示後受領当事者の責によらずに公知となった情報
(4) 受領当事者が秘密保持義務を負うことなく第三者から正当に入手した情報
(5) 裁判所または行政機関から法令、規則、行政指導等に基づき開示を求められた情報

3 譲渡人は、譲受人の書面による同意がない限り、クロージング日後3年間、譲渡人がクロージング日において有していた本事業に関する情報について、法令（各証券取引所および日本証券業協会の規則を含む）の命ずるところに従って開示する場合を除き、第三者に開示してはならないものとする。

第15条（通　知）

本最終契約に基づくまたは本最終契約に関連する通知、同意、合意、承認その他重要な連絡および意思表示は、書面により下記のあて先または各当事者が本条に従って別途通知するその他のあて先に行われるものとし、原則として手交、普通郵便もしくは書留・速達郵便、またはファクシミリ、E-mail によって行われる。かかる連絡および意思表示は、相手方当事者が受領した時に到達したものとみなされる。

なお、下記の事項に変更があった場合は、速やかに書面により相手方に通知しなければならない。

(1) 譲受人に対する場合
　　　東京都〇〇区〇〇1丁目1番1号
　　　B株式会社総合企画室　室長　〇〇〇〇
　　　電話
　　　FAX
　　　E-mail
(2) 譲渡人に対する場合
　　　東京都〇〇区〇〇2丁目2番2号
　　　A株式会社経営企画部　部長　〇〇〇〇
　　　電話

FAX
　　　E-mail

第16条（契約の変更）

　本最終契約の修正、変更は、譲渡人および譲受人が署名または記名捺印した書面によらなければ、その効力を有しない。

第17条（協議事項）

　本最終契約に定めのない事項および本最終契約に定める各条項の解釈に疑義を生じたときは、譲渡人および譲受人が誠意をもって協議し、その解決にあたる。

第18条（紛争解決）

　譲渡人および譲受人は、本最終契約に関連する当事者間の紛争については、○○地方裁判所を第１審の専属的合意管轄裁判所とする裁判によって最終的に解決されることに合意する。

　本契約の成立を証するため、本契約書を２通作成し、譲渡人および譲受人が記名押印のうえ、各１通を保有するものとする。

　○○○○年○月○日

　　　　　　　　　譲渡人
　　　　　　　　　　住　所　東京都○○区○○１―２―３
　　　　　　　　　　　Ａ株式会社
　　　　　　　　　　　代表取締役　　○○○○　　㊞
　　　　　　　　　譲受人
　　　　　　　　　　住　所　東京都○○区○○１―１―１
　　　　　　　　　　　Ｂ株式会社
　　　　　　　　　　　代表取締役　　○○○○　　㊞

〔別紙１〕　譲渡資産明細表（略）
〔別紙２〕　譲渡債務明細表（略）
〔別紙３〕　移管契約明細表（略）

〔別紙4〕 譲渡人の表明および保証（350頁参照）
〔別紙5〕 譲受人の表明および保証（355頁参照）

③ 株式譲渡契約書

●想定するケース●

B株式会社は、A株式会社の完全子会社であるC株式会社の全株式を買収することによって同社の事業を買収するものである。本件子会社株式の譲渡によりA社は、C社の議決権を失い実質的に事業譲渡と同様の効果を生じるものであるが、本件は軽微基準（総資産額の5分の1以下）に該当するため、株主総会の特別決議を要しないものである（会社467条1項2号の2イ、本契約第4条のPOINT）。

※本件株式譲渡契約書の留意点

本件株式譲渡の対象となる株式は、A社の完全子会社であるC社の全株式であり、非上場会社株式である。したがって、「本件株式譲渡契約書」においては、もともと上場会社の場合の支配権獲得を伴う株式譲渡は想定していない。

付言しておくと、原則、5％を超える場合または一定の場合の3分の1を超える場合の上場会社株式の取得については公開買付けによらなければならない（金商27条の2第1項。第1部第2章Ⅲ「金融商品取引法「公開買付け」」（105頁）を参照されたい）。

【書式16】　株式譲渡契約書

株式譲渡契約書

A株式会社（以下、「株式譲渡人」という）およびB株式会社（以下、「株式譲受人」という）は、株式譲渡人の完全子会社であるC株式会社（以下、「対象会社」という）の全株式（以下、「本件株式」という）の株式譲渡に関し、以下のとおり契約（以下、「本契約」という）を締結する。

> POINT

　上記ケースは一人会社の場合であるが、株主が数人ある場合は、次のような前文、後文および当事者表示となる。

〔変更例①〕

　C株式会社の全株主である、D、E、F（以下、「株式譲渡人」という）およびB株式会社（以下、「株式譲受人」という）は、C株式会社（以下、「対象会社」という）の全株式（以下、「本件株式」という）の株式譲渡に関し、以下のとおり契約（以下、「本契約」という）を締結する。

（中略）

　本契約の成立を証するため、本書4通を作成し、株式譲渡人および株式譲受人が各自記名捺印のうえ、各1通を保管する。

　〇〇〇〇年〇月〇日

　　　　　　　　　　株式譲渡人
　　　　　　　　　　東京都〇〇区〇〇1－2－3
　　　　　　　　　　　　　　　　　D　　㊞
　　　　　　　　　　東京都〇〇区〇〇3－2－1
　　　　　　　　　　　　　　　　　E　　㊞
　　　　　　　　　　神奈川県横浜市〇〇区〇〇2－3－1
　　　　　　　　　　　　　　　　　F　　㊞
　　　　　　　　　　株式譲受人
　　　　　　　　　　東京都〇〇区〇〇2－3－4
　　　　　　　　　　B株式会社
　　　　　　　　　　　　代表取締役　〇〇〇〇　㊞

〔変更例②〕

　C株式会社の全株主である、D、E、F（以下、「株式譲渡人」といい、これらの代表者をDとする）およびB株式会社（以下、「株式譲受人」という）は、C株式会社（以下、「対象会社」という）の全株式（以下、「本件株式」という）の株式譲渡に関し、以下のとおり契約（以下、「本

契約」という）を締結する。

(中略)

　本契約の成立を証するため、本書2通を作成し、株式譲渡人<u>代表者D</u>および株式譲受人が各自記名捺印のうえ、各1通を保管する。

　〇〇〇〇年〇月〇日

　　　　　　　　　　　　　株式譲渡人<u>代表者</u>
　　　　　　　　　　　　　　東京都〇〇区〇〇1－2－3
　　　　　　　　　　　　　　　　　　　　D　　㊞

　　　　　　　　　　　　　株式譲受人
　　　　　　　　　　　　　　東京都〇〇区〇〇2－3－4
　　　　　　　　　　　　　　B株式会社
　　　　　　　　　　　　　　　　代表取締役　〇〇〇〇　㊞

（添付別紙）
　<u>本件株式譲渡契約に関する委任状</u>

第1条（株式の譲渡）

　株式譲渡人はその保有する対象会社の全発行済株式〇〇〇株を、株式譲受人に譲渡し、株式譲受人はこれを譲り受けるもの（以下、「本件株式譲渡」という）とする。

2　株式譲渡人は、本件株式を、〇〇〇〇年〇月〇日（以下、「クロージング日」という）に、株式譲受人に譲渡する。

3　本件株式譲渡の対価の総額（以下、「本件譲渡対価」という）は〇〇〇円（1株あたり〇円）とする。

第2条（本件株式譲渡の実行）

　本件株式譲渡の実行は、株式譲受人がクロージング日の午前10時に、別紙記載のX銀行の株式譲渡人の口座に振り込むものとし（銀行手数料は株式譲受人の負担とする）、振込みの確認を受けて、株式譲渡人は、対象会社の本社において株式譲受人に対し、本件株式を表章する株券のすべてを交付する（以下、「クロージング」という）。

> **POINT**
>
> ◎ 株券不発行会社の株式譲渡の実行
>
> 　株券不発行会社は、当事者間では意思表示で譲渡の効力が生じるが、対象会社の譲渡の効力を対抗するためには、株主名簿の名義書換えが必要となる（会社130条1項）。
>
> 〔変更例〕
>
> **第2条（本件株式譲渡の実行）**
>
> 　本件株式譲渡の実行は、株式譲受人がクロージング日の午前10時に、別紙記載のX銀行の株式譲渡人の口座に振り込むものとし（振込みに伴い発生する銀行手数料は株式譲受人の負担とする）、同時に、株式譲渡人は、対象会社の本社において株式譲受人に対し、本件株式のすべてを譲渡する（以下、「クロージング」という）。
>
> 2　クロージング後直ちに、株式譲渡人および株式譲受人は、共同して、対象会社に対し、その株主名簿に記載された株式譲渡人の名義を株式譲受人に変更させるものとする。

第3条（表明および保証）

　株式譲渡人は、本契約締結日およびクロージング日において、株式譲受人に対し、別紙1に記載される事項が真実かつ正確であることを表明し、かつ保証する。

2　株式譲渡人は、前項の規定に違反があることを知った場合または別紙1に記載される事項に反する事態が生じた場合には、株式譲受人に対してその旨を直ちに書面により通知する。

3　株式譲受人は、本契約締結日およびクロージング日において、株式譲渡人に対し、別紙2に記載される事項が真実かつ正確であることを表明しかつ保証する。

4　株式譲受人は、前項の規定に違反があることを知った場合または別紙2に記載される事項に反する事態が生じた場合には、株式譲渡人に対してその旨を直ちに書面により通知する。

第 4 条（株式譲渡人の義務）
　　株式譲渡人は、本契約締結後クロージングまでの間、対象会社の経営に関して、従前と実質的に同一の方法により指導および監督を行い、かつ、従前と実質的に同一の方法により対象会社の現経営陣に対し引き続き経営を行わせるものとする。
2　株式譲渡人は、本契約締結後クロージングまでの間、対象会社に対し、株式譲受人の事前の書面による承諾を得ない限り、以下の事項に関して、これを行わせないようにするものとする。
(1)　通常の業務範囲を超える事項
(2)　重要な財産の処分または取得に関する事項
(3)　第3条第1項に定める株式譲渡人の表明および保証の違反に該当する事項
(4)　その他対象会社の財務内容、資産内容および運営に重大な影響を及ぼすべき事項
3　株式譲渡人は、本契約締結後クロージング日までに対象会社をして取締役会を開催させ、本件株式譲渡を承認する旨の決議を行わせ、当該取締役会議事録の写しを株式譲受人に交付するものとする。
4　株式譲渡人は、本契約締結後クロージングまでの間、本件株式譲渡に関し、第三者との間で契約上要求されている通知の実施をし、また承諾書の取得をするよう最善の努力を尽くすものとする。
5　株式譲渡人は、本契約締結後クロージング日までに、本件株式譲渡に関し、法令により要求されている手続を完了するものとする。
6　商品の販売に関し、株式譲渡人は、本契約締結後クロージング日までに、別紙3に記載する対象会社の販売先に対して、株式譲受人が対象会社の全株式を取得しても購入を継続する旨の文書による同意を得るものとし、これを株式譲受人に提示する。
7　部品等の供給に関し、株式譲渡人は、本契約締結後クロージング日までに、別紙4に記載する対象会社への供給先に対して、株式譲受人が対象会社の全株式を取得しても供給を継続する旨の文書による同意を得るものとし、これを株式譲受人に提示する。

> **POINT**
>
> ◎ 株主総会の承認
>
> 　株式会社（株式譲渡人）は、その子会社の株式の全部または一部の譲渡をする場合であって、次のいずれにも該当するときは、その効力発生日（クロージング日）の前日までに、株主総会の特別決議によって、当該株式譲渡契約の承認を受けなければならない。
>
> ① 譲渡する株式の帳簿価額が、当該株式会社（株式譲渡人）の総資産額（会社則134条）の5分の1を超えるとき
> ② 当該株式会社（株式譲渡人）が効力発生日（クロージング日）において当該子会社の議決権の総数の過半数の議決権を有しないとき
>
> 上記①②のいずれにも該当するときは、第8項を追加する。
>
> 〔変更例〕
>
> **第4条（株式譲渡人の義務）**
>
> <u>8　株式譲渡人は、本契約締結後クロージング日の前日までに、本契約に関し株主総会の承認を受け、当該総会議事録の写しを株式譲受人に交付するものとする。</u>

第5条（株式譲受人の義務）

　株式譲受人は、株式譲渡人および対象会社が第4条に規定する事項に関する行為を行うにつき協力するものとする。

2　株式譲受人は、本契約締結後クロージング日までに、対象会社の借入金のために株式譲渡人が締結しているX銀行との連帯保証契約を解除するため、当該保証債務について株式譲受人が引き受けるか、または借入金および利息の全額を完済するものとする。

> **POINT**
>
> ◎ 物上保証契約の解除
>
> 　物上保証契約を解除する場合は、第2項を以下のとおり変更する。
>
> 〔変更例〕
>
> **第5条（株式譲受人の義務）**

2　株式譲受人は、本契約締結後クロージング日までに、対象会社の借入金のために株式譲渡人が締結しているX銀行との<u>物上保証契約を解除するため、対象物件について設定している乙区順位第1番の抵当権を解除および抹消する</u>ものとする。

第6条（クロージングの前提条件）

　株式譲渡人は、クロージング日において以下の各号のすべてが充足されていることを前提条件として、第2条に基づく義務を履行する。ただし、クロージング日において以下の第1号ないし第2号の全部または一部が充足されていなくても、株式譲渡人は自己の裁量により第2条に基づく義務を履行できるものとする。

(1) 別紙2記載の事項が、本契約締結日およびクロージング日において、真実かつ正確であること

(2) 株式譲受人が、本契約に基づきクロージング日までに履行または遵守すべき事項をすべて履行または遵守していること

(3) 株式譲受人が、第5条第2項の義務を履行していること

2　株式譲受人は、クロージング日において以下の各号のすべてが充足されていることを前提条件として、第2条に基づく義務を履行する。ただし、クロージング日において以下の第1号ないし第2号の全部または一部が充足されていなくても、株式譲受人は自己の裁量により第2条に基づく義務を履行できるものとする。

(1) 別紙1記載の事項が、本契約締結日およびクロージング日において、真実かつ正確であること

(2) 株式譲渡人が、本契約に基づきクロージング日までに履行または遵守すべき事項をすべて履行または遵守していること

(3) 本契約締結後クロージング日までに、対象会社の財務状態、経営成績、キャッシュフロー、事業、資産状態の急激な悪化、負債の急激な増加、訴訟の発生、偶発事象の発生など、将来の収益計画に重大な悪影響を及ぼす事態が見られないこと

> **POINT**
>
> 　本条第1項第3号は、株式譲渡人が対象会社のために行った人的保証について、クロージング日において解消されていることをクロージングの前提条件とするものである。
>
> 　当該保証契約の解消を前提として買収対価が設定されているため、クロージングまでに株式譲受人が当該保証契約の解消をしていない場合には、クロージングの前提条件が未達であるとしてクロージングを行うことができない（第1項柱書のただし書には、第3号が除外されていることに注意）。

第7条（対象会社の役員）

　株式譲受人は、クロージング終了後、速やかに対象会社の臨時株主総会を開催し、当該総会の終結の時をもって対象会社の全取締役および全監査役は辞任し、株式譲受人が指名する取締役および監査役が就任する。

> **POINT**
>
> 　従前の役員体制をゼロの状態にするため全役員を辞任させ、臨時株主総会を開催して（本件の場合は、株式譲受人の一人会社となるので、いつでも開催は可能）、株式譲受人の指名により新役員を選任する。もっとも一部の役員を留任させる場合も考えられる。

第8条（損害賠償・補償）

　株式譲渡人に第3条第1項および第2項の違反、その他本契約に基づく違反があった場合は、株式譲受人は株式譲渡人に対し、クロージング日から1年以内に限り書面をもって、株式譲受人またはその役員もしくは従業員が損害または損失およびこれに関連して発生した費用（以下、本条において「損害等」という）の賠償または補償を請求することができる。

2　株式譲受人に第3条第3項および第4項の違反、その他本契約に基づく違反があった場合は、株式譲渡人は株式譲受人に対し、クロージング

日から1年以内に限り書面をもって、損害等の賠償または補償を請求することができる。

第9条（解　除）

　株式譲渡人および株式譲受人は、クロージングまでの期間（または第3号で定めた期間）に限り、以下のいずれかの事由が相手方に発生した場合は、相手方に対し書面で通知することにより、本契約を解除することができる。

(1) 相手方につき、第3条に定める表明および保証に重大な違反があった場合

(2) 相手方および対象会社につき、破産手続、民事再生手続、会社更生手続、特別清算などの法的倒産手続開始の申立てがなされた場合

(3) 相手方の責に帰すべき事由により、〇〇〇〇年〇月〇日までにクロージングが実行されなかった場合

(4) 対象会社の財務状態、経営成績、キャッシュフロー、事業、資産状態の急激な悪化、負債の急激な増加、訴訟の発生、偶発事象の発生など、将来の収益計画に重大な悪影響を及ぼす事態が発生した場合

第10条（秘密保持）

　株式譲渡人および株式譲受人は、本契約締結およびその履行に関して〇〇〇〇年〇月〇日付けにて締結した秘密保持契約の内容を遵守する。

2　株式譲渡人および株式譲受人は、本件株式譲渡および本契約締結の事実（交渉経緯を含む）およびその内容に関して、原則、第三者に対して開示および漏えいをしてはならない。

3　前2項にかかわらず、法令等に基づく公表については、当事者間で、時期、内容、方法等を相互に協議したうえで、株式譲受人が、株式譲渡人の承諾を得て公表するものとする。

第11条（競業禁止）

　株式譲渡人は、クロージング日から5年間、日本国内において、対象会社が現に行っている事業と実質的に同一の事業を行わず、また株式譲渡人の子会社もしくは関連会社または第三者をして行わせないものとする。

> **POINT**
>
> 　会社法は、平成26年改正で、子会社株式の全部または一部の譲渡において、当該譲渡が総資産額の5分の1を超える場合で、かつ効力発生日にその議決権の過半数を有しないときは、株主総会決議を要するとする（会社467条1項2の2号）。この場合には、会社法21条が類推適用されるのではないかと考えられるが、競業禁止規定を定めておくことが必要であろう。
>
> 　もっとも、会社法21条は譲受人保護の規定であり、譲渡人の総資産額の5分の1基準にかかわらず、譲渡人がその議決権の過半数を有しない場合であれば、同様に解されるべきである。

第12条（権利義務の譲渡禁止）

　株式譲渡人および株式譲受人は、相手方の書面による事前の承諾を得ないで、本契約に基づく権利義務または本契約上の地位を第三者に譲渡、移転その他の方法により処分してはならない。

第13条（完全合意）

　本契約は、本件株式譲渡に関連する当事者間のすべての合意を構成するものであり、本件株式譲渡に関する本契約締結前の合意、了解事項、交渉および協議に取って代わるものであって、かかる従前の合意等は、本契約締結をもってすべて失効する。

第14条（準拠法・管轄）

　本契約の準拠法は日本法とし、本契約に関連するいっさいの紛争については、東京地方裁判所を第1審の専属的合意管轄裁判所とする。

第15条（協議解決）

　株式譲渡人および株式譲受人は、本契約に定めのない事項または本契約の条項に関して疑義を生じたときは、信義誠実の原則に則り、誠実に協議のうえ解決を図るものとする。

　本契約の成立を証するため、本書2通を作成し、株式譲渡人および株式

譲受人が各自記名捺印のうえ、各1通を保管する。

〇〇〇〇年〇月〇日

　　　　　　　　　　　　　　株式譲渡人
　　　　　　　　　　　　　　　東京都〇区〇〇1－2－3
　　　　　　　　　　　　　　　A株式会社
　　　　　　　　　　　　　　　　代表取締役　〇〇〇〇　㊞
　　　　　　　　　　　　　　株式譲受人
　　　　　　　　　　　　　　　東京都〇区〇〇2－3－4
　　　　　　　　　　　　　　　B株式会社
　　　　　　　　　　　　　　　　代表取締役　〇〇〇〇　㊞

〔別紙1〕　株式譲渡人の表明および保証（略）
〔別紙2〕　株式譲受人の表明および保証（略）
〔別紙3〕　対象会社販売先一覧表（略）
〔別紙4〕　対象会社供給先一覧表（略）

④ 総数株式引受契約書

━━━●想定するケース●━━━
本件は、上場会社であるA株式会社が、B株式会社と包括的な業務提携をするにあたって、B社に対し第三者割当てによる募集株式の発行等を行うものである。

POINT

(1) 総数株式引受契約書の契約手続

会社法205条1項は、総数株式引受契約を締結する場合には、募集株式の申込みおよび割当て（会社203条、204条）の規定は、適用しない旨を定める。ただし、第三者割当てのように募集をしない場合であっても、会社法上は、募集株式の発行等に該当するので、募集事項の決定に関する規定（会社199条〜201条）の適用はある。

(2) 総数株式引受契約書の契約当事者

(ア) 譲渡制限株式以外の株式を発行する場合

会社法は、公開会社（取締役会の設置義務あり）は、取締役会の決定に基づき、代表取締役が第三者との間で総数株式引受契約書を締結することになる（会社202条3項3号、327条1項1号）。

(イ) 譲渡制限株式を発行する場合

平成26年の会社法改正から、総数株式引受契約を締結する場合は、募集株式が譲渡制限株式であるときは、株主総会（取締役会設置会社にあっては、取締役会）の決議により、取締役（代表取締役がある場合はその者）が、第三者との間で総数株式引受契約書を締結することになる（会社205条2項、349条1項〜3項、362条3項）。

【書式17】 総数募集株式引受契約書

総数募集株式引受契約書

　Ａ株式会社（以下、「発行会社」という）およびＢ株式会社（以下、「本件引受人」という）は、〇〇〇〇年〇月〇日付けの発行会社の取締役会決議に基づく発行会社の募集株式の割当ておよび引受けに関して、以下のとおり総数募集株式引受契約（以下、「本契約」という）を締結する。

第１条（割当て、引受け）

　発行会社は、次の各号の要領で募集株式を発行し、割り当てるものとし、本件引受人はこの募集株式の総数を引き受けるものとする。

(1)　発行する募集株式の数　　　〇株
(2)　募集株式の割当方法
　　　特定の第三者である本件引受人に全数の割当てを受ける権利を与える。
(3)　本件引受人　　　　　　　　Ｂ株式会社
(4)　募集株式の払込金額　　　　募集株式１株あたり〇円
(5)　募集株式の払込金額の総額　〇円

POINT

(1)　**募集事項の決定機関**

　Ａ株式会社のような上場会社は、引受人に特に有利ではない通常の払込金額によるときは取締役会の決議でよいが、引受人に特に有利な払込金額により第三者割当てを行う場合には、取締役会決議だけでなく株主総会において、取締役による理由の説明および特別決議を要する（会社199条２項・３項、201条１項、309条２項５号）。

(2)　**有利発行**

　上場会社では日本証券業協会の自主ルールにより、特に有利な払込金額とはならない方法が設定され、この自主ルールに則った払込金額であれば適法とする裁判例も多い。

※日本証券業協会の自主ルールについては、80頁（*One Point Lecture-2*）を参照されたい。

第2条（増加する資本金および資本準備金に関する事項）

増加する資本金の額は、会社計算規則14条に従い、算出される資本金等増加限度額に0.5を乗じた額とし、計算の結果1円未満の端数を生じる場合は、その端数を切り上げるものとする。増加する資本準備金の額は、資本金等増加限度額より上記の増加する資本金の額を減じた額とする。

第3条（募集事項等の開示）

発行会社は、本件募集事項に関し、第4条第1号の払込期日の2週間前までの有価証券届出書を関東財務局長に提出していなければならない。[15]

POINT

(1) 上場会社の場合

上場会社はEDINETにより有価証券届出書を提出することになる。

上場会社である発行会社は、金融商品取引法の規定による届出の効力が生じていなければ募集により取得させることはできない（金商15条1項）。

(2) 上記(1)の場合を除く公開会社の場合

上場会社ではない公開会社は、取締役会にて定めた本件募集事項に関し払込期日（払込期間の初日）の2週間前までに、株主への通知または公告をしなければならない（会社201条3項・4項）。

(3) 募集株式発行等により支配株主が異動する場合

上場会社および公開会社は、引受人とその子会社等が有することとなる議決権の数が、総株主の議決権の2分の1を超える場合、払込期日（払込期間の初日）の2週間前までに、引受人が有することになる

---

[15] 発行会社が上場会社の場合、有価証券届出書の提出先は、内閣総理大臣（金商5条1項）から、委任（金商194条の7第1項）、再委任（金商194条の7第6項、企業開示府令20条）を受け、資本金の額等から財務局長等または関東財務局長となるが、本件発行会社（A株式会社）の場合は、本店所在地が東京都中央区であるため、いずれにしても関東財務局長となる。

議決権数、総株主の議決権数について、株主に対する通知または公告が必要となる（会社206条の2第1項・2項）。

この場合、通知・公告後2週間以内に総株主の議決権の10分の1を超える株主が反対する旨を通知した場合は、原則、株主総会の普通決議による承認が必要となる（会社206条の2第3項・4項）。

第4条（払込み等）

本件引受人は、以下の各号の要領で、第1条第5号に定める払込金額の総額を払い込むものとする。

(1) 払込期日　〇〇〇〇年〇月〇日
(2) 払込金額の下記の銀行振込みによる払込み

記

　　　　　払込銀行　場所：東京都中央区〇〇町1－1－1
　　　　　　　　　　銀行名：株式会社大江戸銀行〇〇支店
　　　　　　　　　　銀行口座：普通口座1234567

本契約成立の証として、本書2通を作成し、各当事者が記名捺印のうえ、各1通を保有する。

〇〇〇〇年〇月〇日

　　　　　　　　　（発行会社）　東京都中央区〇〇1－2－3
　　　　　　　　　　　　　　　　A株式会社
　　　　　　　　　　　　　　　　代表取締役　〇〇〇〇　㊞
　　　　　　　　　（本件引受人）東京都新宿区〇〇3－1－3
　　　　　　　　　　　　　　　　B株式会社
　　　　　　　　　　　　　　　　代表取締役　〇〇〇〇　㊞

5 民事再生支援スポンサー契約書

●想定するケース●

民事再生手続において、スポンサー候補者から支援する旨の意向が表明され、その者によるデューデリジェンスを実施し、一定期間後、支援内容および支援条件を記載した最終意向書が提出された。

再生債務者は、最終意向書および債務者間での交渉および調整のうえ、以下のスポンサー契約書を締結した。

POINT

(1) 会社更生手続・民事再生手続の場合の100％減資および増資

本契約のような民事再生手続、または会社更生手続においては、再生計画または更生計画において、①債務の猶予・減免を求めるとともに、②破綻した会社の発行済株式をすべて無償で消却し、資本金の額をゼロとし、③同時にスポンサーに対し新株発行（第三者割当）を行うことが一般的である。

債務者である会社が、破綻して債務を弁済できない以上、破たん前の株主が無償消却により株式を失うことは、適正な手続の下では許されるとされる[16]。発行済株式の100％減資に関して株主総会の決議は不要である。

(2) 任意整理の場合の100％減資および増資

会社法において、裁判外の私的整理の一環としても、100％減・増資が可能である。

①現在発行されている普通株式とは異なる種類の株式を発行する旨の定款の定めを設け、種類株式発行会社となる、②発行済の普通株式を全部取得条項付種類株式に変更する定款変更を行う、③変更された全部取得条項付種類株式を取得する株主総会決議をし、その際に取得対価をゼロとすることにより普通株式を結局全部消滅させることができ、同時に再建のスポンサーに新たに株式を発行することにより、株式構成を全部入れ替えるこ

---

16 ケース会社法138頁

とができる。[17]

　ただし、②の定款変更をする株主総会決議を行う際には、反対する株主は株式買取請求を行うことができ（会社116条1項2号）、③の株主総会決議においては、取得対価に不満の株主は、裁判所に対し取得価格の決定の申立てをすることができる（会社172条）。[18]また、全部取得条項付種類株式の取得が法令・定款に違反する場合は、株主は会社に対し、取得の差止めを請求することができる（会社171条の3）。

【書式18】　民事再生支援に関するスポンサー契約書

民事再生支援に関するスポンサー契約書

　A株式会社（以下、「スポンサー」という）とB株式会社（以下、「債務者」という）は、民事再生手続（○○地方裁判所平成○○年（再）第○○号。以下、「本件民事再生」という）に関し、スポンサーが債務者の再生を支援（以下、「本件支援」という）することについて、以下のとおりスポンサー契約（以下、「本契約」という）を締結する。

POINT

　本契約の締結は、再生債務者や再生債権者にとって重要な法律行為となるため、裁判所および監督委員への説明・報告をして、監督委員の同意または裁判所の許可を得ておくことが必要になる。

　東京地裁では、再生手続開始決定後、監督委員の同意を要する行為として「事業の維持再生の支援に関する契約および当該支援をする者

17　会社法コンメ(3)118頁、ケース会社法139頁
18　平成26年改正以前は、かかる株式買取請求の効力は、代金支払い時に生ずるものとされていたところ（改正前会社117条5項）、通常の日程では、買取りの効力が生ずる前に全部取得条項付種類株式の取得日が到来することが通常であった。そして、この場合、株主は、株式買取請求に係る株式を失った以上、買取価格決定の申立ての適格を失うと解されていた（最判平成24・3・28民集66巻5号2344頁）。平成26年会社法改正は、普通株式に全部取得条項を付す旨の定款の一部変更の効力発生日に生ずるものとしたため（会社117条6項）、このような事案においても、株主が株式買取請求を選択する余地が生じたとされる（以上、野村＝奥山117頁〔立石光弘〕）。

の選定業務に関する契約の締結」を定めている。

第1条（目　的）

　スポンサーは、債務者の本件民事再生において、債務者の事業（以下、「本件事業」という）の早期の再生を支援することを目的として、債務者が、債務者の資本金額全額の減資を行うと同時にスポンサーに対して第三者割当増資を行うこと（以下、「本件減増資」という）をその支援の骨子とする。

第2条（相互協力）

　スポンサーと債務者は本件民事再生について、関係法令を遵守するとともに、裁判所から選任された監督委員の監督に従い、債務者の早く確実な事業再生の実現に向けて、相互に協力するものとする。

第3条（本件減増資）

　債務者は、本件民事再生手続における再生計画案提出期限までに、以下の第1号ないし第3号の内容を前提として、再生計画案を作成し、民事再生法で定める手続を経たうえで、○○地方裁判所に提出する。

(1) 債務者は、再生計画認可決定の確定後、100％の資本金の額の減少を行い、債権者の全発行済株式を無償で取得し、すべて消却する。

(2) 債務者は、再生計画認可決定の確定後、前号の効力発生と同時に、スポンサーを割当先とする第三者割当増資を行う。

(3) スポンサーおよび債務者は、本件事業の事業価値を○円と評価（以下、「本件事業価値評価額」という）し、本件事業価値評価額を第三者割当増資における引受価額の総額とする。

2　本件再生計画案に定められた本件減増資が、債権者集会で可決され、かつ裁判所で認可決定が確定した場合、その確実な履行を行うものとする。

POINT

(1) **資本金の額の減少**

再生計画に資本金の減少を定めた場合（民再161条3項）、認可され

た再生計画の定めにより資本金の額を減少することができ、株主総会決議および債権者異議手続は不要とされる（民再183条4項）。

(2) 債務者による自己株式の取得

再生債務者が再生計画によって自己株式の取得をするときは、取得株式数および取得する日を定めなければならない（民再161条1項）。認可された再生計画の定めにより、自己株式を取得する（民再183条1項）。

(3) 自己株式の消却

自己株式の消却については、民事再生法に特段の定めはなく、会社法の手続によるので、取締役会設置会社では取締役会の決議を要する（会社178条）。

(4) 第三者割当増資

① 取締役の決定・取締役会決議　再生計画に募集株式を引き受ける者の募集に関する条項を定めたときは、公開会社か否かにかかわらず、取締役会決議または取締役の決定により募集事項を定めることができる（民再183条の2第1項）。

② 公開会社　公開会社は、募集株式の引受人の引き受けた議決権数が、総株主の議決権数の2分の1超となる場合には、払込期日（または払込期間の初日）から2週間前までに、株主に対し、当該引受人（特定引受人）の名称等を通知・公告（または有価証券届出書による公衆の縦覧）をしなければならない（会社206条の2第1項〜3項）。そして、総株主の議決権の10分の1以上の議決権を有する株主が、当該通知の日から2週間以内に当該募集株式の引受けに反対する旨を会社に通知したときは、会社は、払込期日の前日までに株主総会の普通決議により当該割当て等の承認を受けなければならない（会社206条の2第4項本文・5項）。

　ただし、この場合であっても、当該公開会社の財産の状況が著しく悪化している場合において、会社の事業の継続のために緊急の必要があるときは、株主総会の決議は不要となる（同条4項ただし書）。

③ 非公開会社の特則　上記①にかかわらず、募集株式を引き受け

る者の募集に関する条項を定めた再生計画案を提出しようとする場合、あらかじめ裁判所の許可を得れば、株主総会の特別決議を経ないことができる（民再166条の2第1項）。ただし、この場合、許可条件は、再生債務者が債務超過の状態にあり、かつ、当該募集が再生債務者の事業の継続に欠くことのできないものであると裁判所が認めた場合である（民再166条の2第2項）。

第4条（表明保証）

債務者は、本契約の締結において、法令および定款および内部規則に違反せず、民事再生法等関係法令および民事再生手続の運用上必要な手続をすべて履践していることを表明し、保証する。

2　スポンサーは、本契約の締結において、法令および定款および内部規則に違反していないことを表明し、保証する。

第5条（停止条件）

第3条で定める本件減増資は、債務者が提出した再生計画案により再生計画認可決定が確定していることを条件とする。

第6条（善管注意義務）

債務者は、善良なる管理者の注意をもって、通常の業務の方法により業務執行および財産の管理・運営を行うものとし、スポンサーの事前の書面による承諾のある場合を除き、その事業、資産、負債などに重大な悪影響を及ぼすおそれのある行為をいっさい行ってはならない。

第7条（代替取引の制限）

債務者は、本契約が終了するまで、本契約に抵触する第三者との取引、協議および交渉等を行ってはならない。

POINT

再生債務者の事業の再生が目的であり、また本契約第1条にも鑑み、スポンサーとしての打診を受けた相手方が、本契約のスポンサーよりも債務者にとって有利な条件であるなどの場合には、一定の手続を経て、本契約を解除できることも、検討する必要がある。

〔変更例〕
第5条（代替取引の制限）
　債務者は、原則、本契約が終了するまで、本契約に抵触する第三者との取引、協議および交渉等を行ってはならない。
2　再生計画案の提出前に限り、第三者の申入れの内容が、以下に定める一定の条件である場合には、前項の定めは適用しない。
　(1)　本契約よりも弁済率・履行可能性などの点で、債務者にとって、有利であると、合理的に判断したこと
　(2)　監督委員が、当該第三者との間で、取引の交渉を行うよう書面で勧告してきたこと
3　前項の場合に、債務者は速やかにスポンサーに書面にて報告し、同時に、相当期間を定めて、債務者にとって有利な再提案を行うことを求めるものとし、期間内に再提案を行わなかった場合、または合理的に判断して当該再提案が第三者の提案より有利なものではなかった場合には、本契約を解除することができる。

第8条（契約解除）
　スポンサーおよび債務者は、以下の各号のいずれかの事由が発生したときは、相手方に対して書面により理由を明示して通知することにより、本契約を解除することができる。
(1)　相手方が、本契約に違反し、またはその責に帰すべき事由により、本契約の目的が達成できなくなったとき
(2)　本件再生計画案が債権者集会において否決されたとき、または本件再生計画案提出の見込みが立たないとき
(3)　本件再生計画案が裁判所に認可されなかったとき
(4)　本件民事再生について再生手続廃止決定または再生手続取消決定がなされたとき
2　前項第1号の場合において、スポンサーまたは債務者は、相手方に対し、本契約の解除に関して発生した損害の賠償を請求することができる。
3　第1項第2号ないし第4号に関し債務者の義務違反等債務者の責に基

づくときは、スポンサーは、債務者に対し支援金の返還および損害の賠償を請求することができる。
4　第1項の各号について、債務者がそのいずれかに該当したときは、債務者はスポンサーに対して、いっさいの期限の利益を喪失するものとする。

> POINT
>
> ◎　違約金の定め
>
> 違約金について、第3項を以下のとおり変更する。
>
> 〔変更例〕
>
> 第8条（契約解除）
>
> 3　第1項第2号ないし第4号に関し債務者の義務違反等債務者の責に基づくときは、スポンサーは、債務者に対し<u>第三者割当増資の対価の○%に相当する金銭を違約金として</u>請求することができる。

第9条（費用負担）
　スポンサーおよび債務者は、本契約に定める取引等に関連し発生する費用は、各自の負担とする。

第10条（契約上の地位の譲渡）
　スポンサーおよび債務者は、事前に相手方の同意を得ることなく、本契約上の権利義務を第三者に譲渡その他の処分、承継をしてはならない。

第11条（契約の変更）
　スポンサーおよび債務者が記名押印した書面によらなければ、本契約の修正または変更をすることができない。なお、債務者は、当該修正または変更に関し、必要がある場合は、裁判所、監督委員の許可または同意を得ておかなければならない。

第12条（有効期間）
　本契約の有効期間は、本件減増資の効力発生の日までとする。

第13条（協議解決）
　本契約書に定めのない事項または本契約書の解釈について疑義が生じ

た事項については、スポンサーおよび債務者が誠実に協議し、信義誠実の原則に従って解決するものとする。

本契約の締結を証するため、本書２通を作成し、スポンサーおよび債務者は記名押印のうえ、各１通を保有するものとする。

〇〇〇〇年〇月〇日

　　　　　　　　（スポンサー）　東京都〇〇区〇〇１―１―１
　　　　　　　　　　　　　　　　Ａ株式会社
　　　　　　　　　　　　　　　　　　代表取締役社長　〇〇〇〇　㊞
　　　　　　　　（債務者）　〇〇県〇〇市〇〇区〇〇３―２―１
　　　　　　　　　　　　　　　　Ｂ株式会社
　　　　　　　　　　　　　　　　　　代表取締役社長　〇〇〇〇　㊞

第5章 アライアンスに関する契約書

I ジョイント・ベンチャー契約書

1 合弁会社設立契約書

●想定するケース●

A株式会社は電機メーカー、B株式会社は化学品メーカーである。かねてから両社は○○に関する共同研究開発を行ってきた。このたび○○に関する商品の製造、販売を共同で行うことになり、新会社として株式会社を国内に設立するものである。

POINT

(1) 出資比率

新会社に対する貢献度（労務、人員、特許、製造ノウハウ、取引先、仕入先）および特許権、工場などの現物出資など、および新会社の目的ならびに事業の方向性などを、勘案・協議して、当事会社が継続的な運営を行うことが可能な出資比率を定めるべきである。

(2) 独占禁止法の規制

合弁会社に関して、公正取引委員会の「企業結合審査に関する独占禁止法上の運用指針」（平成23年6月14日改正。以下、「企業結合ガイドライン」という）は、合弁会社（企業結合ガイドラインでは共同出資会社という[1]）の場合は、当事会社間の取引関係、業務提携その他の契約等の関係を考慮して企

業結合審査の対象となる企業結合であるか否かを判断するとしている。特に、合弁会社の場合には、出資会社相互間に直接の株式保有関係がなくとも合弁会社を通じて間接的に結合関係が形成・維持・強化されることとなることから、それが市場における競争的活動に影響するような一定値に達すると独占禁止法10条の適用の余地があることになる。なお、合弁会社の設立にあたり、出資会社同士の事業活動が共同化する場合にはそのこと自体、競争に影響を及ぼすことにも着目するものとされている。[2]

(3) 合弁会社設立後の各種契約の必要性

合弁会社設立契約はあくまでも共同事業を行う「入れ物」についての株主間契約であり、合弁会社成立後は、会社・株主間で、技術供与契約、資材供給契約、工場賃貸借契約、製品販売契約、生産委託契約、販売代理店契約、出向契約、取引基本契約など多数の契約が締結されることになる。[3]

【書式19—1】 合弁会社設立契約書

合弁会社設立契約書

POINT

合弁会社とは、わが国では、一般的には、外国企業との共同出資あるいは共同経営を行う企業をさすとされる。[4] 本契約では、これを、国内企業同士の共同出資・共同経営を行う会社の運営契約について、「合弁会社契約」としている。もっとも、共同事業の基本について規定するので「合弁事業基本契約」のほうが正確であるといえよう。

---

1 共同出資会社とは、「2以上の会社が、共通の利益のために必要な事業を遂行させることを目的として、契約等により共同で設立し、又は取得した会社をいう」(企業結合ガイドライン第1の1(1)ウかっこ書)。

2 以上に関しては、川濵昇ほか55頁、企業結合ガイドライン第1の1(1)ウ

3 江頭64頁、企業間提携契約153頁〔清水建成〕

4 吉原省三ほか編代『金融実務大辞典』824頁（金融財政事情研究会・2010年）

A株式会社（以下、「甲」という）とB株式会社（以下、「乙」という）は、合弁会社（以下、「JV」という）を設立し、共同でこれを運営することに関して、以下のとおり合弁契約（以下、「本契約」という）を締結する。

第1条（目　的）

甲および乙は、それぞれの持つ技術、設備、信用、取引関係等の経営資源を提供して、緊密な相互の協力のもと、両社が共同開発をした商品○○の製造、販売および商品○○を基礎にした新商品の開発、製造、販売等の事業（以下、「本事業」という）を行うことを目的とし、JVを設立する。

> **POINT**
>
> 合弁事業は、当事者株主の相互の協力がなければ、継続的な運営ができず、合弁解消という例も多く見られる。そこで、合弁に至った経緯、沿革や内容、意義等を定めるものである。
>
> 合弁事業に対する意義や相互協力の必要性をうたったものであり、どちらかというと精神的な格調を高める条項であり、本条項がなくても、手続や規律には影響を及ぼさない。

第2条（新会社設立）

JV設立の基本に関する事項は、次の各号のとおりとする。

(1) 甲および乙は、○○○○年3月31日をめどに、第1条を目的として株式会社の形態でJVを設立する。

(2) JVの商号は、株式会社○○とし、本店を東京都港区に置く。

(3) JVの資本金の額は1000万円とし、設立にあたり、甲は600万円、乙は400万円をそれぞれ払い込むものとし、甲は60株、乙は40株ずつ普通株式を引き受けるものとする。

(4) JV設立に関する費用は、甲および乙が株式保有割合に従って負担する。

(5) JVの設立手続の詳細および定款は、別紙1および2のとおりとする。

POINT

(1) 新設会社等の検討

株式会社だけではなく合同会社等の持分会社、または会社ではないが有限責任事業組合（ＬＬＰ）も選択の余地はある。

(2) 株式保有割合

合弁事業の当事者にとって株式保有割合は最も重要な項目である。株式会社の場合、出資比率により株式保有割合が決定される。この場合、特許権またはノウハウなどを持ち込む場合があるので、金銭出資比率が即、株式保有割合になるわけではない。このような現物出資は、その価値が当事者間で協議の対象となりうる（価値が〇〇〇〇円と算定されても、それよりも低い価額で出資することも可能である）。

原則、株式保有割合に応じて、剰余金の配当を受ける権利、残余財産の配当を受ける権利、株主総会における議決権の数が決定される。

合弁当事者のうちの一方当事者が全体の過半数の出資をすることは、株式保有割合が過半数となり、株主総会において取締役の選任を含め普通決議事項は、当該当事者の意向で決議が行われることになり、また、当該当事者が全体の3分の2以上の出資をすることは、ほとんどの重要事項の決議が当該当事者の意向で行われることになる。

このような場合、当該一方当事者の相手方当事者（全体の50％未満の出資の当事者）は、経営に自社の考えを反映することは難しくなり、合弁会社を相互協力のもとで運営を行うことはできない。

そこで、合弁当事者のうち一方当事者が過半数の持株比率を得ることになるときでも、少数派合弁当事者の意向を一定限度でくみとるしくみが必要となる（下記第3条、第4条のPOINT参照）。

第3条（JVの機関）

株主総会の議決権および議長は以下のとおりとする。

(1) 甲および乙は、1株につき1議決権を有する。
(2) 株主総会の議長は、JVの代表取締役社長がこれにあたる。

2　取締役会の設置および取締役の選定および代表取締役の選定は以下のとおりとする。
　(1)　JVには、取締役会を設置するものとし、JVの取締役として甲が2名、乙が1名を指名することができる。なお、取締役会の運営方法に関しては、新会社設立までに甲乙が別途協議し覚書を締結するものとする。
　(2)　甲および乙は、前号に基づき相手方が指名した取締役候補者が選任されるよう、株主総会において賛成の投票をするものとする。なお、取締役の解任については、それぞれ自社が指名した取締役についてのみ、解任議案を提出できるものとする。
　(3)　代表取締役は、甲が乙に対し事前の同意を得た者を取締役会において指名し、乙指名の取締役が承認することにより選定する。
3　監査役の選任に関し、その員数を1名とし、乙のみが指定することができる。甲は、乙が指名した監査役候補者が選任されるよう、株主総会において賛成の投票をするものとする。

POINT

(1) JVにおける取締役の選任

(ア) 株主総会決議要件の加重

株主総会の取締役選任決議を、厳格な決議（特別決議）として定款で規定することも考えられる。この場合、株主甲が60％保有し、株主乙が40％保有している場合であっても、乙が反対をすると、甲は、甲の指名する取締役の選任ができなくなる。そこで、結果として甲乙間で合意した取締役の選任議案によらざるを得ないことになる。

(イ) 株主間契約（本条の場合）

取締役選任が普通決議の場合、甲が反対すれば、乙の指名した取締役の選任は決議されないことになるため、本条第2項第2号前段は、事前に、乙の指名した者に対して、甲が反対の投票をしないよう取り決めたものである。

本条のように、株主間で合意した議決権の行使の拘束に関し、裁判

例(東京高判平成12・5・30判時1750号169頁)は「株主が多数の賛成を得るために他の株主に働きかけて右のような合意をすることは、何らこれを不当視すべきものではなく、これが商法の精神にもとるものともいえないから、右の合意もまた有効である」とする。

契約に従わなかった株主に対し、契約違反に基づく債務不履行責任に基づく損害賠償請求も認められるが、具体的な損害金額を請求することは難しく、必要性があるならば、違反のけん制の意味からも違約金を定めた方がよい。また、契約に従わなかった株主に対し他の株主が意思表示に代わる判決(判決代用、民執174条)を求めることも可能である。[6]

(ウ) 取締役・監査役の選任に関する種類株式

公開会社および監査等委員会設置会社ならびに指名委員会等設置会社を除く株式会社では、取締役または監査役を選任することを内容とする「取締役・監査役の選任に関する種類株式」を発行することができ、その種類株主総会において取締役・監査役を選任できる(会社108条1項ただし書・9号)。本条第2項第1号の内容として、取締役2名を選任する甲種類株式を発行することにより、甲を株主とする甲種類株主総会で取締役2名を選任でき、また取締役1名および監査役1名を選任する乙種類株式を発行することにより、乙を株主とする乙種類株主総会で取締役1名と監査役1名を選任することができる。

(2) 代表取締役の選定

本件JVでは、取締役の数が甲2名、乙1名であるので、甲の意向により代表取締役が選定されることになるが、取締役全員の賛成を期すため、本条第2項第3号の定めをおくものである。

(3) 取締役の業務分担

各当事者が得意分野を異にしている場合、各当事者が指名した取締役の担当職務を明確にすることがある。[7]

---

5 大隅=今井79頁
6 江頭337頁、森田果「株主間契約(6・完)」法学協会雑誌121巻1号12頁(2004年)
7 国谷史郎=平野恵稔「株主間契約による企業(資本)提携・再編」商事1534号(1999年)

〔変更例〕販売業者甲と製造業者乙が合弁会社を設立する場合に下線を追加する。

第3条（JV の機関）

2(3) 代表取締役は、甲が乙に対し事前の同意を得た者を取締役会において指名し、乙指名の取締役が承認することにより選定する。<u>取締役会は、甲が指名する取締役1名を販売部門担当の業務執行取締役とし、乙が指名する取締役を生産部門担当の業務執行取締役として選定する。</u>

(4) 運営委員会（ステアリング・コミッティ）による意思決定

取締役の業務執行に関して、株主がコントロールを及ぼすため運営委員会を設置する例もみられる。特に取締役会を設置しない株式会社については、株主総会が会社の組織、運営、管理その他会社のいっさいの事項を決議することができるが（会社295条1項）、これらを株主総会で行うのは煩雑すぎるし、取締役に委ねれば業務執行に対する各株主のコントロールが及ばないことになる。[8] 取締役会の代わりに任意の運営委員会を設置し、重要事項について、取締役が運営委員会の意思決定に基づいて業務執行を行う仕組みが規定されることもある。[9]

〔追加条項例〕

第○条（運営委員会）

甲および乙は、JV の重要事項に関し意思決定を行う運営委員会を設置する。

2　運営委員会は、運営委員5名により構成されるものとし、甲は3名、乙は2名を選任する。

3　運営委員会は、毎月1回、原則、JV の本社もしくは甲乙が合意する場所において開催されるものとする。

4　運営委員会の決議は、運営委員会の4名以上が出席し、出席した

---

[8] ジョイント・ベンチャー契約54頁
[9] 江頭401頁は、運営委員会に対し取締役の権限を一部委譲した場合、株主全員が当該委譲を認めているから、その行為は有効とし、その場合取締役は、対第三者責任は免責されないが、対会社責任は負わないとする。

運営委員の全員の賛成をもって行うものとする。
5　JVの業務執行は、運営委員会の意思決定に基づき、取締役が行わなければならない。

第4条（重要事項に関する決定方法）

JVは以下の事項を決定するに際し、甲および乙の事前の承認を得なければならない。
(1)　年度事業計画、長期事業計画その他重要な事業方針の決定、変更
(2)　合併、株式交換、株式移転、会社分割および事業譲渡、事業譲受けに関する事項
(3)　他社への出資またはその出資持分の変更
(4)　資本金額の変更
(5)　……
(6)　……

POINT

(1)　重要事項として考えられる事項

甲および乙の事前の承認を得なければならない事項（役員の選任・選定を除く）として、以下のようなものがあげられ、これらを含め取捨選択することになる。

考慮すべき事項	取締役会設置		取締役会非設置
	総会決議事項	取締役会決議事項	総会決議事項
ア．合併、株式交換、株式移転、会社分割	◎		◎
イ．事業の全部・重要な一部譲渡、全部譲受け	◎		◎
ウ．事業計画および予算の決定、変更		○	○
エ．資本金の額の変更	減◎・増○		減◎・増○
オ．甲または乙と競業する者との取引			
カ．多額の投融資、借入れ、債務保証		○	○

キ．重要な人事、重要な組織の設置、変更等		○	○
ク．解散	◎		◎
ケ．その他JVに重大な影響を与える事項		○	○

(注) ◎は株主総会特別決議事項である。

(2) 決議要件の加重

㋐ 株主総会決議要件の加重

決議要件を加重しないと、一方の株主のみの議決により株主総会議案が承認されてしまう場合がある。この場合、決議事項も含め、決議要件を定款に定めておくことが必要となる（会社295条1項）。

〔変更例①〕

（例）株主Aの議決権比率（本契約の場合、株式保有割合に同じ。以下同じ）50％超～3分の2未満

第4条（重要事項に関する決定方法）

　JVが以下の事項を決定するに際し、株主総会の決議を経るものとし、当該決議は議決権を行使することができる株主の議決権の3分の2を超える株主が出席し、出席した株主の議決権の3分の2以上の多数をもって行う。

(1) ……

(2) ……

〔変更例②〕

（例）株主Aの議決権比率3分の2（66.7％）以上

第4条（重要事項における決定方法）

　JVが以下の事項を決定するに際し、株主総会の決議を経るものとし、当該決議は議決権を行使することができる株主の議決権の4分の3を超える株主が出席し、出席した株主の議決権の4分の3以上の多数をもって行う。

(1) ……

(2) ……

(イ) 取締役会決議要件の加重
〔変更例③〕
　　（例）取締役3名（A社指名2名、B社指名1名）の場合
　第○条（取締役会重要事項の決定）
　　JVが以下の事項を取締役会で決定するに際し、当該決議は、議決権を行使することができる取締役の全員が出席し、出席した取締役の全員の賛成をもって行う。

(3) 拒否権付種類株式の発行

　合弁会社の株主のうち甲社の議決権比率が50％超（または3分の2以上）の場合、または甲社指名の取締役の員数が過半数を占めている場合は、株主総会普通決議事項（または特別決議事項）または取締役会決議事項について甲社の意向により決議されてしまう。

　そこで、株主総会決議事項および取締役会決議事項のうち、重要事項については、当該決議のほか、少数株主（乙社）を構成員とする種類株主総会の決議を要するものとして、重要事項の決定に拒否権を与える旨を定款に定めることができる（会社108条1項8号・2項8号）。

〔変更例〕
　第4条（重要事項に関する決定方法）
　　JVが以下の事項を決定するに際し、株主総会または取締役会の決議のほか、乙種類株式の種類株主を構成員とする乙種類株主総会の決議があることを要する。
　(1)　年度事業計画、長期事業計画その他重要な事業方針の決定、変更
　(2)　合併、株式交換、株式移転、会社分割および事業譲渡、事業譲受けに関する事項
　(3)　他社への出資またはその出資持分の変更
　(4)　資本金額の変更
　(5)　……
　(6)　……

第5条（従業員の出向）

　JVの事業計画において策定した員数に基づき、JVが独自に雇用した従業員のほか、甲乙は、自己の従業員を出向させるものとする。

2　前項の出向者の労働条件等については甲および乙が協議のうえ定めるものとし、また出向者ごとの処遇等については、別途、甲または乙とJV間の出向契約において定めるものとする。

第6条（株式の譲渡禁止）

　甲および乙は、相手方が特に認めた場合または保有する株式の一部を相手方に対して譲渡する場合を除き、JVの株式を譲渡してはならない。

2　前項の保有株式の一部を相手方に譲渡した場合は、本契約第3条その他の関係条項につき甲乙協議のうえ、覚書を締結する。

POINT

(1) 合弁における株式譲渡禁止の意味

(ア) 譲渡制限株式の譲渡の問題

　第三者への譲渡禁止をする場合には、まず定款により譲渡制限株式とすることが考えられるが（会社107条2項1号、108条2項4号）、譲渡制限株式であっても、合併当事者が第三者に株式を譲渡することも可能であり、この場合、譲渡当事者間では有効とされる（通説・判例[10]）。そこで、本条第1項のような定めをし、隠れた譲渡を禁止しておく必要がある[11]。

(イ) 一方合弁当事者の離脱の回避

　合弁当事者のそれぞれの持つ固有の技術やノウハウを効果的に発揮してのみ、合弁会社の事業が可能な場合には、合弁当事者の一方による合弁会社からの離脱は、当該合弁会社の解散を意味する。

　このような場合、本条第1項のように相手方に対する株式の譲渡を全部ではなくその一部しか認めない。当事者が全部譲渡の意向ならば合弁会社は成り立たないので解散せざるをえない（本契約第16条第1

---

[10] 最判昭和48・6・15民集27巻6号700頁
[11] もっとも本条第1項の定めに合弁当事者が違反したとしても、譲渡当事者間では株式譲渡は有効であり、債権的効力しかない。

項第1号および第17条第1号参照）。

　なお、外見上は譲渡であっても、事業再編により合弁当事者の完全子会社への譲渡などの合弁当事者の実体には変更がない場合もあるので、その場合は、相手方が特に認めるものとしている。

(2) 株式譲渡の方法と関連契約に関する条項
㋐ 株式譲渡の方法

　合弁の一方当事者の離脱または違反の場合に、他方当事者が購入できるようにしておく定めとして先買権条項、プットオプション条項（売付権条項）、コールオプション条項（買受権条項）などがある。

① 先買権条項

　先買権条項は、合弁当事者の一方が保有株式を第三者に譲渡しようとする場合に、他方が第三者に先がけて、その株式を買い取る権利を定めたものである。

〔先買権条項例〕

　第○条（先買権）
　　甲または乙が、自己の有するJV株式の全部または一部を譲渡しようとする場合、まず相手方に対し譲渡を希望する旨および譲渡株式数、価格その他の条件を書面（以下、「譲渡通知」という）で通知し（以下、「譲渡通知者」という）、相手方は譲渡通知の受領後○日以内に、譲渡通知者に対し先買権を行使する旨を書面で通知を行った場合には、譲渡通知者が譲渡通知した条件または甲および乙が合意した条件で買い取ることができるものとする。

② プットオプション条項

　プットオプション条項（買取り強制条項）は、一方当事者に対し相手方が売り付けることにより、相手方が一方当事者に、一方的に買い取らせることができる条項である。

〔プットオプション〈買取り強制〉条項例〕

　第○条（プットオプション）
　　甲または乙のいずれか一方（以下、「違反当事者」という）に○○の事由の違反が発生した場合、相手方（以下、「請求当事者」という）

は自己の有するJV株式の全部を違反当事者が買い取ることを請求することができる。
2　請求当事者から請求があった場合、違反当事者は、以下の各号の金額のうちいずれか高い金額の120％に相当する価格で買い取らなければならない。
(1)　請求当事者の払込金額の総額
(2)　直近の決算期に関する貸借対照表上の１株あたりの純資産額に請求当事者の株式数を乗じた金額
③　コールオプション条項
　コールオプション条項（売渡し強制条項）は、一方当事者に対し相手方が、株式の買取りを依頼（買付け）することができる条項である。

〔コールオプション〈売渡し強制〉条項例〕
　第○条（コールオプション）
　　甲または乙のいずれか一方（以下、「違反当事者」という）に○○の事由の違反が発生した場合、相手方（以下、「請求当事者」という）は違反当事者に対し違反当事者が保有するJV株式の全部の買取りを請求することができる。
2　請求当事者が前項により買取りを行う場合、株式の買取価格は、以下の各号の金額のうちいずれか安い金額の70％に相当する価格とする。
(1)　違反当事者の払込金額の総額
(2)　直近の決算期に関する貸借対照表上の１株あたりの純資産額に違反当事者の株式数を乗じた金額

(r)　株式譲渡に係る関連契約に関する条項
　先買権条項、プットオプション条項、コールオプション条項を設定する場合、撤退する当事者とJV間のJVの事業に重大な影響を与える関連契約（特許実施契約、原材料供給契約など）は、撤退後も一定期間、段階的に終了する措置なども検討しておくことも必要である。[12]

---

[12] 段階的撤退条項に関しては、奈良輝久「企業間提携契約における段階的撤退に関する一考察─段階的撤退条項の意義及び限界」企業間提携516頁以下が詳しい。

〔条項例〕

第○条（全株式譲渡後のJV間契約）

甲または乙のいずれか一方（以下、「譲渡者」という）が、第○条ないし第○条（注：先買権条項、プットオプション条項、コールオプション条項）に基づき、その保有する全株式を相手方に譲渡する場合（ただし、債務不履行等相手方に責がある場合の譲渡を除く）であっても、JVと譲渡者の間の関連契約（原材料供給契約、特許権使用許諾契約、購入契約など別紙1で規定する契約）は、合弁契約解除後も1年間は、同一条件で存続するものとする。

(3) 譲渡にかかる会社の同意の問題

〔問題となる条項例〕

第6条（株式譲渡の禁止）

甲および乙は、<u>JVが特に認めた場合</u>または保有する株式の一部を相手方に対して譲渡する場合を除き、JVの株式を譲渡してはならない。

上記条項例に関し、同意が株主間の契約とされる場合は、問題はないが、会社（取締役、取締役会、執行役等）に同意権を与える場合は、会社が株主の投下資本回収の機会を制約し、かつ取締役が株主を選択する点から、無効の疑いが濃いとされる。[13]

第7条（募集株式および新株予約権の発行）

甲および乙は、募集株式の発行等に際して別段の定めがある場合を除き、第2条第4号で定める株式保有割合を維持しなければならない。

2 甲および乙は、新株予約権の発行等に際して別段の定めがある場合を除き、第2条第4号で定める株式保有割合を維持するようにしなければならない。

> **POINT**
>
> 出資比率の前提が崩れると、本契約書で定めた事項を変更する必要

---

[13] 江頭242頁

があり、また当事者間で当初定めた相互協調の精神が崩れることにもなりかねない。

本条項では、当事者間で別段の定めがある場合に限り、株式保有割合を変更できるものとしている。

第8条（資金調達）

JVが事業を遂行するために資金の必要が生じたときは、原則、JVの責任において調達する。ただし、JVが、必要資金の全部または一部を調達できない場合は、甲および乙は、各自の株式保有割合に比例したJVへの貸付けまたはJVの新株の引受けの方法により、かかる資金調達に協力するものとする。

POINT

◎ 資金調達の方法

JVが資金を必要とする場合、甲および乙の協力は、①募集株式の株主割当て、②甲および乙のJVへの貸付け、③JVに対し融資する金融機関への保証、などが考えられる。

上記の①〜③につき、あらかじめ順序を定めないで、適時に適正な手段をとるように定めておく場合もある。

〔変更例〕

第8条（資金調達）

JVが事業を遂行するために資金の必要が生じたときは、甲および乙が協議し、必要と判断したときは、JVに協力するため、以下の一つまたは複数の方法を採るものとする。

(1) JVの募集株式の発行に対する株式保有割合による甲および乙の払込み

(2) 甲および乙の株式保有割合のほかは、同じ条件によるJVへの資金の貸付け

(3) 甲および乙の株式保有割合分の金融機関に対する借入金の保証

第9条（剰余金の配当）

JV の剰余金の配当は、配当可能利益の有無にかかわらず JV 設立後3事業年度は行わない。

> **POINT**
>
> ◎ 剰余金の配当
>
> 合弁会社の各株主にとっては、JV の剰余金の配当について、どのようにするかは重要な問題である。
>
> JV 事業の安定化をめざす場合には、本契約第9条および以下の変更例①②などが考えられる。各株主と JV との取引の依存度が一定程度ある場合は、JV の業績を背景に、各株主が直接利益を享受できるため、配当ゼロ方針であっても問題は少ない。
>
> 一方、株主が、JV 事業に対して配当収益も期待する場合に、各株主の合意により配当を決定することも必要となる（変更例③）。
>
> また、合弁事業の継続が重要である場合には、株主の株式保有割合だけではなく、事業の貢献度も加味した剰余金の配当を合意する場合もある（変更例④）。
>
> この場合は、非公開会社であれば、株主の一方から、会社法109条2項および105条1項1号に基づき、その旨を定款に定めるべきとの要求があることも考えられる。
>
> 〔定款例〕
>
>> 第○条（剰余金の配当）
>>
>> 当会社は、毎事業年度末日現在の最終の株主名簿に記載・記録された株主に対して、剰余金の配当を行う。
>>
>> 2　当会社は、剰余金を支払うときは、株式保有割合にかかわらず、乙に対しては、甲に対して支払う1株あたりの剰余金の配当の1.5倍に相当する1株あたりの剰余金の配当を行う。

〔変更例①〕
　第9条（剰余金の配当）
　　JVの剰余金の配当は、配当可能利益の有無にかかわらずJV設立後3事業年度は行わない。
　　その後の各事業年度については、剰余金の配当を行わないことも含め、甲および乙が合意する配当方針によって決定する。

〔変更例②〕
　第9条（剰余金の配当）
　　JVの剰余金の配当は、配当可能利益の有無にかかわらず原則として行わない。

〔変更例③〕
　第9条（剰余金の配当）
　　JVの剰余金の配当は、甲および乙が合意する毎事業年度の配当方針によって決定する。

〔変更例④〕
　　JVの剰余金の配当は、甲および乙が合意する毎事業年度の配当方針によって決定するものとし、甲および乙のJV株式の保有割合にかかわらず、甲および乙の配当額は同額とする。

第10条（知的財産権）
　甲および乙は、JVに対して、共同開発をした商品○○の製造、販売にかかる知的財産権その他いっさいの権利を実施または利用することを許諾する。
2　JVと甲および乙の2社、またはJVと甲もしくは乙のうち1社（以下、「本件共同開発会社」という）の間の新商品の開発、製造等にかかる共同研究開発の成果物に関する知的財産権その他いっさいの権利は、本件共同開発会社とJV間で別段の合意がある場合を除き、本件共同開発会社との共有とする。

第11条（競業禁止）
　甲および乙は、JVの継続期間中、JVが製造する商品を購入して行う

場合を除き、日本国内において、JV で製造する商品と同等の商品またはJV で製造することが可能な商品の製造および販売をしてはならない。

> **POINT**
>
> 競業禁止条項に関しては、内容によっては不当な取引制限（独禁3条、2条6項）に該当する可能性もあるので注意が必要である。[14]

第12条（秘密保持義務）

甲および乙は、本契約およびJV の設立・運営に関して相手方から開示された営業上、技術上その他いっさいの情報ならびに本契約に関する情報を、相手方からの事前の承諾を得ることなく、第三者に漏えいまたは開示してはならない。ただし、以下の各号に該当する場合はこの限りではない。

(1) 相手方から開示を受ける前に、すでに公知であった情報
(2) 相手方から開示を受ける前に、すでに知得していた情報
(3) 相手方から開示を受けた後、自らの責に帰し得ない事由により公知となった情報
(4) 正当な権限を有する第三者から秘密保持義務を負わず適法に入手した情報
(5) 開示を受けた情報によらないで、独自に開発した情報

第13条（権利義務譲渡の禁止）

甲および乙は、第三者に対し、本契約上の当事者たる地位および本契約上の権利および義務の全部または一部について、譲渡その他の処分をしてはならない。

第14条（損害賠償）

甲または乙が、本契約の条項に違反した場合、相手方に対し、当該違反によって被った損害を賠償する。

第15条（デッドロック）

---

14 共同事業＝業務提携は、相互拘束に該当する共同行為規制の対象行為であって、基本禁止規定は不当な取引制限の禁止である（村上政博「共同行為に関するガイドラインの再構築―業務提携と不当な取引制限」国際商事法務 Vol.42 No.5（通巻623号）736頁・737頁（2014年））

第4条に規定する事項のいずれかについて、甲または乙の承認が得られず、かつ協議を開始してから〇〇日が経過しても、かかる状態が継続する場合は、甲または乙は相手方に対してJVの解散および清算を請求することができる。

第16条（合弁契約の解除）

　　甲または乙は、JVに以下の事由が発生した場合、互いに本契約を解除することができる。
(1)　甲または乙の一方が、JVの株式を保有しなくなった場合
(2)　甲および乙が、本契約の解除に合意した場合
(3)　本事業の経常損益がJVの設立後〇年以内にプラスに転じなかった場合
(4)　JVの累計損失が〇円に達した場合

2　前項にかかわらず、第〇条、第〇条、第〇条および第〇条は終了後も効力を有する。

3　本契約の解除は、遡及せず、将来に向かってのみその効力を生じ、本契約終了前に発生した権利義務は、本契約終了による影響を受けない。

第17条（解　散）

　　JVは、以下の事由が発生した場合は、解散するものとする。
(1)　第16条第1項の規定に従い合弁契約を解除する場合
(2)　第15条の規定に従いデッドロック状態が解消されなかった場合
(3)　破産手続による解散
(4)　解散命令
(5)　甲および乙が事前に合意した事実の発生

> **POINT**
>
> 　　本件合弁契約においては、甲乙以外の当事者間では存続が不可能なJVおよび合弁契約として位置づけているため、合弁契約が終了した場合（第15条、第16項第1項）、解散措置をとることにしている。
> 　　解散に至るのではなく、当事者のうちの1社が、相手方（または第三者）に株式を譲渡する場合については、第6条のPOINT(2)(イ)「株

式譲渡に係る関連契約に関する条項」（400頁）を参照されたい。

第18条（解散時の処理）

　JV が解散し、債務超過がある場合、JV の債務超過分の債務につき、甲および乙は、JV 解散時の株式保有割合で負担するものとする。

2　甲および乙の従前から保有する知的財産権その他いっさいの権利は、JV 設立前の状態に戻すものとする。

3　出向者は出向元当事会社に戻し、転籍者を含む JV の従業員は可能な限り、両社で協議のうえ、雇用するものとする。

4　前３項に規定する以外の処理に関しては、新会社設立までに甲乙が別途協議し覚書を締結するものとする。

第19条（誠実協議）

　本契約に定めのない事項または本契約の解釈に疑義のある事項は、甲乙が信義誠実の原則に従い、協議し解決する。

第20条（管轄裁判所）

　本契約に関連して発生するいっさいの紛争については、東京地方裁判所を第１審の専属的合意管轄裁判所とする。

> **POINT**
> 　両当事者の信頼に基づき運営する合弁事業について紛争があった場合には、合弁事業の継続は困難となり契約の解除をせざるを得なくなる可能性が高い。

　本契約締結の証として本書２通を作成し、甲および乙が記名押印のうえ、各１通を保有する。

　〇〇〇〇年〇月〇日

　　　　　　　　　　　　　　　（甲）東京都港区〇〇１－１－１
　　　　　　　　　　　　　　　　　Ａ株式会社
　　　　　　　　　　　　　　　　　代表取締役　〇〇〇〇　㊞

(乙)東京都中央区〇〇2－2－2
B株式会社
代表取締役　〇〇〇〇　㊞

〔別紙1〕「株式会社〇〇の設立手続」（略）
〔別紙2〕「株式会社〇〇定款」（略）

〔その他の検討すべき条項〕

> (1) 表明保証条項
> 　表明保証条項については、第2部第1章Ⅲ②「表明保証条項」（170頁）を参照のこと。
> 　ただし、合弁契約の場合は、M&Aにおける買収の場合とは異なり、合弁事業の継続中に、相手方当事者に対して訴訟を提起することは事実上困難であり表明保証の有効性には限界がある。[15]
> (2) 業務運営条項[16]
> 　合弁事業の業務運営に関する事項についても規定が置かれる。株主は、合弁会社への資材の供給、合弁会社製品の販売、合弁会社の開発した技術の利用等に利益を有するのが通常であり、資材調達、製造、販売、研究・開発等の概要・基本方針などで、これらの業務運営条項に関しては、別に、会社成立後、関係する株主と合弁会社間において、技術供与、資材供給、工場賃貸、製品販売等に関する契約を締結することが必要となる。

15　江頭64頁
16　江頭64頁、会社法コンメ(1)249頁〔武井一浩〕

【書式19―2】 取締役会の運営に関する覚書

前記本契約第3条第2項第1号に定める取締役会の運営方法に関する覚書例である。

取締役会の運営に関する覚書

　A株式会社（以下、「甲」という）とB株式会社（以下、「乙」という）は、〇〇〇〇年〇月〇日に締結した合弁契約書（以下、「合弁契約」という）に基づき、合弁会社（以下、「JV」という）の取締役会の運営に関して、以下のとおり覚書（以下、「本覚書」という）を締結する。

第1条（招集通知）

　取締役会は、原則として、毎月1回、各月の第1水曜日の午後1時から開催するものとし、変更がある場合、または臨時取締役会を開催する場合は、事前に取締役全員の予定を確認し全員が出席できる日時に設定し、招集通知を発するものとする。

第2条（開催場所）

　取締役会は、原則、JVの本社会議室において開催する。

第3条（招集権者・議長）

　取締役社長は、JVの成立後、取締役会を招集し、かつ当該取締役会において議長を務めるものとする。

2　取締役社長が議案に関して特別利害関係にあるときは、株主甲により指名された取締役が議長を務めるものとする。

第4条（定足数・決議要件の加重）

　取締役会の決議は、議決権を行使することができる取締役の全員が出席し、出席した取締役の全員の賛成をもって行う。

2　株主乙指名の取締役が議案に関して特別利害関係にあるときは、事前に当該議案につき書面による株主乙の承認を得たうえで、決議するものとする。

※本条第2項に関し、前記、本契約（合弁契約）第3条第2項第1号は、

取締役の員数が、株主甲指名の取締役2名、株主乙指名の取締役1名と定めている。

第5条（決議の省略）

　JVは、会社法370条の要件を満たしているときは、取締役会の決議があったものとみなす。

第6条（議事録）

　取締役会議長は、取締役会終了後速やかに、議事録を作成しなければならない。
2　前項の議事録は、取締役全員の承認を受けなければならない。
3　承認の後、当該議事録の写しを、直ちに、株主甲および株主乙に送付するものとする。

〇〇〇〇年〇月〇日

　　　　　　　　　　　　　　（甲）東京都港区〇〇1－1－1
　　　　　　　　　　　　　　　　A株式会社
　　　　　　　　　　　　　　　　　代表取締役　〇〇〇〇　㊞
　　　　　　　　　　　　　　（乙）東京都中央区〇〇2－2－2
　　　　　　　　　　　　　　　　B株式会社
　　　　　　　　　　　　　　　　　代表取締役　〇〇〇〇　㊞

2 建設工事共同企業体協定書

> **POINT**
>
> 　建設工事共同企業体とは、複数の建設業者が一つの建設工事を受注、施工することを目的として形成する事業組織体のことをいい、法人格を有せずその法的性格は、民法上の組合である。[17]
>
> (1) 共同企業体の形態
>
> 　共同企業体の形態は、以下の3方式によるものとされる。
>
> (ア) 特定建設工事共同企業体（特定JV）
>
> 　大規模かつ技術難度の高い工事の施工に際して、技術力等を結集することにより工事の安定的施工を確保する場合等工事の規模・性格等に照らし、共同企業体による施工が必要と認められる場合に工事ごとに結成する建設共同企業体をいう。工事完成後または工事を受注できなかった場合は解散する。
>
> 　代表者は、最大の施工能力を有し、また出資比率は構成員中最大でなければならない。
>
> (イ) 経常建設共同企業体（経常JV）
>
> 　中小・中堅建設業者が継続的な協業関係を確保することにより、その経営力・施工力を強化する目的で結成する建設共同企業体をいう。単体企業と同様に、一定期間、有資格業者として登録できる。
>
> 　代表者は構成員において決定された者とする。
>
> (ウ) 地域維持型建設共同企業体（地域維持型JV）
>
> 　地域の維持管理に不可欠な事業につき、地域の建設企業が継続的な協業関係を確保することによりその実施体制を安定確保するために結成される共同企業体をいう。
>
> 　代表者は、土木工事業の許可を有し、かつ、施工能力の大きい者の中から、構成員において決定された者とする。
>
> (2) 共同企業体の施工方式

---

[17] 最判平成10・4・14民集52巻3号813頁、最判昭和45・11・11民集24巻12号1854頁

共同企業体の施行方式の違いにより甲型共同企業体と乙型共同企業体に分類される。

(ア) **甲型共同企業体（甲型 JV）**

全構成員がそれぞれあらかじめ定めた出資比率の割合に応じて、資金、人員、機械等を拠出して一体となって工事を施工する方式（共同施工方式）である。

(イ) **乙型共同企業体（乙型 JV）**

各構成員間で共同企業体の請け負った工事をあらかじめ工区（また工種）に分割して、各構成員はそれぞれの分担した工事について責任をもって施工する方式（分担施工方式）である。

(3) 共同企業体協定書ひな型

(1)(2)の区分に応じ、国土交通省が建設工事共同企業体協定書ひな型を提示している。

ひな型には、特定建設工事共同企業体（特定 JV）協定書〔甲〕および〔乙〕、経常建設共同企業体（経常 JV）協定書〔甲〕および〔乙〕、地域維持型建設共同企業体（地域維持型 JV）協定書〔甲〕および〔乙〕の6種がある。

―――――●想定するケース●―――――

発注者（○○県）からの意向もあり、A建設会社（以下、「A社」という）は、土木に関する実績等を考慮して共同施工によるJVの構成員としてB建設株式会社（以下、「B社」という）およびC建設株式会社（以下、「C社」という）を決定した。A社、B社、C社の協議によってJVに関する詳細事項を決定して、JV協定書を締結したものである。

※本JV協定書は、特定建設工事共同企業体協定書〔甲〕のひな型（昭和53年11月1日建設省振発69号）および平成14年3月のその見直しをもとに作成している。

なお、公共団体からの発注の場合は、当該ひな型によることが多く、別途、運営委員会規則、経理取扱規則等について構成員の間で内容を取り決めておく必要がある（「共同企業体運営モデル規則」平成4年3月27日建設省

経振第33号、34号、35号参照)。

※ JV協定書は、発注者との請負契約を締結する場合には、請負契約書に添付しなければならない。

【書式20】 建設工事共同企業体協定書

○○特定建設工事共同企業体協定書

第1条（目　的）

　当共同企業体は、次の事業を共同連帯して営むことを目的とする。

(1)　○○発注に係る○○建設工事（当該工事内容の変更に伴う工事を含む。以下、単に「建設工事」という）の請負

(2)　前号に附帯する事業

> POINT
>
> 　特定建設工事共同企業体（特定JV）は、建設工事の特性に着目して結成される共同企業体であり、特定の工事の請負を目的とする。特定JVの工事とは、大規模工事であり、技術難度の高い特定建設工事（高速道路、橋梁、トンネル、ダム、堰、空港、港湾等の大規模な土木構造物、大規模建築、大規模設備等の建設工事などが典型である）の受注である。この場合において対象工事の規模は、少なくとも5億円を下回らず、かつ、発注標準の最上位等級に属する工事のうち相当規模以上を原則とする。
>
> 　特定建設工事共同企業体（特定JV）の場合には、協定書作成段階で、施工工事が特定されているため本条第1号において工事名称を定める必要がある。
>
> 　なお、経常建設共同企業体（経常JV）の場合は、中小建設企業の継続的な協業関係の確保が目的であるので、対象工事の特定はされない。

（注） 以下の POINT においては特定建設工事共同企業体を「特定JV」という。

第2条（名　称）

当共同企業体は、○○特定建設工事共同企業体（以下、「企業体」という）と称する。

第3条（事務所の所在地）

当企業体は、事務所を○○市○○町○○番地の A 建設株式会社○○支店内におく。

POINT

共同企業体の代表者の本店、本店所在地が工事現場から離れた場所にある場合には、工事現場の近くの支店・営業所であってもよい。ただ、代表者の拠点が近くにない場合は、他の構成員の本店等を検討すべきである。

第4条（成立の時期および解散の時期）

当企業体は、○○○○年○月○日に成立し、建設工事の請負契約の履行後○か月以内を経過するまでの間は、解散することができない。

2　建設工事を請け負うことができなかったときは、当企業体は、前項の規定にかかわらず、当該建設工事に係る請負契約が締結された日に解散するものとする。

POINT

◎　解散の時期

目的とする工事が完成すれば解散することになるが、工事現場の後片付け、工事代金の請求・受領、下請代金の支払い、決算等の残務整理などがあるため、それらの状況を勘案して、履行後解散するまでの期限を設定する必要がある。

また、本条第1項は、○か月以内は解散できないとなっているだけなので、残務整理等の遅延がある場合は、構成員の同意を得て、解散

時期を延長することは可能である。

第5条（構成員の住所および名称）

当企業体の構成員は、次のとおりとする。

東京都港区○○1—1—1

A建設株式会社

東京都新宿区○○2—2—2

B建設株式会社

東京都千代田区○○3—3—3

C建設株式会社

> **POINT**
>
> 特定JVの構成員は、2～3社とし、最上位等級のみ、または最上位等級および第2位等級に属する企業の組合せとされるが、施工技術上の特段の必要性がある場合は、第3位等級に属する企業を構成員とすることも認められる（共同企業体運用準則3(1)③(ロ)、(注—3)）。
>
> 共同企業体運用準則によれば構成員は、「当該工事に対応する許可業種につき、営業年数が少なくとも数年あること」となっており、建設業でないもの（商社、機材提供業者、残土処理業者等）が構成員となることは想定されていない。しかし、このような者と共同企業体を結成することは可能であり、建設業法に触れなければ、また構成員間の責任等について明確に定めて行われれば、発注機関の判断で責任をもって、発注することは、可能であるとされる。[18]

第6条（代表者の名称）

当企業体は、A建設株式会社を代表者とする。

> **POINT**
>
> 特定JVの代表者は、円滑な共同施工を確保するため中心的役割を

---

[18] JV制度56頁

担う必要性から、同一等級の者であれば施工能力の大きい者とするが、等級の異なる企業の組合せにあっては、上位等級の者とする。また、代表者の出資比率は構成員中最大とする。

　代表者とは、代表となる企業のことであり、企業の代表者のことではない。もっとも企業である代表者の行為は代表取締役等によって行われることになる。

第7条（代表者の権限）

　当企業体の代表者は、建設工事の施工に関し、当企業体を代表してその権限を行うことを名義上明らかにしたうえで、発注者および監督官庁等と折衝する権限ならびに請負代金（前払金および部分代金を含む）の請求、受領および当企業体に属する財産を管理する権限を有するものとする。

POINT

◎ 民法670条の特則

　本建設企業体は、民法上の組合とされる（最判平成10・4・1民集52巻3号813頁）。

　民法上の組合の業務執行は、組合員の過半数で決するとするので（民法670条1項）、構成員が2社の場合は両社で、3社の場合は2社以上で決定しなければならないとされる。

　しかし、本条は、代表者が代表して業務執行を決することができる旨を規定している。

　これは、共同企業体の業務執行の決定を常に構成員の過半数によって決しなければならないとすると、機動的かつ効率的な企業体運営ができないことから、本条が設けられたものである。

第8条（構成員の出資の割合）

　各構成員の出資の割合は、次のとおりとする。ただし、当該建設工事について発注者と契約内容の変更増減があっても、構成員の出資の割合

は変わらないものとする。

　　A建設株式会社　　45％
　　B建設株式会社　　30％
　　C建設株式会社　　25％

2　金銭以外のものによる出資については、時価を参酌のうえ構成員が協議して評価するものとする。

> **POINT**
>
> **(1)　出資比率の限度**
>
> 　特定JVの出資比率の最小限度基準は、技術者を適正に配置して共同施工を確保できるよう、1社あたり均等割の60％以上でなければならない。すなわち最低出資基準は、2社の場合、60％÷2社＝30％以上、3社の場合は、60％÷3社＝20％以上とされる（共同企業体運用準則3(2)⑤、（注－6））。
>
> **(2)　出資の内容・時期**
>
> 　目的である建設工事を完成するのに要する費用の負担であり、金銭だけでなく、労務、機械、施工技術、使用権などの財産も出資の手段とすることができる。
>
> 　通常は、出資割合の金銭、人員による出資が行われる場合が多い。
>
> 　また、共同企業体の結成時点に全額および全人員による出資が行われるのではなく、工事の状況に合わせて、逐次出資されることになる。

第9条（運営委員会）

　当企業体は、構成員全員をもって運営委員会を設け、組織および編成ならびに工事の施工の基本に関する事項、資金管理方法、下請企業の決定その他の当企業体の運営に関する基本的かつ重要な事項について協議のうえ決定し、建設工事の完成にあたるものとする。

2　当企業体は、以下の各号をもって運営委員会（以下、「委員会」という）を設けるものとする。

(1)　委員会の運営および委員会に付議すべき事項等について、本条で定

めるもののほかは、成立後直ちに開催する第1回の委員会において定める。
(2) 委員会の委員は各構成員につき1名をもって組織するものとし、A建設株式会社副社長○○○○を委員長およびB建設会社専務取締役○○○○ならびにC建設会社常務取締役○○○○を委員とする。
(3) 監査委員は各構成員につき1名をもって組織するものとし、A建設株式会社取締役○○○○、B建設会社執行役員○○○○ならびにC建設会社取締役○○○○を委員とする。
(4) 構成員は、委員長もしくは委員または監査委員が人事異動または退任その他の理由により、職務を遂行できなくなったときは、直ちに、他の構成員に文書で通知し交代させることができる。

POINT

(1) 企業体の運営に関する基本的かつ重要な事項

本条は、企業体の運営に関する基本的かつ重要事項について例示列挙をしている。詳細については、別途、構成員間で取り決めておく必要があり、以下の内容のものが考えられる。

① 運営委員会の組織および編成
  ・委員会の委員の員数、委員長を指名する構成員名
  ・各構成員における指名した委員長および委員の役職・氏名
  ・監査委員の員数および指名する構成員名
  ・委員会事務局の設置場所
  ・下部組織（各専門委員会の設置、専門委員の選任など）の編成

② 運営委員会の運営方法
  ・委員を交代する場合の方法（例：各構成員が他の構成員に文書にて通知するなど）
  ・開催時期・頻度、招集手続、議決の方法、議事録の作成
  ・規則等の策定方法
  ・監査委員による監査報告書の作成手続等

③ 運営委員会への付議事項

・工事の基本方針に関する事項
・施工の基本計画に関する事項
・安全衛生管理の基本方針に関する事項
・工事実行予算案の承認に関する事項
・決算案の承認に関する事項
・協定原価（共同企業体の共通原価に算入すべき原価）算入基準案の承認に関する事項
・実行予算外の支出のうち、重要なものの承認に関する事項
・工事事務所の組織および編成に関する事項
・取引業者の決定および契約の締結に関する事項
・規則の制定および改廃に関する事項
・損害保険の付保に関する事項
・建設工事竣工後の人員、機械、残材等の処置に関する事項
・設計変更、追加工事の承認に関する事項
・その他の共同企業体の運営に関する基本的かつ重要な事項

④ 専門委員会の設置および規則

運営委員会の下部組織として、各専門委員会が設けられ、規則が定められる。
・施工委員会
・購買委員会
・技術委員会
・安全委員会
・衛生委員会
・安全衛生委員会

(2) **運営委員会の設置手続**

協定書ひな型には定めがないが、JVの最高の意思決定機関である運営委員会の設置手続は重要事項であり、本条第2項にその定めを置いた。

第10条（構成員の責任）

各構成員は、建設工事の請負契約の履行および下請契約その他の建設工事の実施に伴い当企業体が負担する債務の履行に関し、連帯して責任を負うものとする。

> **POINT**
>
> 　「共同企業体は、基本的には民法上の組合の性質を有するものであり、共同企業体の債務については、共同企業体の財産がその引き当てになるとともに、各構成員がその固有の財産をもって弁済すべき債務を負うと解されるところ、共同企業体の構成員が会社である場合には、会社が共同企業体を結成してその構成員として共同企業体の事業を行う行為は、会社の営業のためにする行為（附属的商行為）にほかならず、共同企業体がその事業のために第三者に対して負担した債務につき構成員が負う債務は、構成員である会社にとって自らの商行為により負担した債務というべきものである。したがって、右の場合には、共同企業体の各構成員は、共同企業体がその事業のために第三者に対して負担した債務につき、商法511条1項により連帯債務を負う」（最判平成10・4・14民集52巻3号813頁）。

第11条（取引金融機関）

　当企業体の取引金融機関は、○○銀行とし、共同企業体の名称を冠した代表者名義の別口預金口座によって取引するものとする。

> **POINT**
>
> 　代表者の名義は、具体的には次のとおりである。
> 「○○特定建設工事共同企業体　代表　Λ建設株式会社」

第12条（決　算）

　当企業体は、工事竣工のつど当該工事について決算するものとする。

第13条（利益金の配当の割合）

　決算の結果利益を生じた場合には、第8条に規定する出資の割合により構成員に利益金を配当するものとする。

> **POINT**
> 本条は利益の分配の割合を定めており、民法674条1項の適用はない。

第14条（欠損金の負担の割合）
　決算の結果欠損金を生じた場合には、第8条に規定する割合により構成員が欠損金を負担するものとする。

> **POINT**
> 本条は損失の負担の割合を定めており、前条と同様、民法674条1項の適用はない。

第15条（権利義務の譲渡の制限）
　本協定書に基づく権利義務は他人に譲渡することはできない。

第16条（工事途中における構成員の脱退に対する措置）
　構成員は、発注者および他の構成員全員の承認がなければ、当企業体が建設工事を完成する日までは脱退することができない。

2　構成員のうち、工事途中において前項の規定により脱退した者がある場合においては、残存構成員が共同連帯して建設工事を完成する。

3　第1項の規定により構成員のうち脱退した者があるときは、残存構成員の出資の割合は、脱退構成員が脱退前に有していたところの出資の割合を、残存構成員が有している出資の割合により分割し、これを第8条に規定する割合に加えた割合とする。

4　脱退した構成員の出資金の返還は、決算の際行うものとする。ただし、決算の結果欠損金を生じた場合には、脱退した構成員の出資金から構成員が脱退しなかった場合に負担すべき金額を控除した金額を返還するものとする。

5　決算の結果利益を生じた場合において、脱退構成員には利益金の配当は行わない。

POINT

(1) 2社による共同企業体の脱退

全構成員2社のうち1社が工事途中で脱退すると共同企業体としての実態はなくなる。ただし、各構成員および発注者は、本条第2項により、1社が脱退しても残りの1社が建設工事を完成することを想定して、契約を締結したものである。

そこで、発注者の承認を得ている場合であれば、本条により、残存する1社により施工の継続は可能である。発注者の判断に基づき、共同企業体の名称変更や代表者の変更等の手続など、または共同企業体との工事請負契約の解除、残存1社と発注者との間の工事請負契約の締結手続などをすることになる。

(2) 工事途中の脱退

特定JVの甲型JV（414頁参照）においては、本条第2項により脱退が認められるが、乙型JVの場合は認められない（特定JV協定書〔乙〕ひな型第16条）。

(3) 脱退による出資割合の変更

本条第3項は、出資割合の変更について次のように定める。

	当初の出資割合（第8条）	B社脱退の場合	A社脱退の場合
A社	45%	64%	―
B社	30%	―	55%
C社	25%	36%	45%

第16条の2（構成員の除名）

当企業体は、構成員のうちいずれかが、工事途中において重要な義務の不履行その他の除名し得る正当な事由を生じた場合においては、他の構成員全員および発注者の承認により当該構成員を除名することができるものとする。

2　前項の場合において、除名した構成員に対してその旨を通知しなければならない。

3 第1項の規定により構成員が除名された場合においては、前条第2項から第5項までを準用するものとする。

> **POINT**
>
> (1) 民法680条との違い
>
> 民法680条は、除名する組合員を除いた他の組合員の一致で除名できるとする。
>
> ただし、本条においては特定工事完成の目的から、「他の構成員全員＋発注者」の承認としている。
>
> (2) 残存企業1社となる場合
>
> 1社を除名すると残存企業が1社となる場合は、第16条のPOINT(1)を参照されたい。

第17条（工事途中における構成員の破産または解散に対する処置）

構成員のうちいずれかが工事途中において破産または解散した場合においては、第16条第2項から第5項までを準用するものとする。

> **POINT**
>
> 破産または解散により残存企業が1社となる場合は、第16条のPOINT(1)を参照されたい。

第17条の2（代表者の変更）

代表者が脱退し、もしくは除名された場合、または代表者としての責務を果たせなくなった場合においては、従前の代表者に代えて、他の構成員全員および発注者の承認により残存構成員のうちいずれかを代表者とすることができるものとする。

> **POINT**
>
> (1) 「代表者としての責務を果たせなくなった場合」
>
> 代表者としての権利行使が適切に行えなくなった場合等が考えられる。しかし、単に会社更生手続開始や民事再生手続開始の申立ての事

実をもって代表者を変更するのは適当ではなく、代表者としての義務を果たせるかどうかを実質的に判断することが必要であるとされる。

(2) 代表者変更後の出資比率の変更等

特定JVの代表者は、最大の施工能力を有し、また出資比率は構成員中最大であることが要件となっており、代表者を変更する場合には、他の構成員のうち施工能力が大きい者とするとともに、当該構成員の出資比率を構成員中最大となるように変更すべきとされる。

出資比率の変更に関し、本協定書第8条第1項ただし書は、「構成員の出資比率は変わらない」とするが、これは発注者との間で工事内容の変更があった都度、当初定めた出資割合を変更しないとするもので、本条のような特段の事情がある場合までも適用されるものではない。

第18条（解散後の瑕疵担保責任）

当企業体が解散した後においても、当該工事につき瑕疵があったときは、各構成員は共同連帯してその責に任ずるものとする。

POINT

解散後の瑕疵担保責任については、第10条と同様、共同連帯責任を明らかにしたものである。

特定の構成員の責に帰すべき合理的な理由がある場合には、構成員間の協議に基づき、別途負担割合を決定すべきである。

〔別途の定め〕

瑕疵の修補または損害賠償に関する費用については、第8条に規定する出資の割合により各構成員が負担するものとする。ただし、特定の構成員の責に帰すべき合理的な理由がある場合には、構成員間の協議に基づき、別途負担割合を決定することができる。

※「共同企業体モデル規則」（建設省経振発第33号）の「共同企業体解散後の瑕疵担保責任に関する覚書」第4条参照。

第19条（協定書に定めのない事項）

この協定書に定めのない事項については、運営委員会において定めるものとする。

> **POINT**
>
> (1) 運営委員会による決定
>
> 　本条は、協定書に定めのない事項は、代表者が、または別途協議により構成員が定めるものではなく、構成員により組織された運営委員会が決定することを明記し、第９条とともに、運営委員会が、本企業体の最高・最終的な意思決定機関であることを確認するものである。
>
> (2) 協定書に定めのない事項
>
> 　第９条のPOINTに掲げる事項のほか、経理取扱規則、工事事務所規則、就業規則、人事取扱規則、購買管理規則などの作成、承認が考えられる（建設省経振発第33号～35号「共同企業体運営モデル規則」平成4・3・27参照）。

　A建設株式会社外２社は、上記のとおり○○特定建設工事共同企業体協定を締結したので、その証拠としてこの協定書３通を作成し、各通に構成員が記名捺印し、各自所持するものとする。

　　○○○○年○月○日

　　　　　　（構成員代表者）　東京都港区○○１―１―１
　　　　　　　　　　　　　　　Ａ建設株式会社
　　　　　　　　　　　　　　　　代表取締役　○○○○　㊞
　　　　　　（構成員）　東京都新宿区○○２―２―２
　　　　　　　　　　　　　　　Ｂ建設株式会社
　　　　　　　　　　　　　　　　代表取締役　○○○○　㊞
　　　　　　（構成員）　東京都千代田区○○３―３―３
　　　　　　　　　　　　　　　Ｃ建設株式会社
　　　　　　　　　　　　　　　　代表取締役　○○○○　㊞

Ⅱ 業務・資本提携契約書

1 業務・資本提携に関する基本合意書

―――●想定するケース●―――

A株式会社は、自動車部品を製造販売している上場会社である。B株式会社は、化学材料関係の上場会社であり、軽量かつ磨耗に強い新素材を開発しており、自動車分野での販売をめざしている。

今般、両社で提携を進める合意をし、具体的な業務提携の内容、方法および時期、売上目標などについて両社で協議したうえで、最終契約を締結する予定である。最終的な契約の締結期限は、本合意書締結から3か月までと考えている。その理由は、A社の競争企業であるC株式会社から良い評価を得ていることから、B社としては、交渉期限を切って、早い事業展開に結び付けたいことと、提携内容を有利に進めたいとの思惑がある。

A社・B社間の業務提携契約書は、後記2「業務提携契約書」（438頁）、資本提携に関するA社の第三者割当に関しては、第4章4「総数株式引受契約書」（379頁）を参照していただきたい。

【書式21】 業務・資本提携に関する基本合意書

業務・資本提携に関する基本合意書

A株式会社（以下、「X」という）およびB株式会社（以下、「Y」という）は、XY間の資本・業務提携（以下、「本件提携」という）に関し、以下のとおり基本合意書（以下、「本合意書」という）を締結する。

第1条（基本合意）

　XおよびYは、Yの保有する〇〇の技術を用いて自動車分野への展開を図るため、XおよびYは〇〇の開発および製造ならびに販売等に関する業務提携（以下、「本件業務提携」という）を行うこと、ならびに

○○の開発のためＹからＸに対する第三者割当てによる募集株式の発行による資本提携を行うこと（以下、「本件資本提携」という）に合意した（以下、「本件合意」という）。

> **POINT**
>
> 本件提携の場合Ｙは、資本提携により資金を得ることになり、○○の開発費用の資金に充てるとされるが、合意書締結前の段階で、Ｙ・Ｘは業務提携だけでなく資本提携までする必要性についても検討しておくべきである。

第２条（業務提携の内容）

本件業務の内容は次のとおりである。

(1) 本件技術の自動車分野への応用研究
(2) 本件技術を用いた自動車部品の開発および製造販売
(3) その他、ＸＹが協議し合意した業務

2　前項の各業務の具体的方法、条件、内容、ＸＹの業務分担、権利義務等、提携による売上目標などについては、第６条で定めるデューデリジェンスの結果を踏まえて、業務提携契約書およびその別紙において定めるものとする。

> **POINT**
>
> 第２項については、当事者の実務担当者同士で協議し、どれだけ共通意識をもって、活動ができるかが、提携の成否を決定する。
>
> 本合意書の端緒が業務を担当する部門からではなく、当事会社のトップ同士の合意に基づくものである場合、具体的な条件、内容まで協議できないまま、本合意書の有効期限（第９条参照）が到来してしまい、通常であれば、提携をしないで終了してしまう場合でも、トップの意向のみをおもんばかり、最終契約を簡単・早急に締結してしまう可能性もある。このような提携は結局、失敗に終わることになろう。

第３条（資本提携の内容）

Yは、Xに対して次のとおり、Yの発行する募集株式を引き受けるものとする。資本提携の詳細に関しては、「株式引受契約書」に定めるものとする。

(1)　募集株式の発行株式数　　　　　　　　　　普通株式　　〇株
(2)　発行価額　　　　　　　　　（別途「株式引受契約書」に定める）
(3)　発行価額の総額　　　　　（　　　　　同上　　　　　）
(4)　払込期日　　　　　　　　（　　　　　同上　　　　　）
(5)　増加する資本金額　　　　（　　　　　同上　　　　　）
(6)　増加する資本準備金額　　（　　　　　同上　　　　　）

POINT

(1) 募集株式発行事項

　本条第1号ないし第6号は、募集株式の募集をする際に決定すべき事項である（会社199条1項）。

(2) EDINET等により公衆の縦覧

　上場会社の場合、内閣総理大臣が払込期日の2週間前から払込期日まで金融商品取引法の規定に基づき有価証券届出書等の書類を公衆の縦覧に供していることが必要となる（会社201条5項、会社則40条）。

(3) 発行価額の決定

　募集株式について基本合意書の締結日と最終契約書の締結日または払込期日が乖離している場合には、発行価額が有利発行になることがあり、株主総会特別決議を経由しないと差止めの可能性もあり、逆に市場価格よりも高額になる可能性もあるため、本条では、発行株式数のみを確定し、その他については具体的な条件を定めないものとしている。

(4) 相互保有株式規制・持分法適用会社規制

　株式持ち合いとする場合、または持ち合いの意思がなくても、たまたま当方が相手方の株式を保有している場合で、資本提携により相手方が、議決権の25％以上の株式を保有することになる場合、当方は相手方の議決権行使ができなくなる（第1部第1章Ⅶ「株式の持ち合い規

制」(78頁)を参照されたい)。

　また、原則、相手方が議決権の20％以上50％未満を保有することになる場合には、当方の損益等が相手方の連結財務諸表に反映されることになる（第1章Ⅶ「持分法適用会社」(80頁)を参照されたい）。

第4条（経営権の自主独立）

　本件資本・業務提携を実行した場合でも、XおよびYは、それぞれの経営を自主独立して行うものとし、相互に相手方の経営にはいっさい干渉せず、関与しないものとする。

> **POINT**
>
> 　当事会社の経営の自主独立を定める以上、資本提携における引受株式数も考慮しなければならない。
>
> 　本条のような前提なら、資本提携に関し、発行株式数を議決権の3％未満とするか、または発行株式数が多くなる場合には議決権制限株式（＋配当優先株式）などを発行するか（会社108条1項1号・3号、同2項1号・3号）、等の検討も必要となるが、後者の新たな種類株式の発行には定款変更を要する点で、当事会社が消極的になる可能性もある（会社108条2項）。[19]
>
> 　この場合、議決権拘束契約は株主間契約としては有効だが、本件の（会社と株主間の）最終契約書等で、株主の議決権を拘束することはできない。会社（あるいは取締役）などから拘束を受ける契約は、株主総会決議に加わることのできない会社や株主以外の者による間接的な議決権行使を認めることになること、取締役などの会社支配のために悪用されるおそれがあることから、無効と解される。[20]

第5条（最終契約書締結日程）

---

[19] 少数株主権として会計帳簿・資料閲覧等請求権（会社433条）、取締役等の解任請求権（会社854条）、業務財産調査のための検査役選任請求権（会社358条）などが、議決権基準または持株数基準で3％以上の保有となっている。

[20] 菅原＝庄子編〔青竹正一〕22頁

XおよびYは、本件資本・業務提携の具体的方法、条件、および内容等を定めた株式引受契約書および業務提携契約書（以下、「最終契約書」という）の締結に向けて誠実に協議することを確認する。
2　XおよびYは、前項につき以下の各号の日程をめどに進めることを確認する。
(1)　募集株式の割当て・発行に関するYの取締役会

　　　　　　　　　　　　　　　　　　　〇〇〇〇年〇月〇日
(2)　株式引受契約書の締結　　　　　　　〇〇〇〇年〇月〇日
(3)　Xによる出資の履行、および最終契約書の締結

　　　　　　　　　　　　　　　　　　　〇〇〇〇年〇月〇日
(4)　業務提携の実行　　　　　　　　　　〇〇〇〇年〇月〇日
3　XおよびYは、〇〇〇〇年〇月〇日までに株式引受契約書を締結することができなかったときは、本件合意は効力を失うものとする。ただし、XおよびYは、前項の期日前までの書面による合意をもって、最終契約書の締結期限を延長することができる。
4　XおよびYは、前項本文における場合には、本件合意に要した費用および最終契約書の締結の準備に要した費用は、各自の負担とし、相手方に対し請求をすることができない。

> **POINT**
>
> 　本件資本・業務提携は、第一段階として、株式引受契約書の締結とXによる出資の履行があり、株主となったことを確認後、同日に第二段階として、直ちに業務提携契約書の締結に移行することにしている。

第6条（デューデリジェンス）
　XおよびYは、本件合意後、各当事者の指定する専門家その他の代理人が、各当事者が資本提携および業務提携のために合理的に必要と認められる事項について、かつ必要と認められる方法および内容に従い、相手方およびその子会社に対するデューデリジェンスを行うことができ

るものとし、それらについては、あらかじめ相手方に通知することとし、相手方は合理的な範囲で協力するものとする。

> **POINT**
>
> 一般的に、資本提携において取得する議決権数は、発行会社に対する支配権をもつものではない点、業務提携が相手方の経営等を制限するものではない点などから、通常のM&Aのデューデリジェンスよりも対象を限定しかつ簡易な調査とすることが多い。業務提携の範囲や目的に応じた提携先の対象業務の把握と問題点の有無、最終契約までに確認および是正を要求すべき事項、提携実行後の目標とそのための方策等の確認などを行うことになろう。
>
> ただし、将来のM&Aや合弁会社設立などの目的を前提とした事業提携であれば、通常のM&Aのデューデリジェンスに近い調査をすべきであろう。

第7条（第三者との協議・交渉等の制限）

XおよびYは、本件合意後、第9条に定める本合意書の有効期間が終了するまでの間、互いに本合意書の目的に抵触もしくは矛盾または支障をきたす場合には、第三者との取引および交渉等の検討または実施を行ってはならない。

2　XおよびYは、前項に違反した場合、金〇〇円の違約金を相手方に支払わなければならず、これに加えて、損害が発生している場合には損害賠償金を支払わなければならない。

> **POINT**
>
> 独占交渉権については、第2部第1章Ⅱ[2]「独占交渉権条項」（157頁）を参照されたい。

第8条（秘密保持義務）

XおよびYは、XYが書面による合意のうえ、公表する場合を除き、互いに、最終契約書締結までの間、知り得た相手方の秘密情報を、第三

者に開示または漏えいしてはならない。

　ただし、当該秘密情報が、以下の各号のいずれかに該当するときは、この限りでない。

(1) 相手方から取得した時にすでに公知であった情報、または相手方から取得後に自らの責を負わないで公知となった情報
(2) 第三者から秘密保持義務を負うことなく適法および正当に取得した情報
(3) 相手方から当該情報を取得した時点で、すでに自らが保有していた情報
(4) 相手方から取得した情報を使用することなく、独自に開発、知得した情報

> **POINT**
>
> 　本条は両当事者が、別途秘密保持契約を締結しているなら、本条項は確認条項（下記変更例）とする。
>
> 　また、秘密保持契約を締結していないなら、必要的条項として規定すべきである。
>
> 　なお、本合意書の場合、別途、最終契約書（業務提携契約書）の秘密保持条項、または業務提携時の秘密保持契約書が必要になる。
>
> 〔変更例〕
>
> **第8条（秘密保持義務）**
>
> 　XおよびYは、知り得た相手方の秘密情報を、○○○○年○月○日に締結した秘密保持契約書に基づき、第三者に開示または漏えいしないことを確認する。

第9条（本合意書の有効期限）

　本合意書の有効期限は、本合意書締結の日から最終契約書を締結した日または○○○○年○月○日までのいずれか早い日に終了する。ただし、XおよびYは、書面による合意をもって本合意書の有効期限を延長することができる。

2　第5項第2項第3号に定める出資の履行までの間において、天災地変、経済的激変その他不可抗力事由により、XまたはYの資産状態に重大な変動が生じたときは、当事者が協議のうえ、提携条件を変更し、または本合意書を解除することができる。

> **POINT**
> 失効した場合等の費用負担についての定めを第3項として設置すべきである。
>
> 〔変更例〕
> <u>3　XおよびYは、前項における不可抗力による解除の場合には、本件合意に要した費用および最終契約書の締結の準備に要した費用は、各自の負担とし、相手方に対し請求をすることができない。</u>

第10条（公　表）

XおよびYは、法令に基づき公表が強制される場合を除き、公表内容、時期および方法について協議のうえ合意しなければ、プレスリリースその他の公表を行ってはならない。

> **POINT**
> 契約当事者のいずれかが、上場会社であれば、適時開示が必要となる。特に、公表は、インサイダー取引を発生させない観点からも、いつ行うのかは極めて重要である。

第11条（本合意書の効力）

本合意書は、締結日以降、当事者に対して、第1条ないし第5条を除き、法的拘束力を有するものとする。

> **POINT**
> 法的拘束力の有無について、条項ベースで明記しておく。

第10条（裁判管轄）

本合意書に関連して発生したいっさいの紛争は、東京地方裁判所を第1審の専属的合意管轄裁判所とする。

第11条（誠実協議）
　本合意書に定めのない事項または本合意書の解釈について疑義が生じた事項については、XYが誠実に協議し、信義誠実の原則に従って解決するものとする。

　以上の合意を証するため、本書2通を作成し、XおよびYが記名押印のうえ、各1通を保有するものとする。

○○○○年○月○日

　　　　　　　　　　　　X：東京都○○区○○1－1－1
　　　　　　　　　　　　　　A株式会社
　　　　　　　　　　　　　　　代表取締役社長　　○○○○　㊞
　　　　　　　　　　　　Y：神奈川県横浜市○○区○○3－2－1
　　　　　　　　　　　　　　B株式会社
　　　　　　　　　　　　　　　代表取締役社長　　○○○○　㊞

2 業務提携契約書

●想定するケース●

前記の第5章Ⅱ①「業務・資本提携に関する基本合意書」の後に締結する業務提携約書である。なお、資本提携に関する契約書は、第2部第4章④「総数株式引受契約書」（379頁）を参照されたい。

【書式22】 業務提携契約書

業務提携契約書

A株式会社（以下、「X」という）とB株式会社（以下、「Y」という）とは、自動車分野における〇〇の開発等に関する業務提携について合意したので、以下のとおり業務提携契約（以下、「本契約」という）を締結する。

第1条（目　的）

XとYは、両社が相互に発展するために、それぞれの得意分野や経営資源を利用して、〇〇に関する新製品および新技術の開発、販売協力、資材の共同発注等について両社が協力して推進することを目的として、業務提携を実施する。

当該業務提携は、その成果および業界動向などを踏まえて、合弁会社設立の可否を、将来的な両社の検討課題とする。

第2条（業務提携の範囲）

本契約において提携する業務（以下、「本業務提携」という）の範囲は、〇〇に関する新製品の開発のための企画、研究、開発、設計、販売、資材の購入等に関する業務とする。本業務提携の範囲および内容の詳細については、別紙1に定めるものとし、それぞれ個別の業務提携契約を締結して取り決める。

2　前項の提携業務のうち、企画、販売、資材の購入等はXが、また研究、開発、設計はYが主導のもと、両社が協力し推進するものとし、

その担当の詳細は、別紙2に定めるものとする。

第3条（業務提携推進委員会）

　第2条の提携業務を推進するため、両社は各代表取締役社長を共同代表委員とする業務提携推進委員会を設置し、その下に各部門を設置し、〇〇〇〇年〇月を期限として部門ごとに具体的な計画および当事者別の費用分担計画を策定する。

2　業務提携推進委員会は、定期的に、業務提携の状況および成果、個別業務提携の進捗状況についてヒアリングを行うものとする。

3　前項の結果に基づき、業務提携推進委員会は、業務提携の分野、内容、推進方法等について協議のうえ、業務提携の内容等について指示、修正等を行う。

第4条（知的財産権の帰属）

　本契約に基づき、業務提携において発生する知的財産権については、原則として発明または考案した者の所属する当事者に帰属するものとする。

2　発明および考案をした者が、XおよびYの双方に存在する場合は、両当事者の共同出願とする。

第5条（経営等の独立）

　本業務提携を行った場合でも、XとYは、企画、研究、開発、設計、販売、資材の購入等であっても自己の負担と責任において行うことができ、かつ、それぞれの経営は自主独立で行うものとし、相互に相手側の財務、営業にはいっさい干渉せず、また経営にも関与しないものとする。

2　本契約は、XおよびYの排他的な提携関係を構築するものではなく、通常業務における第三者との取引を制限するものではない。ただし、本契約の有効期間中、XおよびYは、〇〇に関する商品と競合する商品の第三者との取引、あるいは他の第三者との業務提携は、相手方に連絡をするものとする。

第6条（秘密保持）

　XおよびYは、本契約に基づく業務提携の遂行により知り得た個人情報および相手方の秘密情報につき、第三者に漏えいまたは開示してはならない。

2 ただし、前項の秘密情報が以下の各号のいずれかに該当するときは、この限りではない。
 (1) 相手方から取得した時にすでに公知であった情報、または相手方から取得後に自らの責を負わないで公知となった情報
 (2) 第三者から秘密保持義務を負うことなく適法および正当に取得した情報
 (3) 相手方から当該情報を取得した時点で、すでに自らが保有していた情報
 (4) 相手方から取得した情報を使用することなく、独自に開発、知得した情報

第7条（権利の質入れおよび譲渡等の禁止）
　XおよびYは、本契約において保有する権利および義務の全部または一部を、相手方の書面による承諾を得ない限り、第三者に質入れ、譲渡もしくは担保の目的に供してはならない。

第8条（契約の解除）
　XまたはYは、相手方が次の各号の一に該当したときは、催告なしに直ちに、本契約およびこれに基づく個別契約の全部または一部を解除することができる。
 (1) 本契約あるいは個別契約の条項に違反し、相手方が相当の期間を定めて催告したにもかかわらず、当該期間内にこれを是正しないとき
 (2) 銀行取引停止処分を受けたとき、または関係官庁から営業の許可取消処分または停止処分を受けたとき
 (3) 第三者から強制執行を受けたとき
 (4) 破産、民事再生、または会社更生等の手続開始の申立てがあったとき
 (5) 株主等の構成、役員等の変動により会社の実質的な支配関係が変化したとき
 (6) 信用状態の悪化等あるいはその他契約の解除につき、相当の事由が認められるとき
2　XおよびYは、前項に基づき本契約または個別契約の全部または一

部を解除した場合は、これにより被った損害の賠償を相手方に請求することができる。

第9条（反社会的勢力の排除）

　XまたはYは、相手方に対し、本契約の締結時において、XまたはY（その者の代表者、役員、または実質的に経営を支配する者を含む）が、暴力団、暴力団員、暴力団員でなくなった時から5年を経過しない者、暴力団準構成員、暴力団関係企業、総会屋、政治活動・宗教活動・社会運動標ぼうゴロ、特殊知能暴力集団等その他のこれらに準ずる者（以下、これらを「反社会的勢力」という）に該当しないこと、ならびに反社会的勢力に対する資金提供もしくはこれに準ずる行為を通じて反社会的勢力の維持、運営に協力または関与していないこと、反社会的勢力と交流を持っていないことを表明し、かつ将来にわたって確約する。

2　XまたはYは、相手方が前項の表明および確約に反すると判明した場合、相手方に対して催告その他の手続を要することなく、いっさいの契約を即時解除することができる。

3　XまたはYが、前項の規定により、契約を解除した場合には、XまたはYはこれによる相手方の損害を賠償する責を負わない。

4　第2項の規定によりXまたはYが契約を解除した場合、XまたはYから相手方に対する損害賠償の請求を妨げない。

第10条（契約期間）

　本契約の契約期間は、本契約締結の日から〇〇〇〇年3月31日までとする。

　ただし、XまたはYから、契約期間の最終日の〇か月前までに、書面による業務提携の継続の申入れがあるときは、協議のうえ、新たな業務提携契約を締結することができる。

POINT

（1）業務提携の有効期限

　提携は、その効果を上げるためには、比較的長期にわたる場合も多い。このような場合、本契約の有効期限を数年とすると期限を徒過し

てしまうおそれがあるため、本条のように、必ず期限の具体的な日を入れるようにしたい。

〔検討すべき条文例〕

第10条（契約期間）

本契約の契約期間は、本契約締結の日から3年間とする。

(2) 業務提携の継続の場合

この場合、従前の業務提携契約の焼き直しで新契約を締結しないことが大切である。今までの業務提携の実施中に、判明した問題、目的の変更や達成目標の変更等、資本提携の必要性など検討すべき点を踏まえて、双方が協議のうえ、新業務提携契約を締結するのが望ましい。

第11条（協　議）

本契約に定めのない事項、または本契約の条項の解釈に関して疑義が生じたときは、XYが誠意をもって協議のうえ、これを決定する。

第12条（合意管轄）

XおよびYは、本契約に関し紛争が生じた場合には、東京地方裁判所を第1審の専属的合意管轄裁判所とすることに合意する。

以上、本契約締結を証するため、本書2通作成し、XおよびYがそれぞれ記名捺印のうえ、各1通を保有する。

〇〇〇〇年〇月〇日

　　　　　　　　　　　X：東京都〇〇区〇〇1－1－1
　　　　　　　　　　　　　A株式会社
　　　　　　　　　　　　　代表取締役社長　〇〇〇〇　㊞
　　　　　　　　　　　Y：神奈川県横浜市〇〇区〇〇3－2－1
　　　　　　　　　　　　　B株式会社
　　　　　　　　　　　　　代表取締役社長　〇〇〇〇　㊞

〔別紙1〕　○○業務提携の範囲および内容（略）
〔別紙2〕　○○業務提携の業務別担当（略）

Ⅲ 共同研究開発における契約書

1 共同研究開発契約書

●想定するケース●

電気機器の製造販売を行うA株式会社は、従来より電気自動車用機器をB社に納入していたが、自動車メーカーであるB社が次期型電気自動車を開発するにあたり、当該機器の小型軽量化および性能向上について両社で共同研究開発を行うものである。

POINT

共同研究開発契約書の作成・審査にあたっては、公正取引委員会「共同研究開発に関する独占禁止法上の指針（平成22年1月1日改定）」（以下、「共同研究開発ガイドライン」という）の灰色条項、黒条項の有無確認と、「ありの場合」には、内容の変更を検討しなければならない。

【書式23】 共同研究開発契約書

共同研究開発契約書

A株式会社（以下、「A」という）とB株式会社（以下、「B」という）とは、AB間で、Aの開発する○○機器の小型・軽量化および高性能化と、Bの製造・販売する次期型電気自動車への装着に関して、共同研究開発およびこれに関連する事項について、次のとおり共同研究開発契約（以下、「本契約」という）を締結する。

POINT

英米法においては、前文で、各当事者の設立準拠法、契約に至る経緯、本契約の目的や意図などが具体的に記述されることが多い。しか

し、本契約の目的が共同研究開発の成果であるとすると、たとえ本契約の目的達成後についての両当事者の理解または暗黙の了解があったとしても、その目的から逸脱する当事者間の意図または理解事項を確定的に記述することは避けるべきである。

〔検討すべき前文例〕

当事者は、本件研究開発の成果をもって、合弁会社を設立することを意図している。

〔変更例〕

当事者は、本件成果の内容によっては、合弁会社の設立に関して協議することを希望している。

第1条（目　的）

AとBは、相互に協力して、下記の研究開発を行うものとする。

記

「○○機器の小型・軽量化および高性能化と、装着した電気自動車の実用化」を課題（以下、「本件課題」という）とし、その詳細は、別紙1に定めるものとする。

POINT

研究開発の考え方の統一を図るため、別紙にて研究開発の詳細を定めることも必要である。

(1)　課題の範囲の重要性

課題の範囲が、広すぎると、独占禁止法の「同一性」が広く捉えられ、相手方の第三者との共同研究開発の実施を阻害する可能性があり、また狭すぎると関連する必要な情報が相手方から開示されないおそれや、相手方が第三者との間で共同研究開発をしやすい環境をつくることになる。最終的に、どのような成果が必要か協議をして、最適な課題を決定すべきである。

(2)　課題の詳細の必要性

共同研究開発契約の締結をする前に、秘密保持契約を締結し、相互

に相手方の研究開発状況や体制等の確認などのデューデリジェンスならびにフィージビリティ・スタディによる共同開発の決定、および当事者間での協議による課題の詳細を定めて、契約締結に臨む必要がある。単に、両当事者の考え方のみからまとめた課題の詳細では、締結後に、両当事者の具体的な協議を開始することとなるに等しく、成果目標について、その達成が不可能であったり時間を要したり、修正を余儀なくされたりする可能性がある。

(3) 別紙1の内容

最終的な到達点（誰がどのような方法で、どのような成果物をいつまでに）を明確にし、具体的なイメージをもって目的を共有できるものであることが重要である。

第2条（定　義）

本契約において開発、成果は以下の意味を有するものとする。

(1) 本件開発：本契約における研究開発とは、Aの開発する○○機器の小型・軽量化および高性能化の実現とその試作、および当該製品のBの製造する電気自動車への装着試験と実用化である。

(2) 本件成果：本契約における開発成果とは、AまたはBが、本件開発過程で取得した発明、考案ならびにノウハウおよび実用化された○○機器である。

第3条（業務の分担）

本件開発に際し、以下の各号のとおりAは、○○機器の小型・軽量化および高性能化の実現とその試作を担当し、Bは、○○機器の電気自動車への適用化の実験とそのための技術開発を担当するものとする。

(1) Aの担当業務

　ア　Aの保有する一般電気機器の小型・軽量化技術を基礎に、B社が保有する自動車の小型・軽量化のノウハウも取り入れ、素材から検討し、所定の目標以上を達成する。

　イ　アの検討において、所定の性能目標およびコスト目標以上を達成する。

ウ　○○機器の試作品の製作
(2)　Bの担当業務
　　ア　Bのもつ小型・軽量化技術の開示
　　イ　次期型電気自動車の○○機器に関する取付位置、筐体の寸法、外観デザイン等具体的仕様案の検討
　　ウ　装着時および走行時性能試験ならびに耐久試験

> **POINT**
>
> おおまかな分担では、研究開発を進めるうちに、いずれの分担に属するか不明の業務等の発生も考えられる。そこで、各当事者の当該研究開発の責任者を定め、責任者間の協議で具体的な業務分担表を定めるとともに、各当事者の境界分野の場合や新しい分野が出現した場合の分担の協議方法を定めておくことも必要である。
>
> 〔変更例〕第3条に第2項および第3項を追加する
>
> 2　本件開発を円滑に進めるため、AおよびBがそれぞれ1名ずつ選任した本件開発の責任者(以下、「開発責任者」という)が、協議し、具体的な業務分担表を作成したうえ、当該分担の担当者を特定して相手方に提出する。
>
> 3　本件開発の過程で、各当事者の境界分野および新規の分野が生じたとき、その他の進捗を妨げる事情が発生したときは、AおよびBの開発責任者が協議して速やかな解決を図る。

第4条（既存情報の開示）

　AおよびBは、本契約期間中、自らが保有する情報、資料等で、本件開発に必要であると自ら判断するものを、自ら判断する方法・形式で、相手方に無償で開示するものとする。ただし、法令により提供が制限されているものまたは第三者との契約により秘密保持義務を負っているものは、この限りではない。

2　AおよびBは、前項の規定に基づき相手方から開示された情報を、本件開発のためのみに使用し、他の目的に使用してはならない。

POINT

(1) 情報開示義務

　情報開示義務は、一般的に、共同研究開発契約の締結時点で、当該研究開発の目的に合致し、かつ成果達成のために必要不可欠な情報であれば、原則、開示義務を負うことになる。共同研究開発ガイドラインにおいても、共同研究開発のために必要な技術等の情報を参加者間で開示する義務を課すことは、<u>原則として不公正な取引方法に該当しないと認められる事項</u>（以下、下線部分を本契約において「白条項」という）とされている（同ガイドライン第2—2(1)ア②）。

　しかし、一方で、当該研究開発に関して自己の機密である情報を必要以上に開示することは、避けなければならない。

　そのため、本条第1項では、「開示の要否」を開示する者（情報提供者）が開示の是非、是とした場合の開示の方法・形式（たとえば、全体の情報の中の一部のみ開示する、相手方より質問があったときのみその必要な部分のみ開示する、相手方の開示を受ける者を限定しかつ当該情報の誓約書を取得して開示する、など）について自ら判断できるものとしている。

　他方、どうしても開示を受けたい情報（変更例①）、反対に、どうしても開示を避けたい情報（変更例②）があるならば、例示することがトラブル防止に有用だとされる[21]。

〔変更例①〕本条に第2項として追加し、第2項を第3項に変更する。

<u>2　前項にかかわらず、BはAに対して自らの保有する○○の情報、資料等を、またAはBに対して自ら保有する□□の情報、資料等を、本件開発のために必要または有益な範囲で開示しなければならない。</u>

<u>3</u>　AおよびBは、前<u>2</u>項の規定に基づき相手方から開示された情報を本件開発のためのみに使用し、他の目的に使用してはならない。

〔変更例②〕本条および変更例①に第4項を追加する。

21　共同開発契約ハンドブック82頁

4　Bは、第1項の定めにかかわらず、Bの保有する次期型電気自動車の図面、資料等をAに対して開示しないものとする。

(2)　情報の目的外使用の禁止

　共同研究開発ガイドラインにおいて、相手方当事者から、開示された技術等の情報を共同研究開発のテーマ以外に流用することを制限することは、白条項とされている（同ガイドライン第2―2(1)ア⑥）。

　特に相手方が、同種、類似の事業者である場合には、本規定は重要である。

第5条（進捗状況の報告）

　AおよびBは、本契約期間中、本件開発過程で得た情報を速やかに相手方に開示するとともに、AおよびBの開発責任者および開発担当者が出席する「○○連絡会議」を設置し、進捗状況の報告および今後の研究方法について協議し、その議事録を作成・保管するものとする。

POINT

(1)　会議体の設置

　定期または臨時の連絡会議を設けることが、成果につなげる要件となる。

　本件開発の重要度、期間等によっても異なるが、毎月または2か月に1回は、開発責任者および開発担当者の出席する連絡会議を開催すべきである。招集者を順に交代し、開催場所を招集者の事業所とするなどの工夫も必要であろう。

　そして、その上位の会議体として、各当事者の役員等が出席するステアリング・コミッティ（運営委員会、開発委員会などの名称）を設置し、定期的にまたは開発の節目に、経営的観点から進捗状況の確認、問題解決をする場とする。

〔変更例〕

第5条（進捗状況の報告）

　　AおよびBは、本契約期間中、……、AおよびBの開発責任者

および開発担当者が出席する「○○連絡会議（以下、「本件連絡会議」という）」を設置し進捗状況の報告および問題の解決等を行う。また、ＡおよびＢは、本件連絡会議の上位に「○○開発委員会」を設置し、ＡおよびＢの指名する担当役員以上の者が出席して、中間での成果の発表、本件開発方針の変更等の指示等の協議を行うものとする。

〔追加条項例〕

第○条（開発委員会）

　ＡおよびＢは、本件開発の進行状況の確認、中間成果の認定および本件開発に係る重要問題に対処するため、本件開発に係る○○開発委員会（以下、「本件委員会」という）を設置する。

2　ＡおよびＢは、それぞれ役員、開発責任者を含む３名を本件委員会の委員として指名する。

3　本件委員会は、定期に少なくとも６か月に１回開催するほか、臨時委員会を開催できるものとし、その招集、協議および決議の方法等は別に定めるものとする。

(2)　連絡方法の統一

　各当事者の開示情報の発信・受領部署の統一（たとえば、技術管理部、開発部の統括部門など）、情報開示の統一した専用用紙などを決めておくと、相手方の開発が数部門にまたがる場合などの情報の行き違いや情報の入手の遅れなどの発生を防ぐことができる。

〔変更例〕

第５条（進捗状況の報告）

　ＡおよびＢは、本契約期間中、本件開発過程で得た情報を<u>別紙様式に記載し</u>、速やかに相手方の<u>情報受領部署</u>に開示するとともに、……するものとする。

第６条（研究開発の期間）

　本件開発の期間は、○○○○年○月○日より○○○○年○月○日までとする。ただし、本件成果に関して知的財産権を出願した場合には、本

件開発期間経過後も当該出願が決着するまでの間、継続する。
2　前項にかかわらず、本契約の期間は、AおよびBの事前の覚書の締結により延長または短縮をすることができる。
3　第1項にかかわらず第17条により、本契約が解除された場合は、本契約の期間は、当該解約の日に終了するものとする。

> POINT
>
> (1)　研究開発期間の設定
>
> 　研究開発の期間は、具体的なその成果を利用する時期に応じて設定されることが多い。
>
> 　研究開発の期間は、成果の目標日とするためにも、具体的な「○○○○年○月○日をもって」と定めておき、絶対に「契約締結日から何年以内」、「○○機器の新製品の開発が終了した時」とするなど、あいまいな設定をしない（第1項本文参照）。
>
> (2)　研究開発期間の特徴
>
> 　開発は所定の期間までに終了しているが、特許出願の場合などは、特許査定、登録審決、審決取消判決などにより最終的に決着するまでの期間が事前に確定できないうえに、共願の場合は両当事者による意見書の提出、審決取消訴訟の遂行などにより、期間の継続が必要となることがある（第1項ただし書参照）。
>
> 　また、競合他社の開発動向、対象物を搭載する製品の開発動向、製品戦略などにより左右され、途中で、延長ではなく「短縮」されることも多い（第2項参照）。研究開発期間の変更は、重大な契約内容の変更であり、安易な延長を避ける意味で、また短縮は当事会社の人員・資産をさらに投入する必要があることから、当事会社の代表者による覚書の締結によりすべきである。

第7条（開発場所）
　AおよびBは、自己の研究所または事業所において、それぞれ自己の分担する本件開発業務を実施するものとする。

> **POINT**
> 　共同研究開発の開発場所は、各当事者の開発担当者が、①それぞれ各当事者の施設、②各当事者に所属したまま一方当事者の施設、③各当事者に所属したまま第三者の施設（賃借した施設等）、とすることなどが考えられる。

第8条（開発成果の認定基準）

　本件開発過程で取得した成果が第2条第2号で定義する本件成果に該当するか否かについて疑義が生じたときは、AB間の協議のうえこれを決定する。

2　前項の協議が成立しないときは、AまたはBのいずれにも利害関係を有しない第三者の判断を得てこれを決定する。

第9条（開発成果の帰属）

　本件開発に基づき発明、考案および意匠の創作ならびに技術上、営業上のノウハウその他の技術的成果（以下、「本件開発成果」という）は、ABの共有に属し、その持分は均等とする。

2　第4条により相手方から開示を受けた情報または相手方の援助のいずれにもよらず、AまたはBが単独で開発した本件開発成果は、当該開発者の単独所有とする。

3　第4条により相手方から開示を受けた情報により、AまたはBが単独で開発した本件開発成果は、ABの共有とし、その持分比率については、ABの協議により両当事者の寄与度を考慮して決定する。

> **POINT**
> 　開発成果の帰属に関しては、①本条のような「共有」のほか、②「費用負担」、③「業務分担」、④「発明者主義」に基づく帰属が考えられる。[22]
>
> **(1)　費用の負担に基づく帰属**
> 　第12条の「開発費用の分担」のPOINTの〔変更例③〕を参照され

22　共同研究開発ハンドブック105頁

たい。
〔変更例〕
第9条（開発成果の帰属）

　本件開発に基づき発明、考案および意匠の創作ならびに技術上、営業上のノウハウその他の技術的成果（以下、「本件開発成果」という）は、<u>Aにかかる人件費を除く費用を全額負担したBの単独所有に属するものとする。</u>

2　<u>ただし、本件開発を中止した場合で、AはBが負担したAの費用を全額返還しなければならないときは、中止に至るまでの本件の中間成果は、原則、業務分担表に基づき業務を担当した一方当事者の単独所有に属する。</u>

（第3項は削除）

(2)　業務の分担に基づく帰属

第9条（開発成果の帰属）

　本件開発に基づき発明、考案および意匠の創作ならびに技術上、営業上のノウハウその他の技術的成果（以下、「本件開発成果」という）は、<u>第3条および業務分担表に基づき業務を担当した一方当事者の単独所有に属する。</u>

（第2項、第3項は削除）

(3)　発明者主義に基づく帰属

第9条（開発成果の帰属）

　本件開発に基づき発明、考案および意匠の創作ならびに技術上、営業上のノウハウその他の技術的成果（以下、「本件開発成果」という）は、<u>AB双方に発明者、考案者または創作者（以下、「発明者等」という）がいるときはABの共有に属し、その持分は均等とし、一方当事者のみに発明者等がいるときは当該一方当事者の単独所有に属する。</u>

（第2項、第3項は削除）

第10条（知的財産権の出願）

AおよびBは、その単独所有に係る本件開発成果については、自己の名義で知的財産権の出願をすることができる。ただし、出願に際して、事前に出願内容を相手方に通知し、承諾を得なければならない。
2　AおよびBは、共有にかかる本件開発成果については、共同で知的財産権の出願をするものとする。

第11条（開発成果の利用）

本件開発成果の実施については、その権利の帰属にかかわらず、Aが実用化された○○機器の製造を行い、Bが当該○○機器を次期型電気自動車に装着して販売を行うものとする。
2　AまたはBは、同等の機能を持つ他社製○○機器が製造・販売されるまでの間、○○機器を第三者のために製造・販売する場合には、事前に相手方に対して書面による同意を得なければならない。
3　AおよびBは、双方が合意した場合に限り、本件開発成果の実施を第三者に許諾することができるものとする。

POINT

(1)　成果に基づく製品の販売（第11条第2項）

共同研究開発ガイドラインは、成果であるノウハウの秘密性を保持するために必要な場合に、合理的な期間に限って、成果に基づく製品の販売先について、他の参加者またはその指定する事業者に制限することは、白条項とする（同ガイドライン第2—2(3)ア①）。

そして、「合理的な期間」とは、その分野における技術水準からみてノウハウの取引価値がなくなるまでの期間等により判断される（同指針第2(3)①②に関する注記）。

(2)　成果の第三者への実施許諾（第11条第3項）

共同研究開発ガイドラインは、成果の第三者への実施許諾を制限することは、白条項とする（同ガイドライン第2(2)ア②）。

第12条（開発費用の分担）

本件開発に要する経費は、ABそれぞれが分担する業務については、

分担者各自が負担し、いずれの分担に属するか不明な経費、共同で支払うべき経費については、その都度協議して負担者および負担金額を定めるものとする。
2　AとBは、相手方の負担に属する費用を立て替えたとき、または、相手方に請求できる費用が発生したときは、書面により相手方にその支払いを請求することができ、請求を受けた当事者は、当該請求書面を受領した日の翌月末日までに銀行振込により相手方に支払うものとする。
3　本件開発が完了するまでに中止された場合、AまたはBのいずれも前2項に定めた以外の費用の支払いを相手方に請求することはできない。

POINT

　共同研究開発契約は、非典型契約であり、原則、担当業務にかかる費用は自己負担が原則とされる[23]。
　しかし、自己負担とすると開発費用の負担割合に大きな差が生じることもあり、このように各自の業務の分担から、いずれかに開発費用の負担割合が多くなるような場合は、開発費用の調整、開発成果の調整（ロイヤルティ、リベートの支払い等）をすることがある。
　開発費用の調整の方法としては[24]、(a)本条のように、原則、各当事者が、自己において要した費用（自社か、第三者への委託に関係なく）は、自己が負担し、そのほかの相手方が支払うべき費用を肩代わりしたとき、共同で支払う費用が発生したときなどは、その割合に応じて相手方に請求する方法のほか、(b)各当事者が出費したことが明確なもの（領収書・請求書等で出費価額がわかるもの）を事前に定め、当該費用について一定割合で清算を行う方法（変更例①）、(c)各当事者の人件費などを含めた本件開発に係る全費用実績を算出し、一定割合で清算を行う方法（変更例②）、(d)一方当事者が人件費以外の費用を全額負担

---

[23] 共同研究開発ハンドブック76頁。ただし、共同開発契約を組合契約とし、その要件である出資は、財産的出資があればすべて出資の目的となり得ると解されるから、各当事者が開発費用を負担し、情報やノウハウを拠出する場合には当該要件を充足するとする考え方も可能である（企業間提携契約233頁〔元芳哲郎〕）。

[24] 中島44頁以下

する方法（変更例③）などが考えられる。

〔変更例①〕

第12条（開発費用の分担）

本件開発に要する経費のうち、各当事者が、第三者に委託して行った研究開発費用（AまたはBが個別に委託したか、AとBが共同して委託したかを問わない）、本件開発にのみ使用する消耗品・原材料・設備・機器・賃借料等の費用については、その50％を相手方に請求できるものとし、その請求内容・請求方法等については、別途協議して定めるものとする。なお、上記以外の本件開発に要する経費は、ABそれぞれが分担する業務については、分担者各自が負担し、いずれの分担に属するか不明な経費、共同で支払うべき経費については、その都度協議して負担者および負担金額を定めるものとする。

（第2項、第3項は変更なし）

〔変更例②〕

第12条（開発費用の分担）

AおよびBは、別途定める本件開発に直接関連する出費のすべてにつき、各年の6月末、12月末および本件開発終了の日または本件開発中止の日を締切日として、算出した費用明細書を相互に相手方に提出し、少ない負担の当事者は、自己の費用明細書の金額と両当事者の費用明細書の合計の金額の50％にあたる額との差額を、締切日後60日以内に相手方に支払わなければならない。

（第2項、第3項は削除する）

〔変更例③〕

第12条（開発費用の分担）

本件開発に要する経費は、Aにかかる人件費を除く費用については、Bが全額負担するものとし、Bは各年の6月末、12月末および本件開発の終了の日を締切日として、Aが算出した費用請求書および証ひょうをBに提出し、Bは当該費用請求書を精査のうえ、締切日後60日以内にAに支払うものとする。

2　本件開発が完了するまでに、BはAに第○条第1項または第2項各号の事由、またはAはBに第○条第1項または第2項各号の事由以外の事由に基づき本契約を解除したときは、AはBが負担したAの費用を全額返還しなければならない。
（第3項は削除する）。

第13条（秘密保持義務）

AおよびBは、本件開発のために相手方から開示された情報、資料および本契約に関連して知り得た相手方の技術上・経営上のいっさいの秘密、本件開発の過程において合意した事項ならびに本件開発の成果、AB間の協議・決議事項ならびに議事録などの情報、資料および本契約の遂行の過程で取得した本件開発に係るいっさいの秘密を、相手方の書面による同意がない限り、第三者に漏えいまたは開示してはならない。ただし、以下の各号の情報についてはこの限りではない。

(1)　開示する時点で、すでに公知であった情報
(2)　開示する時点で、すでに自らが独自に保有していた情報
(3)　開示する時点で、情報開示者の故意、過失等によらず公知となった情報
(4)　相手方から開示を受けまたは相手方との間の成果、合意、協議、決議等のいかなる情報にもよらずに、情報開示者が独自に開発したことが立証できる情報
(5)　何ら秘密保持義務を負うことなしに第三者から適法かつ正当に取得または開示された情報

2　AおよびBは、本件成果を外部に発表しようとする場合には、その内容、時期、方法等について、あらかじめ文書をもって通知し、相手方の書面による同意を得るものとする。

POINT

(1) すでに秘密保持契約が締結済みの場合

デューデリジェンス（DD）、フィージビリティ・スタディ（FS）、

事前の課題の検討などのために、契約締結前に秘密保持契約を締結することが多い。

〔変更例〕

第13条（秘密保持義務）

　ＡおよびＢは、本契約締結およびその履行に関して〇〇〇〇年〇月〇日付けにて締結した秘密保持契約（以下、「本件秘密保持契約」という）の内容を遵守する。

2　ＡおよびＢは、本件開発の過程において合意した事項ならびに本件開発の成果、AB間の協議・決議事項ならびに議事録などの情報、資料および本契約の遂行の過程で取得した本件開発に係るいっさいの秘密を秘密情報として管理し、相手方の書面による同意がない限り、第三者に漏えいまたは開示してはならない。

(2)　一般契約の秘密保持条項のひな型使用の場合の注意事項

　共同研究開発契約は、当事者間で開発成果を取得すべきものであり、開発成果のみならず当事者間で交換、協議、決議した情報を秘密情報の対象とすべきであり、一般契約の秘密保持条項のひな型をそのまま利用すべきではない（第1項参照）。

第14条（第三者への委託）

　ＡおよびＢは、自己の分担する本件開発の全部または一部を、相手方の事前の書面による同意を得ることなく、第三者に委託してはならない。

2　ＡおよびＢは、前項の相手方の事前の書面による同意を得て第三者へ委託する場合といえども、第三者が当該業務の委託に基づきなした行為は、当該業務を委託した当事者の行為とみなし、相手方に対してすべての責任を負担しなければならない。

POINT

　共同研究開発の種類によっては、医薬品における臨床試験など委託せざるをえないもの、研究の一部を専門研究所等に委託した方が効率

的であるものなど、第三者機関に委託する場合がある。

(1) 第三者に委託する場合の秘密保護の明確化

委託企業名や委託業務の内容が競合企業等に漏えいされる可能性もゼロではなく、第三者との間で改めて当該業務委託に係る秘密保持契約等を締結し、必要なら第三者をして業務担当者の誓約書を徴求するなど、定めておくことも検討したい。

〔変更例〕

第14条（第三者への委託）

（第1項の変更はない）

2　前項の相手方の事前の書面による承諾を得て第三者へ委託する場合といえども、<u>本件委託業務の委託をした当事者は、当該第三者との間で秘密保持契約を締結するほか、第三者に対し、本件委託業務に係る担当者の誓約書を徴求する。</u>また、当該第三者が本件開発業務の委託に基づきなした行為は、当該業務を委託した当事者の行為とみなし、相手方に対してすべての責任を負担しなければならない。

(2) 決定している第三者への委託

契約書締結時点で決定している委託先および委託業務については定めておく。変更例は、第2項を追加し、従前の第2項を変更して第3項に繰り下げる。

〔変更例〕

第14条（第三者への委託）

（第1項の変更はない）

2　<u>前項にかかわらず、Aは、Bによる、A製作の○○機器の試作品を装着した電気自動車の路上およびテストコースにおける試験については、C株式会社への委託に同意する。</u>

<u>3</u>　<u>第1項の</u>相手方の事前の書面による同意を得て第三者へ委託する場合<u>または前項の場合</u>といえども、第三者が当該業務の委託に基づきなした行為は、当該業務を委託した当事者の行為とみなし、相手方に対してすべての責任を負担しなければならない。

第15条（第三者との共同研究の禁止）

　AおよびBは、本契約の期間中、第1条に示す本件課題、ならびにこれに密接に関連する課題について、第三者と共同して、または第三者から受託して研究開発を行ってはならない。ただし、相手方から事前の書面による同意を得ている場合は、この限りではない。

> **POINT**
>
> (1) 契約期間中の第三者との共同研究の禁止
>
> 　共同研究開発ガイドラインは、開発テーマと同一のテーマの独自の研究開発または第三者との研究開発を、共同研究開発実施期間中について制限することは、白条項とする（同ガイドライン第2─2(1)ア⑦）が、開発テーマ以外のテーマの研究開発を制限することは、<u>不公正な取引方法に該当するおそれが強い事項</u>（以下、下線部分を本契約において「黒条項」という）であるとする（同ガイドライン第2─2(1)ウ①）。
>
> 　また、成果の紛争防止または参加者の共同研究開発への専念のために必要な場合は、開発テーマと極めて密接に関連するテーマの第三者との研究開発を共同研究開発実施期間中に制限することは、白条項とする（同ガイドライン第2─2(1)ア⑧）。
>
> (2) 契約終了後の第三者との共同研究の禁止
>
> 　共同研究開発ガイドラインは、共同研究開発テーマと同一テーマであっても、共同研究開発終了後の制限は、黒条項とする（同ガイドライン第2─2(1)ウ②）。
>
> 　ただし、共同研究開発ガイドラインは、合理的期間に限って、同一または極めて密接に関連するテーマに限って背信行為の防止または権利の帰属の確定のために必要と認められる場合は、白条項とする（同ガイドライン第2─2(1)イ⑨およびただし書）。
>
> 　以下の検討すべき条文例の「本契約終了後○年間」は、上記ガイドラインに照らして合理的期間なら問題はないが、何年間が合理的期間かは難しく、下記変更例では、権利の帰属の決着がつくまでとした。また「類似する課題」ではなく「密接に関連する課題」とした。

〔検討すべき条文例〕
　第15条（第三者との共同研究の禁止）
　　AおよびBは、本契約期間中および本契約終了後〇年間は、第1条に示す課題と同一ならびに類似する課題について、第三者と共同して、または第三者から受託して研究開発を行ってはならない。

〔変更例〕
　第15条（第三者との共同研究の禁止）
　　AおよびBは、本契約期間中および本契約終了後も出願する知的財産権の権利の帰属に決着がつくまでの間は、第1条に示す課題または密接に関連する課題について、第三者と共同して、または第三者から受託して研究開発を行ってはならない。

第16条（合意解約）
　AおよびBは、本件開発の目的達成が困難となり、または本件成果が達成できないことが明らかとなった場合には、双方協議のうえ、書面による合意によって、本契約を解約することができ、これにより被った損害につき相手方に対し損害賠償を請求することができる。

第17条（契約の解除）
　AおよびBは、相手方がその責に帰すべき事由により本契約に定める義務を履行しないときは、相手方に履行の催告をし、催告後20日以内にこれを是正しないときは本契約を解除することができる。
2　AおよびBは、相手方に次の各号の一つでも該当する事由が生じたときは、直ちに本契約を解除できる。
⑴　自ら振り出しまたは引き受けた手形もしくは小切手が不渡り処分を受けたとき
⑵　関係官庁から営業の許可取消処分または停止処分を受けたとき
⑶　第三者から差押え、仮差押え、仮処分、競売その他の公権力の処分を受けたとき
⑷　破産、民事再生、または会社更生等の手続開始の申立てのあったとき

(5) 株主等の構成、役員等の変動により会社の実質的な支配関係が変化したとき
(6) 信用状態の悪化等あるいはその他の契約の解除につき、相当の事由が認められるとき

3　AまたはBは、第1項ないし第2項に基づき本契約を解除したときは、これにより被った損害の賠償を相手方に請求することができる。

第18条（反社会的勢力の排除）

　AまたはBは、相互に、本契約の締結時において、自己（その者の代表者、役員、または実質的に経営を支配する者を含む）が暴力団、暴力団員、暴力団員でなくなった時から5年を経過しない者、暴力団準構成員、暴力団関係企業、総会屋、政治活動・宗教活動・社会運動標ぼうゴロ、特殊知能暴力集団等その他のこれらに準ずる者（以下、これらを「反社会的勢力」という）に該当しないこと、ならびに反社会的勢力に対する資金提供もしくはこれに準ずる行為を通じて反社会的勢力の維持、運営に協力または関与していないこと、反社会的勢力と交流を持っていないことを表明し、かつ将来にわたって確約する。

2　AまたはBのうちの一方は、相手方が前項の表明および確約に反すると判明した場合、催告その他の手続を要することなく、いっさいの契約を即時解除することができる。

3　AまたはBのうちの一方は、前項の規定により、契約を解除した場合、これによる相手方の損害を賠償する責を負わない。

4　第2項の規定により、AまたはBのうちの一方が契約を解除した場合、当該一方から相手方に対する損害賠償の請求を妨げない。

第19条（有効期間）

　本契約の有効期間は、第6条に定める本件開発の期間と同じとする。

2　前項の定めにかかわらず、第9条、第10条、第11条、第13条、第17条第3項、第18条の規定は、本契約終了後も有効に存続する。

> **POINT**
>
> 　第15条のPOINT (2)の（変更例）は、本契約終了後も有効に存続さ

せるべきあろう。

第20条（契約終了時の措置）

本契約が事由のいかんを問わず終了したときは、AおよびBは、相手方から受領した情報、資料等を直ちに相手方に返還し、以後、これを使用しないものとする。

2　第16条により損害を被った者または第17条第1項ならびに第18条第2項を理由として本契約を解除した者は、その選択により、契約終了時点で存在する本件成果のすべてを実施することができる。

POINT

◎　帰責事由のある当事者に対するペナルティ条項（第2項）

第16条の場合、合意解除を認めざるを得ないが、原因を発生させた当事者の相手方は不測の損害を被ることがある。また第17条第1項の場合、催告をしても義務を履行しない場合についても契約解除をせざるを得ず、第18条第2項を理由とする場合、契約解除は必至である。しかし、このような場合、損害賠償を請求できる（第16条、第17条第3項および第18条第4項）だけではなく、これらの防止につなげるためペナルティ条項を設ける必要性が説かれている[25]。なお、第17条第2項各号に基づく契約解除に関しては、当事者が契約上で有する権利とは、直接関係があるとはいえないこともあり、ペナルティ条項の対象外としている。

第21条（裁判管轄）

本契約に関し発生する紛争については、東京地方裁判所をもって、第1審の専属的合意管轄裁判所とする。

第22条（協議事項）

本契約に定めのない事項または本契約の解釈について疑義が生じた事項に関して、AおよびBは誠意をもって協議し、これを解決するもの

---

[25]　共同研究開発ハンドブック188頁、中島180頁〜182頁

とする。

本契約の成立を証するため、本書2通を作成し、AB それぞれ各1通を保管する。

〇〇〇〇年〇月〇日

　　　　　　　　　　　　（A）　東京都〇〇区〇〇1—1—1
　　　　　　　　　　　　　　　A株式会社
　　　　　　　　　　　　　　　代表取締役　〇〇〇〇　㊞
　　　　　　　　　　　　（B）　東京都〇〇区〇〇町2—2—2
　　　　　　　　　　　　　　　B株式会社
　　　　　　　　　　　　　　　代表取締役　〇〇〇〇　㊞

〔別紙1〕　〇〇共同研究開発の課題・目標（略）

Ⅳ 組合に関する契約書

建設工事共同企業体の法的性格は、一般に「民法上の組合」であると解されており[26]、本来は、当節に入れるべきであるが、一般的に建設工事共同企業体をジョイント・ベンチャー（JV）と称していることから、本章Ⅰ「ジョイント・ベンチャー契約書」の部類に入れている。

1 有限責任事業組合契約書

●想定するケース●

○○県○○市の○○工業団地には、地元の特産品である○○産業の樹脂加工、金型、金属加工、組立てなどの下請けの中小メーカーが集まっている。これらのうち4社が共同して、有限責任事業組合契約を締結し、共同して、○○製品の規格標準化、製品企画、研究・設計、普及・宣伝、海外輸出等の推進を行おうとしている。

POINT

(1) 有限責任事業組合契約とは

有限責任事業組合（以下、「ＬＬＰ」という。ＬＬＰは「Limited Liability Partnership」の略である）は、2005年に制定された「有限責任組合契約に関する法律」（以下、「ＬＬＰ法」という）によって、民法上の特例として創設された「組合」である。ＬＬＰを整備した目的は、ベンチャー企業や中小企業と大企業の連携、大企業同士の共同研究開発、ITや金融分野に専門技能を有する人材による共同事業を振興し、新たな産業の創造を促進しようとするものである。

ＬＬＰの主な特徴は、①出資者全員の有限責任（ＬＬＰ法15条）、②柔軟な運用を可能にする内部自治原則、③構成員課税である。

(2) 組合債権者からの開示請求

組合債権者は、いつでも財務諸表および組合契約書について書面の閲

---

[26] 最判昭和45・11・11民集24巻12号1854頁

覧・謄写の請求等をすることができる（ＬＬＰ法31条6項）。したがって、任意的記載事項の組合員間相互の秘密や特殊な定めは、組合債権者から問題とされることも考えられるので、「組合員以外にもいつでも開示される」ことを念頭において、組合契約書を作成すべきである。

(3) 出資の目的・価額と損益分配

ＬＬＰでは、出資の目的とすることができるのは、金銭その他の財産のみである（ＬＬＰ法11条）。現物出資できるものは、原則、貸借対照表に計上できる土地、建物、機械、知的財産権、有価証券などである。したがって、貸借対照表に計上することができない労務を出資することはできない。また、ＬＬＰでは、原則、組合員が業務執行を行うことになっているため、職務執行の対価として給与という形で分配を受けることができない。

一方、ＬＬＰでは、出資額の割合と関係なく損益分配の額を定めることも可能なので（ＬＬＰ法33条。下記の組合契約書の第20条のPOINT(2)参照）、労務を提供する組合員や組合員の代表者とされる者など人的な貢献を勘案し、出資額の割合よりも損益分配の割合を高く設定することも可能である。

【書式24】 有限責任事業組合契約書

○○有限責任事業組合　組合契約書

本契約書末尾の記名押印欄に記載された者は、共同して事業運営にあたるため、有限責任事業組合契約に関する法律（以下、「ＬＬＰ法」という）の規定に従い、以下のとおり有限責任事業組合契約（以下、「本契約」という）を締結する。

第1章　総　則

第1条（名　称）

本有限責任事業組合（以下、「本組合」という）の名称は、○○有限責任事業組合とし、英文では○○ Limited Liability Partnership と表記す

る。

> **POINT**
>
> 組合の名称は、絶対的記載事項である（ＬＬＰ法4条3項2号）。

第2条（事業の目的）

本組合は、共同で以下の各号の事業を行うことを目的とする。
(1) 〇〇製品の規格基準化
(2) 〇〇製品にかかるコストダウン・軽量化などの企画、研究、設計
(3) 〇〇製品の普及・宣伝活動および輸出推進のための諸活動
(4) 前各号に附帯関連するいっさいの業務

> **POINT**
>
> (1) 事業の目的
>
> 事業は、共同で営利を目的とするものでなければならない（ＬＬＰ法1条）。ここでいう営利とは、事業の対価を組合員に分配することを意味している。
>
> 組合の事業は、絶対的記載事項である（ＬＬＰ法4条3項1号）。
>
> (2) 行うことができない業務
>
> その性質上、組合員の責任の限度を出資の価額とすることが適当ではない業務として、各種の士業の業務が定められている（ＬＬＰ法7条1項1号、ＬＬＰ法施行令1条）。

第3条（本契約の当事者）

本契約の当事者は、本組合の事業目的に賛同し、かつ本契約を遵守することを約束した法人とする。

> **POINT**
>
> (1) 原　則
>
> ＬＬＰ法は、個人または法人が共同して行う事業を対象とするとして、組合員は、個人、法人を問わないものとしている（ＬＬＰ法1条）。

(2) 本契約の特則

本契約の趣旨、個人が組合員として加入することで結束が乱れることなどから、本条において組合員は法人に限るものとしている。

第4条（本組合の所在場所）

本組合の事務所は、○○県○○市○○1－1－1に置く。

> **POINT**
>
> 絶対的記載事項は「本組合の事務所の所在地」（LLP法4条3項3号）となっているが、登記では所在場所（最小行政単位ではなく、番地まで）が必要であり（LLP法57条2号）、本条では所在場所を定めている。
>
> ただし、所在場所を変更した場合、契約変更の手続が必要となる。

第5条（組合員の名称ならびに住所、および出資の目的ならびに出資の価額）

組合員の名称ならびに所在場所および出資の目的ならびに価額は、別紙1のとおりとする。
2 組合員は、その名称もしくは所在場所を変更したときは、速やかに、第10条に定める総務担当組合員に対し、その旨を通知する。総務担当組合員は、かかる通知を受けたときは、他の組合員に書面で通知する。

> **POINT**
>
> 組合員の氏名・名称ならびに住所および出資の目的ならびに出資の価額は、絶対的記載事項（LLP法4条3項4号・7号）であり、別紙1に記載する。

第6条（職務執行者の選任）

組合員である法人は、当該組合員の職務を行うべき者（以下、「職務執行者」という）を選任し、第10条に定める総務担当組合員に対し、氏名および住所を通知しなければならない。総務担当組合員は、かかる通知

を受けたときは、これを他の組合員に書面で通知しなければならない。職務執行者に変更があった場合も同様とする。

> POINT
>
> 　法人が組合員である場合には、当該法人は組合員の職務を行うべき者を選任し、その氏名・住所を他の組合員に通知しなければならない（ＬＬＰ法19条1項）。
>
> 　組合員の職務を行うべき者は、その法人の代表者である必要はないが、法人として代表者以外の者を職務執行者として選任する場合には、取締役の決定または取締役会決議が必要となる（会社348条1項・2項、362条4項）。職務執行者の選任・変更は登記事項である（ＬＬＰ法57条3号）。

第7条（効力発生日および存続期間）
　本契約は、〇〇〇〇年〇月〇日（以下、「効力発生日」という）をもって、その効力を生ずるものとする。
2　本組合の存続期間は、効力発生日から、〇〇〇〇年〇月〇日まで（以下、「存続期間」という）とする。
3　本組合の存続期間を延長する場合は、期限を明示し、総組合員の同意をもって決する。

> POINT
>
> 　契約の効力発生日および存続期間は、組合契約書の絶対的記載事項である（ＬＬＰ法4条3項5号・6号）。ＬＬＰは組合なので、永続的なものではないから存続期間が必要となる。
>
> 　検討すべき条文例のように規定する場合が多いが、何年では存続期間が不明確になり、存続期間を徒過してしまう場合もあるので、本条のように具体的な年月日を記載する。

〔検討すべき条文例〕
　第7条（効力発生日および存続期間）
2　本組合の存続期間は、効力発生日から、〇年間（以下、「存続期

間」という）とする。

第8条（組合員の義務と責任）

組合員は本契約に従い、善良な管理者の注意をもって、本組合の業務を執行するものとする。

2　組合員は、他の組合員全員の同意を得た場合を除き、組合員または職務執行者は、次の各号に掲げる行為を行ってはならない。

(1)　組合員または職務執行者が自己または第三者のために本組合と取引をすること

(2)　本組合において組合員またはその職務執行者の債務を保証すること、その他組合員または職務執行者でない者との間において、本組合と当該組合員または職務執行者との利益が相反する取引をすること

3　組合員は、その保有する本事業の遂行のために必要または有益な知的財産権について、本組合に使用を許諾するため、別途、契約を締結するものとする。

4　組合員または職務執行者が本契約の義務に違反し、本組合または他の組合員が損害を被ったときは、当該他の組合員の合意により損害賠償の請求をすることができる。

第2章　出　資

第9条（出　資）

各組合員の出資の価額は、それぞれ金銭のみをもって〇〇〇万円とする。ただし、第3項の場合を除く。

2　組合員は、別紙1記載の出資の価額の全部を、効力発生日の前日までに、本組合所定の銀行口座に振込みの方法にて払い込まなければならない。

3　前2項にかかわらず、総組合員の全員一致をもって、組合員から追加出資を受けることを決定することができる。この場合、総組合員の同意により、各組合員の追加出資額、払込期限等の手続を決定するものとする。

> **POINT**
>
> 「組合員の出資の目的および価額」は絶対的記載事項である（LLP法4条3項7号）。なお、出資の目的は、金銭その他の財産のみになる（LLP法11条）。
>
> 本条に基づき、別紙1に組合員の名称、出資の目的、出資の価額を定める。
>
> 本条では各組合員を平等に取り扱うため、出資の目的を金銭とし、価額を同額にしている。

第3章　組合の運営

> **POINT**
>
> 原則は、全組合員が業務を担当する当事者型組合とされるが、LLP法に反しないものであれば、いろいろな形がとれる。
>
> そのため、本契約第11条を除き、実際の有限責任組合の創立にあたっては、組合員数、組合員の構成（法人の数、組合員の特技、経験、実績）、LLPの目的およびその事業の目的、出資額、出資の種類などに照らして、共同で目的とする事業を営む最適な組織体制を企図することが必要である。

第10条（業務担当組合員）

　組合員は、組合員の中から総組合員の同意をもって総務担当組合員1名、会計担当組合員1名、技術担当組合員1名、営業担当組合員1名を選任し、担当する業務執行を委任するものとする。担当組合員の選任は兼任を妨げないものとする。

2　担当組合員の任期は、選任の時から2年を経過した最初の定例組合員会終了の時までとし、再任を妨げない。

3　担当する業務に関する常務は、各担当組合員が単独で行うことができ、

また各担当の業務に属さない常務については総務担当組合員が単独で行うことができる。
4　担当組合員は、担当組合員としての業務を執行するために支出するための実費について、本組合に求償することができる。
5　本組合は、総務担当組合員を代表者とし、代表者の資格で、本事業の目的に関して本組合と第三者との間の契約を締結し、第三者に対する本組合の債権を行使し、本組合のために組合財産を管理する権利を有する。

> **POINT**
>
> (1)　**内部自治原則**
>
> 　ＬＬＰ法には、取り立てて内部自治の柔軟性に関する規定はない。
>
> 　民法の組合の規定が必要最小限の内部自治を定めているのと同様、民法の組合の特例であるＬＬＰ法においても、詳細な規定を設けないものとしている。
>
> 　組合員の数が少ない場合には、ＬＬＰ法が規定するもの以外においても、原則、全員の同意で業務執行を行うことが可能である。
>
> 　一方、ＬＬＰ法は、組合員の数の上限は設けていないから、組合員が多数の場合、理事会、理事、組合員総会などの機関を設置することも可能である。
>
> (2)　**本条の場合の業務執行**
>
> 　本契約は組合員を４名とする小規模な組合なので、各担当組合員の常務について各担当が業務執行を行うものとしている。

第11条（重要な業務執行の決定）

　本組合における業務執行の決定事項のうち、次に掲げる事項は、ＬＬＰ法12条に基づき総組合員の同意により決するものとする。
(1)　重要な財産の処分および譲受けのうち、ＬＬＰ法施行規則（以下、「規則」という）５条１号に該当しない事項
(2)　多額の借財のうち、規則５条２号に該当しない事項
2　本組合における業務執行の決定事項のうち、次に掲げる事項は、ＬＬ

ＰＬ法12条２項ただし書に基づき総組合員の３分の２以上の賛成をもって決するものとする。
(1)　重要な財産の処分および譲受けのうち、規則５条１号に該当する事項
(2)　多額の借財のうち、規則５条２号に該当する事項

> **POINT**
>
> 　本条第１項は、ＬＬＰ法12条２項の反対解釈から、同法12条１項１号・２号のうち経済産業省令（規則５条１号・２号）で定めるもの以外は、総組合員の同意により決定しなければならないとされるので、その旨を規定したものである。
>
> 　本条第２項は、同法12条２項が、同法12条１項１号・２号のうち経済産業省令（上記）で定めるものは、総組合員の同意を要しない旨の定めをすることを妨げないとするが、その場合でも同法12条２項ただし書が、組合員の同意を総組合員の３分の２未満とすることはできないとするので、総組合員の３分の２以上としたものである。

第12条（組合員会）

　組合員は、本組合および本事業の重要事項を協議、決定する機関として、組合員会を設置する。組合員会は、各組合員の代表者または職務執行者のうち１名が出席するものとする。
2　前条第１項に定める事項その他本契約で定める事項を除く事項については、本組合の業務執行の決定は、定例または臨時の組合員会において、総組合員が出席し、その３分の２以上の賛成により決するものとする。
3　各担当組合員の職務の常務については、その代表者または職務執行者が単独で行うことができる。

> **POINT**
>
> 　ＬＬＰ法12条に基づく決定方法以外、および常務以外の職務執行の決定方法を、総組合員数４名の３分の２以上とするものである。実際には、いろいろな決定方法が考えられよう。

第4章　組合財産

第13条（組合財産の帰属）

　組合財産は、総組合員の共有とするものとし、各組合員は、これに対し各自持分金額に応じて比例按分した割合による持分を有する。

> **POINT**
>
> 　組合の財産は、組合員全員の共有（合有）として保有することになる。組合財産は、自由に分割や持分を処分することができない（大判昭和13・2・12民集17巻132頁、平成28年改正民法676条3項）。
>
> 　なお、不動産に関する権利である場合は、登記制度上、共有物分割禁止の登記を行えば、ＬＬＰの保有財産である旨が表示できる（ＬＬＰ法74条）。

第14条（組合財産の管理）

　組合員は、組合財産を、自己の財産およびその他の組合財産と分別して管理するものとする。

> **POINT**
>
> 　本条は、ＬＬＰ法20条の確認的規定である。
>
> 　組合員個人の財産と組合財産とが明確に区分されていないと、組合員個人の債権者が組合財産に強制執行をかけるなど組合財産が損なわれる可能性があるため、本規定がおかれている。

第15条（知的財産権）

　本組合の業務執行に関連して発生するいっさいの知的財産権は、本組合の財産とする。

> **POINT**
>
> 　本組合の業務執行に関して発生した知的財産権（特許、実用新案、意匠、商標など）においては、登録原簿に有限責任事業組合契約に基

づく共有であることが記載できる。

第16条（秘密保持義務）

　組合員は、本組合の業務執行上知り得た本組合および他の組合員の技術上および営業上の秘密を、他に漏えいしてはならない。

第5章　計　算

第17条（組合の事業年度）

　本組合の事業年度は、毎年4月1日から翌年3月31日までとする。ただし、最初の事業年度は、効力発生日から○○○○年3月31日までとする。

> **POINT**
>
> 　事業年度は絶対的記載事項である（ＬＬＰ法4条3項8号）。
>
> 　事業年度は1年を超えることができない（ＬＬＰ法4条4項）。ＬＬＰ法31条6項において、組合債権者に対する財務諸表の開示義務を定めており、財務諸表の内容が適切な期限をもって改定されるため、1年という事業年度の制限をおいている。

第18条（会計帳簿）

　会計担当組合員は、本組合の成立時、財産の分配、組合員の加入または脱退、組合員の地位の譲渡があったなど、ＬＬＰ法29条および規則第4章の定めるところにより、本組合の会計帳簿を作成し、その写しを各組合員に交付する。

2　会計担当組合員は、会計帳簿閉鎖の時から、10年間、当該会計帳簿を保存しなければならない。

第19条（財務諸表）

　会計担当組合員は、ＬＬＰ法31条および規則第5章の定めるところにより、本組合の成立時、本組合の貸借対照表を作成しなければならない。

2　会計担当組合員は、毎事業年度経過後2か月以内に、規則第5章の定めるところにより、その事業年度の本組合の貸借対照表および損益計算書ならびにこれらの附属明細書を作成し、他の組合員による監査を受けたうえで、その写しを各組合員に交付するものとする。

3　会計担当組合員は、財務諸表作成の時から、10年間、当該財務諸表を本組合契約書と併せて、事務所に備え置かなければならない。

4　会計担当組合員は、本契約で定める事業年度ごとに各組合員に生ずる利益または損失の額につき、組合員所得に関する計算書を作成しなければならない

> **POINT**
>
> 本条第2項は、ＬＬＰ法29条3項の規定、本条第3項は同法31条4項および5項の規定、本条第4項は所得税法227条の2の規定に関して、確認的に定めたものである。

第6章　分　配

第20条（損益分配の割合）

　組合員の損益分配の割合は、各事業年度末における各組合員が履行した出資の価額の割合によるものとする。

> **POINT**
>
> (1)　「別段の定め」を設けない場合
>
> 　ＬＬＰ法33条は、別段の定めをしなければ、「出資の価額に応じて定める」とするので、本条項は確認的に定めたものである。したがって、別段の定めがない場合は、本契約書に定めなくても差し支えない。
>
> (2)　「別段の定め」を設ける場合
>
> 　たとえばＡ社を代表者（第10条第5項）とし、損益分配を増加することが考えられる。
>
> 〔変更例〕

第20条(損益分配の割合)

組合員の損益分配の割合は、規則末尾に表示する様式第一の「組合員の損益分配の割合に関する書面」によるものとする。

【記載例】〔様式第一〕組合員の損益分配の割合に関する書面

組合の名称	○○有限責任事業組合	
組 合 員 名	出資の割合	損益の分配
A株式会社	25%	40%
B株式会社	25%	20%
C株式会社	25%	20%
D株式会社	25%	20%
損益分配の割合の理由	業務負荷から、本組合の代表者(総務担当組合員)については、他の組合員の割合の2倍とする。	
適用開始の年月日	○○○○年○月○日	
作成年月日	○○○○年○月○日	
組合員全員の記名押印	(組合員) 住所:○○県○○市○○1―1―1 名称:A株式会社 代表者:代表取締役X ㊞ (組合員) 住所:○○県○○市○○1―2―2 名称:B株式会社 代表者:代表取締役Y ㊞ (組合員) 住所:○○県○○市○○1―3―3 名称:C株式会社 代表者:代表取締役Z ㊞ (組合員) 住所:○○県○○市○○1―4―4 名称:D株式会社 代表者:代表取締役P ㊞	

第21条(財産分配)

組合員は、総組合員の同意を得て、各事業年度の末日から3か月以内に、組合財産を組合員に対して分配するものとする。

第22条(組合財産の分配)

総務担当組合員は、組合口座の預金残高その他本組合の財産として保管する現金のうち、事業計画において予定される支払いに充てるために留保する金額として総務担当組合員が合理的に算定した金額(営業報酬および租税公課を含む)を控除した部分について、自ら適当と判断した

とき、または組合員から要求があったときは、ＬＬＰ法34条２項に規定する本組合の剰余金に相当する額の範囲内で、組合員に分配する議案を作成し、組合員会の決定を求めることができる。組合員会の決定が得られたときは、各組合員に第20条に定める割合に応じた額を分配するものとする。

2　総務担当組合員は、組合員から前項記載の範囲を超えた額の金銭その他の本組合の財産の分配（ただし、ＬＬＰ法34条１項に定義する分配可能額の範囲内である場合に限る）について要求があったときは、総組合員の同意を求めるものとする。総組合員の同意が得られたときは、総務担当組合員は、その同意されたところに従い、本組合の財産を分配するとともに、ＬＬＰ法34条３項に従った記載を反映した組合契約書を作成し、その写しを各組合員に交付するものとする。

第23条（公租公課）

　法令上組合において納付すべきものを除き、本組合の事業に関し各組合員に課される公租公課については、当該組合員がこれを負担する。

2　前項に基づき、各組合員は第17条に定める各事業期間の終了の日の属する当該組合員の事業年度の利益または損失の額に算入しなければならない。

第７章　費　用

第24条（費用の支払い）

　本組合の事業に関連して発生した費用は、第三者がこれを負担すべきものを除き、組合財産より支払われるものとし、組合員の固有財産より支払うことができない。

第８章　組合員の地位の変動

第25条（組合員の地位の譲渡等）

　組合員は、他の組合員全員の書面による同意がない限り、その組合員

としての地位について、譲渡、質入れ、担保権の設定その他いっさいの処分をしてはならない。

第26条（組合員の加入）

本組合は、総組合員の同意により決定した条件に従い、新たに組合に加入しようとする法人が、出資の履行を完了し、かつ本契約の変更契約を締結することにより組合員となることができる。

> POINT
> 本契約では、法人のみしか加入できないことにしている（第2条）。

第27条（組合員の脱退）

組合員はやむを得ない場合を除き脱退することができない。
2　前項に定める場合のほか、組合員は次に掲げる事由により脱退する。
　(1)　組合員の解散
　(2)　組合員に破産手続、民事再生手続および会社更生手続の開始その他これに類する倒産手続の開始の決定があったとき
　(3)　除名

> POINT
> ＬＬＰ法25条ただし書は、組合員の脱退につき組合契約書において別段の定めをすることは妨げないとする。
> 以上から、本契約の当事者は法人とするので、ＬＬＰ法26条の自然人の部分の記載を削除して、法人にかかる別段の定めを設けた。

第28条（組合員の除名）

組合員の除名は、次の事実が発生した場合に、他の組合員の一致によりすることができ、本組合は、除名した組合員にその旨を書面にて通知しなければならない。
(1)　本組合または他の組合員の秘密を漏えいして、本組合もしくは他の組合員または第三者に損害を与えたとき
(2)　その他本契約に定める義務に違反し、本組合もしくは他の組合員ま

たは第三者に損害を与えたとき
(3) 組合員が重大な法令違反をしたとき

第9章　解散および清算

第29条（解　散）

本組合は、次に掲げる事由により解散する。
(1) 本契約第2条に掲げる事業の成功または不成功が明らかとなったとき
(2) 組合員が一人になったとき
(3) 組合員に内国法人に該当する者が一人もいなくなったとき
(4) 存続期間の満了
(5) 本組合の財産状況の著しい悪化を理由に、組合員から解散の請求がなされたとき
(6) 組合員間の関係が極めて悪化し、脱退または除名によっても解決を図ることが困難であることを理由に、組合員から解散の請求がなされたとき
2　前項にかかわらず、前項第2号または第3号の事由が生じた場合、当該事由が生じた日から2週間以内であって本組合の解散の登記をする日までに、第26条に基づき新たな組合員（ただし、前項第3号の場合にあっては内国法人である組合員）が本組合に加入したときは、本組合は解散せず、従前のとおり存続する。

第30条（清算人）

本組合が解散した場合、総組合員の過半数をもって組合員の中から本組合の清算人1名を選任する。
2　前項の場合、法人である清算人は、速やかにその職務執行者1名を選任し、その者の氏名および住所を他の組合員全員に書面で通知しなければならない。
3　清算人は、いつでも総組合員の過半数をもって解任することができる。

第31条(清算人の権限等)
　清算人は以下の事項に関し職務を行い、これに必要ないっさいの裁判上および裁判外の権利を有する。
(1)　本組合の現務の結了
(2)　本組合の債権の取立ておよび債務の弁済
(3)　組合員への残余財産の分配
(4)　その他前各号の職務を行うために必要ないっさいの行為
2　清算人は、職務執行の対価として、総組合員の過半数をもって別途定める報酬を受領することができる。
3　本組合の清算手続に必要な費用は、第三者がこれを負担すべき場合を除き、組合財産より支払われる。

第32条(残余財産の分配)
　清算人は、組合債務の弁済が完了した後、遅滞なく、本組合の残余財産を、組合持分に応じ、各組合員に分配するものとする。ただし、組合債務のうちその存否または額について争いのあるものにつき、その弁済のため必要と認められる組合財産を留保した場合に限り、当該組合債務を弁済する前に残余財産を分配することができる。

第33条(清算事務の終了)
　清算人は、清算事務が終了したときは、遅滞なく、清算に係る計算をして、組合員の承認を得るものとする。
2　組合員が前項の計算について異議を述べなかったときは、組合員は、当該計算の承認をしたものとみなす。ただし、清算人の職務の執行に不正があった場合は、この限りではない。
3　清算人は、清算中の主たる事務所の所在地における清算結了の登記の時から10年間、清算中の組合の帳簿ならびにその事業および清算に関する重要な資料を保存しなければならない。

第34条(清算手続中における特則)
　本契約の第4章から第8章までの規定(ただし第13条および第17条を除く)は、清算手続の開始後はこれを適用しない。

第10章　その他の事項

第35条（反社会的勢力の排除等）

　組合員は、相互に、本契約の締結時において、自己および自己の役員等（その者の代表者、職務執行者、役員もしくはこれに準ずる者、または実質的に経営を支配する者（以下、これらを「役員等」という）を含む）が暴力団、暴力団員、暴力団でなくなった時から５年を経過しない者、暴力団準構成員、暴力団関係企業、総会屋、政治活動・宗教活動・社会運動標ぼうゴロ、特殊知能暴力集団等、その他のこれらに準ずる者（以下、これらを「反社会的勢力」という）に該当しないこと、および次の各号のいずれにも該当しないことを表明し、かつ将来にわたっても該当しないことを確約する。

⑴　反社会的勢力が経営を支配していると認められる関係を有すること

⑵　反社会的勢力が経営に実質的に関与していると認められる関係を有すること

⑶　自己または第三者の不正の利益を図る目的または第三者に損害を加える目的をもってするなど、不当に反社会的勢力を利用していると認められる関係を有すること

⑷　反社会的勢力に対して、資金を提供しまたは便宜を供与するなどの関与をしていると認められる関係を有すること

⑸　役員等が反社会的勢力と社会的に非難されるべき関係を有すること

２　組合員は、自らおよび役員等が、第三者を利用して次の各号の一にでも該当する行為を行わないことを確約する。

⑴　暴力的な要求行為

⑵　法的な責任を超えた不当な要求行為

⑶　取引等に関して、脅迫的な言動をし、または暴力を用いる行為

⑷　風説を流布し、偽計を用いまたは威力を用いて本組合もしくは他の組合員の信用を毀損し、または本組合もしくは他の組合員の業務を妨害する行為

⑸　その他前各号に準ずる行為

3　組合員が反社会的勢力もしくは第1項各号の事項または前項各号の行為に該当すると判明した場合、第28条の定めにかかわらず、当該組合員を除いた組合員の半数以上の同意により、当該組合員を除名するものとし、本組合は、除名した組合員にその旨を書面にて通知しなければならない。

4　前項の規定により、除名により脱退した組合員は、これによる損害の賠償を請求することはできない。

5　第3項の規定は、除名により本組合を脱退した組合員に対する損害賠償請求を妨げない。

第36条（通知等を受領した場合の取扱い）

　組合員または職務執行者が本組合に対する通知または催告を受領したときは、速やかにその通知または催告の内容を、業務分担により定められた他の担当組合員に通知しなければならない。

第37条（本契約の変更）

　本契約は、本契約に別段の定めがある場合を除き、総組合員の同意により、変更することができる。

2　前項により本契約が変更された場合、組合員は、組合契約書の変更および登記その他必要な手続をとるものとする。

第38条（管轄の合意）

　本契約に基づきまたは本契約に関して生ずるすべての紛争については、〇〇地方裁判所をもって第1審の専属的合意管轄裁判所とする。

本契約の締結を証するため、契約書1通を作成し、各組合員がこれに記名押印のうえ、その原本を本組合の事務所に保管し、各組合員はその写しを保有するものとする。

> **POINT**
>
> 　ＬＬＰ法31条5項は、組合契約書を主たる事務所に備え置かなければならないものとする。そのため、原本を組合事務所に保管するものとしている。

○○○○年○月○日

　　　　　　　　　　　（組合員）○○県○○市○○１－１－１
　　　　　　　　　　　Ａ株式会社
　　　　　　　　　　　　代表取締役　○○○○　㊞
　　　　　　　　　　　（組合員）○○県○○市○○１－２－２
　　　　　　　　　　　Ｂ株式会社
　　　　　　　　　　　　代表取締役　○○○○　㊞
　　　　　　　　　　　（組合員）○○県○○市○○１－３－３
　　　　　　　　　　　Ｃ株式会社
　　　　　　　　　　　　代表取締役　○○○○　㊞
　　　　　　　　　　　（組合員）○○県○○市○○１－４－４
　　　　　　　　　　　Ｄ株式会社
　　　　　　　　　　　　代表取締役　○○○○　㊞

〔別紙1〕　組合員の名称・所在場所および出資の目的・出資の価額

組合員の名称・所在場所および出資の目的・出資の価額				
組合員の名称	所在場所	出資の目的	出資の価額	備考
Ａ株式会社	○○県○○市○○１－１－１	金銭	300万円	
Ｂ株式会社	○○県○○市○○１－２－２	金銭	300万円	
Ｃ株式会社	○○県○○市○○１－３－３	金銭	300万円	
Ｄ株式会社	○○県○○市○○１－４－４	金銭	300万円	

2　投資事業有限責任組合契約書

(1)　投資事業組合

　機関投資家などが、ベンチャー企業などの株式や新株予約権付社債に投資するため、組合（ファンド）を組成し、組合員の出資額に応じて、投資する株式や社債の持分を保有するものを投資事業組合という。

　平成10年までは、投資事業組合は、民法上の組合として組成されていたため、業務執行をしない組合員もすべて無限責任を負い、出資額以上のリスクを負担する可能性があった。

(2)　中小企業等投資事業有限責任組合

　平成10年5月に、業務執行をしない組合員の有限責任を法的に担保する民法の特則を設けた「中小企業等投資事業有限責任組合契約に関する法律」が成立（同年11月施行）し、投資事業有限責任組合制度が発足した。この制度により、業務執行をする無限責任組合員（ゼネラルパートナー）のほかは、有限責任組合員で構成されるものとなり、幅広くベンチャー企業などに投資できる環境が整った。しかし、組合の目的が中小未公開企業に対する投資であり、大企業や公開企業などへの投資ができないものであった。[27]

(3)　投資事業有限責任組合

　平成16年4月の法改正により、「投資事業有限責任組合契約に関する法律（以下、「ＬＰＳ法」という。ＬＰＳとは、「Limited Partnership」の略である）」となり、大企業や公開企業だけでなく、金銭債権の取得や融資等を行うことも可能となった。

　投資事業有限責任組合は、無限責任組合員（ゼネラルパートナー）と有限責任組合員（リミッテドパートナー）により構成され、組合契約をすることによって成立する（ＬＰＳ法2条2項）。組合員は、法人であってもよい。登記によ

---

[27] 投資事業組合の活動範囲が広がり、中小企業等投資事業有限責任組合では、公開企業が株式上場を維持しながらの事業再生をする場合に、当該株式を取得しての経営再建主導、DES（デット・エクィティ・スワップ）を行っての経営再建主導などができないなどの問題点が指摘され、わが国のファンドが海外（ケイマン諸島等）の法律に基づきファンドを組成することを余儀なくされていた（経済産業省産業組織課編『投資事業有限責任組合契約に関する法律〔逐条解説〕』1頁以下（平成17年6月改訂））。

り、善意の第三者に対し対抗力を有する（LPS法4条）。

投資事業有限責任組合は、銀行が有限責任組合員となる場合に出資が独占禁止法の5％ルールの適用除外（独禁11条1項4号）とされ、また組合財産は全組合員の共有となり、組合には法人税はかからない。

―――――●想定するケース●―――――
　ファンド運営者をA株式会社、B株式会社以下5社の株式会社をファンド投資家とするX投資事業有限責任組合を立ち上げ、投資活動によりベンチャー企業を支援することになった。

POINT

(1) 投資事業有限責任組合契約の必要的記載事項

LPS法3条2項は、次の事項を必要的記載事項として定める。

①組合の事業、②組合の名称、③組合の事務所の所在地、④組合員の氏名または名称および住所ならびに無限責任組合員と有限責任組合員の別、⑤出資1口の金額、⑥組合契約の効力が発生する年月日、⑦組合の存続期間。

(2) モデル契約の参照

本契約の各条項および解説等は、原則、経済産業省（委託先：西村あさひ法律事務所）が作成した「投資事業有限責任組合モデル契約（平成22年11月）」を参照して作成している。

モデル契約の契約条項と本組合契約書の契約条項とが異なるものについては、POINT欄に、モデル契約との違い等の記述はしているが、紙幅の関係や複雑化し頁数が増大し、かえってわかりづらくなることから、モデル契約自体の掲載はしていない。

したがって、経済産業省のホームページのアドレスから「投資事業有限責任組合モデル契約」[28]を確認していただきたい。

(3) 投資事業有限責任組合の立上げと金融商品取引法

(ア) 原則

無限責任組合員（ファンド経営者）が、組合持分について投資家に取得

28　http://www.meti.go.jp/policy/economy/keiei_innovation/sangyokinyu/lps_model2211.pdf

勧誘および投資家から出資を受けた組合財産の運用を行う場合、金融商品取引法により、事前に第二種金融取引業登録が必要になる。さらに、有価証券で運用する場合には、投資運用業の登録が必要になる。[29]

(イ) **適格機関投資家等特例業務**

　適格機関投資家等のプロ等を相手にする場合は、前記(ア)の登録をしなくても、いわゆるプロ向けファンドである適格機関投資家等特例業務（以下、「特例業務」という）の届出により、組合財産の運用をすることができる。金融商品取引法制定時に金融イノベーションを阻害しないよう配慮されたものである。一般投資家等を対象とするファンドの取得勧誘・運用を行う場合には、登録制とする反面、適格機関投資家等（適格機関投資家1名以上、一般投資家49名以内）を対象とする限り、届出制とされ簡易な行為規制により行われるものとされた。

(ウ) **特例業務と平成27年金融商品取引法改正**

　しかし、プロ向けファンドの届出者が、他の金融商品取引業者と異なり行為規制が緩く、行政処分の対象とならないこと、適格機関投資家が1名いれば、残り49名は、投資の素人であってもよいことなどから、本制度を悪用し投資経験のない者や高齢者に被害を与えるケースが増大しており、証券取引等監視委員会や消費者委員会から、投資家に係る要件を厳格化する等、制度を見直すべきとの提言を受けた。

　そこで、平成27年5月の金融商品取引法改正（平成28年3月1日施行）により、特例業務に関して規制が強化され、①特例業務の要件等の厳格化（金商63条1項〜3項、63条の4第1項・2項など）、②特例業務届出者の行為規制の拡充（金商63条11項）、および③エンフォースメントの強化（金商63条の5、192条、197条の2第10号の8など）などが図られた。

　①に関しては、たとえば一般投資家要件が厳格化され、49名以内の者の範囲が限定された（金商令17条の12第1項、金商業233条の2第1項）、また適格機関投資家のすべてが投資事業有限責任組合（ただし、運用資産総額から借入金額を控除した金額が5億円以上あると見込まれるものは除外される）

29　実際には、投資運用業の条件の中には、第二種金融商品取引業の条件がすべて含まれているので、投資運用業の登録を行えば、第二種金融商品取引業は届出だけで済む。

である場合は、特例業務が認められないものとされた（金商63条1項1号、金商業234条の2第1号）などである。

【書式25】 投資事業有限責任組合契約書

X投資事業有限責任組合契約書

本契約書末尾の署名欄に記載された者は、事業者（以下に定義される）に対する投資事業を行うため、ＬＰＳ法（以下に定義される）の規定に従い、○○○○年○月○日（以下、「本締結日」という）をもって、以下のとおり、投資事業有限責任組合契約（以下、「本契約」という）を締結する。

第1章 総　則

第1条（定　義）

本契約において、下記の用語は、文脈上別段の意味を有することが明らかな場合を除き、以下の意味を有するものとする。

(1) 「監査人」　監査法人○○／公認会計士○○および／または無限責任組合員が同人に代えもしくは同人に加えて適宜選任し、その旨組合員に通知したその他の監査法人または公認会計士

(2) 「既存出資比率」　ある時点における、当該時点において出資の不履行がない組合員の出資履行金額の出資約束金額に対する比率

(3) 「組合員」　第4条に規定する者。無限責任組合員と有限責任組合員の総称

(4) 「組合会計規則」　中小企業等投資事業有限責任組合会計規則（平成10年8月20日企庁第2号、その後の改正を含む）および日本公認会計士協会により公表された「投資事業有限責任組合における会計処理及び監査上の取扱い」（平成19年3月15日業種別監査委員会報告第38号、その後の改正を含む）

(5) 「組合口座」　本組合の事業のためにのみ利用される○○銀行○○支店に開設された本組合名義の普通預金口座（口座番号：○○○○○○）または無限責任組合員が随時開設し組合員に通知した本組合名義のその他の銀行口座

(6) 「組合財産」　出資金およびこれを運用して取得した投資証券等、投資知的財産権その他の財産で本組合に帰属すべきもの

(7) 「組合持分」　本組合における組合員の持分

(8) 「事業者」　法人（外国法人を除く）および事業を行う個人

(9) 「市場性のある有価証券」　金融商品取引法２条16項に規定する金融商品取引所もしくはこれに類似するものであって外国に所在するものに上場され、または同法67条の11第１項の店頭売買有価証券登録原簿もしくはこれに類似するものであって外国に備えられているものに登録されている有価証券

(10) 「指定有価証券」　金融商品取引法２条１項に規定するもののうちＬＰＳ法３条１項３号のうち社債その他の２条３項の事業者の資金調達に資するものとしてＬＰＳ法施行令１条各号で定める有価証券

(11) 「出資口数」　各組合員が本組合において有する出資の口数をいう。なお、本契約において総有限責任組合員の出資口数の合計に対する一定割合の比率を満たすことが求められる場合、複数の有限責任組合員の出資口数を合計して当該比率を満たす場合を含む

(12) 「出資未履行金額」　出資約束金額のうちいまだ払込みをしていない金額。ただし、本契約の規定に従い、出資未履行金額の増減がなされた場合には、当該増減後の金額とする

(13) 「出資約束期間」　効力発生日から○年間。ただし、本契約の規定により出資約束期間がそれより早く終了する場合は当該終了の日までの期間とする

(14) 「出資約束金額」　各組合員において第８条第２項に基づき本組合に出資することを約した金額。ただし、第９条に従い、出資約束金額の減額がなされた場合には、当該減額後の金額とする

(15) 「出資履行金額」　各組合員において出資約束金額のうち第８条第

3項から第5項までの規定に基づき出資の履行として本組合に現実に払い込んだ金額の総額

⒃ 「対象持分割合」　ある投資に関して、当該投資に参加した各組合員が出資した金額の、当該投資に参加した全組合員の出資の総額に対する割合

⒄ 「脱退組合員」　本組合の組合員だった者で、第34条に基づき本組合を脱退した者

⒅ 「適格機関投資家」　金融商品取引法2条3項1号に規定する適格機関投資家

⒆ 「投資組合等」　投資事業有限責任組合もしくは民法667条1項に規定する組合契約で投資事業を営むことを約するものによって成立する組合または外国に所在するこれらの組合に類似する団体

⒇ 「投資先事業者」　第5条第1号から第7号までの規定により本組合がその株式、持分、新株予約権、指定有価証券、金銭債権、産業財産権、著作権、または信託の受益権を保有している事業者

㉑ 「投資先事業者等」　投資先事業者、第5条第9号により本組合が出資している投資組合等および第5条第11号により外国法人向け出資等を保有している外国法人の総称

㉒ 「投資証券等」　第5条第1号から第6号の規定に従い、本組合が取得したまたは取得する予定の株式、持分、新株予約権、指定有価証券、金銭債権、信託の受益権、約束手形、譲渡性預金証書もしくは動産

㉓ 「投資総額」　ある時点までに本組合が取得したすべての投資証券等および投資知的財産権の取得価額の合計額

㉔ 「投資知的財産権」　第5条第7号に従い、本組合が取得したまたは取得する予定の産業財産権および著作権

㉕ 「反社会的勢力」　以下のいずれかに該当するもの

① 暴力団

② 暴力団員

③ 暴力団準構成員

④　暴力団関係企業

⑤　総会屋等（総会屋、会社ゴロ等企業等を対象に不正な利益を求めて暴力的不法行為等を行うおそれがあり、市民生活の安全に脅威を与える者をいう）

⑥　社会運動等標ぼうゴロ（社会運動もしくは政治活動を仮装し、または標ぼうして、不正な利益を求めて暴力的不法行為等を行うおそれがあり、市民生活の安全に脅威を与える者をいう）

⑦　特殊知能暴力集団等（①から⑥までに掲げる者以外の、暴力団との関係を背景に、その威力を用い、または暴力団と資金的なつながりを有し、構造的な不正の中核となっている集団または個人をいう）

⑧　その他①から⑦までに準ずる者

㉖　「不適格投資家」　金融商品取引法63条1項1号イからハまでのいずれかに該当する者

㉗　「分配時評価額」　投資証券等を現物により分配する場合における当該投資証券等の現物分配基準日における評価額。なお、かかる現物分配基準日の評価額は、①当該分配の対象が市場性のある有価証券である場合、現物分配基準日に先立つ直近の5取引日（現物分配基準日を含まない）における最終価格の平均値（取引日が5日に満たない場合、現物分配基準日に先立つすべての取引日（現物分配基準日を含まない）における最終価格の平均値）とし、②当該分配の対象が市場性のある有価証券ではない場合、第26条第3項に従い有限責任組合員の承認を得て、当該投資証券等の現物分配基準日の時価として定めた価額とする。なお、本条において、「最終価格」とは、投資証券等に関し金融商品取引所における最終売買値もしくは日本証券業協会により公表される最終売買値または外国の取引所もしくは店頭市場におけるこれらに準ずる価格とし、「取引日」とは、当該投資証券等に係る金融商品取引所が営業している日もしくは日本証券業協会により運営される店頭市場が開設されている日または外国におけるこれらに準ずる日とする。ただし、最終価格がない取引日についてはかかる日を除外するものとする

⒇ 「無限責任組合員」　○○に本店を有するA株式会社およびその後任者として第34条第3項に基づき選任された者

⒆ 「持分金額」　各組合員について、その出資履行金額に、事業年度ごとに第25条により当該組合員に帰属すべき損益を加減し、当該組合員に対し本契約の規定により分配された金銭または投資証券等の価額を減じた金額

⒇ 「有限責任組合員」　本契約添付別紙1の「組合員名簿」に有限責任組合員として記載される者、および有限責任組合員として本組合に加入した者

㉛ 「ＬＰＳ法」　投資事業有限責任組合契約に関する法律（平成10年法律第90号、その後の改正を含む）

㉜ 「ＬＰＳ法施行令」　投資事業有限責任組合契約に関する法律施行令（平成10年6月24日政令第235号、その後の改正を含む）

2　本契約において、報酬、原価および費用等に関する言及は、これらに関して課される消費税、付加価値税またはそれと類似の公租公課（外税）を含まないものとする。

> **POINT**
> 〔モデル契約との違い〕[30]
> 　モデル契約第1条第1項の定義は、本契約中には使用していない文言があり、それについて削除している。
> 　モデル契約第1条の定義の「有限責任組合法」は、有限責任事業組合法（正式名称「有限責任事業組合契約に関する法律」）と誤解しやすいので、「ＬＰＳ法」と変更した。
> 　モデル契約第1条第2項の各条項において「定義された用語」および「定義されている条項」は各条項に記載があるので、削除した。

第2条（名　称）

---

[30] 経済産業省「投資事業有限責任組合モデル契約（平成22年11月）」を、本契約のPOINT、脚注等において、「モデル契約」と称する。

本組合の名称は、Ｘ投資事業有限責任組合とする。英文では、Ｘ Investment Limited Partnership と表記する。

> POINT
>
> 組合の名称は、組合契約書の必要的記載事項である（ＬＰＳ法２条２項２号）。そして、その名称中には「投資事業有限責任組合」という文字を使用しなければならない（ＬＰＳ法５条１項）。
>
> なお、英文名称については、任意である。

第３条（所在場所）

本組合の事務所の所在場所は、東京都○○区○○１―１―１とし、Ａ株式会社内に設置するものとする。

2　無限責任組合員は、組合員に対し事前に書面による通知を行うことにより、本組合の事務所の所在場所を変更することができる。

> POINT
>
> (1) 契約書の必要的記載事項
>
> 組合の所在地は、組合契約書の必要的記載事項である（ＬＰＳ法２条２項３号）。もっとも、所在場所は、登記事項であるが、組合契約書の必要的記載事項ではない（ＬＰＳ法17条３号）。
>
> したがって、本契約書の記載は所在地でもよい。
>
> 〔変更例〕
>
> 第３条（所在地）
>
> 本組合の事務所の所在地は、東京都○○区とする。
>
> (2) 所在場所と所在地
>
> 事務所の所在地とは、事務所の所在する最小行政区画を意味し、市町村および東京都の特別区を指す。一方、事務所の所在場所とは、地名、番地までを含む表示のことである。
>
> たとえば、横浜市○○区にある場合であっても、所在地の表示は横浜市であり、所在場所の表示は横浜市○○区○○１丁目１番１号である。

(3) 所在場所の変更

事務所の所在場所の変更登記には、移転を証する書面を添付する必要があり（ＬＰＳ法28条）、本条第2項で使用した通知書面を添付することになる。

第4条（組合員）

組合員は、法人とし名称および住所ならびに無限責任組合員と有限責任組合員との別は、本契約添付別紙1に記載のとおりとする。

POINT

組合員の氏名または名称および住所ならびに無限責任組合員と有限責任組合員の別は、組合契約書の必要的記載事項である（ＬＰＳ法3条2項4号）。

本条は「組合員は法人とする旨」を除き、モデル契約第4条第1項の記載に従った。

〔モデル契約との違い〕

契約書が大部となるため、組合契約書の任意的記載事項であり、かつ事務的事項であるモデル契約第4条第2項ないし第3項は省略した。別途、手続マニュアル、規定等で記載するものとする。

第5条（組合の事業）

組合員は、本組合の事業として、共同で次に掲げる事業を行うことを約する。

(1) 株式会社の設立に際して発行する株式の取得および保有ならびに企業組合の設立に際しての持分の取得および当該取得に係る持分の保有
(2) 株式会社の発行する株式もしくは新株予約権（新株予約権付社債に付されたものを除く）または企業組合の持分の取得および保有
(3) 指定有価証券の取得および保有
(4) 事業者に対する金銭債権の取得および保有ならびに事業者の所有する金銭債権の取得および保有

(5) 事業者に対する金銭の新たな貸付け
(6) 事業者を相手方とする匿名組合契約の出資の持分または信託の受益権の取得および保有
(7) 事業者の所有する産業財産権または著作権の取得および保有（これらの権利に関して利用を許諾することを含む）
(8) 前各号の規定により本組合がその株式、持分、新株予約権、指定有価証券、金銭債権、産業財産権、著作権または信託の受益権を保有している事業者に対して経営または技術の指導を行う事業
(9) 投資組合等に対する出資
(10) 前各号の事業に付随する事業であって、次に掲げるもの
　① 事業者が発行しまたは所有する約束手形（金融商品取引法2条1項15号に掲げるものを除く）の取得および保有を行う事業
　② 譲渡性預金証書の取得および保有を行う事業
　③ ①に規定する約束手形、金融商品取引法2条1項3号に掲げる債券、同法2条1項4号に掲げる特定社債券、同法2条1項5号に掲げる社債券、同法2条1号11号に掲げる投資法人債券もしくは同法2条1項15号に掲げる約束手形に表示されるべき権利または事業者に対する金銭債権に係る担保権の目的である動産の売買、交換もしくは貸借またはその代理もしくは媒介を行う事業
(11) 外国法人の発行する株式、新株予約権もしくは指定有価証券もしくは外国法人の持分またはこれらに類似するもの（以下、「外国法人向け出資等」という）の取得および保有であって、ＬＰＳ法施行令に従い、前各号に掲げる事業の遂行を妨げない限度において行うもの
(12) 本契約の目的を達成するため、次に掲げる方法により行う業務上の余裕金の運用
　① 銀行その他の金融機関への預金
　② 国債または地方債の取得
　③ 外国の政府もしくは地方公共団体、国際機関、外国の政府関係機関（その機関の本店または主たる事務所の所在する国の政府が主たる出資者となっている機関をいう）、外国の地方公共団体が主たる出資者

となっている法人または外国の銀行その他の金融機関が発行し、または債務を保証する債券の取得

> **POINT**
>
> LPS法3条1項は、「組合契約は、……次に掲げる事業の全部又は一部を営むことを約すことにより、その効力を生ずる」とする。また、同条2項1号により組合の事業は、組合契約書の必要的記載事項である。
>
> 本条第1号～第12号は、LPS法3条1項1号～12号に対応している。なお、これらの一部のみを組合の事業とすることも可能である。

第6条（本契約の効力発生日および存続期間）

本契約の効力は、○○○○年○月○日（以下、「効力発生日」という）をもって発生するものとする。

2 本組合の存続期間（以下、「本契約期間」という）は、効力発生日から○○○○年○月○日までとする。ただし、無限責任組合員は、総有限責任組合員の出資口数の合計の3分の2以上に相当する出資口数を有する有限責任組合員の承認を得た場合には、かかる期間の満了日の翌日からさらに○年間を限度として、本契約期間を延長することができる。

> **POINT**
>
> **(1) 必要的記載事項**
>
> 効力発生日および存続期間は、組合契約の必要的記載事項である（LPS法3条2項6号・7号）。
>
> **(2) 効力発生日**
>
> 組合契約に効力が発生した場合、2週間以内に、組合の主たる事務所の所在地において登記をしなければならない。したがって、効力発生日は登記の起算点になるものであり、記載が必要となる。
>
> **(3) 存続期間**
>
> 組合契約には存続期間が定められ、その満了は解散事由となる（本契約第39条第1項第1号）。

存続期間の延長が必要な場合は、延長が認められるので、本条第2項の定めを設けたものである。通常は、3年から5年を設定する場合が多い。

なお、銀行業または保険業を営む会社が他の会社の総株主の議決権の100分の5（保険業は100分の10）を超えて取得・保有することが禁止されている独占禁止法の議決権取得制限（独禁11条1項）の例外として、投資事業有限責任組合の有限責任組合員となる場合は、10年以内なら他の会社の議決権を取得・保有することが認められる（独禁11条4項、独禁令17条）。銀行業または保険業を営む会社が有限責任組合員である場合は、組合の存続期間を10年以内としておくことが一般的である。

本契約では、「〇年間」とすると終期がわかりにくいので、〇年後の具体的な期日を定めている。

第7条（登　記）

無限責任組合員は、LPS法17条に従い、本組合の事務所の所在地において組合契約の登記をするものとする。

2　前項に定める登記事項に変更が生じた場合、無限責任組合員は、LPS法20条に従い、変更の登記をするものとする。

POINT

(1)　組合契約の効力発生の登記

LPS法は、組合契約の効力発生日から2週間以内に、無限責任組合員の申請により登記することを定めている（LPS法17条柱書、26条）。なお、組合契約の登記事項は、①組合の事業、名称、組合契約の効力発生日、組合の存続期間、②無限責任組合員の氏名・名称および住所、③組合の所在場所、④組合契約で解散事由として、LPS法13条4号に掲げる事由を定めたときはその事由、である（LPS法17条各号）。

(2)　変更登記

> 前記①〜④に変更が生じたときは、2週間以内に主たる事務所の所在地において、変更の登記を行う（LPS法20条）。

第2章　出　資

第8条（出　資）

　本組合の出資1口の金額は〇円とする。

2　組合員は、本契約添付別紙1の「組合員名簿」に記載された当該組合員の出資口数に前項に規定する出資1口の金額を乗じた額を上限額として、本条第3項から第5項までの規定に基づき本組合に出資することを約する。

3　組合員は、効力発生日後に無限責任組合員が別途書面により指定する日（以下、「当初クロージング日」という）までに、出資約束金額の〇％に相当する額の金銭を組合口座に振込送金して払い込むものとする。なお、本項ないし第5項における組合員による振込送金にかかる手数料等は、当該組合員の負担とする。

4　組合員は、出資約束期間中、出資未履行金額の範囲内で、無限責任組合員からの払込日の2週間前までの書面による通知（以下、「追加出資請求通知」といい、追加出資請求通知による出資請求を「追加出資請求」という）に従い、無限責任組合員が請求した払込日までに、各組合員が出資約束金額に無限責任組合員が指定する一定割合を乗じて得られた額を組合口座に振込送金して払い込むものとする。

5　第33条第1項に従い、本組合に新たに加入する者（以下、「新規加入組合員」という）および既存組合員のうち出資約束金額を増額する組合員（以下、新規加入組合員と併せて「追加出資組合員」という）は、無限責任組合員が書面により指定する日（以下、「追加クロージング日」という）までに、(i)追加出資組合員の出資約束金額に追加クロージング日時点における既存出資比率を乗じて算出した額の出資金に、(ii)本条第3項から第4項までの規定に基づき当該追加クロージング日までに行われた各払

込につき、当該払込時点の既存出資比率を当該追加出資組合員の出資約束金額に乗じて算出した額に関し、当該払込のなされるべきであった日の翌日から追加クロージング日までの期間について年利○％（年365日の日割り計算とする）でそれぞれ算出された利息金の合計額（以下、「追加出資手数料」という）を加算した合計額を、組合口座に振込送金して払い込むものとする。

POINT

(1)　出資１口の金額、出資口数

ＬＰＳ法６条は、組合員の出資口数は１口以上を有すること、組合員は金銭その他の財産のみをもって出資の目的とすること、出資１口の金額は均一であることを、規定する。

(2)　出資約束金額の出資時期と第１回払込金額

出資約束金額は、各組合員が本組合に出資することを合意した金額である。

出資時期は、第１回の払込日として無限責任組合員が指定する時期に、①本条第３項のように出資約束金額の一定割合（初回払込金額）を払い込ませる場合、②一括して出資約束金額の全額を払い込む場合、③原則は、出資約束金額の一定割合（初回払込金額）を払い込ませるが、出資約束口数が一定口数以下の少数組合員には、一括して出資約束金額の全額を払い込ませる方法などが、考えられる。

なお、③の場合は、組合員の出資履行金額（割合）に齟齬が生じてしまうので、一括して払い込まれた組合員の金銭は、出資とは別に管理し、出資の都度、それに応じて充当する取扱いが必要となる。

〔変更例①〕②の場合の本条第３項および本条第５項（第４項に繰り上げ）の変更例である。

3　組合員は、効力発生日から○日以内の無限責任組合員が別途書面により指定する日（以下、「クロージング日」という）までに、出資約束金額の全額に相当する額の金銭を組合口座に振込送金して払い込むものとする。なお、本項ないし次項における組合員による振込

送金にかかる手数料等は、当該組合員の負担とする。
4　第33条第1項に従い、本組合に新たに加入する者（以下、「新規加入組合員」という）および既存組合員のうち出資約束金額を増額する組合員（新規加入組合員と併せて以下、「追加出資組合員」という）は、無限責任組合員が書面により指定する日（以下、「追加クロージング日」という）までに、(i)追加出資組合員の出資約束金額に相当する出資金に、(ii)当該払込時点の当該追加出資組合員の出資約束金額に関し、クロージング日の翌日から追加クロージング日までの期間について年利〇％（年365日の日割り計算とする）の割合で算出された利息金の合計額（以下、「追加出資手数料」という）を加算した合計額を、組合口座に振込送金して払い込むものとする。

〔変更例②〕③の場合の本条第3項の変更例である。
3　組合員は、効力発生日から〇日以内の無限責任組合員が別途書面により指定する日（以下、「当初クロージング日」という）までに、各号に定める金銭を組合口座に振込送金して払い込むものとする。
　(1)　第2号を除く組合員は、出資約束金額の〇％に相当する額の金銭とする。
　(2)　出資約束金額が〇円以下の組合員は、出資約束金額の全額に相当する金銭とする。なお、この場合、払い込まれた金銭は、前項の組合員の出資約束金額の払込割合に応じて、初回払込金額または都度払込金額として取り扱い、無限責任組合員がその裁量により、残額を各回の払込割合に応じて、充当するものとする。

〔変更例③〕変更例②に、残額の運用について第4条を追加した変更例である。
4　前項の払込みをした組合員が出資約束金額の全額に相当する金銭を一括して払い込んだ場合、初回払込金額または都度払込金額に充当した後の残額について、無限責任組合員は、その裁量により、第5条第12号に定める運用をすることができ、その収益は組合財産に属するものとする。

(3)　**出資約束期間の設定と期間満了後の出資**

出資約束期間とは、組合が新規投資を行うことのために出資請求をすることができる期間で、これを徒過した新規投資は制限されることになる。しかし、当期間の満了だけで投資ができないとなると組合に損害を生じたり、利益が増加しない場合もあり、満了後も投資を認める規定がおかれる場合がある。モデル契約第8条第5項はその例である。

　そのほか、モデル契約第8条第6項および第7項のように、組合の費用、無限責任組合員の報酬などは、出資約束期間には関係なく、組合員が払込みをすべきとする規定もおかれる。これらの条項についてはモデル契約を参照されたい。

(4) 新規加入組合員の出資と既存組合員の増額出資

　本条第5項（モデル契約第8条第8項）は、本組合に新たに加入する新規加入組合員、または出資約束金額を増額する既存組合員（両組合員をあわせて以下、「追加出資組合員」という）の出資すべき金額を定めるものである。本条は、追加出資組合員は、当該追加出資組合員の出資約束金額に既存出資比率に乗じた金額を払い込むものとする。加えて、追加出資組合員は、すでに投資がなされているため、その払込みがなされるべきであった追加出資に対して追加出資手数料の支払義務を負うものとする。

　この追加出資手数料に関し、無限責任組合員の管理報酬に充当するほかは、組合員に帰属するものとされる場合も多数存在するとされる。[31]

〔モデル契約との違い〕

　本条では、モデル契約第8条第5項ないし第7項および第9項ないし第12項を適用していない。

※第○条（組合員の出資義務の免除および除外）

> **・POINT**
>
> 　モデル契約第9条（組合員の出資義務の免除および除外）は、キャピ

---

[31] モデル契約・前掲（注30）16頁

タルコールに基づく各有限責任組合員の出資義務につき、一定の場合に、有限責任組合員の選択で免除を受けることができる旨を定めるものである。

本条はExcuseおよびExclusionの規定として海外ファンドで一般的に規定される契約条項とされる。

しかし、本条が認められる場合の要件は、通常、法令やファンド加入時に無限責任組合員に通知された内部規定に違反する場合など、極めて限られた場合であり、海外ファンド実務においても、本条が発動されることは極めてまれとの指摘もある。[32]

そこで、本件組合における本契約は、基本的に国内の投資実務に関するものであり、事前に投資ガイドラインを詳細に定めることにより、モデル契約第9条は適用しないものとする。

〔モデル契約との違い〕

本契約は、モデル契約第9条（組合員の出資義務の免除および除外）を適用していない。

※第○条（出資約束期間の中断および早期終了）

POINT

モデル契約第10条（出資約束期間の中断および早期終了）に関し、日本においては、ベンチャーキャピタルの社内や系列会社との間の人事異動による担当者の変更が頻繁であり、本条項を設けることは現実的ではないとされている。よって、本条項は、本契約には適用しない。

〔モデル契約との違い〕

本契約は、モデル契約第10条（出資約束期間の中断および早期終了）を適用していない。

第9条（出資約束金額の減額）

効力発生日から○年を経過した日の属する事業年度末において、総組

---

[32] モデル契約・前掲（注30）17頁

合員の出資約束金額の合計額に対する投資総額の割合が○○％を超えていない場合、無限責任組合員は各有限責任組合員に対し、当該事業年度の末日から○か月以内にその旨を書面により通知するものとする。
2　前項の通知がなされた場合、総有限責任組合員の出資口数の合計の○分の○以上に相当する出資口数を有する有限責任組合員は、無限責任組合員に対し、当該事業年度の末日から○か月以内に限り、書面により出資約束金額の減額を請求することができる。
3　有限責任組合員から前項に規定される請求がなされた場合、無限責任組合員は、本契約期間の残存期間における投資予定額および管理報酬の総額ならびに既発生の費用の額および将来発生することが予想される費用の見積額等の諸事情を勘案のうえ、減額の是非ならびに（減額する場合には）減額後の出資約束金額および減額の効力発生時期を決定し、有限責任組合員に速やかに書面により通知するものとする。

> POINT
>
> 　組合による投資が、一定期間において、十分な投資機会が得られないなどの理由で当初の予定よりも出資がなされていない場合に、出資約束金額の減額手続を定めたものである。
> 　本手続は、出資約束金額の全額については、投資機会が得られない場合に、無限責任組合員が有限責任組合員に通知することにより有限責任組合員が出資約束金額の減額の請求をし、無限責任組合員が認めることによって、不要な出資義務の負担を避けることができるものとする。
>
> 〔モデル契約との違い〕
> 　条番号のみ異なる。本条第9条に相当するモデル契約は第11条である。

第10条（追加出資および出資金の払戻し）

　第27条第2項に規定する場合および総組合員が同意した場合を除き、組合員は、本章に規定する出資義務以外に、本組合に対し出資をなす義

務を負わない。
2　第26条に基づく組合財産の分配および第37条に基づく脱退組合員に対するその持分の払戻しを除き、出資金は、理由のいかんを問わず、いかなる組合員に対しても、本契約期間中は払い戻されないものとする。

> **POINT**
>
> 　本条は一定の場合を除き追加出資義務を負担しない旨、払い込まれた出資金は払い戻されない旨を規定するものである。
>
> 　本条第1項に掲げる第27条第2項は、ＬＰＳ法10条に定めるとおり、無限責任組合員が貸借対照表の純資産額を超えて分配を受けた場合の弁済責任を規定するもので、純粋の出資義務ではないが明確化の観点から例外として定めたものである。
>
> 　また、本条第2項に掲げる第26条は組合員が解散前に行われる組合財産の分配の手続等および第37条は組合員脱退時の持分金額の払戻しを例外として規定したものである。
>
> 〔モデル契約との違い〕
>
> 　条番号が異なる。本条（本契約第10条）に相当するモデル契約は第12条である。本条第2項では、モデル契約第12条第2項のただし書以下を省略する。

第11条（出資払込の不履行）

　本契約に基づく支払義務の履行を怠った組合員は、本契約に基づき支払いを行うべき日の翌日から支払いを行うべき金額の全額が払い込まれた日までの期間につき、本組合に対し当該金額の未払込残高に対して年14.6％の割合（年365日の日割計算とする）で計算した遅延損害金を支払うものとする。

2　組合員が本契約に基づく支払義務の履行を怠ったことにより本組合または他の組合員に損害が発生した場合には、当該組合員は当該不履行により本組合または他の組合員が被ったいっさいの損害を賠償する責任を負うものとする。

3 　組合員は、他の組合員の支払義務の不履行を理由に、自己の支払義務の履行を拒絶することはできない。

> **POINT**
>
> 　本条第1項は、遅延損害金について定める。年14.6％は、日あたり0.04％である。ちなみに日あたり0.05％は年18.25％である。
> 　第2項は、損害賠償を定める。
> 　本条第3項は、他のファンド投資家の不履行を理由とした支払義務の不履行は認められないこと、すなわち同時履行の抗弁権がないことを明記したものである。
>
> 〔モデル契約との違い〕
> 　条番号が異なる。本条（本契約第11条）に相当するモデル契約は第13条である。本条は、モデル契約第13条第4項以下は、適用していない。なお本条第1項の遅延損害金の割合は、モデル契約では空欄となっている。
> 　第4項は、出資払込みの履行懈怠時の他の組合員への出資の請求、および第5項は、出資の履行懈怠時の出資請求手続ならびにその不利益について定めるものである。
> 　第5項第1号は、出資を怠った分について、組合員集会においての議決権を否定するものである。

第3章　組合業務の執行

第12条（無限責任組合員の権限）

　無限責任組合員は、第5条に規定する本組合の事業の遂行のため、本組合の名において下記の事項その他本組合の業務を執行し、裁判上および裁判外において本組合を代表するものとする。

(1) 　組合財産の運用、管理および処分
(2) 　投資証券等に関する議決権その他組合財産に係る権利の行使

(3) 投資先事業者に対する経営または技術の指導
(4) 本組合の業務上必要な弁護士、公認会計士、税理士、鑑定人、アドバイザーその他の専門家の選任、ならびに、これらの者への相談および業務委託
(5) 組合財産の分配および組合持分の払戻しに関する事項
(6) 会計帳簿および記録の作成および保管等本組合の会計に関する事務
(7) 本組合の事業に関し発生した本組合の負担すべき費用、経費および報酬等債務の支払いに関する事項
(8) その他本組合の事業の目的の達成のために必要ないっさいの事項

2　無限責任組合員は、投資または本組合の費用の支払いのために本組合による金銭の借入れおよび組合財産の担保提供を行うこと、ならびに、投資に関連して投資先事業者等またはその投資先が金銭の借入れを行う場合の本組合による債務の保証および組合財産の担保提供を行うことができる。ただし、本組合による借入れに係る債務、ならびに、投資先事業者等またはその投資先のための債務の保証および物上保証に係る被担保債務の合計額は、総組合員の出資約束金額の合計額の〇％を上限とし、かつ、組合員の出資未履行金額の合計額を超えない範囲で行われるものとする。

3　無限責任組合員は、本条第1項第4号に関して、必要あるときは、その裁量により自ら適当と認める者に本組合の事務の一部を委任または準委任することができる。

4　無限責任組合員がＬＰＳ法3条1項に掲げる事業以外の行為を行った場合、組合員はこれを追認することができない。

POINT

(1) ファンドの運営者

ファンドの運営者である無限責任組合員が、業務全般を執行する（ＬＰＳ法7条1項）。

無限責任組合員は、組合財産の運用に関しては、他者に委任することができないが、そのほかの事項は他者に委任することも可能である。

(2) 借入れ等

借入れ等を自由に認めると、レバレッジにより大きな投資を行うことができるが、投機的な要素が増大し、大きな損失を被る場合がある。そこで、第2項は、借入れ等について一定の制限を設けたものである。変更例のように借入れ等をいっさい認めない場合もある。

〔変更例〕

第12条（無限責任組合員の権限）

2　無限責任組合員は、投資または当組合の費用の支払いその他目的のいかんを問わず、本組合のため、いっさいの金銭の借入れおよび債務の保証ならびに組合財産の担保提供を行うことができない。

(3) 業務の委任

本条第3項は、本条第1項第4号に関しては、業務の一部または全部を委任することができるとするが、そのほかについても無限責任組合契約に柔軟な業務委託をすべき場合とするのが変更例である。

〔変更例〕

第12条（無限責任組合員の権限）

3　無限責任組合員は、本条第1項第1号を除いて、必要があるときは、自ら適当と認める者に本組合の事務の一部を委任または準委任することができる。

〔モデル契約との違い〕

条番号が異なる。本条（本契約第12条）に相当するモデル契約は第14条である。

第13条（無限責任組合員の注意義務）

無限責任組合員は、本組合の事業の目的に従い善良なる管理者の注意をもってその業務を執行するものとする。

POINT

ＬＰＳ法16条は、民法671条（委任の規定の準用）を再度準用するので、無限責任組合員には、当然に民法644条（受任者の注意義務＝善管

注意義務）が準用される。したがって、本条は、確認的な規定である。
〔モデル契約との違い〕
　条番号のみ異なる。本条（本契約第13条）に相当するモデル契約は第15条である。

第14条（有限責任組合員の権限）

　有限責任組合員は、本組合の業務を執行し、または本組合を代表する権限をいっさい有しないものとする。

2　有限責任組合員は、投資証券等の議決権の行使につき、無限責任組合員に対して指図をすることができない。有限責任組合員のいずれかが第12条に反し投資証券等について議決権を行使した場合は、他の組合員は当該議決権の行使を追認することができない。

3　有限責任組合員は、無限責任組合員に対しあらかじめ書面によりその旨の通知をなしたうえで、無限責任組合員の営業時間内において、自己の費用で次の各号に掲げる書類の閲覧または謄写をなすことができる。

(1)　第21条第3項に規定する会計帳簿および記録
(2)　第22条第1項に規定する財務諸表等および同条第3項に規定する半期財務諸表等
(3)　第22条第1項に規定する監査に関する意見書
(4)　本契約書

4　有限責任組合員は、無限責任組合員に対しあらかじめ書面によりその旨の通知をなしたうえで、自らの費用で選任した監査法人または公認会計士に本組合の財産状況および無限責任組合員による本組合の業務執行状況を監査させることができるものとする。ただし、当該監査の結果、本組合の会計処理に関して重大な誤りが発見された場合には、当該有限責任組合員は当該監査に要した合理的な費用を本組合に請求することができる。

5　有限責任組合員は、随時、無限責任組合員に対し、書面で、本組合の財産状況および無限責任組合員による本組合の業務執行状況につき質問することができる。かかる場合、無限責任組合員は20日以内に適切な方

法で当該質問に答えるものとする。

6　有限責任組合員による本契約の各規定（本条第３項から第５項まで、第15条第２項および第３項、第16条第２項、第19条第２項および第７項ならびに第26条第３項を含む）に基づく権限の行使は、本組合の業務執行に該当しないものとする。

> POINT
>
> **(1)　有限責任組合員の業務執行・代表権のない旨の確認**
>
> 　ＬＰＳ法は、業務執行について無限責任組合員の専決で業務執行を行うことができ、数人いる場合もその過半数で決定することができるとする（ＬＰＳ法７条１項・２項）。本条第１項は、有限責任組合員の立場から、業務執行を行えない旨および代表権限がない旨を確認的に規定したものである。
>
> 　また、本条第６項は、有限責任組合員の本契約に基づく権限の行使についても、業務執行ではない旨を確認的に規定したものである。
>
> **(2)　銀行業・保険業の議決権保有制限の例外の確保**
>
> 　独占禁止法は、銀行業または保険業については、他社の総株主の議決権の５％（保険業は10％）を超える場合は、議決権を取得または保有することができない（独禁11条１項柱書）。しかし、これらの業種を営む会社が、投資事業有限責任組合の有限責任組合員となり組合財産として株式を取得し、保有する場合には、上記の議決権の取得規制の例外となる（独禁11条１項ただし書・４号）。ただし、当該議決権保有制限の例外は、議決権の５％を超えて保有することとなった日から10年を超えて当該議決権を保有する場合、有限責任組合員が議決権を行使できる場合、議決権の行使について有限責任組合員が無限責任組合員に指図を行うことができる場合には適用されない（独禁11条１項４号ただし書、独禁令17条）。
>
> 　そこで本条第２項は、議決権保有制限の例外の適用を確保するための規定である。
>
> **(3)　財務諸表等の閲覧・謄写請求権、財産状況・業務執行状況の監**

査権および質問権

　ＬＰＳ法16条は、民法673条（組合員の組合の業務および財産状況に関する検査）を準用しているため、またＬＰＳ法8条3項は、財務諸表等の書類の謄写閲覧請求について定めているため、本条第3項、第4項は、その内容について明確化したものである。有限責任組合員は、原則、監査により発生した費用を負担しなければならないが、当該監査で不正が発見された場合には、当該費用を組合に請求することができる。

〔モデル契約との違い〕

　条番号のみ異なる。本条（本契約第14条）に相当するモデル契約は第16条である。

第15条（組合員集会）

　無限責任組合員は、第22条第1項に従い組合員に対し財務諸表等を送付した後速やかに（ただし、遅くとも毎事業年度終了後〇日以内に）、組合員集会を招集するものとする。

2　総有限責任組合員の出資口数の合計の〇分の〇以上に相当する出資口数を有する有限責任組合員からの請求があったとき、または無限責任組合員が適宜必要と判断したときは、無限責任組合員は組合員に対し、会日の〇日前までの書面による通知を行い組合員集会を招集するものとする。

3　組合員集会において、無限責任組合員は、本組合の運営および組合財産の運用状況につき報告するものとし、組合員は、無限責任組合員に対しそれらにつき意見を述べることができる。

POINT

　ＬＰＳ法は、組合の運営は、無限責任組合員が行うものとし（ＬＰＳ法7条）、組合員総会を開催する定めはないが、同法16条は、民法673条（組合員の組合の業務および財産状況に関する検査）を準用しているため、本条は、その方法の一つとして組合員集会を規定している。

開催の可否も含めて任意なので、開催する時期は、組合により、年度財務諸表等の作成後に行う定時年次総会だけの場合や、有限責任組合員の一定割合の請求により随時開催できるとするもの、および両者を開催できるとするものなどがある。

以上の位置付けなので、組合員集会は、通常は、組合の意思決定機関ではなく、無限責任組合員が報告を行い、それらに関する有限責任組合員が意見を陳べる場としての組合員集会であり、無限責任組合員が、有限責任組合員の意見に拘束されないことは、他の場合と同じある。

〔モデル契約との違い〕

条番号のみ異なる。本条(本契約第15条)に相当するモデル契約は第17条である。

第16条(利益相反)

有限責任組合員は、(i)本組合の事業と同種もしくは類似の事業を行うこと、または、(ii)本組合の事業と同種もしくは類似の事業を目的とする他の組合(民法上の組合、投資事業有限責任組合、匿名組合、その他これらに類するものを含む。以下本条において同じ)、会社もしくはその他の団体の組合員(無限責任組合員およびジェネラル・パートナーを含む)、社員(無限責任社員を含む)、株主、出資者、取締役もしくは業務執行者となることができる。

2　無限責任組合員は、(i)投資総額ならびに本組合の費用および管理報酬にあてられた出資履行金額の合計額が総組合員の出資約束金額の合計額の○分の○に達する時、または、(ii)出資約束期間の満了時のいずれか早い時までの間は、本組合の事業と同種または類似の事業を行うこと、および本組合の事業と同種または類似の事業を目的とする他の組合、会社またはその他の団体(以下、「承継ファンド」という)の無限責任組合員、ジェネラル・パートナー、無限責任社員、取締役または業務執行者その他これらに類似する役職として当該団体の管理および運営を行うことができないものとする。

3　有限責任組合員は、自己または第三者のために本組合と取引をすることができる。

4　無限責任組合員は、自己または第三者のために本組合と取引をすることができない。

> **POINT**
>
> 　無限責任組合員は、ＬＰＳ法16条が準用する民法671条（委任の規定の準用）から、善管注意義務を負うことから、競業取引および利益相反取引禁止の義務が課されている。
>
> 　本条は、無限責任組合員に関して当該義務の明確化と有限責任組合員に対しては当該義務が課されないことを確認する。
>
> **(1)　第1項および第3項**
>
> 　有限責任組合員は、競業取引または利益相反取引が禁止されない旨を確認的に規定する。
>
> **(2)　第2項ないし第4項**
>
> 　第2項は、無限責任組合員が一定の場合に、①本組合の事業と同種・類似の事業を行うこと、②本組合と同種の事業を行う団体の業務執行者として管理・運営を行うことを制限する。
>
> 　第4項は、無限責任組合員の本組合との利益相反取引を禁止する。
>
> 　適格機関投資家等特例業務に該当する場合には、利益相反取引に関し、以下の定めがある。
>
> 　金融商品取引法63条11項は、特例業務届出者が適格機関投資家等特例業務を行う場合において、当該特例業務届出者を金融商品取引業者とみなして、同法42条の2を適用し、特例業務届出者が、自己またはその取締役・執行役との間における取引を行うことを内容とした運用を行うことを禁止する（金商42条の2第1号）。ただし、この利益相反取引に関しては、個別の取引ごとに、すべての権利者に当該取引および理由の説明を行い、すべての権利者の同意を得るなどの要件を充足すれば、取引を行うことができる（金商業128条2号イ）。
>
> 〔モデル契約との違い〕

条番号が異なる。本条（本契約第16条）に相当するモデル契約は第18条である。モデル契約第18条第2項ただし書および第6項ただし書（諮問委員会の承認等）は適用しないこととした。また、モデル契約第18条第3項・第4項を適用していないため、モデル契約第18条第6項本文は本条第4項に繰り上げた。

※第○条（諮問委員会）

> POINT
>
> 諮問委員会は任意の組織であり強制されるべきものではないので、本契約においては、モデル契約第19条を適用していない。
> 必要な場合は、モデル契約第19条を参照されたい。
> 諮問委員会の員数（第2項）、選任（第3項）、任期（第4項）、権限（第5項）、招集（第6項・第7項）、招集通知の発送期間（第6項）、諮問委員会による承認方法（第7項）、無報酬・費用（第9項・第10項）、などについて規定されている。

第4章　組合員の責任

第17条（組合債務に対する対外的責任）

　本組合の債務は、無限責任組合員が組合財産をもって弁済するものとする。ただし、本組合の全債務について組合財産をもってしても弁済することができない場合、無限責任組合員は自らの固有財産をもって弁済する責任を免れるものではない。

2　第27条第2項に規定する場合を除き、有限責任組合員は、出資の価額を限度として債務を弁済する責任を負う。

> POINT
>
> 本条第1項、第2項とも確認的規定である。
> (1)　**無限責任組合員の責任**

無限責任組合員が数人いるときは、各無限責任組合員は組合債務の全額について、連帯して責任を負う（ＬＰＳ法9条1項）。

(2) 有限責任組合員の責任

上記に対して、有限責任組合員は、出資を限度として責任を負うだけである（ＬＰＳ法9条2項）。

有限責任組合員の権限は、無限責任組合員に比べ、限定的であり、組合の業務執行を負うこともない（ＬＰＳ法7条1項）。

有限責任組合員には、情報取得権や検査権のほか一定の場合における承認権が与えられるのみであり、もし、無限責任組合員と誤認させる行為をした場合には無限責任組合員と同一の責任を負うことになる（ＬＰＳ法9条3項）。

〔モデル契約との違い〕

条番号が異なる。本条（本契約第17条）に相当するモデル契約は第20条である。

第18条（組合財産による補償）

　有限責任組合員が第三者から、本組合の事業に関して、請求その他何らかの権利の主張を受けた場合、当該有限責任組合員は直ちにその旨を無限責任組合員に通知するものとする。無限責任組合員は、かかる通知受領後速やかに、当該有限責任組合員が、かかる請求ないし権利の主張を直接に受けることがないようにするために適切な措置をとるものとし、当該有限責任組合員は無限責任組合員の当該措置に協力するものとする。

2　組合員（組合員の役員、執行役、従業員、代理人および株主を含む）が、本組合の事業または業務に関連して、費用を負担しまたは損害、損失等を被った場合、組合財産より補償を受けることができる。ただし、当該組合員は、その故意または重過失に基づきかかる費用、損害、損失等を被った場合には、かかる補償を受けることができないものとする。

POINT

〔モデル契約との違い〕

> 条番号が異なる。本条（本契約第18条）に相当するモデル契約は第21条である。本条第２項については、モデル契約第21条第２項を簡略化した。

第５章　組合財産の運用および管理

第19条（組合財産の運用）
　無限責任組合員は、第５条に規定される本組合の事業の範囲内で、組合財産を本契約添付別紙２記載の「投資ガイドライン」に従い運用するものとする。
2　無限責任組合員が投資先事業者等に対し追加的な投資を行う場合には、事前に有限責任組合員に対しその旨を通知することにより、有限責任組合員に意見を述べる機会を与えなければならない。ただし、当該投資先事業者等との間で当初投資する際に締結した投資契約に基づき行われる場合はこの限りではない。なお、無限責任組合員は、追加的な投資を行う場合、本項に基づく有限責任組合員の意見に拘束されるものではない。
3　本契約において許容されている場合を除き、無限責任組合員は、投資を実行するに際し、第26条第２項に規定される処分収益またはその他投資収益を用いてはならない。
4　無限責任組合員は、業務上の余裕金を、第５条第12号に記載された方法により運用するものとする。
5　前各項に定めるほか、投資の時期および方法、投資証券等および投資知的財産権の処分の時期および方法、新株予約権の行使等組合財産の運用、管理および処分に関する事項はすべて、無限責任組合員の裁量により行われるものとする。
6　無限責任組合員は、投資を実行した場合、次に掲げる事項を、各組合員に対し、遅滞なく、書面により通知するものとする。
　(1)　当該投資の対象である投資先事業者等の概要
　(2)　当該投資に係る投資証券等または投資知的財産権の種類および数

(3) 当該投資の理由およびその保管もしくは管理に関する事項その他適切と認められる事項
7 有限責任組合員は、無限責任組合員に対し、投資証券等および投資知的財産権の選定その他組合財産の運用について意見を述べることができる。なお、無限責任組合員は、本項に基づく有限責任組合員の意見に拘束されるものではない。

POINT

(1) 投資ガイドライン

本条第1項により、投資活動は、組合契約の中で、また別途作成される「投資ガイドライン」に従い、無限責任組合員が行う。

(2) 個別投資情報による監視

本条第2項は、経営が悪化している事業等に対し救済的な追加融資が行われる場合の通知、およびそれに対する有限責任組合員の意見申述を定めるものであるが、無限責任組合員は当該意見に拘束されるものではない。

本条第6項は、有限責任組合員が無限責任組合員の個別投資に関する情報の通知義務を定めたものである。そして第7項は、有限責任組合員は、これら個別投資に関し意見申述できるとするが、無限責任組合員は、もとよりその裁量により行うものであり、これに拘束されることがないことは上記と同様である。

(3) 余裕金の運用

本条第4項(モデル契約第22条第5項)の余裕金の運用については、第5条第12号に基づき、定めるものとするが、具体的な余裕金の運用手続については、モデル契約第22条第5項のように添付別紙によることがベストである。

〔モデル契約との違い〕

条番号が異なる。本条(本契約第19条)に相当するモデル契約は第22条である。モデル契約第22条第4項については、投資契約書を取り交わすことが容易ではない面もあり、この条項を適用せず、これ以下

の項を繰り上げている。

第20条（組合財産の管理）

　無限責任組合員は、新たに組合財産を取得した場合、速やかに、名義の変更その他の対抗要件具備のために必要な手続を行うものとする。
2　組合財産に属する現金の受領、保管および支出は、すべて組合口座において行うものとする。
3　その他組合財産の管理に関する事項は、無限責任組合員がその裁量により適切と考える方法で行うものとする。

> POINT
>
> (1) 組合財産の対抗要件具備
>
> 　第19条第1項のとおり無限責任組合員が組合財産の運用を行うことから、無限責任組合員の破産、倒産を考えると、無限責任組合員の財産と組合財産の分別管理を行うことは極めて重要である。そこで、無限責任組合員の財産と区別するため対抗要件の具備が必要となる。
>
> (2) 組合財産の管理
>
> 　本条第3項に関し、会社法は原則、株券不発行を原則とすること、また上場株式については振替制度があるほか、財産として非上場株式なども含まれていることから、それぞれの財産により管理方法が異なるため、それらの管理について、無限責任組合員が適切と考える方法で行うことにしている。
>
> 〔モデル契約との違い〕
>
> 　条番号が異なる。本条（本契約第20条）に相当するモデル契約は第23条である。

第6章　会　計

第21条（会　計）

本組合の事業年度は、毎年4月1日から翌年3月31日までとする。ただし、初年度は効力発生日から○○○○年3月31日までの期間とする。

2　無限責任組合員は、組合会計規則に定めるところに従い会計処理を行うものとする。

3　無限責任組合員は、本組合の事業に属するあらゆる取引に関する正確な会計帳簿および記録を作成し、保管するものとする。

> **POINT**
>
> 本条第2項の「組合会計規則」とは、中小企業等投資事業有限責任組合会計規則（平成10年8月20日〔企庁第2号〕、その後の改正を含む）および日本公認会計士協会により公表された「投資事業有限責任組合における会計処理及び監査上の取扱い」（平成19年3月15日〔業種別監査委員会報告第38号〕、その後の改正を含む）のことをいう（本契約第1条第1項第4号）。
>
> 〔モデル契約との違い〕
>
> 条番号が異なる。本条（本契約第21条）に相当するモデル契約は第24条である。

第22条（財務諸表の作成および組合員に対する送付）

無限責任組合員は、事業年度ごとに、組合会計規則に定めるところに従い、その事業年度の貸借対照表、損益計算書および業務報告書ならびにこれらの附属明細書（以下、「財務諸表等」と総称する）を作成し、監査人による日本における一般に公正妥当と認められる監査基準に従った監査（業務報告書および附属明細書については会計に関する部分に限る。以下本条において同じ）を経た後、その事業年度経過後3か月以内に、組合員に対し、当該監査に関する意見書の写しとともに財務諸表等を送付するものとする。

2　無限責任組合員は、前項の附属明細書において、本組合が投資勘定において保有する投資証券等および投資知的財産権については本契約添付別紙3「投資資産評価準則」に定めるところに従い、各事業年度期末時

点における評価額を記載するものとする。
3　無限責任組合員は、毎事業年度の上半期終了後、速やかに当該上半期の中間貸借対照表、中間損益計算書および半期業務報告書ならびにそれらの附属明細書（以下、「半期財務諸表等」と総称する）を作成し、組合員に送付するものとする。
4　本条第1項に基づき各組合員に対し財務諸表等を送付する場合、同時に、(i)当該組合員に帰属すべき収益、費用、資産および負債等に関して有限責任組合員が税務申告上合理的に必要とする情報を無限責任組合員がその裁量により適切と認める方法により提供し、また、(ii)本契約添付別紙4「累積内部収益率計算書」[34]に定める計算方法により計算した累積内部収益率の結果を送付するものとする。
5　無限責任組合員は、財務諸表等を、本契約書およびその監査に関する意見書とともに5年間本組合の主たる事務所に備え置くものとする。

> **POINT**
>
> **(1)　財務諸表等の送付**
>
> 　ＬＰＳ法8条は、無限責任組合員は、毎事業年度経過後3か月以内に、作成したその事業年度の財務諸表等ならびに公認会計士の意見書を主事務所に備え置くこと、およびこれらの書類を組合員等が閲覧等の請求ができる旨を定める。
>
> 　本条第1項・第3項は、法の要請をさらに進めて、財務諸表等および半期財務諸表について組合員に送付するものとする。
>
> **(2)　税務申告にかかる情報の送付**
>
> 　第4項は、組合員の税務申告の便宜のための情報を上記と同時に送付する旨の規定である。投資事業組合自体は課税されず、組合員に対して課税されるパススルー課税のため、当該規定を置いたものである。
>
> 〔モデル契約との違い〕
>
> 　条番号が異なる。本条（本契約第22条）に相当するモデル契約は第

33　モデル契約・前掲（注30）78頁
34　モデル契約・前掲（注30）81頁

25条である。

第7章　投資先事業者の育成

第23条（投資先事業者の育成）

　無限責任組合員は、本組合の事業の目的の達成のため、その裁量により適切と考える方法により、投資先事業者に対し、本組合の事業として議決権の行使および経営または技術の指導を行うものとする。

> **POINT**
>
> (1)　**適切と考えられる方法**
>
> 　経営または技術の指導としては、無限責任組合員の取締役・従業員が投資事業者に対し取締役への就任などの人材派遣、コンサルティング契約の締結、など無限責任組合員が適切と考える方法を認める。
>
> (2)　**本組合の事業として**
>
> 　無限責任組合員の立場で行うことは、無限責任組合員の収益や費用となり、組合との間で利益相反の関係に立つことになるため、「本組合の事業として」を定めたものである。
>
> 〔モデル契約との違い〕
>
> 　条番号が異なる。本条（本契約第23条）に相当するモデル契約は第26条である。議決権の行使は、投資先の育成にとって重要であり、本条において追加している。

第8章　組合財産の持分と分配

第24条（組合財産の所有権帰属）

　組合財産は組合員の共有とする。

2　組合員は、本組合の清算手続が終了するまで組合財産の分割を請求す

ることができない。

> **POINT**
>
> (1) 共　有
>
> 　ＬＰＳ法16条は、民法668条（組合財産の共有）の規定を準用する。もっとも、この共有は、物権法上の共有とは異なり、各組合員の持分処分制限（平成28年改正民法676条１項）、持分単独行使の禁止（同改正民法676条２項）および財産分割請求権の制限（同改正民法676条３項）を規定するので、「合有」として共有とは区別する学説も有力である。
>
> (2) 清算前の分割請求の禁止
>
> 　ＬＰＳ法16条が準用する改正民法676条３項は、清算前の分割請求を禁止するため、本条２項はその旨を確認するものである。
>
> 〔モデル契約との違い〕
>
> 　条番号が異なる。本条（本契約第24条）に相当するモデル契約は第27条である。

第25条（損益の帰属割合）

　各事業年度末において、本組合の事業に関する損益は、各組合員にその出資履行金額の割合に応じて帰属するものとする。ただし、これにより有限責任組合員の持分金額がゼロを下回ることとなる場合には、有限責任組合員の持分金額はゼロとし、当該ゼロを下回る部分に相当する損失はすべて無限責任組合員に帰属するものとする。

2　前項ただし書の規定に従い損失が無限責任組合員に帰属した結果その持分金額がゼロを下回ることとなった場合、無限責任組合員の持分金額がゼロ以上にならない範囲で本組合の損益はすべて無限責任組合員に帰属し、当該範囲を超える本組合の利益がある場合、当該利益は各組合員に帰属する。

> **POINT**
>
> (1) 組合員の出資約束金額・出資履行金額の割合が一定の場合
>
> 　本条は、モデル契約のうち、免除／除外条項を設けない場合を適用

している。本条は、組合の事業から生ずる損益計算書上の利益が、各組合員にどのように帰属するかを規定したものであり、抽象的な配分規定である。

　第1項ただし書は、有限責任組合員の対外的責任が出資額を限度とする有限責任であることから、有限責任組合員については、持分金額がゼロを下回ることはなく、ゼロを下回る損失は、すべて無限責任組合員に帰属することを定める。

　第2項は、上記ただし書により、無限責任組合員に損失が帰属することになった場合に、以後これを回復させるために、無限責任組合員の持分金額がゼロ以上にならない範囲で、組合の利益を帰属させるものとする。

(2) 投資ごとに出資する組合員が異なる場合

　投資ごとに出資を行う組合員の構成が異なる場合には、組合員に対して一律に損益を帰属させることは適当ではないため、モデル契約第28条には、【免除／除外条項を設ける場合】が掲げられているが、本条は適用していない。

〔モデル契約との違い〕

　条番号が異なる。本条（本契約第25条）に相当するモデル契約は第28条の【免除／除外条項を設けない場合】である。

第26条（組合財産の分配）

　組合員および脱退組合員は、本契約に定めがある場合を除き、事由のいかんを問わず、本組合の解散前に組合財産を分配することを請求することはできない。

2　無限責任組合員は、第27条により認められる範囲において、以下に定めるところに従い、無限責任組合員がその裁量により決定する時において分配額を確定し、組合員についてはその持分金額、脱退組合員については当該脱退組合員の脱退当時の持分金額の各金額に応じ按分したうえ、当該組合員および当該脱退組合員に対しそれぞれ組合財産の分配を行うものとする。

(1) 無限責任組合員は、投資証券等および／または投資知的財産権について売却その他の処分、償還、消却、買受け、払戻し、または弁済がなされること（以下、「処分等」と総称する）により金銭（以下、「処分収益」という）を受領したときは、かかる金銭の受領後〇か月以内の無限責任組合員がその裁量により指定する日において、当該処分収益から、処分等に要した諸費用および公租公課ならびに当該処分等の時において支払期限が到来していた組合費用の合計額を控除したうえ、本条第4項の定めに従い成功報酬の額を控除した残額に相当する金銭を分配するものとする。

(2) 無限責任組合員は、投資証券等および／または投資知的財産権に関して配当、利息、使用許諾料その他の収益に係る金銭（処分収益に含まれるものを除く。以下、「その他投資収益」という）を受領したときは、かかる金銭を受領した日の属する事業年度の末日から〇か月以内の無限責任組合員がその裁量により指定する日において、当該その他投資収益から、当該受領に要した諸費用および公租公課ならびに当該受領の時において支払期限が到来している組合費用の合計額を控除したうえ、本条第4項の定めに従い成功報酬の額を控除した残額に相当する金銭を分配するものとする。

(3) 無限責任組合員は、組合財産に関して生じた収益その他の金銭のうち処分収益およびその他投資収益に含まれないもの（以下、「特別収益」という）を受領したときは、受領の都度これを分配することを要しないものとし、無限責任組合員がその裁量により指定する日において、特別収益のうち無限責任組合員がその裁量により適切と考える額に相当する金銭を分配することができるものとする。

3 前項に規定する金銭の分配のほか、無限責任組合員は、投資証券等（投資証券等に係る処分等、現物配当、株式分割等により本組合が取得したもののうち金銭以外のものを含む）を現物で分配することが組合員の利益に適うと合理的に判断する場合（かかる判断がなされた日を以下、「現物分配基準日」という）、組合員および脱退組合員（以下、「組合員等」という）に対し、現物分配基準日後速やかに、当該投資証券等の分配時評価額の

総額から、分配に要する諸費用および公租公課の合計額を控除したうえ、本条第4項に従い成功報酬の額（成功報酬を投資証券等の現物で支払う場合には、当該投資証券等の分配時評価額の総額）を控除した残額に相当する当該投資証券等を、第27条により認められる範囲において、組合員につき持分金額（脱退組合員については脱退時の持分金額）に応じ按分をした割合により、それぞれ現物により分配することができるものとする。無限責任組合員は、分配に要する諸費用および公租公課ならびに成功報酬の支払いにあてるため、分配される投資証券等の一部を売却することができるものとし、かかる場合、当該売却に係る投資証券等を控除した後の当該投資証券等を組合員等に対し分配するものとする。当該投資証券等が市場性のある有価証券ではない場合、無限責任組合員は、その適否を判断するうえで必要な事項を記載した書面を送付したうえ、総有限責任組合員の出資口数の合計の過半数に相当する出資口数を有する有限責任組合員の承認を取得しなければならないものとする。

4　本条第2項第1号もしくは第2号に定める処分収益もしくはその他投資収益または前項に定める投資証券等の分配および成功報酬の控除は、以下に定める順位および方法に従い行うものとする。

(1)　第1に、本項に基づき当該分配までにすべての組合員等に対して行われた組合財産の分配額の累計額（以下、「分配累計額」という）および当該分配において前2項に基づきすべての組合員等に対し行う分配額（以下、「分配可能額」という）の合計額が、すべての組合員等の出資履行金額の合計額と同額となるまで、組合員等に分配可能額の100％を分配する。

(2)　第2に、分配累計額および分配可能額の合計額からすべての組合員等の出資履行金額の合計額を控除した額が、すべての組合員等の出資履行金額の合計額に8％を乗じた金額と同額になるまで、組合員等に分配可能額の100％を分配する。

(3)　第3に、本項に基づき当該分配までに無限責任組合員に支払われた成功報酬額および当該分配において本号に基づき無限責任組合員に対して帰属する成功報酬額の合計額（以下、「成功報酬累計額」という）

が、以下に定める金額の合計額の20％相当額と同額となるまで、無限責任組合員に成功報酬として分配可能額の100％を支払うものとする。

  (ⅰ) 分配累計額および当該分配において本項第１号から本号までに基づき組合員等に対して行われる分配額の合計額からすべての組合員等の出資履行金額の合計額を控除した額

  (ⅱ) 成功報酬累計額

(4) 第４に、無限責任組合員に成功報酬として分配可能額の20％を支払い、組合員等に分配可能額の80％を分配する。

> POINT
>
> **(1) 組合員の出資約束金額・出資履行金額の割合が一定の場合**
>
> 　本条は、モデル契約のうち、免除／除外条項を設けない場合を適用している。
>
> **(2) 投資ごとに出資する組合員が異なる場合**
>
> 　投資ごとに出資を行う組合員の構成が異なる場合には、組合員に対して一律に損益を帰属させることは適当ではないため、モデル契約第29条には、【免除／除外条項を設ける場合】が掲載されている。
>
> 〔モデル契約との違い〕
>
> 　条番号が異なる。本条（本契約第26条）に相当するモデル契約は第29条の【免除／除外条項を設けない場合】である。その他、本条はモデル契約を簡略化し、第４項において仮の数字を置く。

第27条（分配制限）

　前条にかかわらず、無限責任組合員は、貸借対照表上の純資産額を超えて組合財産の分配を行うことができない。なお、貸借対照表上の純資産額の算定に際し未実現利益は算入しないものとする。

2　有限責任組合員は、前項の規定に違反して貸借対照表上の純資産額を超えて分配を受けた場合は、当該超過して分配を受けた額の範囲内において、本組合の債務を弁済する責に任ずる。ただし、有限責任組合員が

当該分配を受けた日から5年を経過したときは、この限りではない。

3　本条第1項に違反して組合員に対し分配された現金または現物の相当額の範囲内において、無限責任組合員は、本組合に対し、自ら分配を受けた組合財産、ならびに第30条および第40条第2項に規定する報酬を返還しなければならない。

> POINT
>
> (1)　組合の分配制限
>
> 　第1項は、LPS法10条1項を確認する規定である。
>
> 　民法上の組合は、組合員の同意があれば、いつでも制限なく組合財産の分配をすることができる。しかし、これを認めると、有限責任組合員は有限責任しか負わないため、組合債務を免れるための有限責任組合員に対する組合財産の分配が可能になるため、LPS法10条1項において財産の分配に一定の制限を設け、組合債権者に対する責任財産の維持を図っている。責任財産維持の方法として、米国リミテッド・パートナー法典の定めを参考にして、純資産額を超えての分配ができないものとした。
>
> (2)　純資産額
>
> 　ここでは、組合の全資産から全負債をマイナスした残りを「純資産額」としており、中小企業等投資事業有限責任組合会計規則17条1項において純資産額には「未実現利益」は含まないものとしている。
>
> (3)　分配制限違反の場合における弁済責任
>
> 　本条第2項は、前項に違反して純資産額を超えて分配がなされた場合、有限責任組合員に組合債務の弁済義務を定めるものであり、LPS法10条2項を確認する規定である。
>
> 　本条第3項は、第1項に違反して純資産額を超えて分配がなされた場合、無限責任組合員については、分配を受けた組合財産だけでなく、報酬についても返還を定めるものである。

〔モデル契約との違い〕

　条番号が異なる。本条（本契約第27条）に相当するモデル契約は第

30条である。

第28条（公租公課）

　本組合の事業に関し各組合員に課される公租公課については、各組合員が負担するものとし、組合財産からは支払われないものとする。ただし、組合財産の処分等に関して課される公租公課については、各組合員がその持分金額の割合に応じて負担するものである限り、無限責任組合員は、これを組合財産から支払うことができるものとする。

2　各組合員が、本組合の事業に関し当該組合員に課される公租公課に関して、管轄行政機関から書類、資料、証明書等の提出を求められた場合、無限責任組合員は、適宜、当該組合員が必要とする様式でこれを作成し、当該組合員に送付するものとする。ただし、無限責任組合員は、この作成および送付に要する費用を、その裁量により適切と認める方法で、当該組合員に負担させることができるものとする。

3　組合員等が正当な事由なく本組合の事業に関し各自が負担すべき公租公課を滞納した場合、無限責任組合員は、その裁量により、第26条に基づく分配を行うに際し、当該組合員等に分配すべき組合財産の中から当該滞納額に相当する現金または現物を控除し、現物についてはその裁量により適切と認める方法によりこれを売却したうえ、当該公租公課を支払うことができるものとする。なお、本項の判断については、無限責任組合員は、いかなる責任も負わないものとする。

POINT

　本条は、組合における公租公課に関して定める。

(1) 脱退組合員の取扱い（本条第3項）

　脱退組合員は組合に対して払戻請求権を有するが（本契約第37条参照）、当該脱退組合員が公租公課を滞納している場合、税務当局が、組合員の有する払戻請求権に対して差押え等をすることが考えられる。

　このような場合、組合の業務執行に支障が生ずることを防止するため、本条第3項は、無限責任組合員がその裁量により脱退組合員に代

わり公租公課の支払いをできるものとする。

〔モデル契約との違い〕

条番号が異なる。本条（本契約第28条）に相当するモデル契約は第31条である。

モデル契約第31条第3項は、本条第3項の定めのほか、PE特例[35]により源泉徴収を受けないものと予定される外国有限責任組合員が、PE特例の要件を充足しなくなった場合、これを知った無限責任組合員が当該外国有限責任組合員にかかる源泉徴収を認める定めが追加されている。

また、モデル契約第31条第4項、第5項は、本条では適用していない。

モデル契約第31条第4項は、外国有限責任組合員にPE特例が利用される場合の表明保証とこれに反する場合の無限責任組合員に対する通知義務、および無限責任組合員が組合財産の配分にあたり源泉徴収を行うことができる旨、を定める（なお、所得税法等の一部を改正する法律〔平成26年3月30日公布・平成26年法律第10号〕によりモデル契約第31条第4項の「所得税法第164条第1項第4号」は「同法第164条第1項第2号」に、「法人税法第141条第4号」は「同法第141条第2号」にそれぞれ改正されている）。

モデル契約第31条第5項は、PE特例を利用する場合の外国有限責任組合員が、無限責任組合員の事務に対して協力を行うことを定める。

以上から国内企業のみが組合員である本組合の組合契約書においては、本条のとおりモデル契約第31条第3項の外国人有限責任組合員に係る部分および第4項～第5項を削除した。

---

[35] 非居住者が株式譲渡をした場合、原則、その居住者が国内に恒久的施設（Permanent Establishment＝略して以下、「PE」という）を有しているかどうかで所得税法上の取扱いは異なる。従来は、投資事業有限責任組合に出資している非居住者たる組合員（外国組合員）は、組合が国内にあることを通じて事業を行う場合、非居住者たる組合員もPEを有するものと取り扱われてきた。平成21年度税制改正で導入された「外国有限責任組合員に対する課税の特例」（租税特別措置法41条の21、67条の16）により、一定の要件を満たす外国有限責任組合員は、PEを有しないとみなす特例が設けられた。

第 9 章　費用および報酬

第29条（費　用）

　本組合の事業に関連して発生した次に掲げる費用は、すべて組合財産より支払われるものとする。

(1)　本組合の組成に関する費用（本契約の作成費用、登記費用、弁護士、公認会計士、税理士その他の専門家に対する報酬を含む。ただし、総組合員の出資約束金額の合計額の〇％に相当する額を上限とする）

(2)　組合財産の取得、投資先事業者等における合併、株式交換、株式移転、会社分割、事業提携その他の組織再編行為、ならびに、組合財産の処分等に要する費用（事業調査に係る弁護士、公認会計士、税理士その他の専門家に対する報酬を含む）

(3)　組合財産に関する権利行使に係る費用（サービサーその他の第三者に対する委託費用を含む）

(4)　組合員集会の招集および開催に係る費用

(5)　次の(i)から(iii)までに規定する費用
　(i)　第21条第3項に規定する会計帳簿その他会計記録の作成費用
　(ii)　第22条第1項に規定する財務諸表等の作成・送付費用
　(iii)　第22条第3項に規定する半期財務諸表等の作成・送付費用

(6)　第22条第1項に規定する監査人の監査および意見書作成ならびに意見聴取に係る費用

(7)　組合財産の名義変更その他の対抗要件具備のための費用その他組合財産の管理に係る費用

(8)　本組合の事業に合理的に必要な、弁護士、公認会計士、税理士、鑑定人、アドバイザーその他の専門家の費用

(9)　投資先事業者の指導および育成に要する費用

(10)　本組合の事業に関連する法令等を遵守するための費用または本組合の事業に係る法的手続に要する費用（訴訟その他の裁判手続および行政機関による検査・調査に要する費用を含む）

(11)　本組合の事業に関する保険の保険料（無限責任組合員の取締役または

従業員が投資先事業者である会社の取締役その他の役員に就任した場合における当該取締役または従業員の役員賠償責任保険の保険料を含む)

(12) 本組合の事業に関して発生する公租公課(消費税および地方消費税を含む)

(13) 本組合の解散および清算に要する費用

(14) 本組合に関し、または本組合の業務執行に際し、合理的に発生したその他の費用

2 本組合の業務執行に要する費用のうち、前項に規定される費用以外のものについては、無限責任組合員の管理報酬より支出するものとする。

3 無限責任組合員が、本組合の業務に関し、本組合の負担すべき費用等を支出した場合、かかる支出について組合財産から支払いを受けることができる。

POINT

本条は、組合の費用に関して定める。無限責任組合員の活動費用は管理費用の中に含まれるものもある。組合が負担すべき費用と無限責任組合員が負担すべき費用とを事後に区分けすることは、有限責任組合員との間でトラブルが発生しやすく、本条により事前に定めておくべきである。

本条第1項第11号は、無限責任組合員の取締役・従業員が投資先事業者である会社の取締役その他の役員に就任した場合における当該取締役・従業員の役員賠償責任保険の保険料を、本組合の費用とする。

本条第1項第14号は、第1号ないし第13号以外でも、組合の費用負担とすることができるため無限責任組合員にとっては有利な規定である。反面、列挙事項から漏れていたとしても、第14号により組合の負担とされる場合もでてくるため、有限責任組合員にとっては好ましくなく、適用しないことも検討すべきである。

〔変更例〕

第1項第14号を削除する。

〔モデル契約との違い〕

条番号が異なる。本条（本契約第29条）に相当するモデル契約は第32条である。

第30条（無限責任組合員に対する報酬）

　無限責任組合員は、本組合の業務執行に対する報酬として、本条第2項に定める管理報酬および第3項に定める成功報酬を、組合財産から受領するものとする。
2　無限責任組合員は、各事業年度の管理報酬として、以下の各号に定める額（年額）を、当該事業年度の期初から〇日以内に、毎年前払いで現金にて受領するものとする。
(1)　最初の事業年度については、総組合員の出資約束金額の合計額の〇％に相当する額（年365日の日割り計算とする）
(2)　第二事業年度以降出資約束期間の満了日が属する事業年度までについては、各事業年度につき、総組合員の出資約束金額の合計額の〇％に相当する額
(3)　出資約束期間の満了日が属する事業年度の翌事業年度以降については、各事業年度につき、当該事業年度の直前事業年度の末日における投資総額の〇％に相当する額
3　無限責任組合員は、第26条に従い組合財産の分配を行うに際し、成功報酬として、同条第4項に従い算定される金額または投資証券等を受領するものとする。なお、同条第3項に基づき投資証券等を現物により分配する場合には、当該成功報酬の金額は、当該分配に係る投資証券等の分配時評価額により計算されるものとする。
4　第43条に基づく本組合の清算手続における分配を行う日の時点において、無限責任組合員が成功報酬を受領している場合で、かつ、(i)第26条または第43条に基づき組合員等に対して行われた組合財産の分配額（現物分配の場合にはその分配時評価額を含む。以下本条において同じ）の累計額（以下、「対象分配累計額」という）が、組合員等によりなされた出資履行金額の総額および同金額の［a］％に相当する金額の合計額（以下、「優先分配金額」という）を下回るか、または(ii)無限責任組合員が受領し

た成功報酬の合計額（以下、「対象成功報酬累計額」という）が、対象分配累計額から組合員等の出資履行金額の合計額を控除した金額および対象成功報酬累計額の合計額の［β］％を超える場合、無限責任組合員は、(x)以下の各号に定める金額のうちいずれか大きい金額または、(y)対象成功報酬累計額の金額のうち、いずれか小さい金額に相当する額を、本組合に速やかに返還するものとする。かかる返還金（以下、「クローバック金額」という）は、本組合への支払いをもって、各組合員等へその持分金額（脱退組合員については脱退当時の持分金額）に応じ按分のうえ帰属する。

(1) クローバック金額が組合員等に支払われるとしたら、対象分配累計額（クローバック金額の支払いによる増額後の金額。以下本条において同じ）が、優先分配金額に相当することとなる金額

(2) クローバック金額が組合員等に対して支払われるとしたら、対象成功報酬累計額（クローバック金額の支払いによる減額後の金額。以下本条において同じ）が、対象分配累計額から組合員等の出資履行金額の合計額を控除した金額および対象成功報酬累計額の合計額の［β］％に相当することとなる金額

POINT

(1) 管理報酬

　管理報酬は、ファンドの投資成果に関係なく、無限責任組合員に対して一定額または一定率が支払われるものである。一般的には、一定料率で支払われ、ファンドの性格や規模によって料率は異なるが、2％前後が相場となっている。[36] 本条では、出資約束期間の満了日の属する事業年度までは、出資約束金額を基礎とし、出資約束期間満了日の属する事業年度の翌事業年度以降は、投資金額を基礎とする方法がとられている。投資期間と投資期間終了後では、管理コストに差があるため投資期間終了後の料率を下げるなど、金額を変更する検討も必要となる。

36　本柳149頁

変更例は、管理報酬の支払方法を半期払いとしたものであるが、四半期払いとする場合もある。

〔変更例〕

第30条（無限責任組合員に対する報酬）

2　無限責任組合員は、各事業年度の半期の管理報酬として、以下の各号に定める額を、当該事業年度の4月1日および10月1日から○日以内に、前払いで現金にて受領するものとする。

※(1)～(3)は、上記変更に合わせて変更する。

(2)　成功報酬

成功報酬は、ファンドの投資成果に応じて無限責任組合員に支払われるものである。

成功報酬の支払い後にファンドの投資成績が悪化した場合、ファンドの通算投資成績に対して、成功報酬が支払いすぎという事態が発生する。

(3)　クローバック

上記のような場合に、無限責任組合員に対して、成功報酬の払い過ぎについて返還することをクローバックという。

本条第4項は、本組合の清算時において無限責任組合員に支払われた成功報酬額が、累計で、成功報酬の分配額を超える場合には、その超過額を返還させる規定、すなわちクローバック規定である。

〔モデル契約との違い〕

条番号が異なる。本条（本契約第30条）に相当するモデル契約は第33条である。モデル契約第33条第4項は適用していないので、本条第4項はモデル契約第5項の【免除／除外条項を設けない場合】となっている。

第10章　組合員の地位の変動

第31条（持分処分の禁止）

組合員は、組合財産に対する持分を、裁判上および裁判外の事由のいかんを問わず、譲渡、質入れ、担保権設定その他いっさい処分することができない。ただし、次条の規定に従って組合員たる地位を譲渡する場合はこの限りでない。

2　前項に違反して組合員がなした組合財産に対する持分の処分は無効とし、本組合はかかる処分に関し譲受人その他第三者に対していかなる義務も負わない。

> **POINT**
>
> 　ＬＳＰ法16条が民法676条1項を準用することから、組合員が持分の処分をしたときでも、組合および組合と取引した第三者に対抗できない。そして、第2項はこの場合、処分を無効とする。
>
> 　第1項ただし書は第1項本文の場合でも、組合員の地位の譲渡は、次条で認められていることから、確認的に規定している。
>
> 〔モデル契約との違い〕
>
> 　条番号が異なる。本条（本契約第31条）に相当するモデル契約は第34条である。

第32条（組合員たる地位の譲渡等）

　有限責任組合員は、無限責任組合員の書面による承諾がある場合を除き、その組合員たる地位について、裁判上および裁判外の事由のいかんを問わず、譲渡、質入れ、担保権設定その他いっさい処分することができない。

2　無限責任組合員は、合理的な理由がある場合には、有限責任組合員による組合員たる地位の譲渡の承諾を拒絶することができる。

3　組合員たる地位を譲渡しようとする有限責任組合員は、譲り受けようとする者をして、無限責任組合員が指定する日までに、本契約第47条の確認および第48条ないし第49条などの重要な条項に拘束されることに同意する旨の書面を無限責任組合員に対して提出させるものとする。

4　前各項の規定にかかわらず、有限責任組合員がその組合員たる地位の

全部または一部を無限責任組合員または他の有限責任組合員に対して譲渡するには、無限責任組合員に○日前の書面による通知をすることをもって足りる。
5　無限責任組合員は、他の組合員の全員の書面による同意がある場合を除きその組合員たる地位を譲渡することができない。
6　前各項に違反して組合員がなした組合員たる地位の処分は無効とし、本組合はかかる処分に関し譲受人その他第三者に対していかなる義務も負わない。
7　組合員が合併または会社分割を行う場合、当該組合員の組合員たる地位は包括承継されるものとする。

POINT

(1)　地位の譲渡の原則

　組合員の地位の譲渡に関し、ＬＰＳ法および民法において、明文の規定はない。しかし、民法上の組合においては、通説は、組合契約で許容するときは組合員たる地位を譲渡し得ると解している[37]。有限責任組合においても同様に考えてよいと解される。

　しかし、投資事業有限責任組合は、限られた組合員による組織であり、自由に地位の譲渡が行われると組合全体または他の組合員に影響を及ぼすことが考えられるため、有限責任組合員の地位の譲渡については無限責任組合員の承諾（本条第1項）、無限責任組合員の地位の譲渡については他の組合員全員の同意（本条第5項）を要件とする。

　そして、有限責任組合員の地位の譲渡については、合理的理由がある限り、無限責任組合員はこれを拒否できるものとしている（本条第2項）。

(2)　適格機関投資家等特例業務の運用

　本契約は、投資事業有限責任組合は適格機関投資家等特例業務（金商63条2項。以下、「特例業務」という）として組成・運用がなされることを前提とする。

---

[37]　新版注釈民法(17)159頁〔菅原菊志〕

その場合、本組合の組成は「私募」でなければならないため（金商63条1項1号）、本契約締結時の有限責任組合員（「取得勧誘に応じることにより、当該取得勧誘にかかる有価証券を所有することになる者」）は、500名未満でなければならない（金商2条3項3号、金商令1条の7の2）。以上などから、第3項では、無限責任組合員が、有限責任組合員の譲渡を承諾する条件（第2項）として、地位を譲り受けようとする者に対して、特例業務に該当するための要件（第47条、第48条など）についての同意書面を提出すべき旨を定める。

(3) **無限責任組合員の地位の譲渡**

無限責任組合員の地位の譲渡は、通常、認められておらず、本条第5項は、例外的に他の組合全員の書面による同意を必要とする。

(4) **包括承継**

合併および会社分割による包括承継について、組合員たる地位が包括承継される旨を確認的に定めたものである。なお、事業譲渡・営業譲渡に関しては、個別承継となるので、当該承継について承諾を得ておく必要がある。以下で、本条第7項を変更する。

〔変更例〕

7　組合員が合併または会社分割を行う場合、当該組合員の組合員たる地位は包括承継されるものとする。<u>また、事業譲渡または営業譲渡を行いその地位を承継する場合、有限責任組合員は、無限責任組合員の書面による承諾、無限責任組合員は有限責任組合員全員の書面による承諾を得なければならない。</u>

〔モデル契約との違い〕

条番号が異なる。本条（本契約第32条）に相当するモデル契約は第35条である。本条は、モデル契約第35条第5項および第6項を適用していない。本条第2項は、モデル契約第35条第2項の同内容について、逆説的に記載し、簡潔化している。

第33条（組合員の加入）

　無限責任組合員は、〇〇〇〇年〇月〇日までの間に限り、全組合員を

代理して、本契約添付別紙1の「組合員名簿」に記載の組合員（以下、「既存組合員」という）以外の者を本組合に加入させること、および、既存組合員による出資約束金額の増額を承認することができるものとする。かかる加入および出資約束金額の増額に際しては、無限責任組合員は、これらの者との間で全組合員を代理してその裁量により適切と考える内容および様式による加入契約または出資約束金額の増額の場合はその旨の本契約の変更契約を締結する。
2　前条または本条に規定する場合を除き、いかなる者も新たに組合員となることはできない。

> POINT
>
> 　組合への加入は、加入しようとする者と組合員全員との間の加入契約によってなされるのが原則である。そこで本条において、無限責任組合員に代理権を与えて、無限責任組合員が全組合員を代理して新規加入者と加入契約を締結できるものとしている。
>
> 〔モデル契約との違い〕
> 　条番号が異なる。本条（本契約第33条）に相当するモデル契約は第36条である。モデル契約第36条第2項は適用せず、本条ではモデル契約の第3項を第2項に繰り上げている。
> 　モデル契約第36条第2項は、出資約束金額の総額は契約書上で定められており、これを超える場合は、組合員の追加は制限されるが、総有限責任組合員のうち一定の口数の同意を得た場合はこの限りでない旨を定める。

第34条（組合員の脱退）

　組合員は、やむを得ない理由のある場合に限り、本組合を脱退することができる。本項に基づき脱退する組合員は、有限責任組合員である場合は無限責任組合員に対し、無限責任組合員である場合は有限責任組合員の全員に対し、○日以上前に、その理由を記載した書面による通知をなすものとする。

2　前項に定める場合のほか、組合員は、次のいずれかの事由により本組合を脱退する。
 (1)　解散（ただし、合併による解散を除く）
 (2)　破産手続、民事再生手続、会社更生手続等の倒産手続開始の決定
 (3)　第35条による除名
 (4)　第36条による除名
3　無限責任組合員が本条に基づき脱退した場合、その事由が生じた日から2週間以内であって本組合の解散の登記がなされる日までに、有限責任組合員は、その全員一致により、後任の無限責任組合員を選任することができる。
4　本条（ただし、第2項第4号を除く）に基づき脱退した無限責任組合員は、後任の無限責任組合員が前項に従い選任されるまで、または第39条第1項第4号により本組合が解散するまでのいずれか早い時まで、引き続き無限責任組合員としての権利を有し、義務を負う。
5　第3項の規定に基づき、無限責任組合員に選任された組合員は、当該選任以前に生じた本組合に関する責任を負担しないものとし、脱退した無限責任組合員がかかる責任を負担する。
6　無限責任組合員は、有限責任組合員が脱退したことを知らずに行った業務執行について、重過失が存しない限り、その責を免れるものとする。

POINT

(1)　組合員の脱退

　組合員が組合から任意に脱退できるか否かについて、その程度は契約内容による。ＬＰＳ法11条は「各組合員は、やむを得ない場合を除いて、組合を脱退することができない」とする。「やむを得ない場合」でなくても任意に脱退できるか否かについては、契約内容による。

　なお、ＬＰＳ法11条は、民法678条の「やむを得ない事由がある場合」と同趣旨と解される。民法678条に関し、判例はやむを得ない事由があるときに脱退を認めるのは強行規定と解し、「やむを得ない事由があっても任意に脱退を許さない旨の組合契約における約定は無効

である」とする（最判平成11・2・23民集53巻2号193頁）。したがって、契約に、ＬＰＳ法11条よりも厳格な定めをしても脱退できると解される。

また、「やむを得ない場合」ではない場合に脱退できないとするのは任意規定と解され、契約に「いつでも」脱退できるとしても認められることになる。

(2) 脱退手続

本条第1項（＝モデル契約第37条第1項）後段で、有限責任組合員は無限責任組合員に通知することにより、無限責任組合員は有限責任組合員の全員に対し通知すれば、組合を脱退できるとする。

(3) 後任無限責任組合員の選任

本条第3項は、有限責任組合員の全員一致により、後任の無限責任組合員を選任できる。なお脱退後2週間以内に、後任が選任されない場合は、本組合は解散することになる（本条第43条第1項第4号）。

そこで、下記(4)のとおり、脱退後に従前の無限責任組合員による権利義務の負担が不可能な場合で、解散を回避したい場合は、有限責任組合員による速やかな後任無限責任組合員の選任が必要となる。

(4) 脱退後の無限責任組合員による権利義務の負担

本条第4項は、無限責任組合員が脱退後も権利義務を負うとする定めであるが、除名した無限責任組合員が脱退後の組合員としての権利義務を負うのは、論理矛盾がある。したがって、本条第4項について、モデル契約第37条第4項の「本条に基づき」を「本条（ただし、第2項第4号を除く）に基づき」とした。

〔モデル契約との違い〕

条番号が異なる。本条（本契約第34条）に相当するモデル契約は第37条である。また、上記(4)のほか、本契約第4条は「組合員を法人とする旨」定めるので、本条第2項の脱退事由について、モデル契約第37条第2項第2号の死亡、同項第4号の後見開始を削除して、号番号を繰り上げたほか、破産手続以外の倒産手続を定めた。

※第○条（組合員の死亡）

> **POINT**
>
> 　本契約第4条は、組合員の要件を法人とするので、本条項は、本契約には適用しない。
>
> 〔モデル契約との違い〕
> 　以上から、モデル契約第38条は、適用しない。

第35条（有限責任組合員の除名）

　有限責任組合員が以下の事由のいずれかに該当する場合、無限責任組合員は、総有限責任組合員の出資口数の合計の○分の○以上に相当する出資口数を有する有限責任組合員の同意を得て当該有限責任組合員を除名することができる。この場合、無限責任組合員は、除名の対象となった有限責任組合員に対し、除名されたことを速やかに通知するものとする。
(1)　本契約に基づく支払義務の履行を○日以上怠った場合
(2)　正当な事由なく、本組合に対しその業務を妨害する等重大な背信行為をなした場合
(3)　第48条または第49条第1項もしくは第2項に定める表明および保証もしくは誓約に違反する者であると無限責任組合員が合理的に判断した場合
(4)　その他本契約上の重大な義務に違反した場合
2　前項の規定は、除名により本組合を脱退した有限責任組合員に対する損害賠償請求を妨げるものではない。

> **POINT**
>
> （1）　**正当な事由**
> 　一般的には、組合に対する出資・支払義務の不履行、組合に対し害する行為をしたこと、投資家として不適格となったことなどを理由とする。
> （2）　**除名要件**

ＬＰＳ法16条は、民法680条を準用する。民法680条は、除名の要件として「他の組合員の一致」を定める。他の組合員の一致とは、除名される組合員以外の者が一致することである。

　しかし、民法の除名要件に関する規定は、強行規定ではなく、組合契約において別段の定めをすることは差し支えないとされる。[38]

　したがって、除名要件を組合の実情に合うように定めることは広く行われており、他の組合員の全員一致ではなく、３分の２以上の多数の決議と規定することなども行われている。

　なお、本条第１項第３号に関しては、第48条および第49条のPOINTを参照されたい。

〔モデル契約との違い〕

　条番号が異なる。本条（本契約第35条）に相当するモデル契約は第39条である。

第36条（無限責任組合員の除名）

　無限責任組合員が以下の事由のいずれかに該当する場合、総有限責任組合員の出資口数の合計の〇分の〇以上に相当する出資口数を有する有限責任組合員は、無限責任組合員を除名することができる。この場合、かかる有限責任組合員は、無限責任組合員に対し、除名されたことを速やかに通知するものとする。

(1)　本契約に基づく支払義務の履行を催告後〇日以上怠った場合
(2)　本組合の業務を執行し、または本組合を代表するに際し、重大な違法行為を行った場合
(3)　その他本契約上の表明および保証または重大な義務に違反した場合

2　前項の規定は、除名により本組合を脱退した無限責任組合員に対する損害賠償請求を妨げるものではない。

POINT

(1)　除名の要件

---

[38] 新版注釈民法(17)177頁〔菅原菊志〕

ＬＰＳ法16条は、民法680条を準用する。民法680条は、除名の要件として「他の組合員の一致」を定める。他の組合員の一致とは、除名される組合員以外の者が一致することである。

　しかし、民法の除名要件に関する規定は、強行規定ではなく、組合契約において別段の定めをすることは差し支えないとされる[39]。

　そこで、本条は、多数決による除名要件を定めているが、総有限責任組合員数が少ない場合には「他の組合員の一致」であることを要件とすることも可能である。

〔変更例〕

第36条（無限責任組合員の除名）

　無限責任組合員が以下の事由のいずれかに該当する場合、<u>有限責任組合員は、その全員の一致により</u>、無限責任組合員を除名することができる。この場合、かかる有限責任組合員は、無限責任組合員に対し、除名されたことを速やかに通知するものとする。

（第1項各号、第2項は変更ない）

(2)　除名後の後任無限責任組合員の選任

　除名後の新たな無限責任組合員が、除名後2週間以内の登記がされる日までに選任されないことが決定されれば、組合は解散することになる（第39条第1項第4号）。

〔モデル契約との違い〕

　条番号が異なる。本条（本契約第36条）に相当するモデル契約は第40条である。

第37条（脱退組合員の持分および責任）

　組合員が本組合を脱退する場合、脱退組合員は、脱退の時点における当該組合員の持分金額に相当する金額の払戻しを受けるものとする。無限責任組合員は、かかる持分金額の払戻しを、第26条に従い他の組合員に対し組合財産の分配を行う場合に、その都度、同条に従い当該脱退組

---

[39]　新版注釈民法(17)177頁〔菅原菊志〕

合員に対しても現金または投資証券等の現物をその累計額が脱退の時点における当該脱退組合員の持分金額に達するまで分配し、これを持分金額の払戻しにあてる方法により行うものとする。

> **POINT**
>
> (1) 払戻しの対価
>
> 　本条は前段において、脱退の時点における当該組合員の持分金額に相当する金額とする。
>
> 　契約として事前に定めるものであり、払戻し対価については、自由に定めることが可能である。
>
> 　変更例①は、持分金額の全額ではなく、そのうちの一定割合のみが払戻しされることを定めたものである。変更例②は、組合に現存する現金および余裕金の合計額に、脱退組合員の持分割合を乗じた額について払戻しを受ける場合である。この場合は、本条とは異なり、分割払いではなく、一時払戻しとなる場合が多い。
>
> 　変更例①および②は、除名された組合員は持分金額の払戻しを受けることができない旨、または持分金額の一定割合について払戻しを受けることができない旨を、ただし書で追加している。
>
> 　脱退を認めたくない程度によっても、払戻し金額は変わってくる。

〔変更例①〕

第37項（脱退組合員の持分および責任）

　組合員が本組合を脱退する場合、脱退組合員は、脱退の時点における当該組合員の持分金額の<u>〇分の〇</u>に相当する金額の払戻しを受けるものとする。<u>ただし、第35条または第36条に基づき除名された組合員は、自己の持分金額のいっさい（または、「いっさい」を「〇分の〇に相当する金額」とする）の払戻しを受けることができない。</u>無限責任組合員は、かかる持分金額の払戻しを、第26条に従い他の組合員に対し組合財産の分配を行う場合に、その都度、同条に従い当該脱退組合員に対しても現金または投資証券等の現物をその累計額が脱退の時点における当該脱退組合員の持分金額の〇分の〇に達

するまで分配し、これを持分金額の払戻しにあてる方法により行うものとする。
2　前項において、当該組合員が払戻しを受けなかった持分金額については、脱退時点における他の組合員全員の持分金額の割合に応じて、他の組合員に帰属するものとする。

〔変更例②〕
　第37条（脱退組合員の持分および責任）
　　組合員が本組合を脱退する場合、脱退組合員は、脱退の時点における当該組合員の持分金額（以下、「最終持分金額」という）に相当する金額の範囲内で、かつ脱退の時点における本組合の現金および第5条第12号の余裕金として運用されている額の合計額から、脱退の直前における全組合員に対する当該組合員の持分の割合に相当する金額（ただし、最終持分金額を上限とする）の払戻しを受けるものとする。ただし、第35条または第36条に基づき除名された組合員は、自己の持分金額のいっさい（または、「いっさい」を「〇分の〇に相当する金額」とする）の払戻しを受けることができない。
2　前項において、当該組合員が払戻しを受けなかった持分金額については、脱退時点における他の組合員全員の持分金額の割合に応じて、他の組合員に帰属するものとする。

(2)　払戻し対価の支払い
　組合員が脱退した場合に、即座に払戻しに応じることは、実務上困難な場合も多く、そのような場合には、本条のような、他の組合員に対する組合財産の分配の都度、払戻金を脱退組合員に分配する方法も可能である。

〔モデル契約との違い〕
　条番号が異なる。本条（本契約第37条）に相当するモデル契約は第41条である。

第38条（組合員の地位の変動の通知）
　有限責任組合員は、自己に関し第10章に規定する組合員の地位の変動

があった場合、速やかに無限責任組合員にかかる変動を書面で通知するものとする。

> POINT
>
> 　地位の変動とは、有限責任組合員に係る地位の譲渡、加入、脱退等である。本条では、有限責任組合員への通知義務を定めるが、当該通知を受けた無限責任組合員から他の有限責任組合員への通知も必要である。
>
> 〔モデル契約との違い〕
>
> 　条番号が異なる。本条（本契約第38条）に相当するモデル契約は第42条である。

第11章　解散および清算

第39条（解散）

　本組合は、下記のいずれかの事由に該当する場合、解散するものとする。
(1)　本組合の存続期間が満了したとき
(2)　無限責任組合員が、総有限責任組合員の出資口数の合計○分の○以上に相当する出資口数を有する有限責任組合員の同意を得たうえ、本組合が第5条に定める本組合の事業の目的を達成しまたは達成することが不能に至ったと決定したこと
(3)　有限責任組合員の全員が脱退したとき
(4)　無限責任組合員が脱退した日から2週間以内であって本組合の解散の登記がなされる日までに、有限責任組合員の全員一致により、後任の無限責任組合員が選任されないとき
(5)　有限責任組合員の全員一致により本組合の解散が決定されたとき
(6)　金融商品取引法などの法令に抵触し、本組合を適法に運営することが困難であると無限責任組合員が判断したとき
2　組合員が本組合の解散前に本組合に対し負担していた債務は、本組合

の解散によってその効力に影響を受けないものとする。

> **POINT**
>
> **(1) ＬＰＳ法に定める解散事由**
>
> 　ＬＰＳ法13条は、法定解散事由として、目的たる事業の成功またはその成功の不能（1号）、無限責任組合員または有限責任組合員全員の脱退（2号）、存続期間の満了（3号）を定める。これらは、本条第1項第1号ないし第3号に対応するものである。
>
> ① 第1項第1号　本条第1項第1号の存続期間中は、組合員がやむを得ない事由によらなければ脱退できないこと（ＬＰＳ法11条）との均衡から、また、存続期間は組合契約書の必要的記載事項（ＬＰＳ法3条2項7号、本契約第6条第2項参照）であることから、存続期間の満了も法定解散事由である。
>
> ② 第1項第2号　本条第1項第2号の目的たる事業の成功・成功の不能に関し、組合類似の性質を有する無尽講において、多数の組合員（講員）が掛金の出資をしないからといって、それだけで講の目的到達が確定的に不能となるものではないとする裁判例がある（東京高判昭和43・5・29下民集19巻5・6号338頁）。
>
> 　本項第2号は、その判断を有限責任組合員の総出資口数の一定割合を有する者の同意を得たうえで、組合が最終決定する手続をとっており、裁判例のような場合でも問題が発生することはないと解される。
>
> ③ 第1項第3号　本項第3号に関し、全員の有限責任組合員が脱退したとしても、2週間以内の解散登記をする日までに、残存する組合員の一致によって、新たに有限責任組合員を加入させれば解散を免れる（ＬＰＳ法13条柱書ただし書）。
>
> ④ 第1項第4号　本項第4号は、無限責任組合員の脱退において、③と同様、ＬＰＳ法13条ただし書について確認的に記述し、定めたものである。
>
> ⑤ 第1項第5号　民法上の組合について、全組合員の同意が解

散事由になると解されている。[40]

(2) 組合契約に定める解散事由

ＬＰＳ法13条4号は、その他の事由の発生であっても、組合契約で定めた場合には解散できるとする。また同法17条は、解散登記に同法13条4号の解散事由を定めたときは、その事由を登記しなければならないとする。

本条では、第1項第5号および第6号がそれである。

〔モデル契約との違い〕

条番号が異なる。本条（本契約第39条）に相当するモデル契約は第43条である。モデル契約第43条第3項は、ＬＰＳ法23条の確認であり、本条では適用していない。

第40条（清算人の選任）

第39条第1項第4号に規定される無限責任組合員の脱退以外の事由により本組合が解散した場合、無限責任組合員が清算人となる。無限責任組合員の脱退による本組合の解散の場合、総有限責任組合員の出資口数の合計の過半数に相当する出資口数を有する有限責任組合員の合意をもって清算人を選任する。

2 清算人は、その役務の提供に対し、適正な報酬を得ることができる。

POINT

(1) 清算人の選任

ＬＰＳ法14条は、「組合が解散したときは、無限責任組合員がその清算人となる。ただし、総組合員の過半数をもって他人を選任したときは、この限りでない」と定める。

組合の運営は無限責任組合員が行っているので、そのまま清算人になることが原則である。しかし、無限責任組合員が除名等により脱退する場合には、当該無限責任組合員が清算人になることは適切ではないことから、本条第1項では、有限責任組合員の持分金額の過半数の

[40] 新版注釈民法(17)183頁〔菅原菊志〕

合意により清算人を選任する旨を定めている。

(2) 清算人の報酬

本条第2項は、「適正な報酬」とするが、管理報酬だけにするのか、成功報酬を含めるのかなど、具体的に定めておくことも考慮すべきである。

「投資事業有限責任組合モデル契約」（前掲・注30）第44条の解説（67頁）では、具体的な規定を検討するに際して以下の要素等を考慮することが考えられるとする。

① (a)無限責任組合員が清算人に就任する場合と、(b)それ以外の者が清算人に就任する場合に分ける。
② (b)の場合は、成功報酬は清算人ではなく、無限責任組合員に帰属することを明確にする。
　　また、この場合は、清算人は投資証券等の処分を行うことから成功報酬の調整のしくみ（本契約第30条第3項）を設けることも検討する。
③ 清算人に、組合財産のより高い価格での処分について、インセンティブを付与するしくみを検討する。
④ 清算人に、清算結了を早く行った場合について、インセンティブを付与するしくみを検討する。
⑤ (b)の場合に、②～④を考慮する場合には、組合契約でその報酬の上限を設定しておく。

〔モデル契約との違い〕

条番号が異なる。本条（本契約第40条）に相当するモデル契約は第44条である。モデル契約第44条第3項はＬＰＳ法の確認であり、本条では適用しない。

第41条（清算人の権限）

清算人は下記の事項に関し、職務を執行し、本組合を代表する裁判上および裁判外のいっさいの権限を有する。

(1) 現務の結了

(2) 債権の取立ておよび債務の弁済
(3) 組合員への本組合の残余財産の分配
(4) その他上記の職務を行うため必要ないっさいの行為

> POINT
>
> 清算人の権限については、ＬＰＳ法16条が、民法688条を準用する。本条は、民法688条１項および２項を受けて規定したものである。
>
> 本条において、清算人には、組合の清算に関して必要となるいっさいの権限が付与されている。
>
> 本条第４号の必要な行為とは、たとえば、職務を行うため必要であれば、組合財産の売却（大判大正12・7・14民集２巻491頁）、組合員の負担すべき損失金の請求（東京高判昭和27・2・29高民５巻４号150頁）、組合所有建物の所有権に基づく妨害排除請求権の行使（最判昭和35・2・25ジュリ201号３頁）など、である。
>
> 〔モデル契約との違い〕
>
> 条番号が異なる。本条（本契約書第41条）に相当するモデル契約は第45条である。

第42条（清算手続）

清算人は就任後遅滞なく組合財産の現況を調査し、財産目録および貸借対照表を作成し、財産処分の具体案を定め、これらの書類を組合員に送付するものとする。当該組合財産の現況調査および評価額の算定に関し、清算人は、弁護士、公認会計士、税理士、鑑定人、アドバイザーその他の専門家を本組合の費用で選任することができる。

2 清算人は、組合財産からいっさいの組合債務および清算手続に要する費用等を弁済した残余財産を、第26条第２項および第３項に規定する組合員等への組合財産の分配割合に準じて、組合員等に対し分配するものとする。ただし、債務の存在またはその額につき争いがある場合、清算人は、その弁済に必要と認める財産を留保したうえで、その余の残余財産を分配することができる。その他清算に関する事項はすべて、清算人

がその裁量により適切と考える方法で行うものとする。
3　清算人は、本組合の清算を結了したときは、ＬＰＳ法23条に従い、清算結了の登記をするものとする。
4　第４条第２項および第３項、第12条、第13条、第16条第２項、第３項および第６項、第18条、第20条、第28条、第29条、第32条、第44条、第45条、第46条ならびに第49条第２項の各規定は清算人に準用する。

> POINT
>
> 　本条第２項後段により本条に定める以外の清算に必要な行為は、清算人がその職務を行うため必要ないっさいの行為として、清算人の裁量により行うことができる旨を定める。
>
> 〔モデル契約との違い〕
> 　条番号が異なる。本条（本契約第42条）に相当するモデル契約は第46条である。

第43条（清算方法）
　本組合の解散の場合に、本組合の残余財産中に、投資証券等または投資知的財産権が残存する場合、清算人は、その裁量により、当該投資証券等が市場性のある有価証券であるか否かを問わず、以下のいずれかの方法を選択することができるものとする。
(1)　当該投資証券等の現物により分配する方法
(2)　当該投資証券等または投資知的財産権を売却し、その売却手取金から当該売却に要した費用および公租公課を控除した残額を分配する方法

> POINT
>
> **(1)　分配方法**
> 　本条は、清算方法について投資証券等の現物分配による方法と、これを売却して金銭分配による方法を定める。本条で、いずれかをとるかを清算人の裁量としたのは、投資証券等は処分の時期を見極めることは難しく、現物分配する方が有限責任組合員にとって有利となる場

合も考えられるためである。

(2) 先順位：金銭分配

現物分配により有限責任組合員が不利益を受ける可能性がある。以下は、現物分配の順位を落とすための変更例である。

〔変更例〕

第43条（清算方法）

本組合の解散の場合に、本組合の残余財産中に、投資証券等または投資知的財産権が残存する場合、清算人は、その裁量により、当該投資証券等が市場性のある有価証券であるか否かを問わず、以下のいずれかの方法を選択することができるものとする。ただし、第1順位として当該投資証券等を現金化する検討を行った後でなければ、現物により分配する方法を選択することはできない。

（第１号、第２号は変更ない）

〔モデル契約との違い〕

条番号が異なる。本条（本契約第43条）に相当するモデル契約は第47条である。

第12章　雑　則

第44条（許認可等）

本組合による投資先事業者等の投資証券等または投資知的財産権の取得または処分等に関し、日本国または外国の適用法令に基づき、組合員のいずれかについて許可、認可、承認、届出、報告その他の手続が必要とされる場合、有限責任組合員は、自らまたは無限責任組合員の指示に従い、かかる手続を行い、かかる手続の完了後速やかにその旨を無限責任組合員に報告するものとする。この場合、無限責任組合員は、当該有限責任組合員のために当該有限責任組合員の費用でかかる手続をなす権限を有するものとし、無限責任組合員がかかる手続を行うときは、当該有限責任組合員は無限責任組合員に協力するものとする。

2　無限責任組合員は、前項の手続が投資証券等または投資知的財産権の取得または処分等の前に必要である旨了知した場合には、当該手続が完了するまで投資証券等または投資知的財産権を取得または処分等してはならないものとする。

3　組合員は、本組合の事業に関して組合員に対し適用される日本国および外国の適用法令に基づく諸規制を遵守するものとし、無限責任組合員は、組合員のために必要な手続を、当該組合員の費用で合理的に可能な範囲内で履行する権限を有するものとする。

> **POINT**
>
> 本条は、組合が投資証券または投資知的財産権の処分等を行うにあたっての許認可等を要する場合について、原則は有限責任組合員が手続を行うものとしているが、無限責任組合員が、有限責任組合員に係る許認可等の手続について、当該有限責任組合員のために必要な行為を行う権限を有することなどを定める。
>
> 〔モデル契約との違い〕
>
> 条番号が異なる。本条（本契約第44条）に相当するモデル契約は第48条である。

第45条（通知および銀行口座）

本契約に基づくすべての通知または請求は、手渡しにより交付するか、郵便料金前払いの郵便もしくはファクシミリ（ただし、ファクシミリの場合は直ちに郵便料金前払いの郵便で確認することを条件とする）により、本契約添付別紙1の「組合員名簿」に記載の各組合員の住所もしくはファックス番号（または組合員が随時変更し、その旨を本項に定める方法に従い無限責任組合員に通知したその他の住所もしくはファックス番号）に宛てて発送するものとし、かつ、それをもって足りるものとする。本項に規定する郵便による通知または請求は発送の日から○日後に、またファクシミリによる通知または請求は発送の時に到達したものとみなされる。

2　本組合と組合員との間の本契約に基づく金銭の授受は、本契約添付別

紙1の「組合員名簿」に記載の各組合員の銀行口座（または組合員が随時変更し、その旨を前項に定める方法に従い無限責任組合員に通知したその他の銀行口座）を通じて振込送金の方法により行うものとし、かつ、それをもって足りるものとする。

3　前項の振込送金に係る振込手数料は送金者の負担とする。

> **POINT**
>
> 　本条第1項は、組合員に対する通知または請求の方法を定める。そして添付別紙記載の組合員の住所またはファックス番号に宛てて発信すれば、有効な通知となり、組合は免責されるものとする。
>
> 　第2項は、金銭の授受について、「組合員名簿」の各組合員の銀行口座に振り込めば、組合は免責されるものとする。
>
> 〔モデル契約との違い〕
>
> 　条番号が異なる。本条（本契約第45条）に相当するモデル契約は第49条である。

第46条（秘密保持義務）

　有限責任組合員は、(i)本組合に関して本組合、他の組合員もしくは投資先事業者等から受領した情報、および、(ii)本契約に基づきまたは有限責任組合員たる地位に基づきもしくは有限責任組合員に本契約において与えられたいずれかの権利の行使により取得した情報（第22条に定める財務諸表等および半期財務諸表等を含む）を、第三者に対し開示または漏えいしてはならないものとし、また、かかる情報を本契約に定められる目的以外のために使用してはならないものとする。ただし、かかる情報には、(i)受領時にすでに公知であったもの、(ii)受領時に当該有限責任組合員がすでに保有していたもの、(iii)当該有限責任組合員が受領した後に当該有限責任組合員の責に帰すべき事由によらず公知となったもの、(iv)当該有限責任組合員が、秘密保持義務を負うことなく、第三者から正当に入手したもの、および、(v)無限責任組合員が開示することを承認したものは含まれないものとする。

2 無限責任組合員は、(i)本組合に関して有限責任組合員から受領した情報、および、(ii)本契約に基づきまたは無限責任組合員たる地位に基づきもしくは無限責任組合員に本契約において与えられたいずれかの権利の行使により取得した有限責任組合員に関する情報を、第三者に対し開示または漏えいしてはならないものとし、また、かかる情報を本契約に定められる目的以外のために使用してはならないものとする。ただし、かかる情報には、(i)受領時にすでに公知であったもの、(ii)受領時に無限責任組合員がすでに保有していたもの、(iii)無限責任組合員が受領した後に無限責任組合員の責に帰すべき事由によらず公知となったもの、(iv)無限責任組合員が、秘密保持義務を負わない第三者から正当に入手したもの、および、(v)当該有限責任組合員が開示することを承認したものは含まれないものとする。

3 前2項にかかわらず、無限責任組合員および有限責任組合員は、法令、行政庁、裁判所、金融商品取引所もしくは認可金融商品取引業協会により開示することが組合員、本組合もしくは投資先事業者等に対して要請される場合、投資証券等の上場もしくは店頭登録のための引受証券会社による審査に服するために必要な場合、または弁護士、公認会計士、税理士ならびに前2項に規定するのと同等の義務を負う鑑定人、アドバイザー、その他の専門家に開示する場合、当該情報を開示することができる。

4 組合員は、その役員、職員、従業員および代理人が、前3項に規定する義務を確実に遵守するようにさせるものとする。組合員の役員、職員、従業員または代理人によるかかる義務の違反は、当該組合員による前3項に規定する義務の違反とみなす。

5 組合員が故意または過失により本条に違反して本組合に損失を与えた場合、当該組合員はかかる損失を補填するものとする。

> POINT
>
> 本条は、本組合に参加することにより取得した投資先事業者等についての組合員の秘密保持義務について定める。

〔モデル契約との違い〕
条番号が異なる。本条（本契約第46条）に相当するモデル契約は第50条である。

第47条（金融商品取引法等に係る確認事項）
　有限責任組合員は、その組合員たる地位に係る取得の申込みの勧誘が、金融商品取引法2条3項3号に該当せず、金融商品取引法23条の13第4項に定義される少人数向け勧誘に該当することにより、当該取得の申込みの勧誘に関し、金融商品取引法4条1項の規定による届出が行われていない旨を、無限責任組合員より告知を受けたことを、本契約書をもって確認する。

2　有限責任組合員は、その組合員たる地位が、特定有価証券の内容等の開示に関する内閣府令1条5号の2イに掲げる内国有価証券投資事業権利等に該当する特定有価証券であり、当該組合員たる地位は金融商品取引法2条2項5号に掲げる権利に該当する旨を、無限責任組合員より告知を受けたことを、本契約書をもって確認する。

3　有限責任組合員は、本契約書が金融商品取引法23条の13第5項に規定する書面に該当することおよび本契約書に署名または記名捺印したうえで有限責任組合員がその副本1通を保有する方法により、有限責任組合員がかかる書面の交付を受けたことを、本契約書をもって確認する。

4　有限責任組合員は、本契約に基づく本組合に対する出資に伴い、その元本欠損が生じるおそれがあることその他金融商品の販売等に関する法律（平成12年法律第101号、その後の改正を含む）3条1項に定める重要事項について、無限責任組合員より十分な説明を受け、当該重要事項について記載された書面の交付を受けたことを、本契約書をもって確認する。

5　有限責任組合員は、犯罪による収益の移転防止に関する法律（平成19年法律第22号、その後の改正を含む）4条1項ならびに同法施行規則（平成20年内閣府・総務省・法務省・財務省・厚生労働省・農林水産省・経済産業省・国土交通省令第1号、その後の改正を含む）3条および4条に基づき、本契約の締結に際して無限責任組合員に提示する当該有限責任組合

員の設立の登記に係る登記事項証明書その他の本人確認のための書類の記載内容が効力発生日において正確であることを、本契約書をもって確認する。

> **POINT**
>
> (1) 「少人数向け勧誘等」の確認のための条項（本条第1項～第3項）
>
> 　有価証券に該当する組合員たる地位（持分）の取得の勧誘行為が、開示規制との関係で、私募として取り扱われる場合、有限責任組合員に対して、当該少人数向け勧誘にあたり、①金融商品取引法4条1項（有価証券の募集に関する届出）による届出が行われていない旨、ならびに、②金融商品取引法2条2項5号に該当する権利である旨の告知、および書面の交付が義務付けられており、本契約書において当該義務を履行するものである（金商23条の13第4項・5項、特定有価証券開示府令20条）。
>
> (2) 「重要事項の説明」の確認のための条項（本条第4項）
>
> 　組合員たる持分は有価証券に該当するので、投資家を勧誘し組合に加入させることは有価証券を取得させる行為であり、金融商品の販売等に関する法律（金融商品販売法）が適用され、重要事項について説明義務を負う（金販2条1項5号、3条）。
>
> 　なお、重要事項の説明義務は、顧客が金融商品販売業者等または特定投資家である場合には、適用されない（金販3条7項1号）。また、重要事項の説明を要しない旨の顧客の意思表示があった場合にも、適用されない（金販3条7項1号）。
>
> 〔変更例①〕
>
> 　勧誘の相手方が金融商品販売業者および特定投資家である場合には、本条第4項を削除する。
>
> 〔変更例②〕
>
> 　勧誘の相手方が金融商品販売業者または特定投資家ではないが、重要事項の説明不要とする意思表示があった場合、本条第4項を以下の

とおり変更する。

4　有限責任組合員は、本契約に基づく本組合に対する出資に伴い、その元本欠損が生じるおそれがあることその他金融商品の販売等に関する法律（平成12年法律第101号、その後の改正を含む）3条1項に定める重要事項について、<u>十分に理解をしており、説明を要しない旨の意思表示を行ったことを、</u>本契約書をもって確認する。

(3)　マネーロンダリング防止のための確認のための条項（本条第5項）

「犯罪による収益の移転防止に関する法律（以下、「犯罪収益移転防止法」という）」はマネーロンダリング防止等のため、特定事業者（無限責任組合員）に対して取引時の本人確認を義務付けており、本条第5項は、当該義務の履行のために、有限責任組合員が、無限責任組合員に対して提出した本人確認のための書類の記載内容の正確であることを確認するものである。

〔モデル契約との違い〕

　条番号が異なる。本条（本契約書第47条）に相当するモデル契約は第51条である。

第48条（適格機関投資家等特例業務に関する特則）

　有限責任組合員は、無限責任組合員に対し、組合員となった日において不適格投資家のいずれにも該当していないことを表明し、保証する。

2　有限責任組合員は、組合員たる地位にある間、不適格投資家のいずれにも該当することになってはならないものとし、前項の表明および保証が真実もしくは正確でないことが判明した場合、または不適格投資家のいずれかに該当することとなった場合は、直ちに無限責任組合員に通知する。

3　適格機関投資家として本組合に加入する有限責任組合員は、無限責任組合員に対し、組合員となった日において、適格機関投資家であることを表明し、保証する。

4　前項に定める有限責任組合員は、組合員たる地位にある間、法令の変

更に基づく場合および無限責任組合員の事前の書面による承諾がある場合を除き、適格機関投資家であり続けるものとし、前項の表明および保証が真実もしくは正確でないことが判明した場合、または適格機関投資家でなくなった場合は、直ちに無限責任組合員に通知する。

5　金融商品取引法63条1項1号に規定する機関投資家以外の者で政令に定めるもの（以下、「特例業務対象投資家」という）として本組合に加入する有限責任組合員は、無限責任組合員に対し、組合員となった日において、特例業務対象投資家であることを表明し、保証する。

6　前項に定める有限責任組合員は、組合員たる地位にある間、法令の変更に基づく場合および無限責任組合員の事前の書面による承諾がある場合を除き、特例業務対象投資家であり続けるものとし、前項の表明および保証が真実もしくは正確でないことが判明した場合、または特例業務対象投資家でなくなった場合は、直ちに無限責任組合員に通知する。

POINT

適格機関投資家等特例業務に該当する場合、組合持分の募集および組合資産の運用について、金融商品取引業等の登録は必要なく、届出をするだけで足りる。そのために以下の要件等を充足する必要がある。

①　有限責任組合員に1名以上の適格機関投資家（いわゆるプロ）と、49名以下の適格機関投資家以外の投資家（政令により限定された者に限る。④参照）でなければならないこと（金商業235条）

②　適格機関投資家が投資事業有限責任組合のみであって、5億円以上の運用資産残高（借入れを除く）を有しない場合を除くこと（金商業234条の2）

③　プロ向けファンドの届出者と密接に関連する者等からの出資割合が2分の1以上の場合を除くこと（金商業234条の2）

④　適格機関投資家以外の投資家として、プロ向けファンドに出資できる者（「特例業務対象投資家」）は、上場会社、資本金または純資産5000万円以上の法人、証券等口座開設後1年以上経過し投資性資産を1億円以上保有する個人、特例業務届出者の親会社

等・子会社等・これらの役職員などであること
　　また、ベンチャーファンドにかかる出資者の範囲は、上記のほか、上場会社の役員、会社の財務に1年以上直接携わった役職員等であること（金商令17条の12第1項、金商業233条の2）
　本条は、組合持分の募集および組合資産の運用が適格機関投資家等特例業務として行われる場合には、組合員がこれらの要件に該当することの表明保証を定めるものである。
〔モデル契約との違い〕
　条番号が異なる。本条（本契約第48条）に相当するモデル契約は第52条である。適格機関投資家以外の者の範囲が限定されたため、モデル契約に第5項、第6項を追加する。

第49条（反社会的勢力等の排除）

　組合員は、反社会的勢力ではないこと、ならびに反社会的勢力に対する資金提供もしくはこれに準ずる行為を通じて反社会的勢力の維持、運営に協力または関与していないこと、反社会的勢力と交流を持っていないことを表明し、かつ将来にわたって保証する。
2　組合員は、組合員たる地位にある間、反社会的勢力の維持、運営への協力または関与を行わず、交流をもたないことを誓約し、前項の表明もしくは保証が真実もしくは正確でないことが判明した場合、またはかかる協力、関与または交流の事実が生じた場合には、無限責任組合員（無限責任組合員である場合は有限責任組合員全員）に対し、直ちにその旨およびその内容を通知し、可能な限り速やかに事実関係を把握および確認し、無限責任組合員（無限責任組合員である場合は有限責任組合員）に対し、当該事実関係を通知するものとする。

POINT

　「反社会的勢力」については第1条第25号の定義で明らかにされている。
　変更例の理由は次のとおりである。

① 組合員は、定義によると無限責任組合員と有限責任組合員であるが、組合員には法人が多いことからその役員等も加えている。
② 反社会的勢力に関係することが明らかであるときは、当該組合員を除名すべきであり、出資口数による多数では、その者を除名できない場合があることから、有限責任組合員を除名する場合は無限責任組合員の決定により、無限責任組合員を除名する場合は総有限責任組合員の出資口数の合計の半数以上の同意としている。

〔変更例〕

第49条（反社会的勢力等の排除）

　組合員（その者の代表者、役員、または実質的にその経営を支配する者を含む。以下、本条で同じ）は、反社会的勢力ではないこと、ならびに反社会的勢力に対する資金提供もしくはこれに準ずる行為を通じて反社会的勢力の維持、運営に協力または関与していないこと、反社会的勢力と交流を持っていないことを表明し、かつ将来にわたって保証する。

2　組合員は、将来にわたって、反社会的勢力の維持、運営への協力または関与を行わず、交流をもたないことを誓約し、前項の表明もしくは保証が真実もしくは正確でないことが判明した場合、またはかかる協力、関与または交流の事実が生じた場合には、無限責任組合員（無限責任組合員である場合は有限責任組合員全員）に対し、直ちにその旨およびその内容を通知し、可能な限り速やかに事実関係を把握および確認し、無限責任組合員（無限責任組合員である場合は有限責任組合員）に対し、当該事実関係を通知するものとする。

3　有限責任組合員が反社会的勢力に関係する者であると判明した場合、第35条または第36条の規定にかかわらず、無限責任組合員（反社会的勢力に関係する者が、無限責任組合員である場合は総有限責任組合員の出資口数の半数以上の同意があるとき）は、当該組合員を除名するものとし、除名の対象となった組合員に対して、直ちにその旨を通知するものとする。

4　前項の規定により、除名により脱退した組合員は、本組合または

他の組合員に対しこれによる損害賠償を請求することができない。

〔モデル契約との違い〕
条番号が異なる。本条（本契約第49条）に相当するモデル契約は第53条である。

第50条（表明保証違反による補償）

組合員は、自らの第48条第1項もしくは第3項もしくは第5項または第49条第1項における表明および保証が真実ではなくまたは正確でないこと、その他第28条第3項から第6項まで、第48条または第49条の規定に違反したことにより、本組合もしくは被補償者が費用を負担し、または損害、損失等を被った場合（自らの固有財産をもって本組合の債務を弁済した場合を含む）、本組合または被補償者に対し、かかる費用、損害、損失等を補償するものとする。

POINT

〔モデル契約との違い〕
条番号が異なる。本条（本契約第51条）に相当するモデル契約は第54条である。

第51条（本契約の変更）

本契約は、無限責任組合員が、その裁量により、総有限責任組合員の出資口数の合計の○分の○以上に相当する出資口数を有する有限責任組合員の同意を得て適宜変更することができる。ただし、組合員の出資約束金額の変更は当該組合員の同意がなければ行うことができないものとする。

2　前項にかかわらず、有限責任組合員の有限責任性に影響を与え得る本契約の変更は、組合員全員の合意がなければ行うことができないものとする。

3　前2項にかかわらず、無限責任組合員は、有限責任組合員の同意なくして、(i)自らの義務を加重し、または権利を縮減するための変更、およ

び、(ii)本契約の条項の明白な過誤を訂正することができる。

> **POINT**
>
> 　本組合契約の変更は、原則、出資口数の多数決とし、組合員に重大な不利益を与えるものは組合員全員の同意または合意とし、また契約条項の明白な誤記または無限責任組合員の義務を加重する変更などは無限責任組合員の裁量としている。
>
> 〔モデル契約との違い〕
>
> 　条番号が異なる。本条（本契約第51条）に相当するモデル契約は第55条である。

第52条（本契約の有効性、個別性）

　本契約のいずれかの規定が無効であっても、本契約の他の規定はそれに何ら影響を受けることなく有効であるものとする。

2　本契約がいずれかの組合員との関係で無効でありまたは取り消された場合でも、本契約は他の組合員との関係では完全に有効であるものとする。

> **POINT**
>
> 　本条第2項は、ある組合員との間における本契約の無効は、他の組合員との関係では影響を及ぼさないことを定める。
>
> 〔モデル契約との違い〕
>
> 　条番号が異なる。本条（本契約第52条）に相当するモデル契約は第56条である。

第53条（準拠法および合意管轄）

　本契約は、日本法に準拠し、日本法に従い解釈されるものとする。

2　本契約に基づきまたは本契約に関して生じるすべての紛争は、東京地方裁判所をその第1審における専属的合意管轄裁判所とする。

> POINT
>
> 〔モデル契約との違い〕
>
> 　条番号が異なる。本条（本契約第53条）に相当するモデル契約は第57条である。
>
> 　本条第1項は、モデル契約第57条（言語、準拠法および合意管轄）第1項を削除し、第2項を繰り上げた。そのためモデル契約の表題の「言語」を削除した。

　本契約成立の証として、○○○○年○月○日付で本契約書原本1通を作成し、各組合員がこれに署名または記名捺印したうえ、無限責任組合員はこれを、有限責任組合員の各自はその副本をそれぞれ保有する。

　　無限責任組合員
　　　　　　　　住所：東京都○○区○○　1−1−1
　　　　　　　　名称：A株式会社
　　　　　　　　代表者：代表取締役○○○○　㊞
　　有限責任組合員
　　　　　　　　住所：東京都××区××　2−2−2
　　　　　　　　名称：B株式会社
　　　　　　　　代表者：取締役社長○○○○　㊞
　　有限責任組合員
　　　　　　　　住所：東京都○○区○×　2−2−2
　　　　　　　　名称：C株式会社
　　　　　　　　代表者：代表取締役○○○○　㊞
　　有限責任組合員
　　　　　　　　住所：東京都○○市○○　3−3−3
　　　　　　　　名称：D株式会社
　　　　　　　　代表者：代表取締役○○○○　㊞
　　有限責任組合員

　　　　　　　住所：神奈川県横浜市○○区○○町 4―4―4
　　　　　　　名称：E株式会社
　　　　　　　代表者：代表執行役○○○○　　㊞
　　　有限責任組合員
　　　　　　　住所：千葉県浦安市○○ 5―5―5
　　　　　　　名称：F株式会社
　　　　　　　代表者：代表取締役○○○○　　㊞

〔別紙1〕　組合員名簿

別紙1

組合員名簿

名　称	所在場所	TEL・FAX	銀行口座	組合員の別	出資口数	備　考
A株式会社	東京都○○区○○1-1-1	TEL 03-1111-1111 FAX 03-1111-1112	X銀行○○支店 (普)XXXXXX	無限責任組合員	○○口	
B株式会社	東京都××区××2-2-2	TEL 03-2222-2222 FAX 03-2222-2223	Y銀行○○支店 (普)XXXXXX	有限責任組合員	○○口	
C株式会社	東京都○○区○×2-2-2	TEL 03-1212-1212 FAX 03-1212-1213	Z銀行○○支店 (普)XXXXXX	有限責任組合員	○○口	
D株式会社	東京都○○市○○3-3-3	TEL 0425-33-3333 FAX 0425-33-3334	P銀行○○支店 (普)XXXXXX	有限責任組合員	○○口	
E株式会社	神奈川県横浜市○区○○町4-4-4	TEL 045-444-4444 FAX 045-444-4445	Q銀行○○支店 (普)XXXXXX	有限責任組合員	○○口	
F株式会社	千葉県浦安市○○5-5-5	TEL 047-555-5555 FAX 047-555-5556	R銀行○○支店 (普)XXXXXX	有限責任組合員	○○口	

〔別紙2〕 投資ガイドライン

別紙2

投資ガイドライン（例）

1 投資先事業発掘プロセス
2 投資先事業者等選定基準（地域、業種、規模、成長段階等）
3 投資種類決定基準
4 投資規模決定基準
5 投資先事業者育成方針
6 無限責任組合員および他ファンドとの共同投資
7 投資回数（時期、方法）

〔別紙3〕 投資資産時価評価準則
　　※モデル契約・前掲（注30）78頁参照
〔別紙4〕 累積内部収益率計算方法書
　　※モデル契約・前掲（注30）81頁参照

● 事項索引 ●

【英数字】

5 条協議　88, 94
7 条措置　89, 93, 94
100％減資　70, 139, 144, 383
100％減・増資　140, 383
Break Up Fee　161, 164
Covenants　193
Due Dilligence（DD）　153
EDINET　110, 112, 119, 381
EDINET 公告　109
Fiduciary Duty　164
FO（Fiduciary out）　161, 164
Limited Partnership　485
Limited Liability Partnership　465
LLP　465
LOI　148
LPS　485
MAC（Material Adverse Change）条項
　　184, 185, 245, 250
MOU　148
TD net　129
ToSTNeT　108

【あ行】

アドバイザリー業務委託契約書　210
アーンアウト（Earn-out）　168
異議申出期限日　97
意見表明報告書　111
著しく不公正な方法による発行等　76
インサイダー取引　123
売主追加請求権　66
売渡し強制条項　403
影響力基準　81
営業譲渡　4
乙型共同企業体　415

親会社　81
　──の異動　127

【か行】

開示規制　119
会社関係者等のインサイダー取引　123
会社更生手続　141
会社分割　38
　──の無効　50
買付け等　107
開発成果の帰属　452
開発費用の調整　455
解約型転籍合意方式　97
価格調整条項　167, 168, 347
課徴金　118, 121, 133
合併期日　223, 260
合併対価の相当性　22
合併登記　223, 244
合併比率　35, 221
合併無効の訴え　18, 34
株券等大量保有　122
株券不発行会社　371
株式移転　52
　──計画　60
　──対価の相当性　62
　──の無効　63
　──比率　321
株式買取請求　9, 11, 18, 27, 32, 44, 49,
　　58, 62, 239
　──権　10, 17, 18, 62
株式交換　52
　──契約　53
　──対価の相当性　55
　──の無効　63
　──比率　305

事項索引

株式等譲渡契約　5
株式保有割合　394,405
株式割当ての相当性　275
株式割当比率　264,270,276
株主間契約　395
株主総会決議要件の加重　395,399
株主総会参考書類　23,24,42
株主の保護　17
簡易株式交換　58
簡易吸収合併　25
簡易吸収分割　43
簡易新設分割　48
簡易な事業譲受け　8
ガン・ジャンピング　104
完全親会社　52,53,54
完全子会社　8,52,53,54
管理報酬　532
関連会社　81
企業結合　100,101
　　──ガイドライン　391
　　──規制　100
　　──届出基準　102
議決権拘束契約　432
議決権保有制限の例外　509
基本合意書　148
義務的公開買付け　107
吸収合併　16
　　──契約　18,19,242
　　──契約の承認　242
　　──の登記　88
吸収分割　100
　　──契約　39
競業禁止期間　362
競業禁止義務　11,14
競業避止義務　4,5,279,294
共同吸収分割　38,100,270
共同研究開発ガイドライン　444,448,

449,454,460
共同研究開発契約　455
　　──書　444
共同新設分割　38,100,270
業務執行を決定する機関　128
業務提携契約書　438
共有　521
組合員の脱退　479,537
組合員の地位の譲渡　535
組合財産の管理　474,517
組合への加入　537
クロージング　194
　　──の前提条件　189
クローバック　533
形式基準　81
刑事罰　118,121,132
経常建設共同企業体　414,416
継続開示制度　120
軽微基準　124,132
決定事実　125
研究開発期間　451
減資の手続　140
公開買付け　65,67,105
公開買付開始公告　109
公開買付期間　112
公開買付規制　106
公開買付規制違反　117
公開買付者等関係者のインサイダー取引
　　　　130
公開買付説明書　111
公開買付け等事実　131
公開買付者等関係者　130
公開買付届出書　110,117
公開買付報告書　112
甲型共同企業体　415
公正な価格　10,28
更生計画外事業譲渡　141

567

事項索引

更生計画内事業譲渡　142
後発事象　23,41,48
公表　129,132
交付金分割　291
合弁会社設立契約書　391
合弁当事者の離脱　401
効力発生日　33,59,244,245,293,316,331
子会社　82
　——の株式等の譲渡　5,8
個別投資情報による監視　516
コールオプション条項　402

【さ行】

債権者異議手続　18,29,32,45,50,59,60,62
債権者の保護　18
最終契約　218,223
　——書　218
最小行政区画　254
再生計画外事業譲渡　137
再生計画内事業譲渡　137,139
財務デューデリジェンス　154
詐害的な吸収分割　46
詐害的な事業譲渡　3,13
詐害的な新設分割　50
先買権条項　402
差し入れ方式　200
差止請求　27,32,44,49,59,62
三角合併　21,237
三角株式交換　21
三角吸収分割　291
三者契約　201,231
残存債権者　13,14,47,281,342
事業活動の承継　4,5
事業譲渡契約　3,11,15,18,342
　——書　342

事業譲渡等　2,9,10,137,138
事業譲渡に関する基本合意書　336
事業全部の譲受け　6
事業等の譲渡　138,139,141,142
事業の重要な一部の譲渡　3,6,7
事業の全部の譲渡　3,6
資金調達　405
自己株式の消却　71,386
自己株式の処分　71
事後の開示　30,32,46,49,60,63
自社株公開買付け　116
事前の開示　21,31,40,48,54,61
実質基準　81
指定承継労働者　96,97
シナジー効果　10,28
私募　536
資本金　241,292
資本提携　432,434
諮問委員会　513
重大な悪影響　185,186
重要基準　124
重要事実　124
重要な財産の処分および譲受け　6
主従事労働者　88,93,95,96
出資比率　391,420,427
出資約束期間　500
出資約束金額　499
取得条項付株式　68
取得請求権付株式　67
主要株主の異動　127
主要目的ルール　77
純資産額　8,11,25,43,124,243
準備金　241,292
商号続用　12,14
譲渡制限株式の譲渡　401
情報伝達・取引推奨行為者　124,131,133

剰余金の配当　406
除名の要件　542
新株予約権買取請求　29,44,49,62,258
新設合併　16,252
　――契約　18,31
　――の登記　34,261
新設分割計画　47,48,271
人的分割　38
ステアリングコミッティ　397,449
成功報酬　212,215,533
清算前の分割請求の禁止　521
誠実交渉義務条項　151
誓約事項　193
設立に関する特則　32,49,63
設立の登記　34,50,63
前提条件　189
全部買付義務　115
全部勧誘義務　115,116
全部取得条項付種類株式　70
相互保有株式　78,431
総資産額　5,7,8,11,43,48,343
増資の手続　140
総数株式引受契約　379
遡及効の否定　36,51
損害担保契約　171,180

【た行】

第一次情報受領者　124,131
待機期間　101
対抗公開買付け　113,115
第三者割当　72,380,383
　――増資　72,386
対質問回答報告書　111
退職慰労金　250,259
対世的効力　36,51,64
大量保有報告書　122
立会外取引　108

脱退組合員の取扱い　527
担保権消滅許可制度　139
担保提供　36
地域維持型建設共同企業体　414
チェンジ・オブ・コントロール条項
　　　172,175,196
着手金　212
重畳的債務引受け　289
定款の絶対的記載事項　254,272,327
定款の相対的記載事項　272
定款の任意的記載事項　272
定款の変更　234,298
適格機関投資家等特例業務　487,558
適時開示　151,218
デューデリジェンス　38,150,153,224
転籍承諾書　99
投資事業有限責任組合　485
　――契約の必要的記載事項　486
特殊決議　23,24,32
独占交渉権　150,157,158
特定買付け等　107
特定建設工事共同企業体　414,416
　――協定書　415,416
特定上場有価証券　106
特定有価証券等　128
特に有利な金額　75
特別決議　3,4,5,6,7,8,9,11,18,395
特別支配会社　7,24,25,43,57,243
特別清算開始命令　135
特別清算手続　135
特別取締役　6
届出基準　102
届出前相談　100
取締役会決議要件の加重　400
取締役・監査役の選任に関する種類株式
　　　396

569

【な行】

内部自治原則　472
日本証券業協会の自主ルール　75,380

【は行】

廃棄証明書　207
買収監査　153
排除措置命令　101
破産手続開始決定　136
バスケット条項　127
発行開示制度　119
発生事実　126
反対株主　44
　──の株式買取請求　9,18,27,32,49,
　　58,62
備置開始日　22,42,48,54
ビジネスデューデリジェンス　154
必要的記載事項　36,230,244,486
秘密情報　199,203
秘密保持義務　199
秘密保持契約書　198
秘密保持条項　150
表明および保証　355,358
表明保証　170,244
　──事項　171,173
　──条項　170
　──責任　246
フィージビリティ・スタディ　446,458
物的分割　38
プットオプション条項　402
不利益取扱いの禁止　97
ブレークアップ・フィー　161
分割差損　42,44
分割対価の定めの相当性　41,48
別途買付けの禁止　116
ペナルティ条項　463
変動制交換比率方式　170

包括承継　244,248,536
法的拘束力　148,228,324
　──条項　151,164
法務デューデリジェンス　154
募集株式発行等の差止め　75
補償条項　180
補償の限定　181

【ま行】

孫会社　8
ミニ公開買付け　65
民事再生手続　137
民法625条1項　85,86,89,99,338,361,
　362
無限責任組合員　485
無対価合併　238
無対価分割　291
免責的債務引受け　290
目的外使用の禁止　199,205,449
持株基準　81
持分法適用会社　80,431

【や行】

有価証券届出書　73,120,381
有価証券の売出し　120
有価証券の募集　120
有限責任組合員　485
有限責任事業組合　465
　──契約　465
優先交渉権　150
有利発行　75,380
余裕金　516

【ら行】

利益相反取引の禁止　512
略式株式交換　57
略式吸収合併　24

略式吸収分割　43
略式の事業譲渡　7
略式の事業譲受け　9
労働契約承継法　85,93

労働条件　91

【わ行】

割当比率　237,264,321

【著者略歴】

滝川　宜信（たきかわ　よしのぶ）

〔略　　歴〕　昭和22年　名古屋生まれ
　　　　　　学習院大学法学部卒業、中央大学法学研究科博士後期課程中退
　　　　　　株式会社デンソー法務部長、名古屋大学大学院法学研究科客員教授、南山大学、中京大学、名城大学各非常勤講師などを歴任し、現在は、明治学院大学大学院法務職研究科教授

〔著　　書〕　『経営指導念書の理論と実際』（単著・民事法研究会・平成13年）
　　　　　　『戦略経営ハンドブック』（共著・中央経済社・平成15年）
　　　　　　『社外取締役のすべて』（共著・東洋経済新報社・平成16年）
　　　　　　『ビジネス契約実務大全』（共著・企業研究会・平成16年）
　　　　　　『企業法務戦略』（共著・中央経済社・平成19年）
　　　　　　『リーディング会社法〔第2版〕』（単著・民事法研究会・平成22年）
　　　　　　『実践　企業法務入門〔第5版〕』（単著・民事法研究会・平成23年）
　　　　　　『内部統制対応版企業コンプライアンス態勢のすべて〔新訂版〕』（共著・金融財政事情研究会・平成24年）
　　　　　　『取引基本契約書の作成と審査の実務〔第5版〕』（単著・民事法研究会・平成26年）
　　　　　　『業務委託（アウトソーシング）契約書の作成と審査の実務』（単著・民事法研究会・平成27年）

〔連絡先〕　E-mail：tbcc-info@af.em-net.ne.jp
　　　　　URL：https://tbcc.jp/

　契約書の作成およびリーガルチェックなど、契約業務全般について、貴社のお役に立てると思いますので、下記ウェブを検索いただければ幸いです。

| TBCC 契約 | 検索 |

M&A・アライアンス契約書の作成と審査の実務

平成28年12月11日　第1刷発行

定価　本体5,400円＋税

著　　者	滝川　宜信	
発　　行	株式会社　民事法研究会	
印　　刷	株式会社　太平印刷社	

発　行　所　株式会社　民事法研究会
　　　　　　〒150-0013　東京都渋谷区恵比寿3-7-16
　　　　　　〔営業〕TEL 03(5798)7257　FAX 03(5798)7258
　　　　　　〔編集〕TEL 03(5798)7277　FAX 03(5798)7278
　　　　　　http://www.minjiho.com/　　info@minjiho.com

落丁・乱丁はおとりかえします。　ISBN978-4-86556-119-7 C2032 ¥5400E
カバーデザイン　袴田峯男

■**法令違反の防止とリスク管理に必携！**■

取引基本契約書の
作成と審査の実務
〔第5版〕

滝川宜信 著

A 5 判・474頁・定価 本体4,000円＋税

▷▷▷▷▷▷▷▷▷▷▷▷▷▷▷ 本書の特色と狙い ◁◁◁◁◁◁◁◁◁◁◁◁◁◁◁

▶平成26年改正会社法などの最新の法令・判例・実務等を踏まえ改訂した必備書！
▶第5版では、反社会的勢力の排除、通知義務の基本条項の変更や最新の法令、実務の変更に対応させ改訂！
▶数十社に及ぶ契約書を比較・検討し、逐条ごとに判例・学説・実例を踏まえて詳解したわが国唯一の実践書！
▶企業の法務・契約担当者、第一線の営業担当者をはじめ、弁護士、司法書士等の法律実務家のみならず、契約法の研究者にとっても必読の書！

～～～～～～～～～～～～ 本書の主要内容 ～～～～～～～～～～～～

第1章 取引基本契約書の意義と構成
　Ⅰ　予防法学としての契約書作成・審査
　Ⅱ　取引基本契約書とは
第2章 取引基本契約書の作成・審査の実務
　Ⅰ　買主提示型取引基本契約書
　　（53項目の条項等を逐条解説）
　Ⅱ　売主提示型取引基本契約書
　　（34項目の条項等を逐条解説）

第3章 取引契約書例
　Ⅰ　買主提示型取引基本契約書例
　Ⅱ　売主提示型取引基本契約書例
　Ⅲ　(社)日本金型工業会取引基本契約書モデル
　　1　金型図面や金型加工データの意図せざる流出の防止に関する指針
　　2　(社)日本金型工業会取引基本契約書モデル
・判例索引　　・事項索引

発行 民事法研究会

〒150-0013　東京都渋谷区恵比寿3-7-16
（営業）TEL. 03-5798-7257　FAX. 03-5798-7258
http://www.minjiho.com/　　info@minjiho.com

■100種類以上の実際例を比較・検討した契約関係者の必携書！■

業務委託（アウトソーシング）契約書の作成と審査の実務

滝川宜信 著

A 5 判・616頁・定価　本体 5,500円＋税

本書の特色と狙い

▶本書は、経営戦略として広く活用されている業務委託（アウトソーシング）について、100種類以上の実際例を比較・検討したうえで、契約の法的性質、契約書の作成にあたっての基礎知識から各種の個別契約書の作成までを、具体的な条文例を記載しつつ重要な条項には留意点、検討課題・条文変更例などを示して懇切丁寧に解説をした待望の書！

▶さらに、①業務委託契約に関する法的性質および法理論的な内容を知りたいとき（第1章収録）、②業務委託契約に通常使用される条項を知りたいとき（第2章収録）、③個別の業務委託契約書例とポイント（条項の注意点、検討課題など）を知りたいとき（第3章～第6章収録）の3つに分類して記述しているので極めて実務に至便！

▶各種の個別契約書（第3章～第6章）には基本条文例を示しつつ多様な状況に対応できるよう実際の条文作成に必要となるノウハウ、必修知識、さらには条項ごとの注意事項、関係判例、条文変更例などを明示し解説をした実践的手引書！

▶企業の法務・契約担当者はもちろん、弁護士、司法書士、行政書士などの法律実務家にとっても必備の書！

本書の主要内容

第1章　アウトソーシング（業務委託）と法
　Ⅰ　アウトソーシングとは
　　1 アウトソーシングの定義／2 アウトソーシングのメリット・デメリット／3 アウトソーシング実務から見たアウトソーシング契約
　Ⅱ　アウトソーシング契約に係る法的性質
　　1 はじめに／2 請負／3 委任／4 寄託／5 労働者派遣／6 印紙税／7 普通取引約款の拘束力
第2章　業務委託契約書の一般的条項
　1 タイトル／2 前文／3 秘密保持条項／4 権利義務の譲渡禁止条項／5 任意解除条項／6 契約解除条項／7 期限の利益喪失条項／8 反社会的勢力排除条項／9 不可抗力免責条項／10 一般損害賠償条項／11 有効期間条項／12 協議解決条項／13 完全合意条項と変更制限条項／14 合意管轄条項／15 契約書作成日／16 契約当事者の表示
第3章　物に関する業務委託契約書
　Ⅰ　製造委託契約書／Ⅱ　建設工事請負契約書／Ⅲ　物品運送契約書／Ⅳ　倉庫寄託契約書／Ⅴ　物に関するその他の業務委託契約書
第4章　物に関しない業務委託契約書
　Ⅰ　開発委託契約書／Ⅱ　コンサルティング契約書
第5章　労働力の委託に関する契約書
　Ⅰ　労働者派遣契約書／Ⅱ　労働力の委託に関するその他の契約書
第6章　販売権の委託に関する契約書
　Ⅰ　代理商契約書／Ⅱ　売上仕入契約書

発行　民事法研究会

〒150-0013　東京都渋谷区恵比寿3-7-16
（営業）TEL. 03-5798-7257　FAX. 03-5798-7258
http://www.minjiho.com/　info@minjiho.com

■財務・法務双方の視点から実践的評価手法を丁寧に解説！■

事業再編のための 企業価値評価の実務
―財務&法務デューディリジェンスの実践的手法―

四宮章夫　監修　　(株)グラックス・アンド・アソシエイツ　　編
　　　　　　　　　弁護士法人　淀屋橋・山上合同

A5判・521頁・定価　本体4,500円＋税

▷▷▷▷▷▷▷▷▷▷▷▷▷▷▷ **本書の特色と狙い** ◁◁◁◁◁◁◁◁◁◁◁◁◁◁◁

▶M&A、事業再編の場面において必須となる企業の価値を正確に算定する手法を、財務・法務の両面から豊富な図・表・書式を織り込み実践的に解説！
▶財務はフィナンシャルアドバイザーの視点から、法務はリーガルアドバイザーの立場から、実際の事例を基に、対象項目ごとに算定の視点と法務リスクの観点から丁寧に詳解！
▶メーカー、小売業・不動産デベロッパー、旅館・ホテルの各業態ごとに財務評価をそれぞれの特徴を踏まえて解説！　また、三越伊勢丹、カネボウの事業再編のケースをモデルとして、現場でどのような企業価値評価がなされたのかを分析！
▶M&A、事業再編における税理士・公認会計士・コンサル等フィナンシャルアドバイザーおよび弁護士等リーガルアドバイザーが最初に手にとるべき必携の1冊！

～～～～～～～～～～～～ **本書の主要内容** ～～～～～～～～～～～～

第1編 事業再編における企業価値評価概論
　第1章　事業再編における企業価値評価の役割
　第2章　事業再編概論
　第3章　企業価値評価概論
　第4章　企業価値評価における法務リスク

第2編 ケースにみる事業再編における企業価値評価の手法
　第1章　メーカーの企業価値評価
　第2章　小売業・不動産デベロッパーの企業価値評価
　第3章　ホテル業・旅館業の企業価値評価
　第4章　法務デューディリジェンス

第3編 事例にみるデューディリジェンス
　第1章　事例①―三越・伊勢丹ホールディングス
　第2章　事例②―カネボウ
　第3章　事例③―基本合意書・買収監査・最終合意

発行　民事法研究会

〒150-0013　東京都渋谷区恵比寿3-7-16
(営業) TEL. 03-5798-7257　FAX. 03-5798-7258
http://www.minjiho.com/　　info@minjiho.com

事業再編シリーズ

手続の流れに沿って豊富な図表を織り込み具体的に解説をしつつ、適宜の箇所に必要な書式を収録した事業再編・会社再建のための実践的手引書！

● 分割行為詐害性をめぐる判例の分析、最新の実務動向に対応して改訂増補！

会社分割の理論・実務と書式〔第6版〕
——労働契約承継、会計・税務、登記・担保実務まで——

編集代表　今中利昭　編集　髙井伸夫・小田修司・内藤　卓
（Ａ５判・702頁・定価 本体5600円＋税）

● 平成26年改正会社法をはじめ独占禁止法・企業結合基準等の改正に対応し、改訂増補！

会社合併の理論・実務と書式〔第3版〕
——労働問題、会計・税務、登記・担保実務まで——

編集代表　今中利昭　編集　赫　高規・竹内陽一・丸尾拓養・内藤　卓
（Ａ５判・624頁・定価 本体5400円＋税）

● 企業結合ガイドラインの改定等に対応させ、最新の判例・実務の動向を織り込み改訂！

事業譲渡の理論・実務と書式〔第2版〕
——労働問題、会計・税務、登記・担保実務まで——

編集代表　今中利昭　編集　山形康郎・赫　高規・竹内陽一・丸尾拓養・内藤　卓
（Ａ５判・303頁・定価 本体2800円＋税）

● 平成26年改正会社法等最新の法令・税制に対応し企業活動の効率化・活性化を図る手法を詳解！

株式交換・株式移転の理論・実務と書式〔第2版〕
——労務、会計・税務、登記、独占禁止法まで——

編集代表　土岐敦司　編集　唐津恵一・志田至朗・辺見紀男・小畑良晴
（Ａ５判・374頁・定価 本体3600円＋税）

発行　民事法研究会
〒150-0013　東京都渋谷区恵比寿3-7-16
（営業）TEL 03-5798-7257　FAX 03-5798-7258
http://www.minjiho.com/　　info@minjiho.com

信頼と実績の法律実務書
―契約実務に役立つ必読の書!―

2016年5月刊 トラブルを防止し適切な内容で契約を締結するための考え方とノウハウを開示!

弁護士に学ぶ!
契約書作成のゴールデンルール
―転ばぬ先の知恵と文例―

基礎知識から全体のフレーム、条項の配列・記載表現・役割等を豊富な図解とサンプル文例により丁寧に解説! それぞれの目的によって使用される移転型、利用型、労務型、提携型の各類型の注意点も紹介した契約書作成のマニュアル!

弁護士 奥山倫行 著　　　　(Ａ5判・228頁・定価 本体2100円＋税)

2015年1月刊 紙媒体の出版と電子出版の出版契約について、改正法の留意点を踏まえて解説!

電子書籍・出版の
契約実務と著作権〔第2版〕

電子出版へ出版権が拡張された改正著作権法に対応し、出版権制度と契約文例を出版実務に即して全面改訂! 同法改正に対応した日本書籍出版協会(書協)の出版契約ヒナ型の最新版となる2015年版のヒナ型3種類とその条項解説も収録!

弁護士 村瀬拓男 著　　　　(Ａ5判・232頁・定価 本体2100円＋税)

2013年11月刊 判例を分析・検証し、紛争を未然に防ぐ契約実務の指針を明示!

複数契約の理論と実務
―判例法理から契約条項作成まで―

複数の契約の履行により実現される取引において、一方の契約が解除されて効力を失ったとき他方の契約にいかなる影響を与えるかが争われた裁判例などを分析・検証するとともに、紛争を未然に防止する観点から契約実務の指針を探究!

小林和子・太田大三 編著　　(Ａ5判・324頁・定価 本体3200円＋税)

2012年8月刊 職務全般にわたる基本知識を、執務姿勢や生き方までを含めてやさしく教示!

ビジネス契約書の
基本知識と実務〔第2版〕

ツイッターなどのソーシャルメディアでの不用意な発言による営業秘密の情報漏洩、コンピュータ・システムの開発・運用によるトラブルなどの未然防止につながる実務上知っておきたい留意点を追加した、契約書作成に即活用できる手引書!

弁護士 花野信子 著　　　　(Ａ5判・247頁・定価 本体2000円＋税)

発行 **民事法研究会**
〒150-0013 東京都渋谷区恵比寿3-7-16
(営業) TEL 03-5798-7257　FAX 03-5798-7258
http://www.minjiho.com/　　info@minjiho.com